PROFESSIONELL VISUALISIEREN MIT

SKETCHNOTES & GRAPHIC RECORDING

DIE AUTORIN

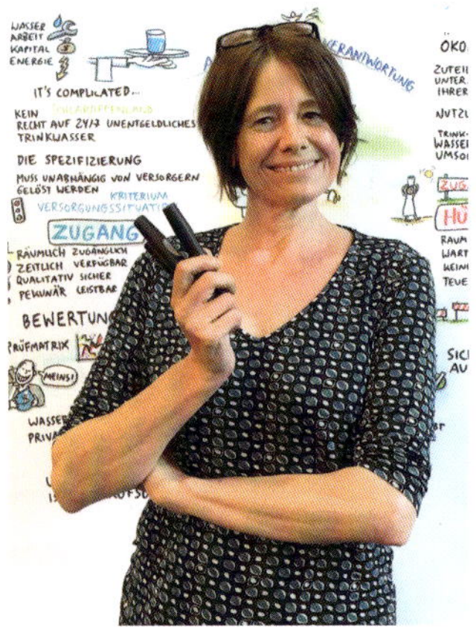

Anja Weiss ist Diplom-Designerin. Sie lebt und arbeitet als selbstständige Illustratorin in Hannover. Sketchnotes und Graphic Recording machen einen großen Teil ihrer Arbeit aus. Als Autorin hat sie u. a. beim dpunkt.verlag das Buch »Sketchnotes & Graphic Recording – Eine Anleitung« veröffentlicht.

ANJA WEISS

PROFESSIONELL VISUALISIEREN MIT

SKETCHNOTES & GRAPHIC RECORDING

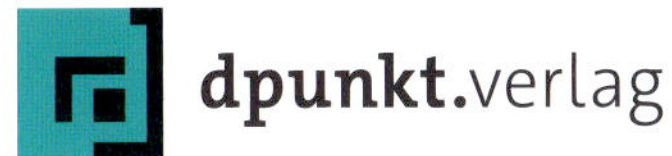

Anja Weiss

Lektorat: Barbara Lauer
Copy-Editing: Alexander Reischert, *www.aluan.de*
Satz: Anja Weiss
Herstellung: Stefanie Weidner, Frank Heidt
Titel: Anja Weiss
Umschlaggestaltung: Janine May
Druck und Bindung: Grafisches Centrum Cuno GmbH & Co. KG, 39240 Calbe (Saale)

Bibliografische Information der Deutschen Nationalbibliothek
Die Deutsche Nationalbibliothek verzeichnet diese Publikation in der Deutschen Nationalbibliografie; detaillierte bibliografische Daten sind im Internet über *http://dnb.d-nb.de* abrufbar.

ISBN:
Print 978-3-86490-807-1
PDF 978-3-96910-125-4

1. Auflage 2021

Wieblinger Weg 17
69123 Heidelberg

Hinweis:
Der Umwelt zuliebe verzichten wir auf die Einschweißfolie.

Schreiben Sie uns:
Falls Sie Anregungen, Wünsche und Kommentare haben, lassen Sie es uns wissen: hallo@dpunkt.de.

5 4 3 2 1 0

VORWORT

Bilder wirken! Und – Bilder bewirken etwas in uns.

Als Grafik-Designerin, Illustratorin, Graphic Recorderin und selbst als Autorin arbeite ich fast ausschließlich visuell. Inzwischen denke ich, dass Sketchnotes als Zeichentechnik die Schlüsselmethode für die Visualisierung sind. Sie funktionieren immer und ganz spontan, brauchen wenig Equipment, lassen sich überall einsetzen und sind schnell gezeichnet. Sind sie verständlich und erkennbar, sind sie auch für andere aussagekräftig. Zeichnungen öffnen emotionale Zugänge und tragen zu einer heiteren Atmosphäre in einer Gruppe bei. Im besten Fall wirken sie in der gewünschten Weise, holen die Betrachter*innen ab, führen sie durch die Inhalte und vermitteln Information so, dass sie ankommt.

Ich denke, Sie wissen bereits um die Wirkung von Bildern, sonst hätten Sie jetzt nicht dieses Buch in der Hand. Vielleicht haben Sie Graphic Recording oder andere Methoden erlebt oder arbeiten selbst mit Visualisierungen.

Man lernt nie aus! An meinen eigenen Arbeiten sehe ich, wie sich mein Stil mit der Zeit geschärft hat. Durch den Einblick in meine Arbeitsweise möchte ich Sie ermutigen, selbst (noch mehr) mit Visualisierungen zu arbeiten. Oder auch professionelle Zeichner*innen zu beschäftigen, wenn Sie wirklich zwei linke Hände haben, Zeichnen einfach nicht Ihr Ding ist und Sie andere Dinge lieber tun.

In meinem ersten Buch »Sketchnotes & Graphic Recording – Eine Anleitung« habe ich einen Einstieg in die Technik des Zeichnen von Sketchnotes vermittelt. Dieses Buch setzt hier an. Es vertieft gestalterisches Grundwissen zu Bildaufbau, Komposition, Blickführung und Anmutungsqualitäten und erklärt, warum und vor allem wie Bilder wirken. Ich gebe Tipps fürs Zeichnen zu Kommunikationszwecken und in der Öffentlichkeit. Anhand vieler Beispiele aus der Praxis lässt sich das Gelernte überprüfen. Manche der hier gezeigten Bilder waren nicht für eine Verkleinerung gemacht und manchmal bleibt auch ein Rechtschreibfehler unentdeckt. Beim Betrachten kommt es hier aber gar nicht immer auf Details an, sondern um den Ausdruck und Gesamteindruck. Die professionellen Anwendungsbereiche fürs Visualisieren mit Sketchnotes sind vielfältig, die wichtigsten davon betrachten wir etwas genauer.

Wenn Sie also bereits erste Erfahrungen mit dem Selberzeichnen haben, wird Sie dieses Buch anregen, Ihre Visualisierungsfähigkeiten weiter zu trainieren. Sensibilisieren Sie sich für die Tücken der Visualisierung und verfeinern Sie Ihren persönlichen Stil. Gewinnen Sie Sicherheit für die Anwendung in der Öffentlichkeit und zeichnen Sie immer und überall, wo Sie können!

Ich wünsche viel Freude beim Visualisieren!

Anja Weiss

INHALT

BILDER SKETCHNOTES GRAPHIC RECORDING
ILLUSTRATION BEGRIFFSKLÄRUNG VISUAL COACHING
VISUAL FACILITATION AUSDRUCK
DIE GRUNDLAGEN DER VISUALISIERUNG BASISWISSEN
EDUTAINMENT CANVAS VISUALISIERUNGSMETHODEN
WISSEN VERMITTELN IDEENFINDUNG KREATIVITÄT
DESIGN THINKING FLIPCHART KREATIVITÄTSTECHNIKEN
HOW TO MAKE TOAST STORYTELLING PRÄSENTATION
VISUAL SELLING ANMUTUNGSQUALITÄTEN KOMMUNIKATION
FLOWCHART INFOGRAFIK OPEN SPACE GESTALTUNGSREGELN
FARBPSYCHOLOGIE STRUKTUR
WORKSHOPS BEGLEITEN WAHRNEHMUNGSPSYCHOLOGIE
ÖFFENTLICHKEIT PARTIZIPATION & BETEILIGUNGSPROZESSE
BILDVOKABULAR STRATEGIEBILDER SICH EIN BILD GEBEN
POLITIK NAUTIK ÜBUNGEN KEYVISUAL ANALOG
UMWELT & ENERGIE MODERN LIFE REMOTE DIGITAL
ZUSAMMENARBEIT & FÜHRUNG INKLUSION & FRÜHE BILDUNG
ARBEITSWELT GENDER-SHIFT MOBILITÄT ZEIT
AGILITY & NEW WORK DEMOGRAFISCHE ENTWICKLUNG
TRANSFORMATION STRATEGIE DIVERSITY & GLOBALISIERUNG

VISUALISIERUNG

KAPITEL 1 DIE WELT DER BILDER

Visualisierung

Etwas sichtbar machen – wurde als Oberbegriff im Bereich der Moderation und der Organisationsentwicklung geprägt.

In der Welt der Visualisierung gibt es viele Begriffe. Das schafft eine gewisse Verwirrung, denn die Grenzen sind da oft fließend. Aber eines haben sie alle gemeinsam, sie sind meistens englisch. Visualisierung beschreibt eine Methode, die uns hilft, Information zu verarbeiten, weil sie sich an die primäre visuelle menschliche Wahrnehmung und Informationsverarbeitung im Gehirn anpasst, das Sehen. Das Gehirn ist beim Betrachten von Bildern mehrfach involviert: sinnlich, kognitiv und emotional. Dabei spielt die Wahrnehmungspsychologie eine Schlüsselrolle.

Visual Thinking

Visuelles Denken – bedeutet in Bildern zu denken und sich visuell auszudrücken, um diese unsichtbare Gedanken auch für andere sichtbar zu machen. Ihnen eine Form zu geben, ist also eine Folge des visuellen Denkens. In der Formulierung »etwas veranschaulichen« steckt es im Wort. Bei Menschen, die visuell denken, läuft gleich ein Film im Kopf ab, vergleichbar mit den Bildern, die wir im Traum sehen. Sie drücken sich durch eine besonders bildreiche Sprache aus oder arbeiten visuell. Eine Zeichnung reduziert und komprimiert Information auf wenige Zeichen. Bei den Empfänger*innen entfaltet sich diese Information durch die Betrachtung wieder und ermöglicht so mediale Kommunikation zwischen Sender*innen und Empfänger*innen.

Sketchnotes

Der Begriff setzt sich zusammen aus *sketch* – Skizze und *note* – Notiz. Sketchnotes sind also Notizen, die aus Texten bestehen und mit Bildern oder Bildelementen ergänzt sind. Diese Methode zum Festhalten von Wissen ist eine schnelle und effektive Alternative zur konventionellen Mitschrift, aber auch eine gute Lernmethode. Das Zeichnen von Sketchnotes hilft, sich intensiver mit der Information auseinanderzusetzen. Der Einsatz von Hirn und Hand fördert die Merkfähigkeit. Mit Sketchnotes lassen sich Inhalte verknüpfen und verständlicher machen. So tragen sie dazu bei, einen besseren Überblick zu bekommen. Sie dienen der Reflexion und der Vernetzung mit dem eigenen Vorwissen. Sketchnotes erleichtern auch den Austausch mit anderen über ein Thema. Alles, was Schrift und Bild in gezeichneter Weise kombiniert, sind Sketchnotes, unabhängig davon, in welcher Situation, mit welchem Material oder in welchem Format. Da man schon mit wenigen visuellen Grundvokabeln und Symbolen eine wirkungsvolle Sketchnote erstellen kann, ist die Methode für alle schnell erlern- und anwendbar. Sketchnotes vertragen Flüchtigkeit, der künstlerische Ausdruck steht nicht im Vordergrund.

Eignet sich für:

- *Festhalten von Wissens- und Merkenswertem aller Art*
- *Lernen und Lehren*
- *visuelle Protokolle*
- *Moderation*
- *Gruppenarbeit*
- *Illustrationen*

Graphic Recording / Visual Recording

Grafisches oder visuelles Aufnehmen – bedeutet die simultane Live-Zeichnung einer Sketchnote. Das passiert in der Regel öffentlich und für alle sichtbar, aber passiv, ohne in das Geschehen einzugreifen. Der Zeichenprozess und auch das Bild als Ergebnis sind hier von Bedeutung. Gezeichnet wird analog auf Papier oder digital auf dem Tablet. Für die Umsetzung eines Graphic Recordings braucht es neben der Konzentration, die Fähigkeit des aktiven Zuhörens, ein schnelles Filtern von Information, während man sie grafisch festhält. Aber auch, wenn Sie nur für sich ein Sketchnote zeichnen, während Sie zeitgleich zuhören, ist das Graphic Recording.

Beim Graphic Recording zuzusehen hat eine gewisse Magie, der sich Beobachter*innen kaum entziehen können. Daher hat Graphic Recording in der Öffentlichkeit auch immer einen gewissen Showcharakter.

Remote Graphic Recording

Fernbedientes Graphic Recording – findet online während eines virtuellen Meetings statt. Gezeichnet wird auf Papier und das mit Videotechnik übertragen, oder man zeichnet direkt auf dem Tablet. Die Arbeitsweise eignet sich nicht für alle Formate, manche Workshopformate, wie Open Space, funktionieren nur in der persönlichen Begegnung.

Eignet sich für:

- *Meetings*
- *Veranstaltungen*
- *Podiumsdiskussionen*
- *Keynote-Vorträge*
- *Messen*
- *Beteiligungsprozesse*
- *Workshops*
- *Open Space*
- *Design Thinking*

Eventbild

Ereignisbild – wenn der Entstehungsprozess des Bildes ausschließlich der Unterhaltung dient, nenne ich es Eventbild. Wenn die Aktion des Zeichnens als Unterhaltungsfaktor eingesetzt wird, sind Motive entweder vorab abgestimmt und das grobe Layout steht oder das Ziel ist es, die Gäste einzubeziehen und ein spontanes Stimmungsbild zu zeichnen.

Eignet sich für:

- *Jubiläumsveranstaltungen*
- *Messen*
- *Kundenevents*

Graphic Facilitation

Grafische Moderation – bedeutet, dass man während der Moderation von Gruppenveranstaltungen auch zeichnet, um Prozesse anzuleiten oder Sachverhalte zu erklären. Manche Moderator*innen setzen Visualisierungsmethoden auch unterstützend ein, um die Gruppe zu aktivieren. Sketchnotes zu beherrschen ist eine professionelle Bereicherung und kann für zeichenaffine Berater*innen, Coaches*Coachinnen, Pädagog*innen oder Manager*innen die Grundlage einer Spezialisierung sein.

Eignet sich für:

- *Beratung*
- *Coaching*
- *Moderation*
- *Vorträge*
- *Lehrveranstaltungen aller Art*
- *Gruppenprozesse und Workshops*

Eine ganze Seite ohne Bilder in einem Buch über Visualisierung? Das geht doch nicht – und ändert sich ab jetzt ...

ILLUSTRATION

Bebilderung – das Wort lässt sich als Synonym für Visualisierung einsetzen, was man eher mit Verbilderung übersetzen könnte. Eine Illustration hat den Zweck, den Inhalt eines Textes zu unterstützen und zu vertiefen. So gesehen ist jede Visualisierung auch eine Illustration.

Eine Illustration hat immer einen Zweck. Sie soll einen Sachverhalt erkennbar veranschaulichen und einen bestimmten emotionalen Ausdruck, eine Anmutung transportieren. Das ist der Unterschied zur bildenden Kunst.

Für mich ist eine Illustration eine gezielt geplante Visualisierung, die sich an einer abgestimmten Skizze orientiert. Nur das Endergebnis ist sichtbar, der Prozess des Entstehens bleibt verborgen. Während Sketchnotes unbedingt *quick & dirty* – schnell und schmutzig sein dürfen, werden gute Illustrationen im Allgemeinen mit mehr Zeit und Muße erstellt. Eine Illustration kann sehr fein und detailliert ausgearbeitet sein, aber auch ganz spontan gezeichnet wirken, Illustrationen brauchen immer ausreichend Zeit für die Ausführung.

Ein Cartoon, der flüchtig hingezeichnet aussieht, ist auch eine Illustration. Es kann sich hierbei durchaus um eine spontane Umsetzung handeln, was aber nur gelingt, wenn Zeichner*innen gut ausgebildet und erfahren sind. Vielleicht ist der Cartoon aber auch das Ergebnis von konzeptioneller Denkarbeit und vielen Skizzen, bevor der*die Illustrator*in mit dem flüchtigen Strich zufrieden war.

Illustrationen lassen sich in allen gestalterischen Techniken ausführen, da sind dem Handwerk keine Grenzen gesetzt. Manche Illustrationen sind wahre Kunstwerke.

Sprachlich interessant ist die Verknüpfung der beiden Konzepte **Imagination** – *Vorstellung* und **Image** – *Bild*. Im Englischen sind die Worte aus dem gleichen Wortstamm gebildet und beschreiben das Konzept des visuellen Denkens. Das Image steht im Deutschen für das äußere Erscheinungsbild, gekoppelt mit dem inneren Stimmungsbild einer Person oder Gruppe, eines Unternehmens oder einer Organisation.

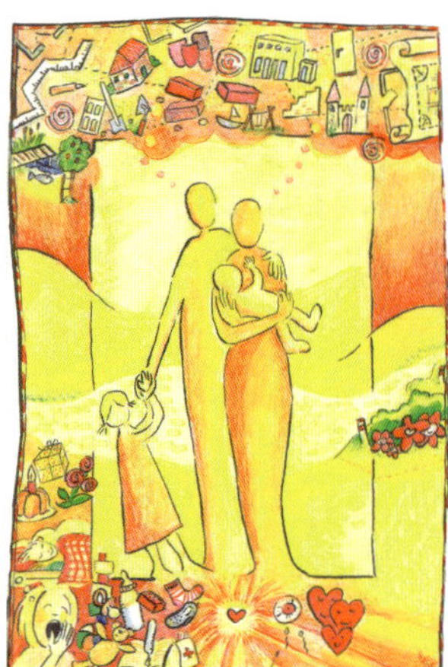

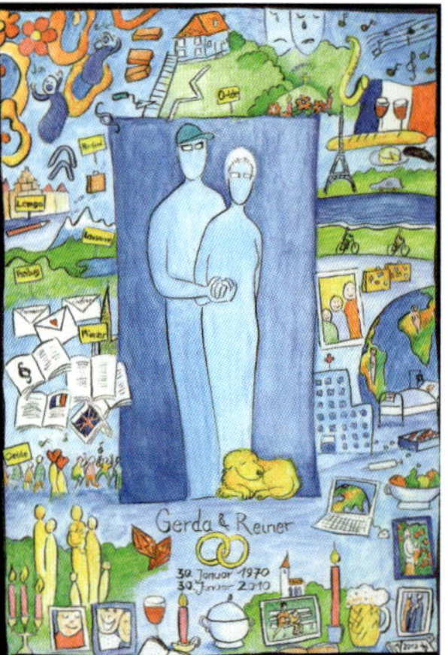

Hier sind die jeweileige Geschichten auf eine sehr malerische Art illustriert.

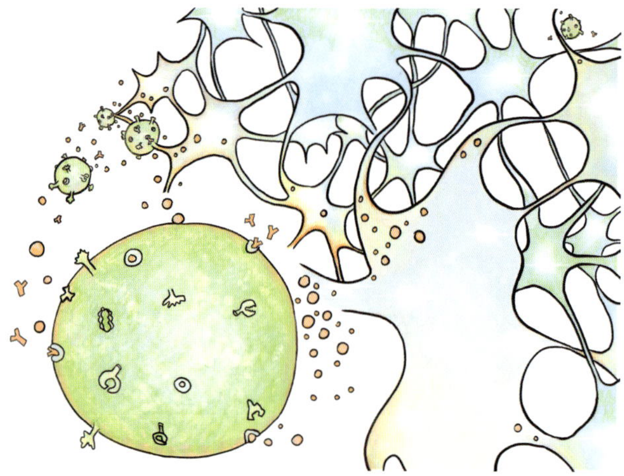

Illustration aus dem Bereich Biologie: Immun- und Nervenzellen

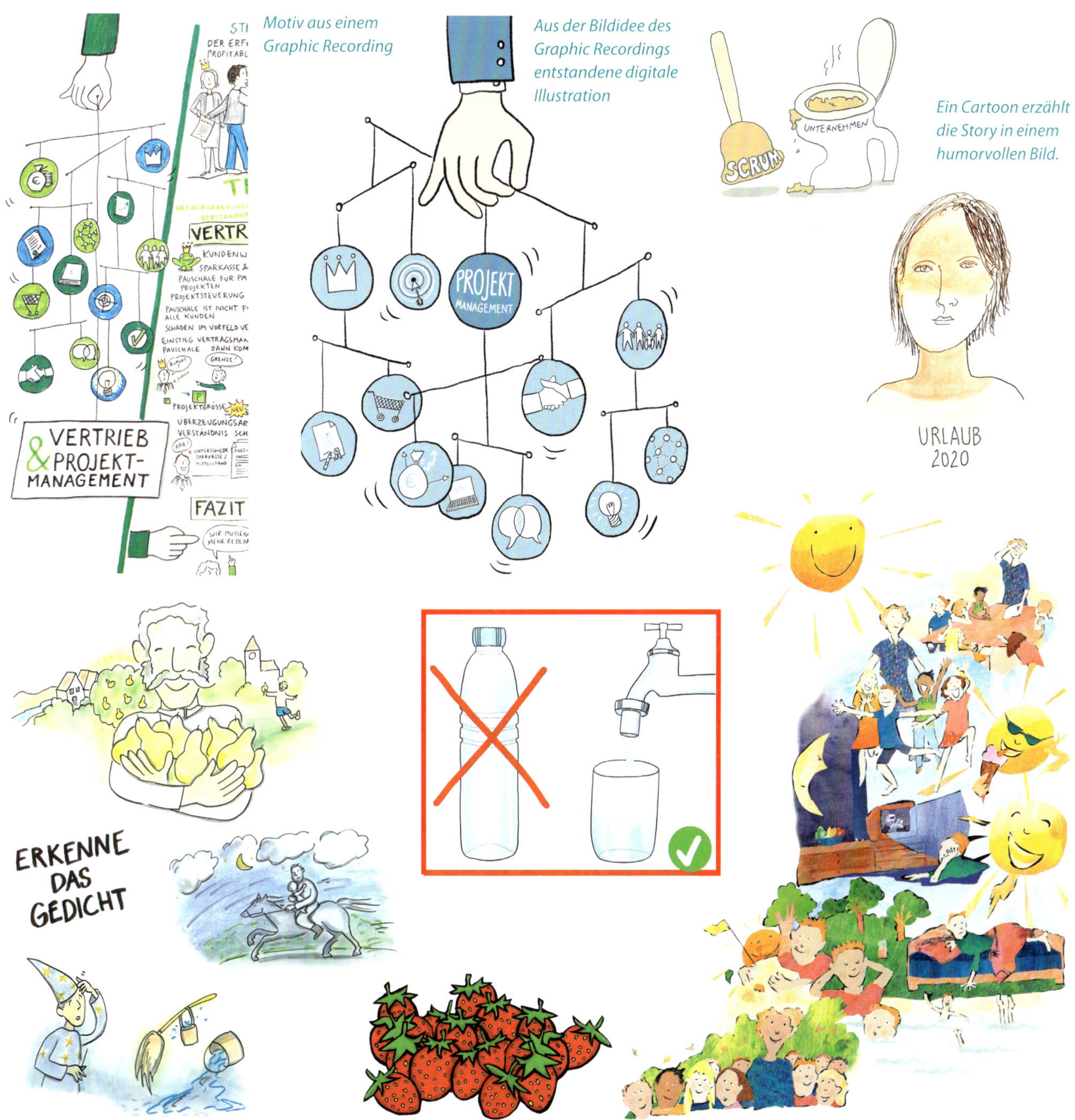

Motiv aus einem Graphic Recording

Aus der Bildidee des Graphic Recordings entstandene digitale Illustration

Ein Cartoon erzählt die Story in einem humorvollen Bild.

Manche Visualisierung ist allgemein verständlich und kommt ganz ohne Worte aus.

Welche Geschichte erzählt diese Illustration? Welche Stimmung wird vermittelt?

KREATIVITÄT

Kunst und Kreativität werden oft in einem Atemzug genannt. Aber was ist da genau der Unterschied?

Kunst ist ein weitreichender Begriff, der sich als Gegensatz zur Natur begreift. Im allgemeinenen Sprachgebrauch meinen wir damit die freie, die bildende Kunst. Wir denken an Malerei , Bildhauerei oder an Musik oder Dichtung. Als Kunst wird der kreative Prozess und das daraus entstandene Werk bezeichnet.

Bei Sketchnotes geht es eher um Kunst im Sinne von Können. Mit diesem Kunstbegriff ist jede hochentwickelte Tätigkeit von Menschen und das daraus resultierende Werk gemeint: die Handwerkskunst und das Kunsthandwerk, die Kunst der freien Rede, das Beherrschen eines Instrumentes oder die Kochkunst. In dieser Hinsicht ist das Zeichnen von Sketchnotes zunächst ein Handwerk, und wenn es kunstvoll beherrscht wird, auch eine Kunst.

Kreativität ist eine hochkomplexe menschliche Fähigkeit. Sie lässt sich als schöpferischer Prozess beschreiben. Dieser darf durchaus zweckgebunden sein und einen Nutzen haben. Am Anfang steht eine Frage, ein Problem oder eine verrückte Idee, am Ende vielleicht eine revolutionäre Erfindung. Kreative Denkprozesse laufen weitgehend unbewusst ab. Ein Einfall wird als spontan von außen kommend, als Eingebung, Inspiration oder als »Kuss der Muse« erlebt. Der kreative Prozess kann intuitiv sein und ist gut mit einer Schwangerschaft vergleichbar. Eine Idee wird ausgebrütet. Man beschäftigt sich mit der Materie und nimmt in der Folge selektiver wahr. Es bilden sich unbewusste Verknüpfungen, die Idee kann sich entwickeln, bis sie am Ende reif ist und ans Licht kommt.

Natürlich gibt es besonders begabte Erfinder*innen mit futuristischen Visionen. Aber das ist die Ausnahme. Die Um-

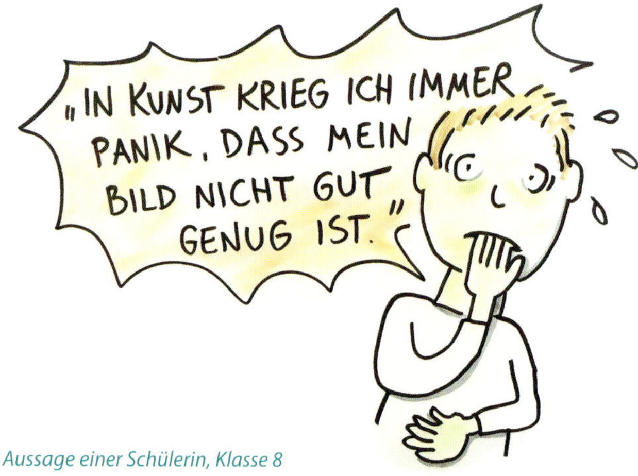

Aussage einer Schülerin, Klasse 8

setzungsphase erfolgt in der Regel in kleinen Schritten und baut auf vorhandenen Erfahrungen und Grundlagen auf. Daher beschreibt Kreativität auch die Fähigkeit, Dinge neu zu verknüpfen oder in einen anderen, unkonventionellen Zusammenhang zu stellen. Das Ergebnis eines kreativen Prozesses muss also nicht zwingend ein Kunstwerk sein.

Ein Treiber für Kreativität ist Mangel. Wenn man nichts eingekauft hat, improvisiert man mit den Resten aus dem Kühlschrank und hat man keine passende Schraube, tut es vielleicht auch erstmal eine Reißzwecke.

Sie müssen also kein*e begnadete Künstler*in sein, um kreativ zu sein, von Vorteil ist aber eine Haltung, die wir gerne Kindern zuschreiben. Spielerisches Experimentieren, Neugier, Freude am Ausprobieren und angenehme Umgebungsbedingungen fördern eine kreative Grundhaltung. Kreative Persönlichkeiten haben keine Angst vor Fehlern, sie erkennen solche als notwendige Lernschritte an. Und sie besitzen eine entwickelte Fähigkeit, die Freiheit, die eigene Komfortzone zu verlassen und »out of the box« zu denken.

Manchen Menschen fällt das leichter als anderen. Fantasievoll zu sein und sich Dinge vorstellen zu können, ist sicher auch eine Gabe. Leider werden uns kreative Freiheiten schon früh abtrainiert. Oft bereits in Kita und Schule, sogar in den »kreativen« Fächern Kunst oder Musik werden am Ende nur Ergebnisse bewertet. Das geht auf Kosten des freien Denkens und der Motivation. Die Leistungsgesellschaft stößt an ihre Grenzen, Prozesse des gesellschaftlichen Wandels fordern unsere ganze Kreativität. Nur so können wir uns anpassen und weiterentwickeln. Daher findet seit einiger Zeit ein Umdenken statt und es gibt viele gute Ansätze, das zu ändern.

Die gute Nachricht ist, dass wirklich jeder Mensch kreativ ist. Kreativität ist eine Fähigkeit. Und die lässt sich trainieren!

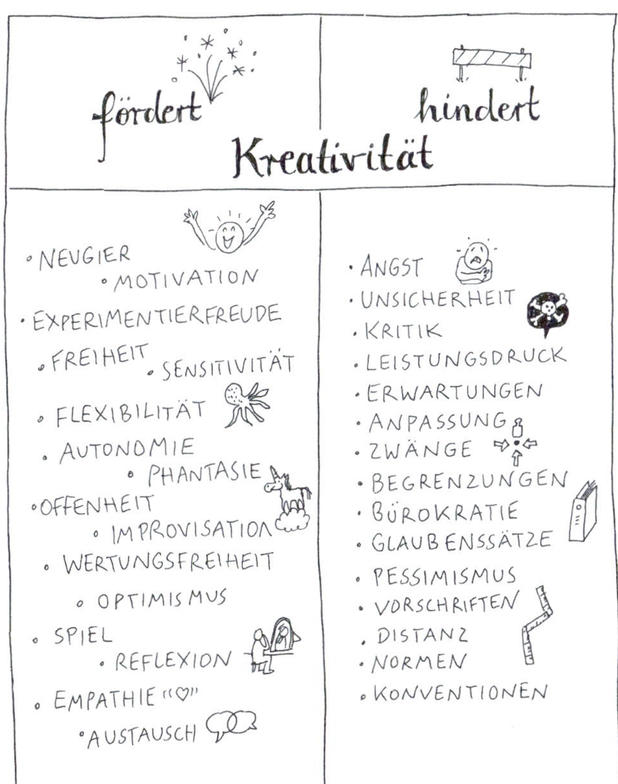

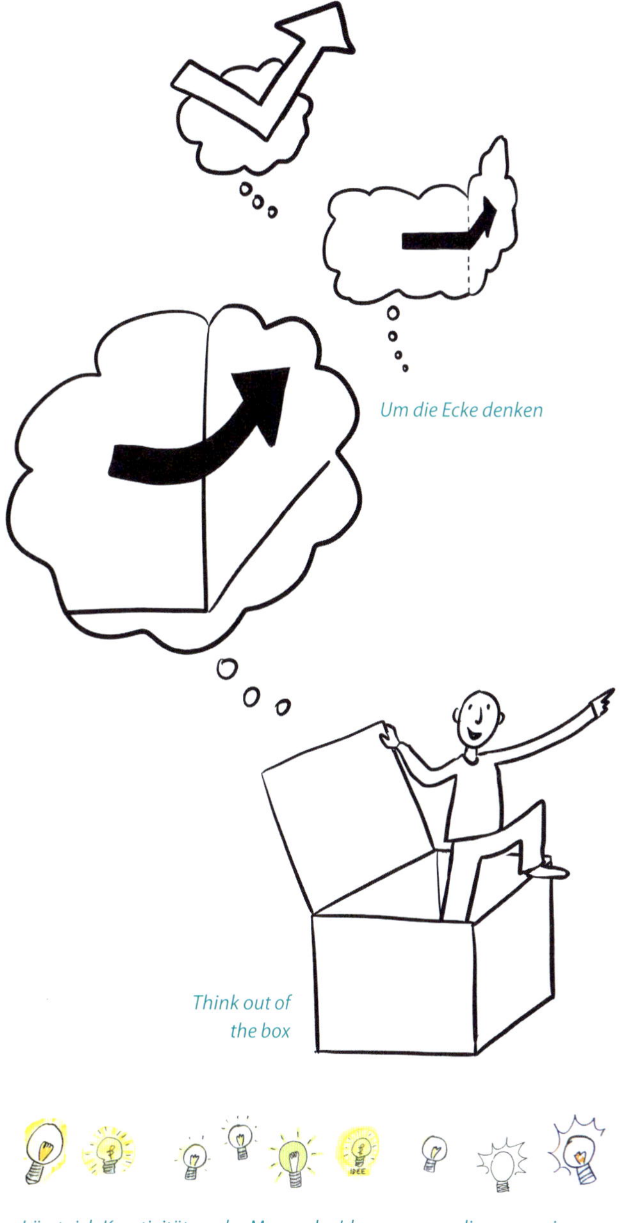

Um die Ecke denken

Think out of the box

Lässt sich Kreativität an der Menge der Ideen messen, die uns zu einer Fragestellung oder zur Problemlösung einfallen? Und was genau ist eigentlich eine Idee?

IDEENFINDUNG

Eine Idee kann eine Vorstellung, Meinung oder Haltung sein, ein Prinzip oder Leitbild. Das ist hier aber nicht gemeint.

Eine Idee ist das Ergebnis eines kreativen gedanklichen Prozesses. Sie bildet die geistige Grundlage zu einer Erfindung oder Schöpfung, die sich anschließend in Handlung umsetzen lässt. Wir haben einen Einfall, Impuls, Geistesblitz, eine Eingebung oder Inspiration. Die Idee kann im Traum kommen, im Sinne von Eingebung. Dann entsteht der Eindruck, sie kommt von außen. Oder sie kann im Dialog oder in einem langen Reifeprozess wachsen, indem sie ent- und weiterentwickelt und ausgebrütet wird, daher der Vergleich mit einer Schwangerschaft.

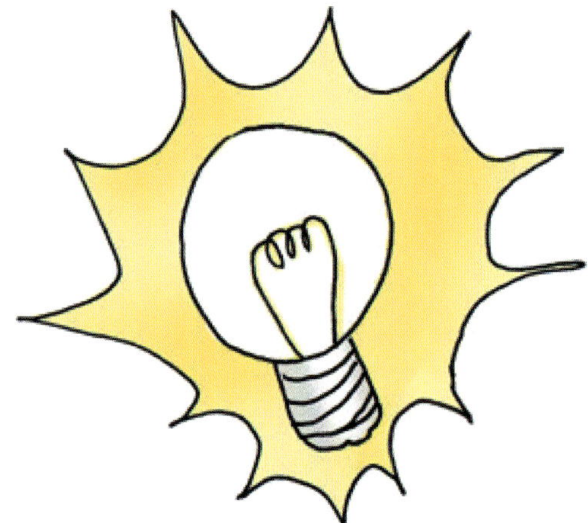

Wie kommen Sie beim Visualisieren auf Bildideen?

»Mir geht ein Licht auf!«, heißt es, wenn man eine neue Erkenntnis hat. Daher ist das wahrscheinlich bekannteste Bild für »Idee« die Glühbirne. Einfache Begriffe sind auch einfach umzusetzen. Stuhl, Dorf oder Hund lassen sich schnell darstellen. Je nach Kontext können diese Bildaussagen dann spezifiziert werden. Passt in den Zusammenhang besser ein Büro- oder Schaukelstuhl? Durch welche Art Landschaft charakterisiere ich ein *Dorf*? Doch was ist mit komplexeren Begriffen wie Risikomanagement, Authentizität oder Bedarfsentwicklung? Wenn intuitiv und spontan kein Bild im Kopf entsteht, gibt es trotzdem immer eine Lösung. Wir schreiben den Begriff einfach hin und werten das Wort optisch mit einem Bild auf, das für sich gesehen gar nichts aussagen würde: ein Daumen nach oben oder ein gestalteter Rahmen drumherum. Oder wir lassen das Bild gleich ganz weg.

Sie können einiges tun, um Ihrer Fantasie auf die Sprünge zu helfen. Lässt sich der Begriff wortwörtlich nehmen? Gibt es ein Objekt, das stellvertretend für den Begriff stehen könnte? Vielleicht finden sich im Internet Optionen bei der Bildersuche, die Sie gegebenenfalls anpassen können. Lässt sich der Begriff umschreiben oder durch mehrere Bilder bzw. eine kleine Bildergeschichte darstellen?

Visualisierung als Kreativitätsmethode

Für Produktideen oder bei Problemlösungsprozessen in Organisationen wird gerne mit Ideenfindungsmethoden gearbeitet. Der Zweck solcher Übungen ist es, dabei zu helfen, unser Denken von Blockaden zu befreien, uns gegenseitig anzuregen, die Schwarmintelligenz zu wecken und so viele Ideen zu generieren. Die Bewertung erfolgt dann erst später in einem zweiten Schritt. Als Gruppenereignis sind diese eher zwanglosen Veranstaltungen meist sehr produktiv. Bei solchen Workshops ist Visualisierung ein gefragtes Tool, daher werden gerne Graphic Recorder*innen gebucht. Aber alle können sich einbringen, und wer sich mit Sketchnotes auskennt, findet auf allen funktionalen Ebenen Ausdrucksmöglichkeiten.

Aus der Vielzahl von Kreativitätstechniken habe ich auf den nächsten Seiten ein paar ausgewählt, weil sie Visualisierung als festen Bestandteil nutzen.

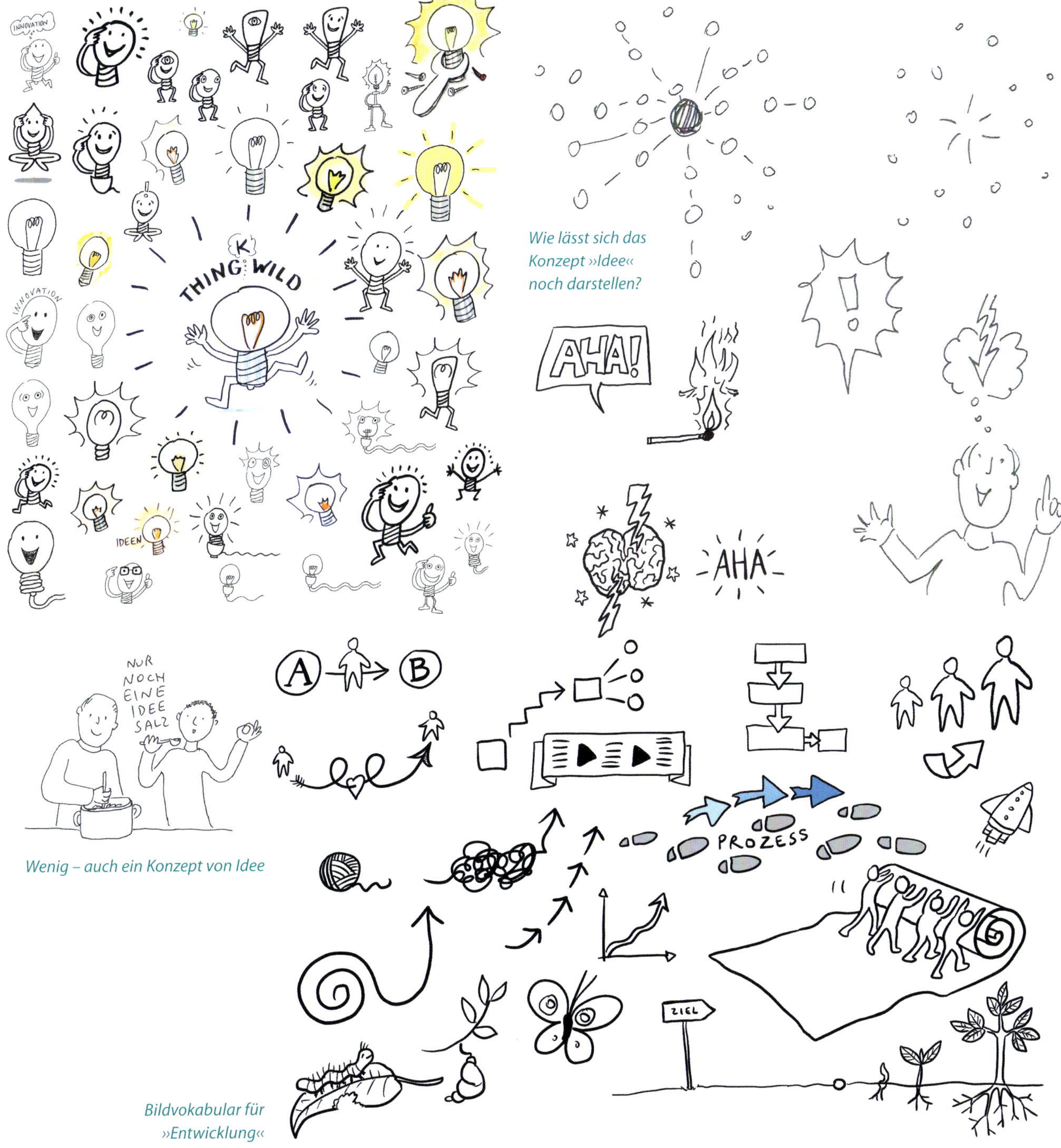

Wie lässt sich das Konzept »Idee« noch darstellen?

Wenig – auch ein Konzept von Idee

Bildvokabular für »Entwicklung«

KREATIVITÄTSTECHNIKEN

Brainstorming

Das Gehirn stürmen – ist wohl die bekannteste Technik, um auf Ideen zu kommen, weil sie einfach auch so naheliegend ist. Es geht um freies und assoziatives Denken. Was fällt mir spontan ein? Was verbinde ich persönlich damit? Was ist das Gegenteil (Perspektivwechsel)? Das kann im Austausch stattfinden oder im Stillen. Dann wird es auch Brainwriting genannt. Das Ergebnis ist eine Liste oder die Visualisierung als Sketchnote.

Im Grunde ist das ein Prozess, der automatisch abläuft, wenn man nach Ideen sucht. Was diese Herangehensweise zu einer Methode macht: In der ersten Phase gibt es keinerlei Bewertung. Jede Idee soll gehört werden, und sei sie noch so verrückt. Alles wird notiert. Bewerten lässt sich dann alles in einer zweiten Phase, z.B. durch eine Abfrage mit Punkten, bei der alle drei Ideen priorisieren können. So wird immer weiter reduziert, bis am Ende eine Lösung steht.

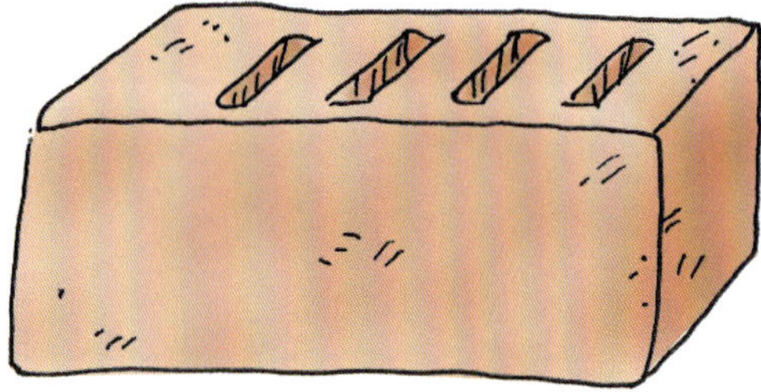

Kreativität ist neben Teamgeist eine der gefragtesten Fähigkeiten in der heutigen Berufswelt. Als Indikator für Kreativität steht der quantitative Ideenoutput. Immer wieder gibt es Ansätze, diese Fähigkeit sicht- oder messbar zu machen. Der Ziegelstein-Test ist ein Klassiker unter den Kreativitätsaufgaben. Dabei geht es darum, so viele originelle Verwendungszwecke für einen Ziegelstein zu finden wie nur irgend möglich.

Mindmap

Visuelle Assoziation – wird auch als Gedankenlandkarte bezeichnet. In der Mitte steht der Begriff oder das Thema. Dann ergänzt man zuerst die zentralen Aspekte und verbindet sie mit Linien. Anschließend werden weitere Assoziationen zugeordnet. Der Vorteil ist, dass man weiter verästeln und vernetzen kann und so Zusammenhänge erkennbar werden. Mit dem Einsatz von Farbe lassen sich zusätzlich Zuordnungen schaffen. Das ist die einfachste Version einer Sketchnote! Hier lassen sich schnell Begriffe mit Zeichnungen ergänzen oder gar ersetzen.

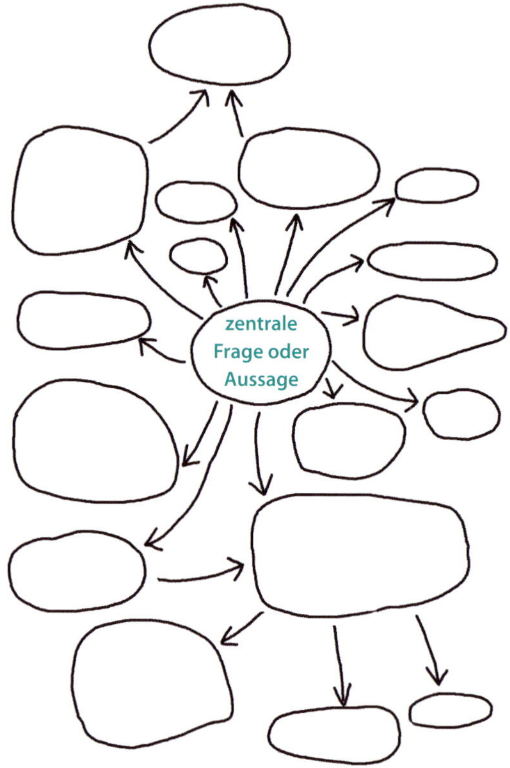

Assoziationen lassen sich hierarchisch ordnen oder miteinander in Verbindung setzen. Durch die Form der Visualisierung entsteht automatisch eine Sketchnote!

How to make toast

»*Wie man Toast macht*«*-Methode* – ist eine visuelle Gruppentechnik zu systemischen Modellen, die schnell Heiterkeit erzeugt, aber im Laufe des Prozesses auch überraschende Erkenntnisse ermöglicht.

In nur drei Minuten skizziert jede Person ein Bild davon, wie man Toast macht. Beim anschließenden Vergleich fällt auf, wie vielfältig die Ansätze sind. Es werden einfache und komplexe Darstellungen dabei sein und es wird unterschiedliche Ansätze der Darstellung geben. Vielleicht ist eine technische Bauanleitung für den Toaster darunter oder Ähren auf dem Feld. Mit Sicherheit finden sich Ansätze, um tiefer in die eigenen Abläufe und Prozesse einzutauchen.

Dieses Video ist Teil der Methode:
TED.com https://www.drawtoast.com

Diese Methode fördert über das Zeichnen den Austausch, gemeinsame Erkenntnisse und bietet gute Grundlagen für Teams in Veränderungsprozessen.

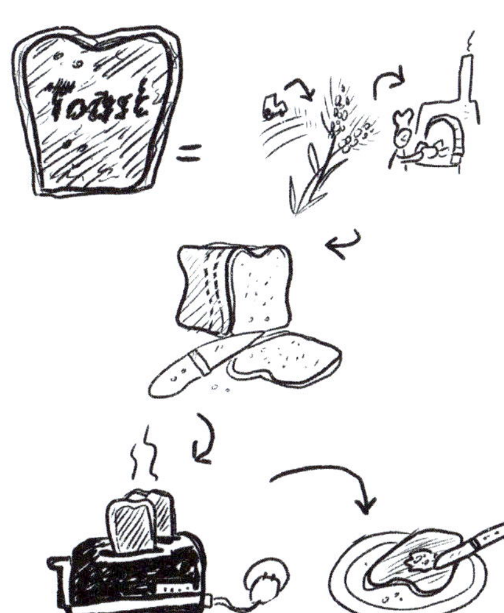

Wie zeichnen Sie den Prozess des Toast-Machens?

Design Thinking

Gestaltung denken – ist ein multidisziplinärer Gruppenprozess, der aus einem Mix von Methoden besteht, um Nutzerbedürfnisse zu verstehen und daraus neue Produkte zu schaffen. Toleranz und ein offenes Raumkonzept tragen dazu bei, eine kreativitätsfördernde Atmosphäre zu schaffen. Vor allem spielt die Visualisierung in diesem iterativen Prozess eine große Rolle, denn es entsteht eine Fülle von Lösungen und Ideen. Das Ergebnis sind ein oder mehrere Prototypen.

Verstehen: *Zunächst wird ein allgemeines Verständnis für das Problem geschaffen, nach geeignete Fragen gesucht, Bedürfnisse und Herausforderungen definiert.*

Beobachten: *Recherche, Befragungen und Beobachtung, um die Rahmenbedingungen zu definieren.*

Sichtweisen definieren: *Der prototypische Nutzer, die Persona, wird als Individuum definiert und stellvertretend für die Zielgruppe angesprochen.*

Ideenfindung: *Brainstorming und Bewertung*

Prototyping: *Die Erstellung eines einfachen Prototypen, der an der Zielgruppe getestet werden kann. Das kann ein Bild, ein Bauwerk aus Lego oder eine Bastelarbeit sein.*

Verfeinerung: *Das Konzept wird weiter verbessert, bis ein neues Produkt entstanden ist.*

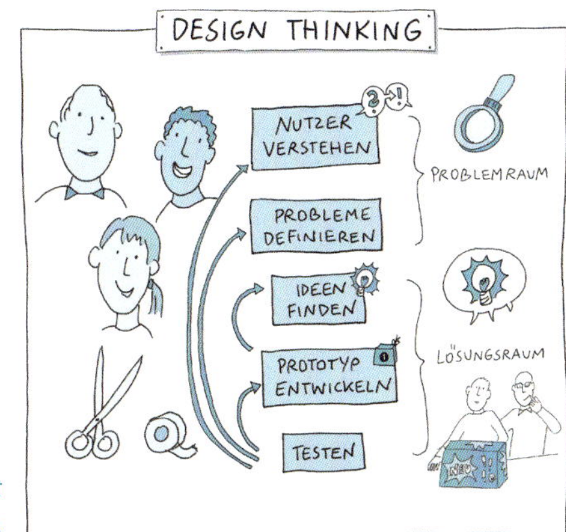

Design Thinking ist ein iterativer Prozess.

OPEN SPACE

Offener Raum – oder **BarCamp** – was gerne mit *Un-* oder *Nichtkonferenz* übersetzt wird, gehört zu meinen Lieblingsformaten. Es handelt sich hierbei weniger um eine Kreativitätstechnik als um ein kreativitätsförderndes Format zur Moderation von großen Gruppen. Fürs Visualisieren sehr geeignet, für Laien ebenso wie für Profis, weil Kreativität ausdrücklich gewünscht ist. Ob es das Dokumentieren von Ergebnissen oder das Festhalten von Kernaussagen oder das Anbieten eines eigenen Workshops ist. Im Open Space organisieren sich die Gruppen innerhalb des gesteckten Rahmens selbst. Beiträge und Workshopangebot ergeben sich aus den Angeboten der Teilnehmenden. Anfangs kann das chaotisch wirken, aber wer selbst schon einmal an solch einer Veranstaltung teilgenommen hat, weiß, wie viel Innovationspotenzial hier freigesetzt und wie viel Motivation erzeugt wird.

Es gibt zwei Schlüssefaktoren für das Gelingen solcher ergebnisoffenen Formate: eine kreative Arbeitsatmosphäre mit Rückzugsecken und Freiräumen sowie die Visualisierung. Eine Begleitung mit professionellem Graphic Recording ist hier äußerst sinnvoll. So haben alle Teilnehmenden die Chance, einen Überblick zu behalten. Das Bild sorgt dafür, dass Ideen und Projekte spätestens beim Abschlussritual von allen gesehen werden können. Aber auch für die Teilnehmenden ist es sinnvoll, in Sketchnotes alles festzuhalten was sie mitnehmen und sich merken möchten.

Eine weitere Methode des Austauschs, für die sich Visualisierung anbietet, ist das **World-Café** – Welt-Café, bei dem die Teilnehmenden die Stationen wechseln. Jede Station behandelt einen Aspekt des gleichen Themas. Das World-Café ist oft Bestandteil eines Gesamtkonzeptes und steht selten nur für sich allein.

Haben Sie schon einmal an einem BarCamp teilgenommen? Viele Organisationen, Hochschulen, Initiativen oder Städte und Gemeinden wünschen sich Bürgerbeteiligung zu bestimmten Projekten, z.B. in der Quartiersentwicklung. Dazu werden Workshops angeboten, bei denen man sich in Arbeitsgruppen zusammenfindet. Das könnte ein gutes Betätigungsfeld für erstes Visualisieren in der Öffentlichkeit sein, denn dort ergeben sich viele Gelegenheiten.

Übung: *Gönnen Sie sich Freiräume zum Träumen, Fantasieren und Herumspinnen allein oder in einer Gruppe. Machen Sie ein Brainstorming mit Freund*innen, Teamkolleg*innen oder allein. Stellen Sie eine klare Frage.*

Mögliche Fragen:

- *Wir befinden uns im Jahr 2030. Was hat sich im Vergleich zu heute an unserer Wirtschaftsform geändert?*
- *Das Beste, was uns als Familie passieren kann: Was entsteht, wenn Geld und Zeit KEINE Rolle spielen?*
- *Wie sieht das perfekte Mehrfamilienhaus heute aus?*
- *Seien Sie neugierig! Fragen Sie nach! Nutzen Sie das Sesamstraßen-Prinzip: Wer? Wie? Was? Wieso? Weshalb? Warum?*
- *Zeichnen Sie eine Mindmap, allein oder in einer Gruppe, mit einem zentralen Begriff.*

Mögliche Beispiele:

- *Demokratie*
- *Social Media*
- *Plastik vermeiden*
- *Jugendkultur*

Beispiele im professionellen Umfeld:

- *Was macht gutes Teamwork aus?*
- *Die Zukunft unserer Zusammenarbeit*
- *Projekte zur Sales-Optimierung*
- *Was können wir zur Kundenbindung tun?*
- *Was lässt sich alles mit einem Ziegelstein anfangen?*

OPEN SPACE

IM OPEN SPACE GIBT ES

4 PRINZIPIEN

1. WER AUCH IMMER KOMMT, ES SIND DIE RICHTIGEN LEUTE

2. WAS AUCH IMMER PASSIERT, ES IST DAS EINZIGE, WAS GESCHEHEN KONNTE

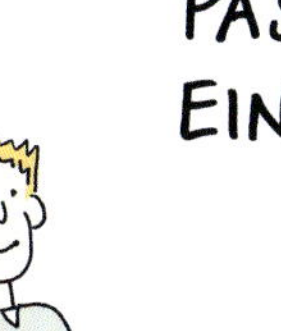

3. ES BEGINNT, WENN DIE ZEIT REIF IST

4. VORBEI IST VORBEI – NICHT VORBEI IST NICHT VORBEI

ENDE

UND EIN GESETZ §

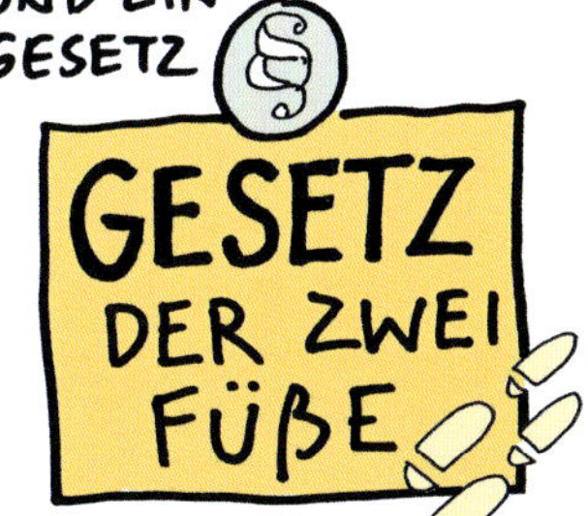

GESETZ DER ZWEI FÜẞE

AUSDRUCK DER FREIHEIT UND SELBSTVERANTWORTUNG. DER TEILNEHMER BLEIBT NUR SO LANGE IN EINER SESSION, WIE ER ES FÜR SINNVOLL ERACHTET

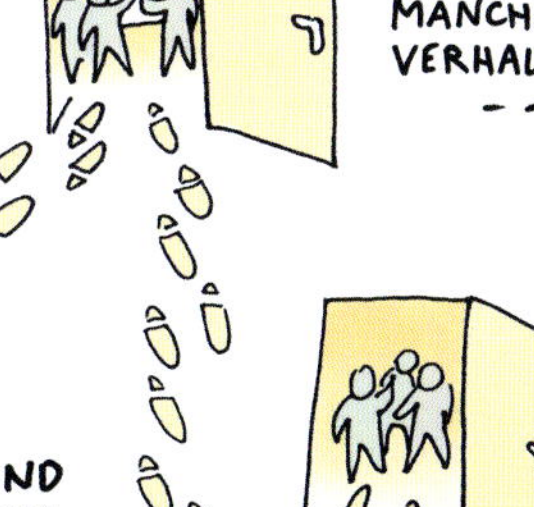

BEI ANWENDUNG ZEIGEN SICH MANCHMAL VERHALTENSWEISEN

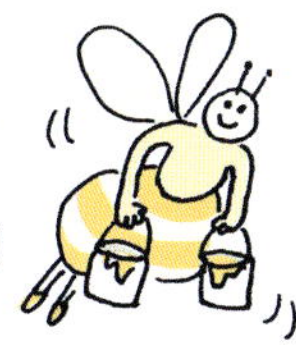

HUMMELN

BEWEGEN SICH VON SESSION ZU SESSION UND BEFRUCHTEN DIE SESSIONS WECHSELSEITIG

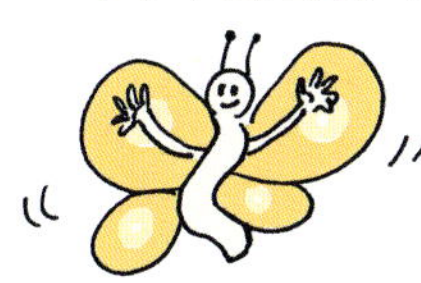

SCHMETTERLINGE

SIND ANZIEHUNGSPUNKT FÜR ANDERE

BASISWISSEN I

KAPITEL 2 VISUALISIEREN MIT SKETCHNOTES

Sketchnotes sind die effektivste Methode, mit der alle schnell und einfach visualisieren können und die sich in nahezu jeder Anwendung umsetzen lässt. Mit einem kurzen Überblick über die Basiselemente, die in meinem ersten Buch »Sketchnotes & Graphic Recording – Eine Anleitung« ausführlich behandelt werden, fassen wir die ersten Schritte des Visualisierens mit Sketchnotes zusammen. Das ein oder andere werden wir uns etwas genauer anschauen.

Sie müssen keine künstlerische Begabung mitbringen, denn das Zeichnen von Sketchnotes ist ein Handwerk, das sich erlernen lässt. Wie alle Fertigkeiten kann es durch Training erworben und durch Übung verfestigt werden. Man übt sich durchs Machen, lernt mit der Erfahrung und der eigene Stil wird ausdrucksvoller.

Diese Basiselemente bilden die Grundlagen und darauf bauen alle komplexeren Sketchnotes auf.

Die Basiselemente sind:

- *Grundformen und Bildvokabular*
- *Symbole und Icons und Bilder*
- *Typografie*
- *Container, Rahmen, Banner und Sprechblasen*
- *Menschen*
- *Prozesse und Abläufe*

Handwerkszeug:

- *Materialkenntnis: Stifte, Papier oder App*
- *Grundwissen in Farbpsychologie und Gestaltungslehre*

Haben Sie schon Ihren eigenen Stil entdeckt?
Was macht ihn aus?

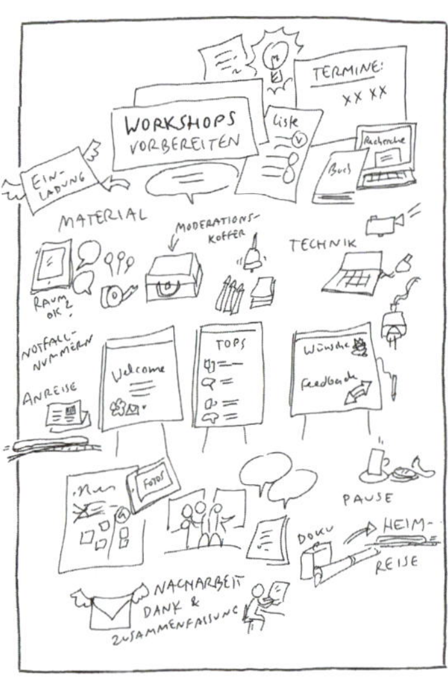

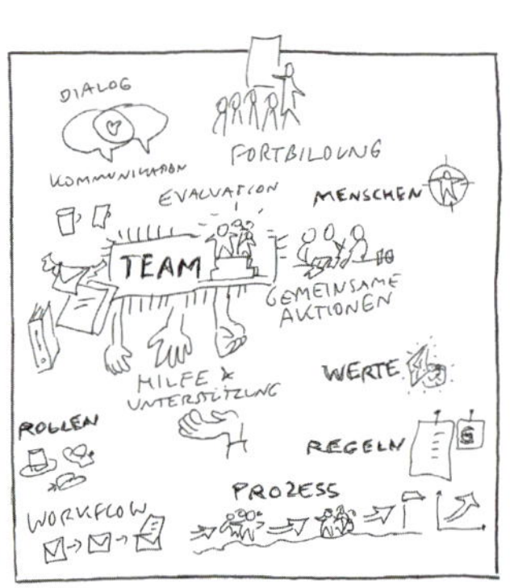

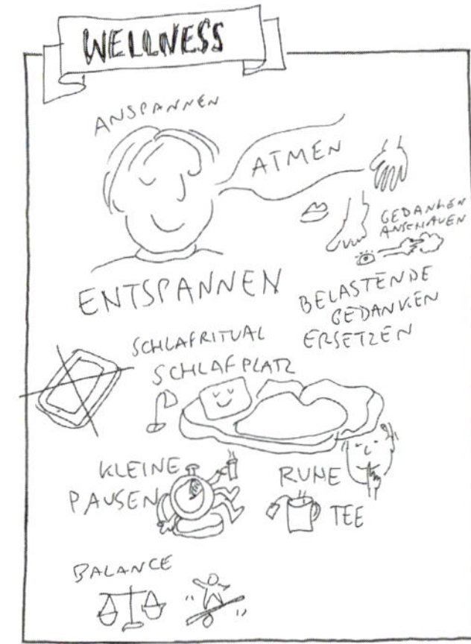

Kleine spontane Graphic Recordings, Fineliner auf Papier

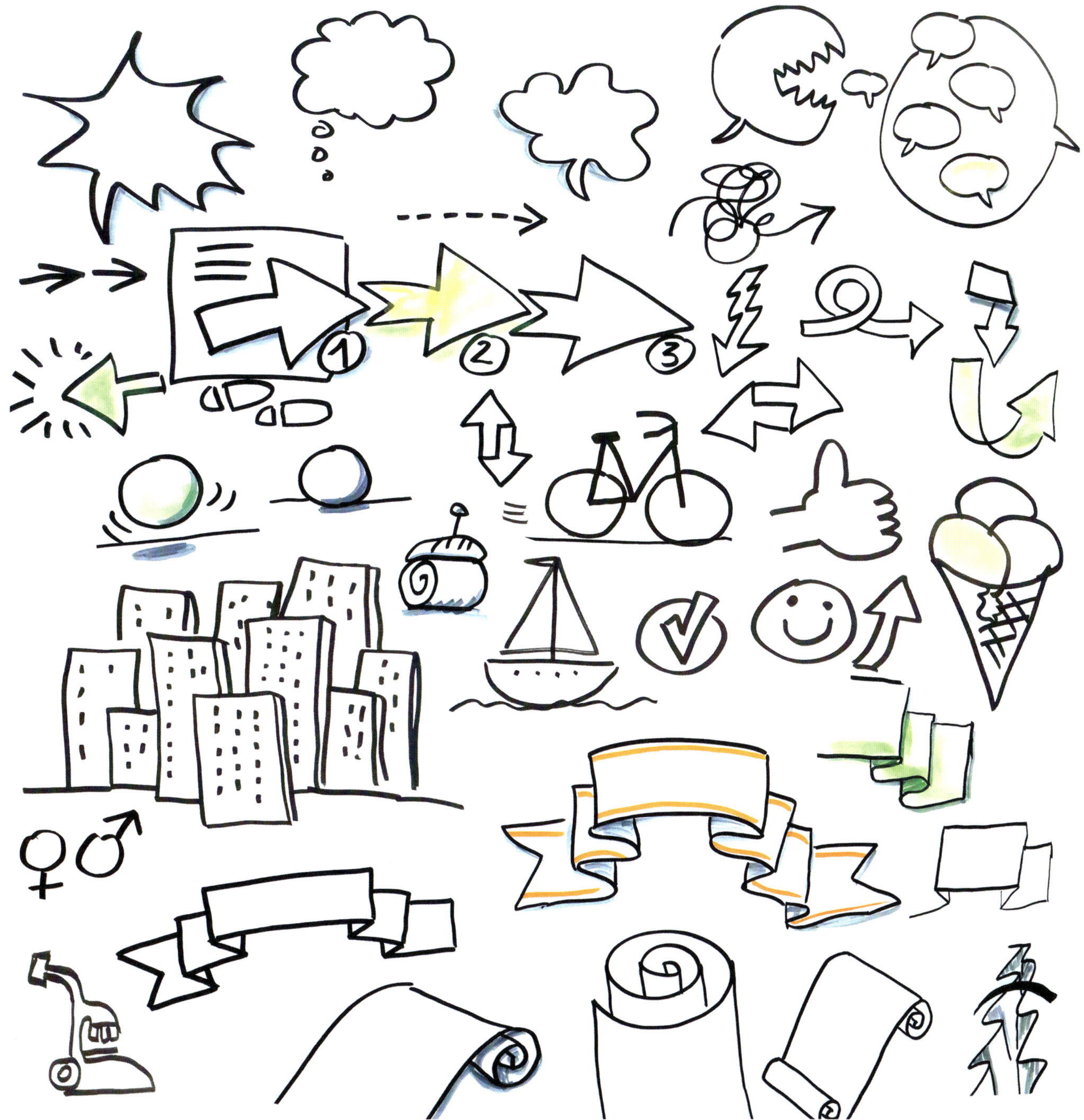
1
2
3

Auf diesen wenigen Grundformen bauen alle Sketchnotes auf.

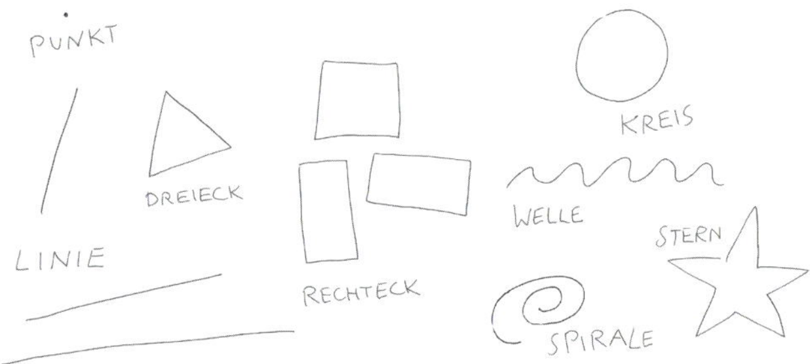

In der Kombination ergeben sie dann Bilder.

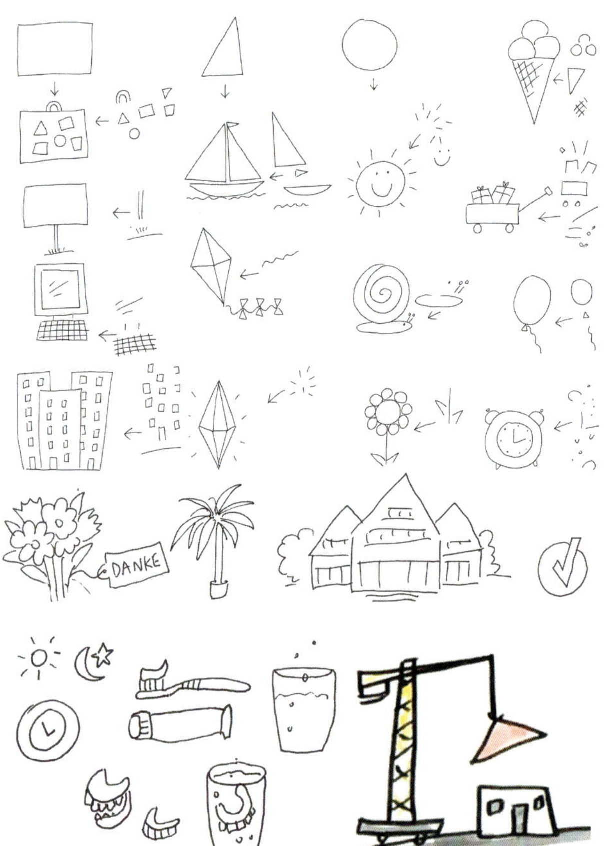

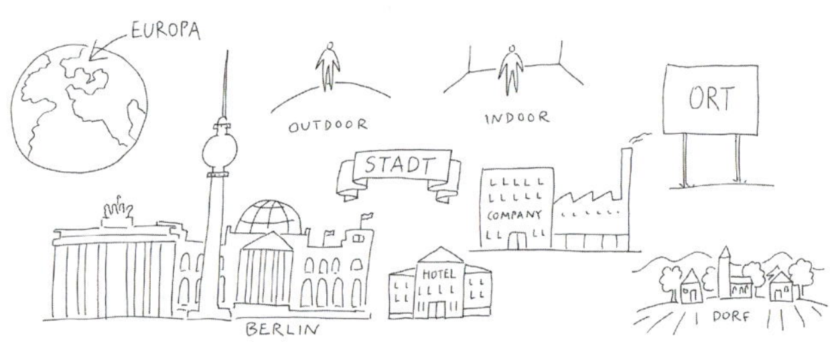

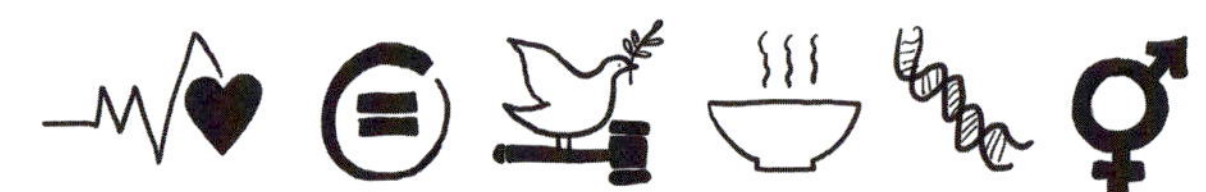

Symbole, Icons und Bilder

Zwei oder drei Schriftarten sollten Sie schnell und flüssig schreiben können und auch ein paar Spezialeffekte kennen.

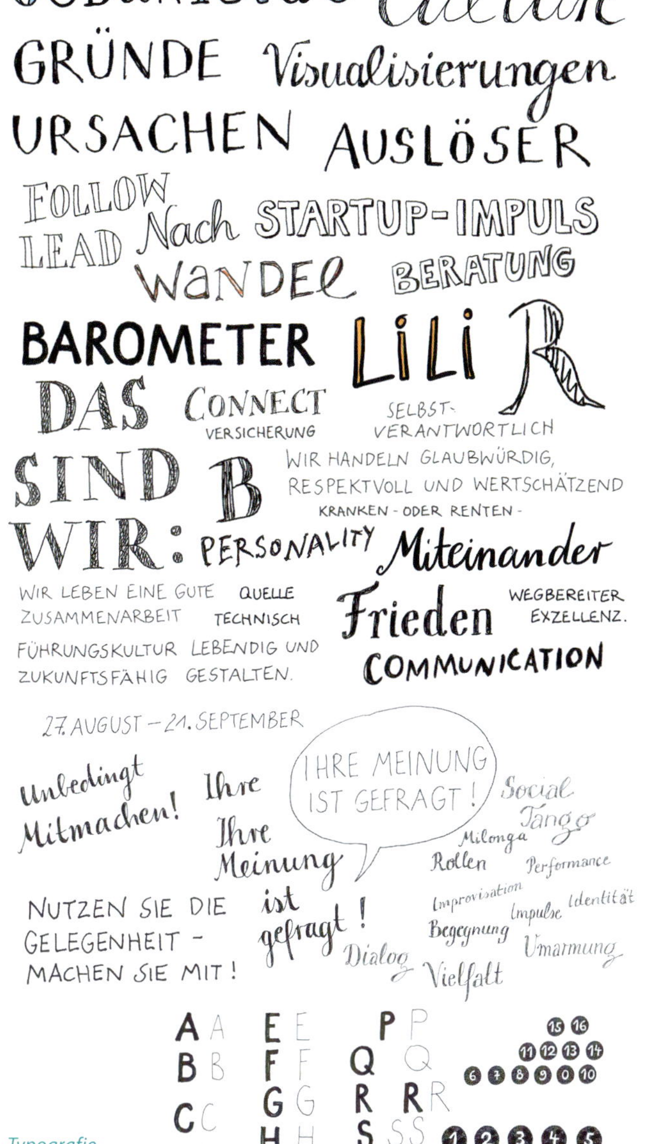

Typografie

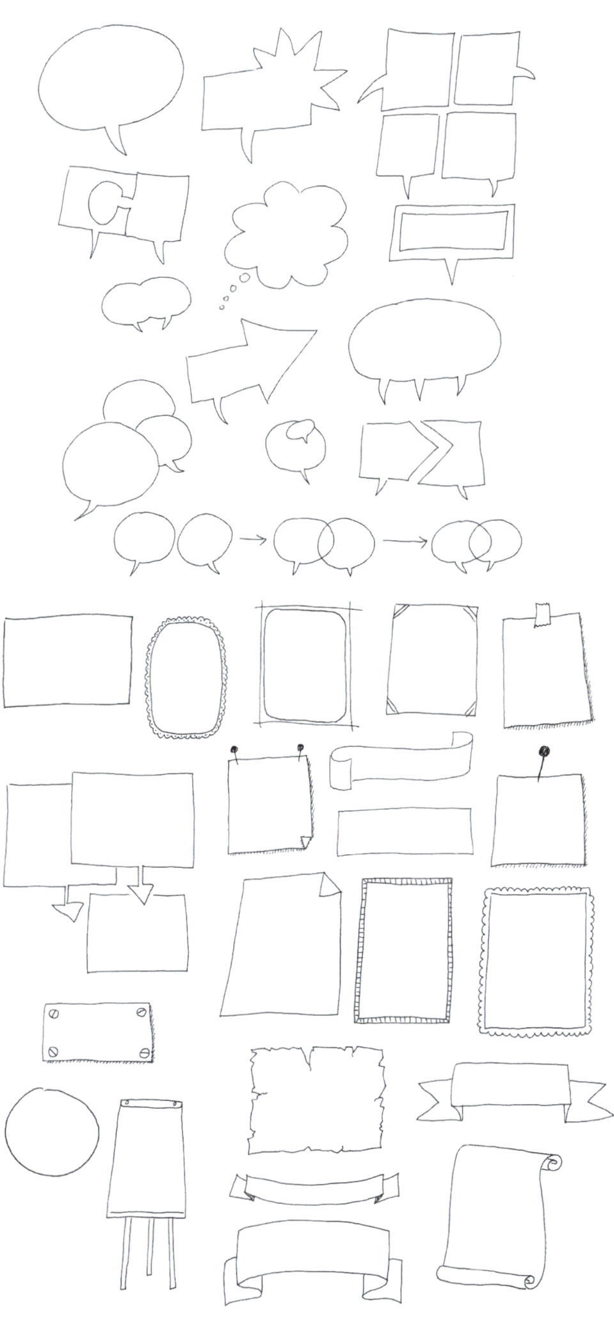

Container, Rahmen, Banner und Sprechblasen

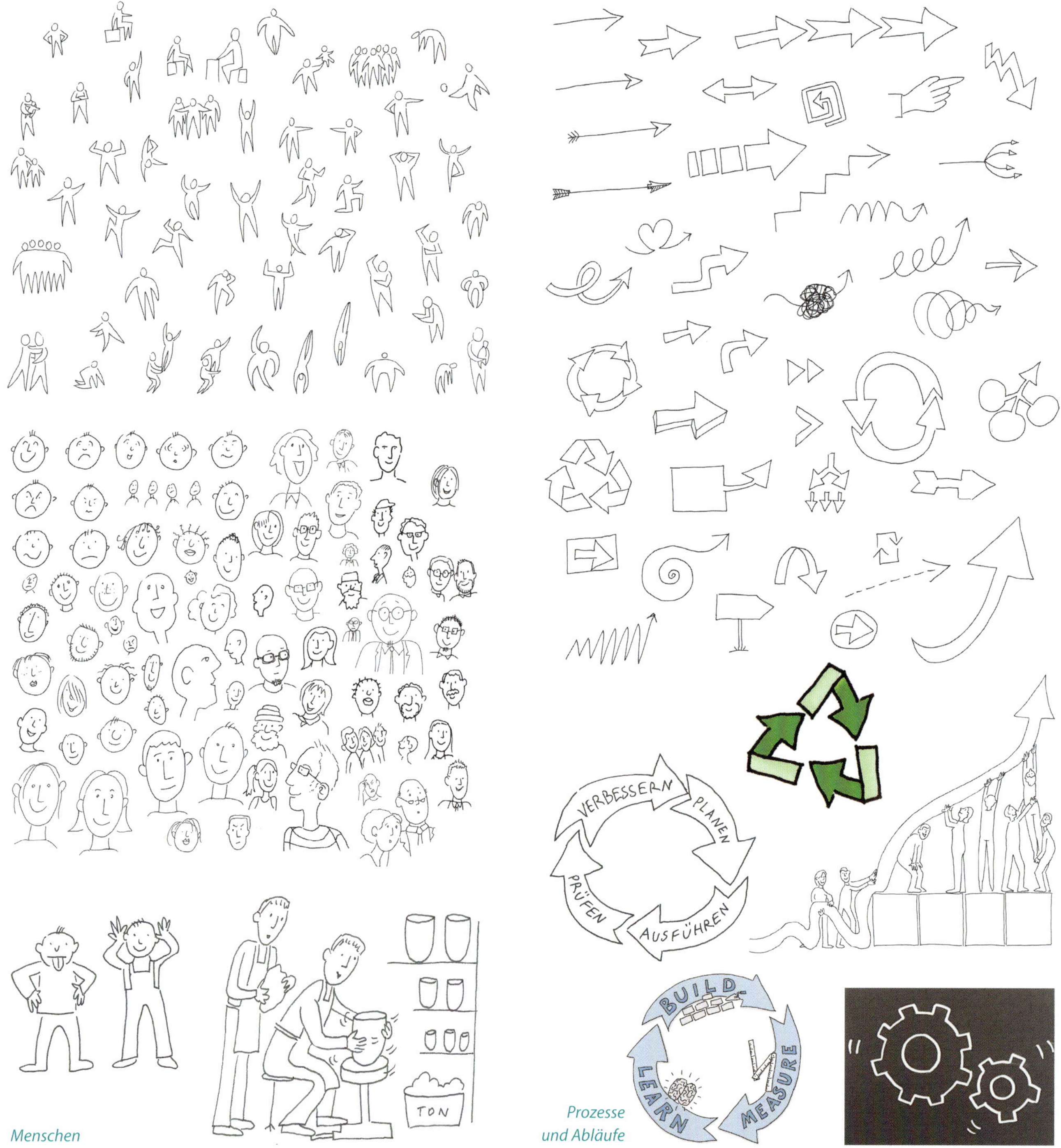

Menschen

Prozesse und Abläufe

ÜBUNGEN

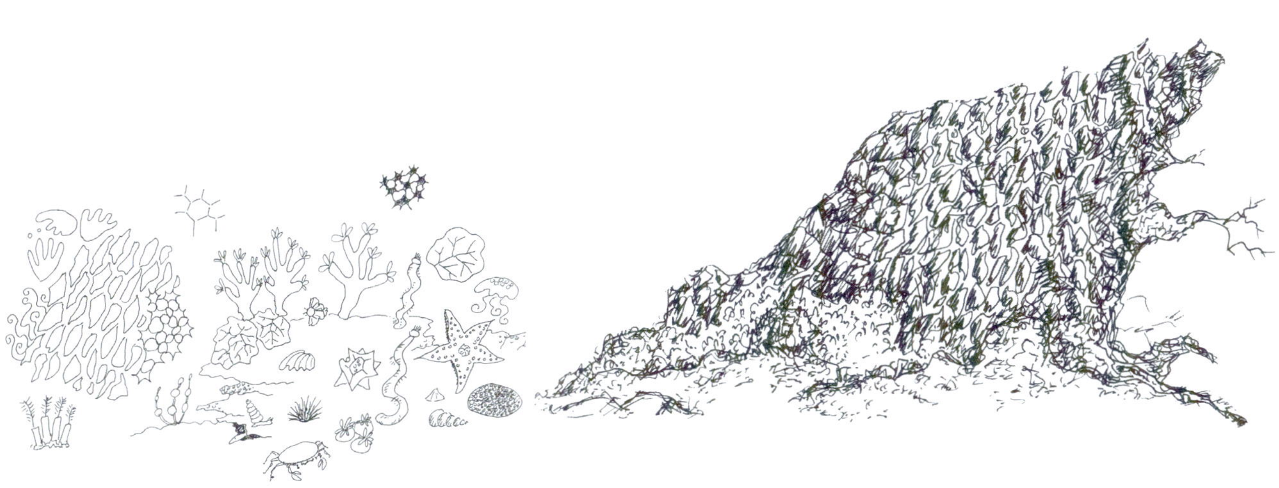

Zum Auffrischen und um in den Flow zu kommen: Zeichnen Sie die Bilder weiter.

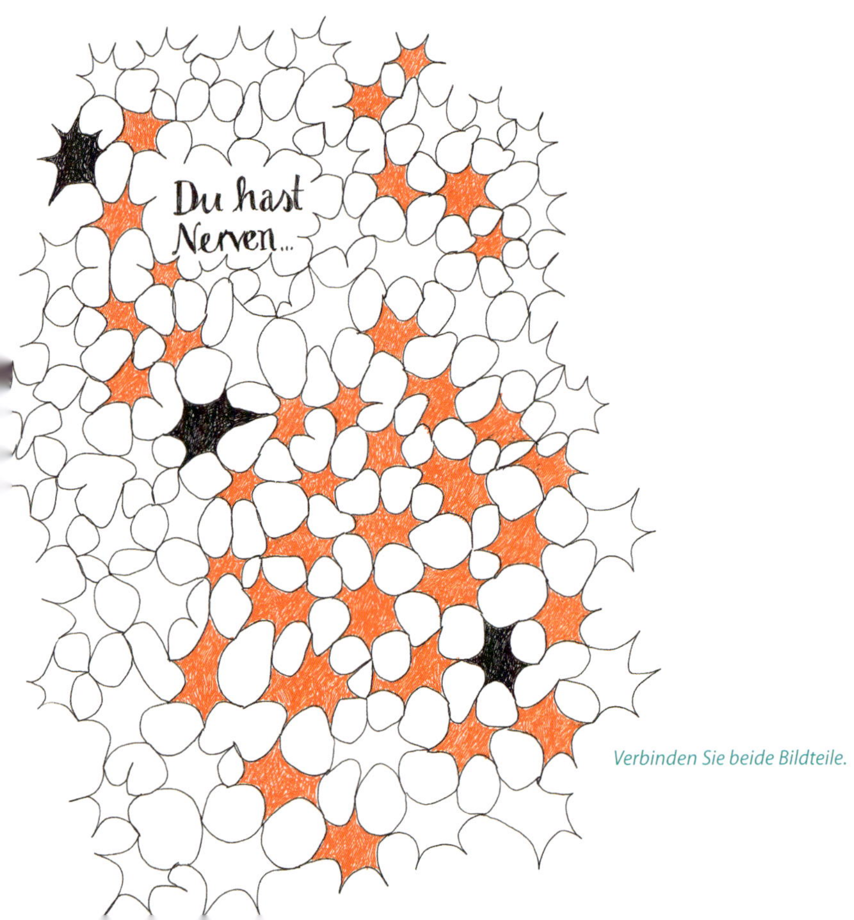

Verbinden Sie beide Bildteile.

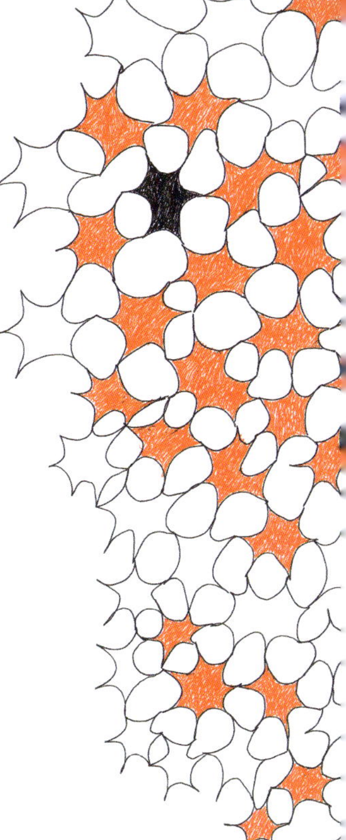

MENSCHEN

Menschen stehen fast überall im Mittelpunkt des Geschehens. Direkt oder indirekt. Natürlich gibt es Ausnahmen, z.B. in wissenschaftlichen Themenbereichen oder wenn es bei Fachthemen sehr abstrakt zugeht. Aber selbst dann sind es Menschen, die sich mit der Materie beschäftigen oder für die das Behandelte Auswirkungen haben wird. Daher sollte man beim Sketchnoten Menschen sicher zeichnen können.

Mit Gesichtern, Haltung oder Händen lässt sich vieles darstellen und ausdrücken, wofür es sonst einer umständlichen Beschreibung bedarf. Die Reaktion auf einen Sachverhalt, ob jemand glücklich ist oder innere Widerstände hat, drückt sich deutlich im Gesicht aus. So transportiert die Abbildung auf der Metaebene eine komplexe Aussage.

Gefühls- und Gesichtsausdrücke sind universell, daher werden sie von allen erkannt und schnell eingeordnet. Zur Darstellung unterschiedlicher Charaktere und Typen lassen sich also viele Informaionen im Gesicht unterbringen. Generell steht gute Laune für positive Gefühle, schlechte Laune für negative Gefühle.

Der Ausdruck lässt sich bereits mit wenigen Strichen erfassen. Als Visualisierer*in sollten Sie das Repertoire kennen, sicher aufs Papier bringen können und nicht mehr überlegen müssen.

Tipp:
Die »Ich-Botschaft« ist eine Darstellungmethode, mit der sich die Perspektive einer Aussage umkehren lässt.
Beispiel: *Die Aussage: Jedes dritte Kind ist von Armut betroffen.*
Umsetzung: *Drei Kinder zeichnen, eines mit einer Spechblase in der steht: »Ich bin arm.«*

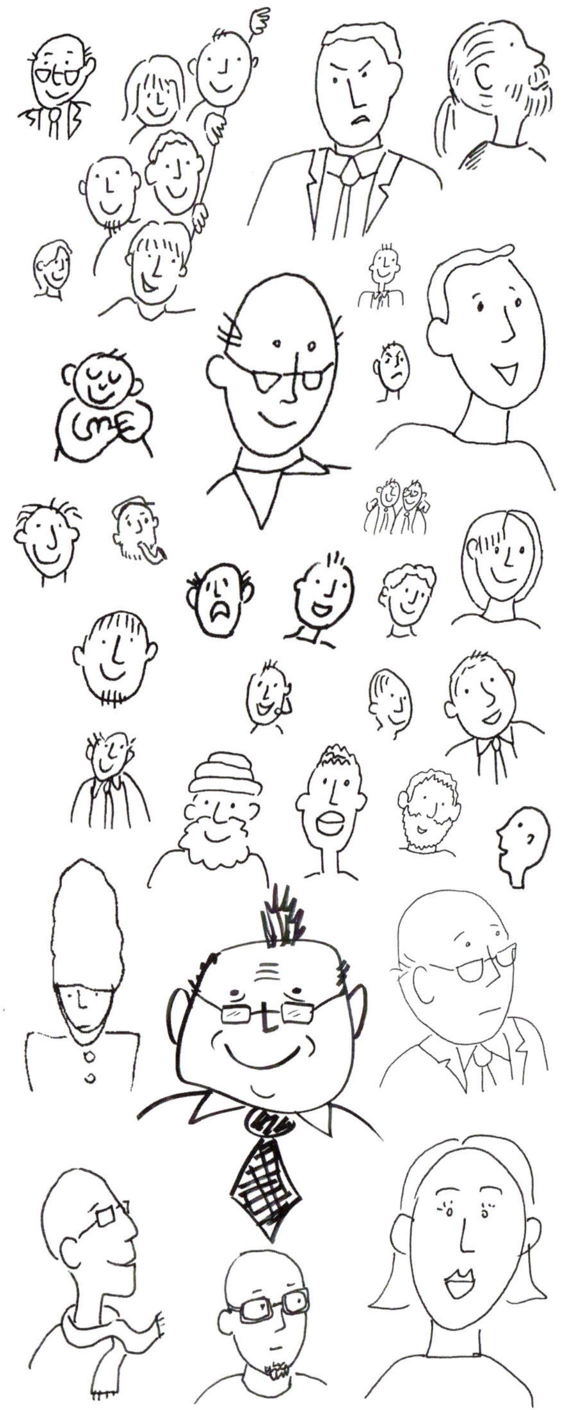

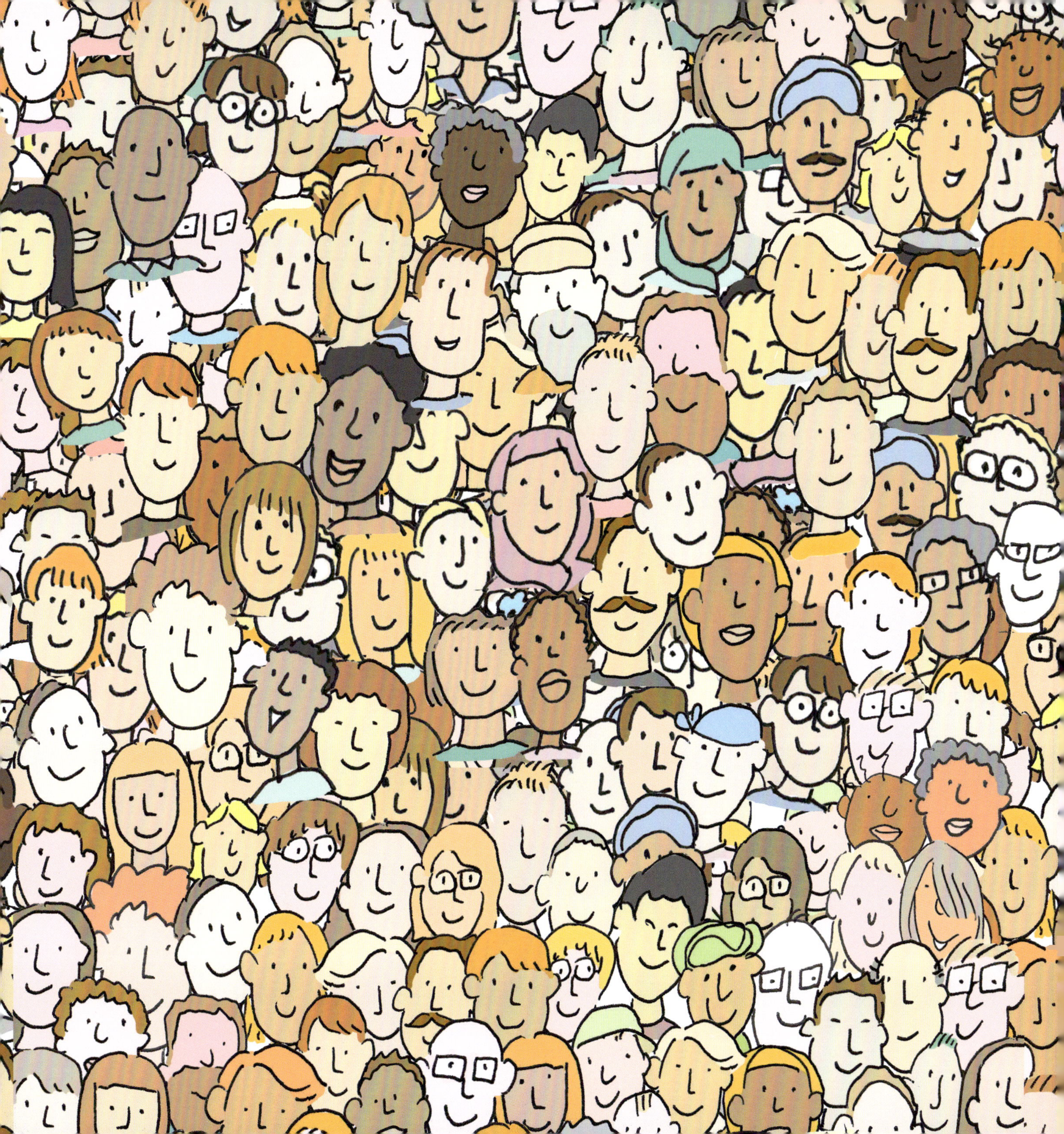

GESICHTER & AUSDRUCK

Ausdruck und Details können den Zustand von Menschen beschreiben. Frisur, die Nase oder die Form des Gesichtes definieren das Aussehen einer Person und geben ihr eine Persönlichkeit. Darüber hinaus transportieren Haltung und Mimik eine Emotion oder ein bestimmtes Verhalten. Selbstsichere Personen haben einen anderen Ausdruck als Menschen, die sich unsicher fühlen. Unsere nonverbale Körpersprache sendet das, meist unbewusst, in die Welt. Wir nutzen dieses Wissen, um unseren Visualisierungen von Personen den gewollten Ausdruck zu verleihen.

Jede*r Zeichner*in hat einen eigenen Stil und einen ganz individuellen Strich: Eine*r zeichnet eine Nase wie einen Haken, eine*r rund oder so manche*r lässt sie ganz weg. Diese individuelle Vielfalt ist großartig!

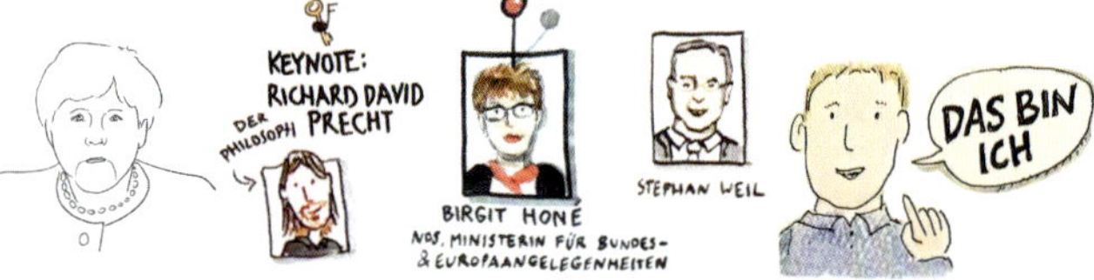

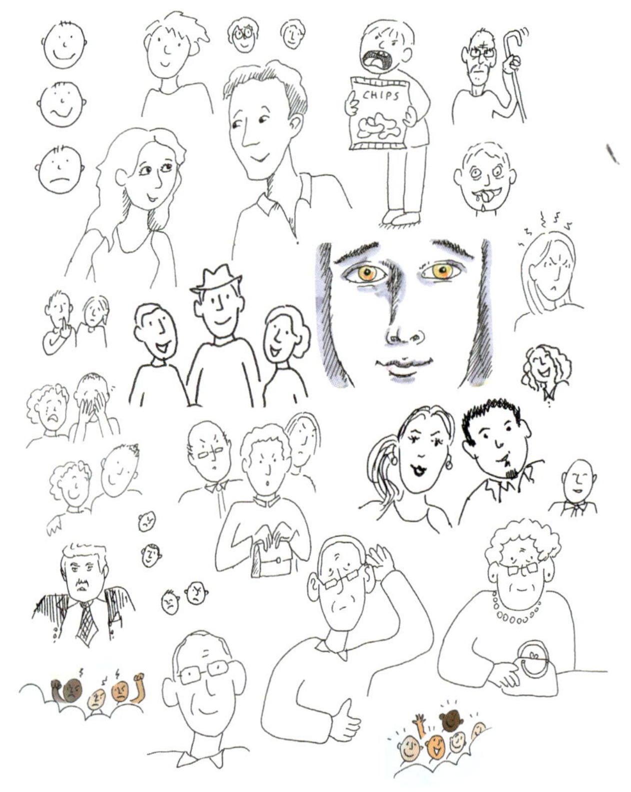

Aktivieren Sie Ihre Spiegelneuronen.
Welche Gefühle lösen die einzelnen Darstellungen in Ihnen aus?

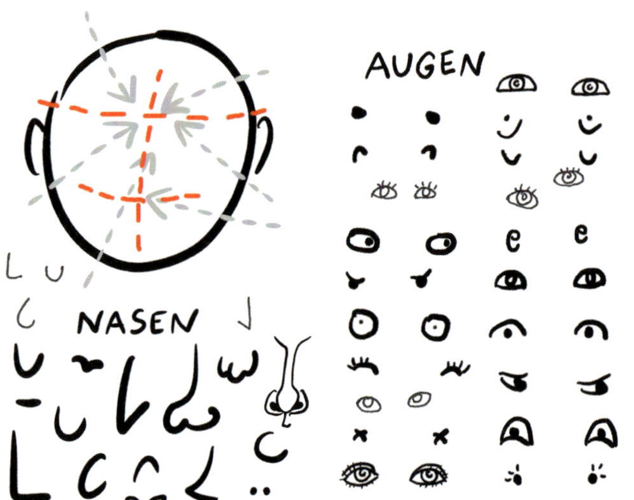

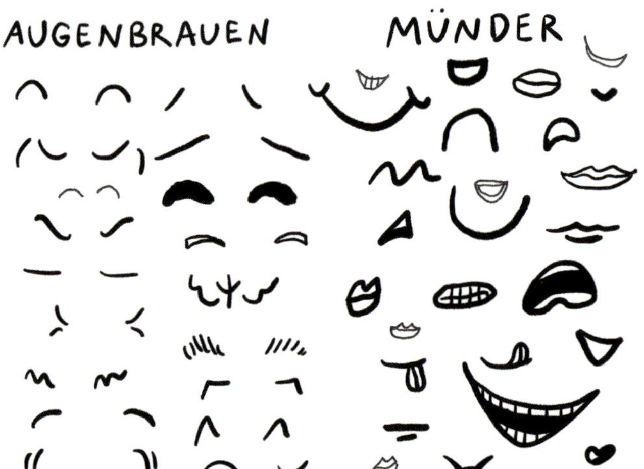

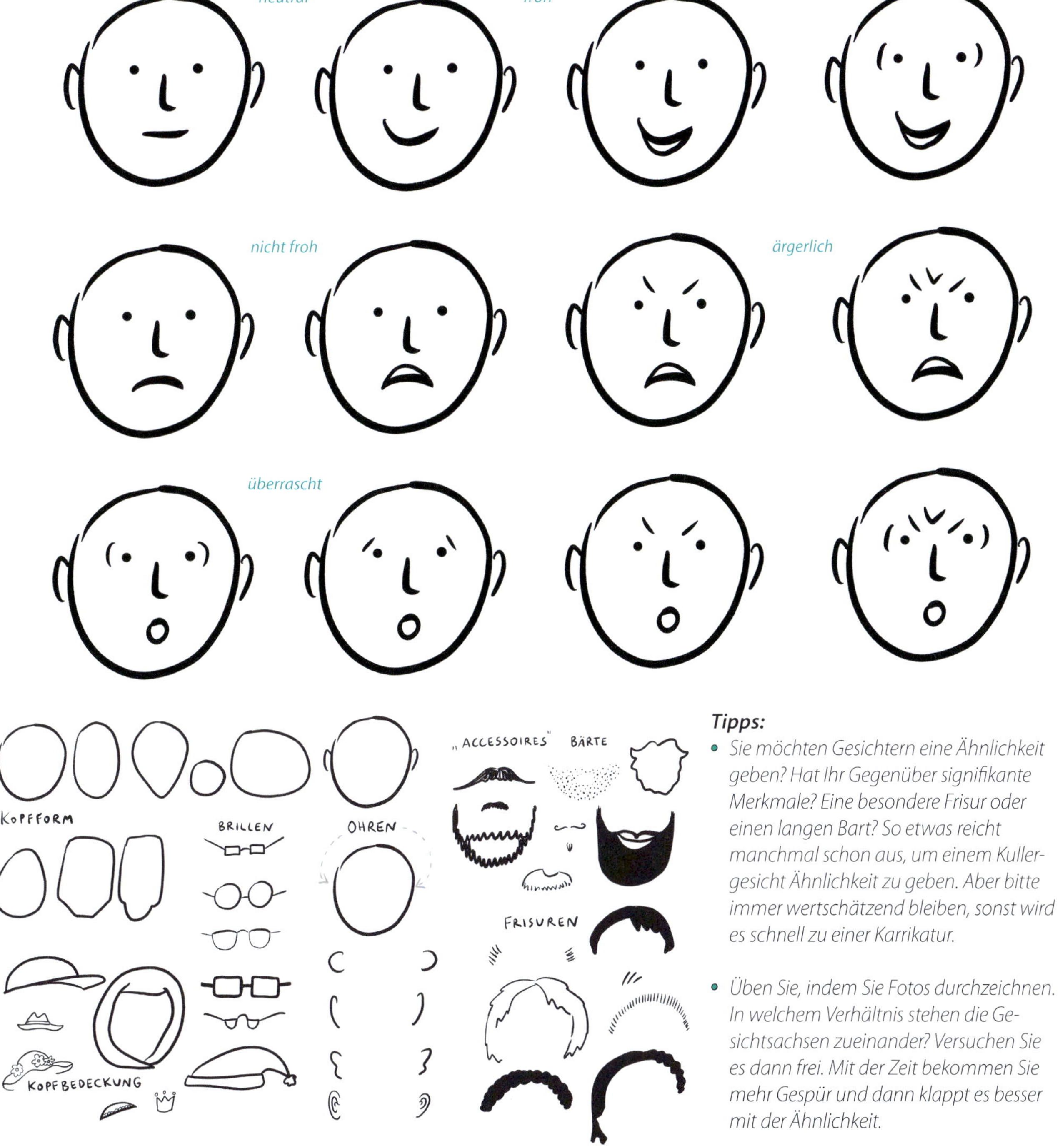

Tipps:

- *Sie möchten Gesichtern eine Ähnlichkeit geben? Hat Ihr Gegenüber signifikante Merkmale? Eine besondere Frisur oder einen langen Bart? So etwas reicht manchmal schon aus, um einem Kullergesicht Ähnlichkeit zu geben. Aber bitte immer wertschätzend bleiben, sonst wird es schnell zu einer Karrikatur.*
- *Üben Sie, indem Sie Fotos durchzeichnen. In welchem Verhältnis stehen die Gesichtsachsen zueinander? Versuchen Sie es dann frei. Mit der Zeit bekommen Sie mehr Gespür und dann klappt es besser mit der Ähnlichkeit.*

GENDER

Das soziale Geschlecht – Stereotypen, Archetypen und Klischees sind eine stark abstrahierte und verdichtete Aussage im Kontext sozialer Interaktion. Damit verbunden ist eine innere Wertung, die Emotionen und Assoziationen freisetzt.

Und genau da liegen die Tücken der Visualisierung. Wenn wir Personengruppen bestimmte Merkmale zuordnen, legen wir sie damit fest. Und auch wenn gar keine bewusste Absicht dahintersteckt, kann das Vorurteile verfestigen.

Unsere Prägung beinhaltet Muster. Vorurteile haben wir also alle. Genauso wichtig wie ein kritischer Umgang mit Sprache generell ist in der Visualisierung der kritische Umgang mit dem Bild. Sich die eigenen inneren Vorstellungen bewusst zu machen, und in einem zweiten Schritt auch zu durchbrechen, ist nicht einfach. Vor allem, wenn man medial kommunizieren möchte. Die Botschaft soll ja bei den Empfänger*innen ankommen, ohne groß erklärt werden zu müssen. Wenn wir möglichst archetypisch visualisieren, werden Dinge erkennbar, aber das könnte Vorurteile und Schubladendenken fördern. Bediene ich diese Stereotype oder weiche ich ab, mit der Gefahr, das die Aussage nicht verstanden wird. Das stellt uns Visualisier*innen vor ein Dilemma. Aber wir können dazu beitragen, gelernte Bilder langsam aufzubrechen. Das geht an vielen Stellen.

Die eigene Prägung hinterfragen

Die Gesellschaft ändert sich. Noch vor 30 Jahren war z.B. das Frauenbild noch ein anderes. Schauen Sie sich mal eine TV-Sendung aus den 60er-Jahren an, das ist kaum auszuhalten! Aber was macht einen Mann zu einem Mann und eine Frau zu einer Frau? Intuitiv ist uns das mehr oder weniger klar. Aber wenn man im Einzelnen darüber nachdenkt und versucht, es in Worte zu fassen, wird es schwierig. Was genau macht den Unterschied? Die körperlichen Merkmale? Die Kleidung? Die soziale Interaktion? Um bewusst mit unseren innerlich geprägten Bildern umzugehen, ist das Aufmerksambleiben die größte Herausforderung. Die Sensitivierung ist ein Prozess des Hinterfragens und immer wieder genauen Hinschauens. Probieren wir doch mal ein wenig herum ...

Übung:

Zeichnen Sie eine Mindmap zum Thema »Mann und Frau«.

Tipps:

- *Setzen Sie immer verschiedene Hautfarben ein.*
- *Zeichnen Sie auch immer mal jemanden mit körperlicher Beeinträchtigung.*
- *Wenn Sie Teilnehmer*innen einer homogenen Gruppe zeichnen, schadet es nicht, wenn sich etwas mehr Diversity ins Bild schleicht, als in der Realität existiert.*

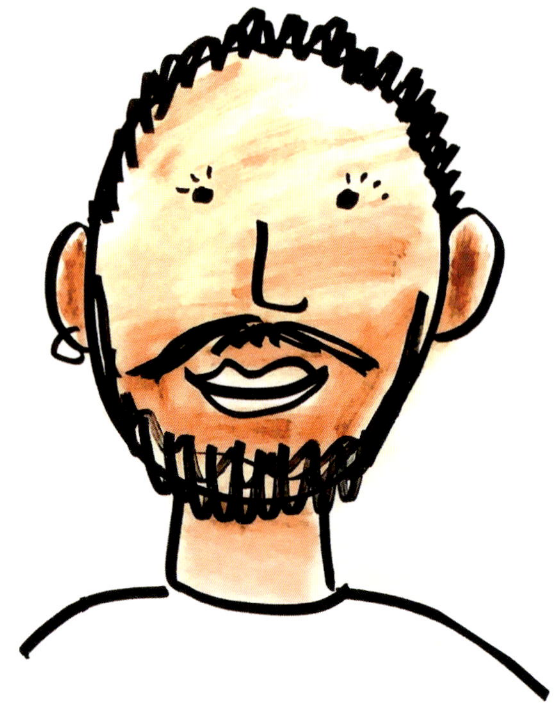

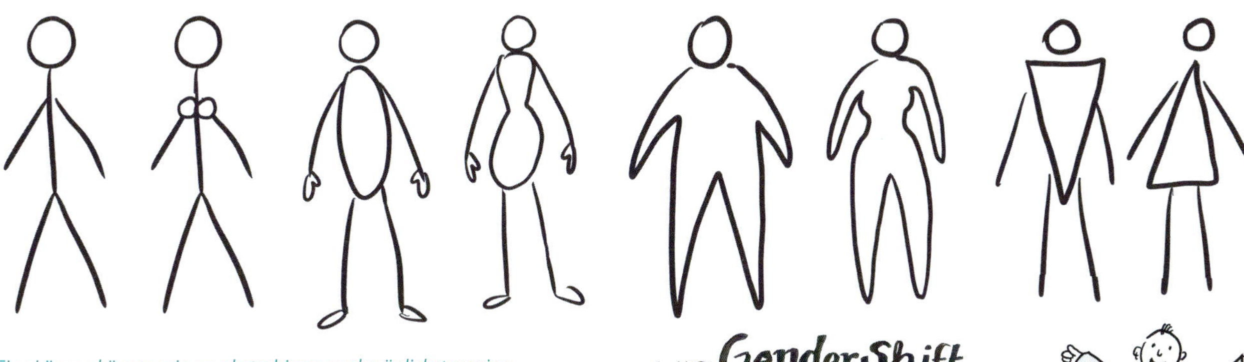

Eine Lösung könnte sein, zu abstrahieren und möglichst wenige Merkmale abzubilden. Aber wie abstrakt darf es sein?

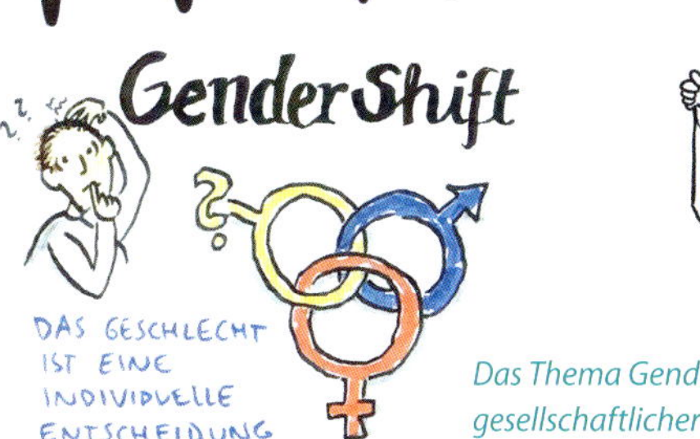

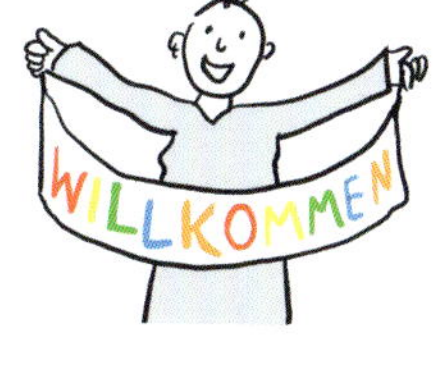

Das Thema Gender Shift ist ein gesellschaftlicher Megatrend.

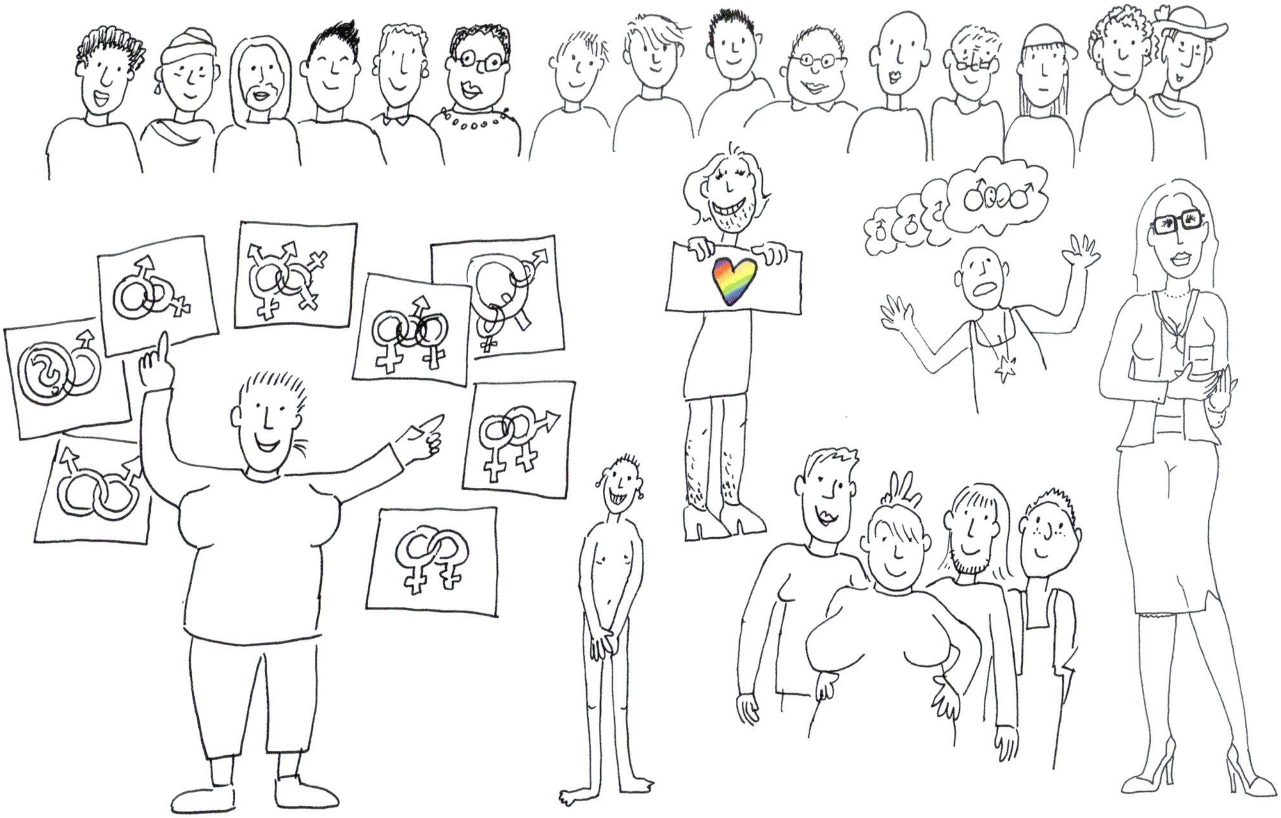

BEISPIELE

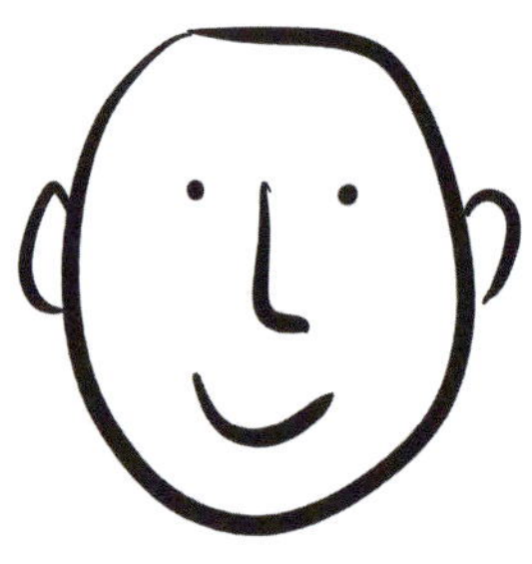
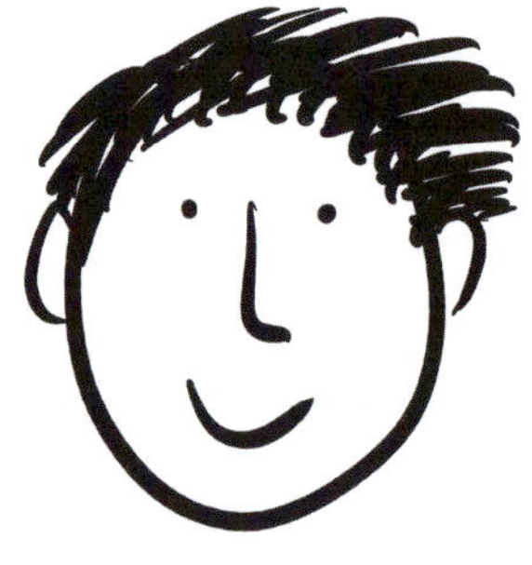
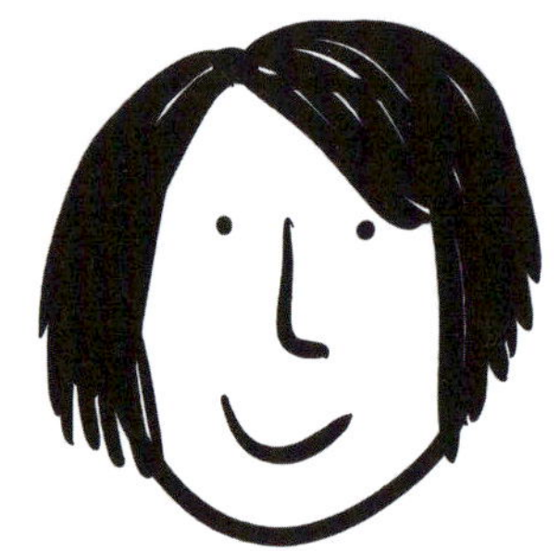

Drei einfache geschlechtsneutrale Kopfformen und was sich damit alles darstellen lässt ...

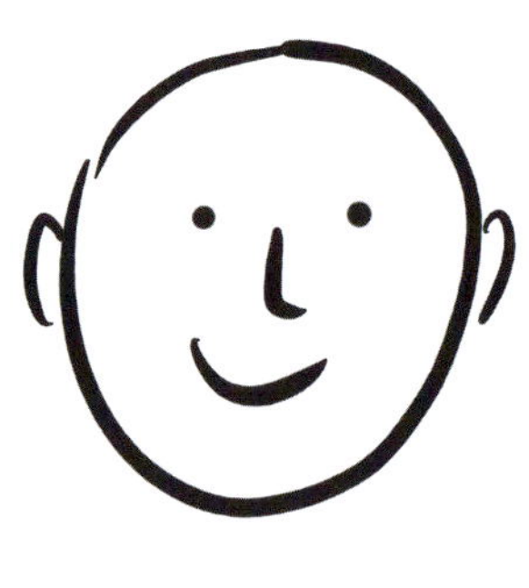
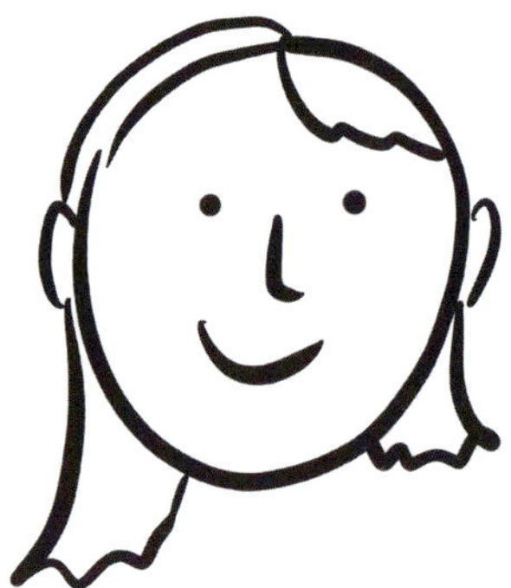
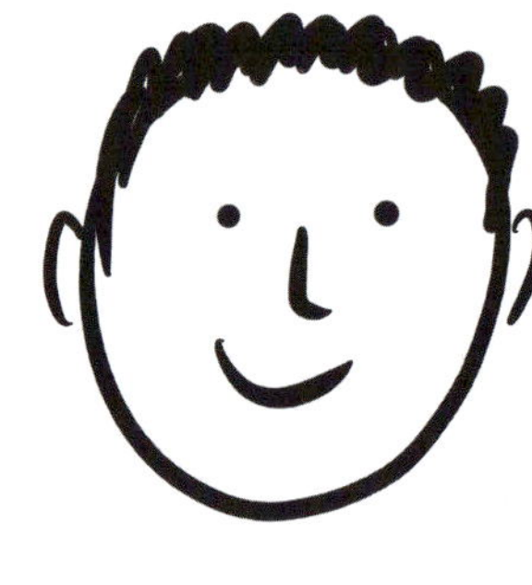
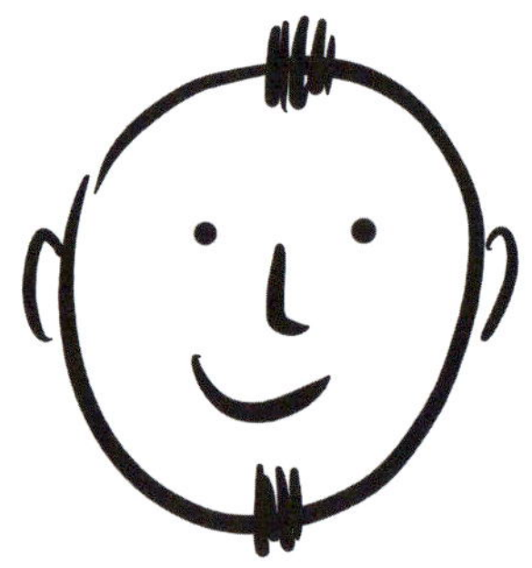

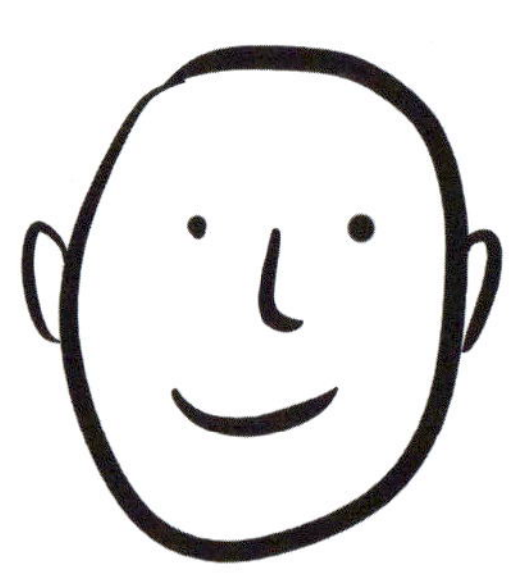
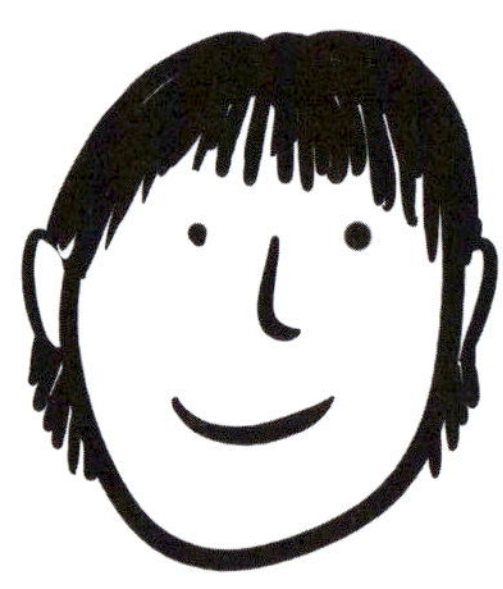
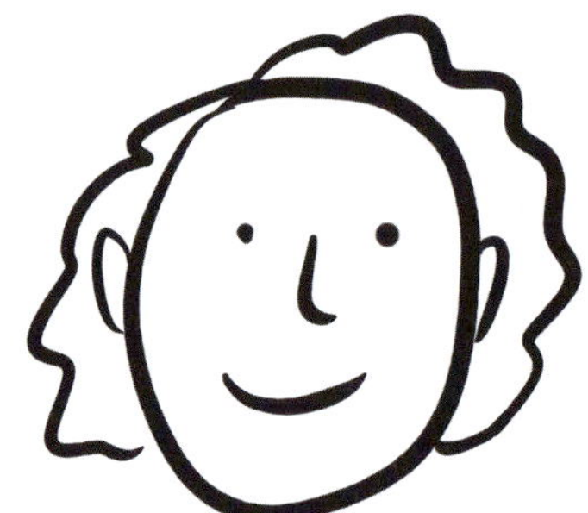
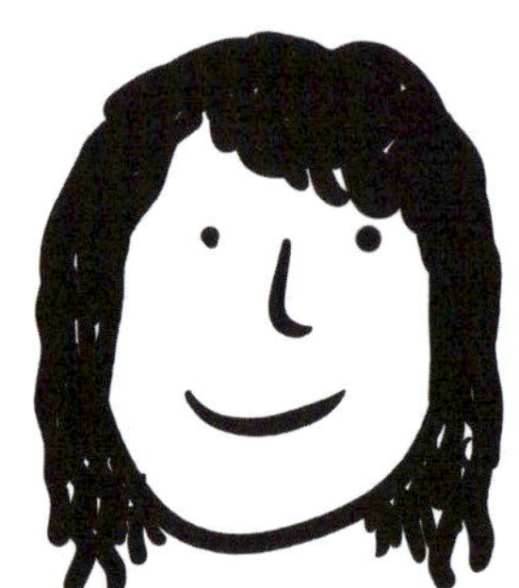

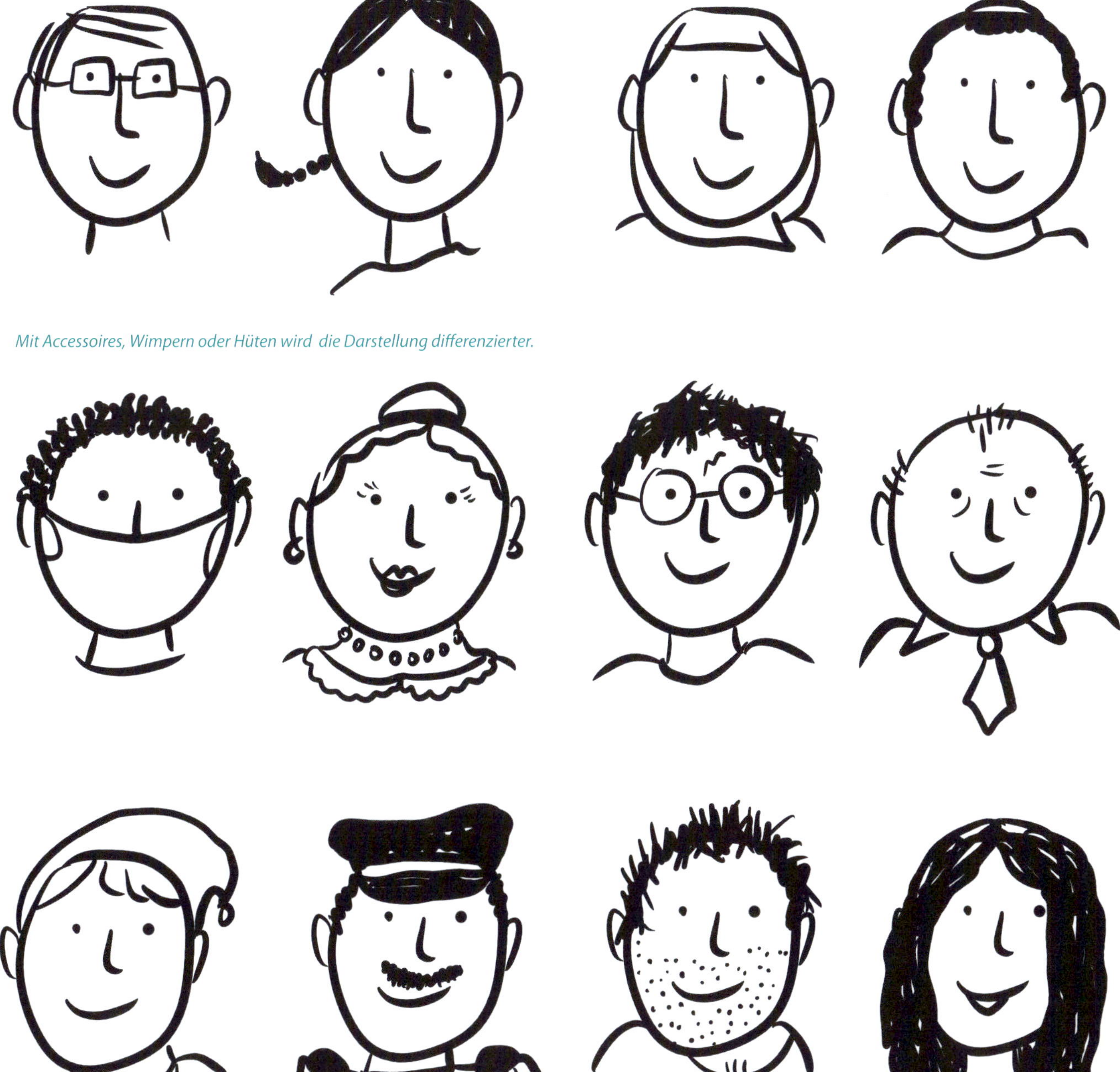

Mit Accessoires, Wimpern oder Hüten wird die Darstellung differenzierter.

Wenn man nur einen halben Kopf zeichnet, lässt sich mehr mit Haaren und Kopfbedeckungen machen.

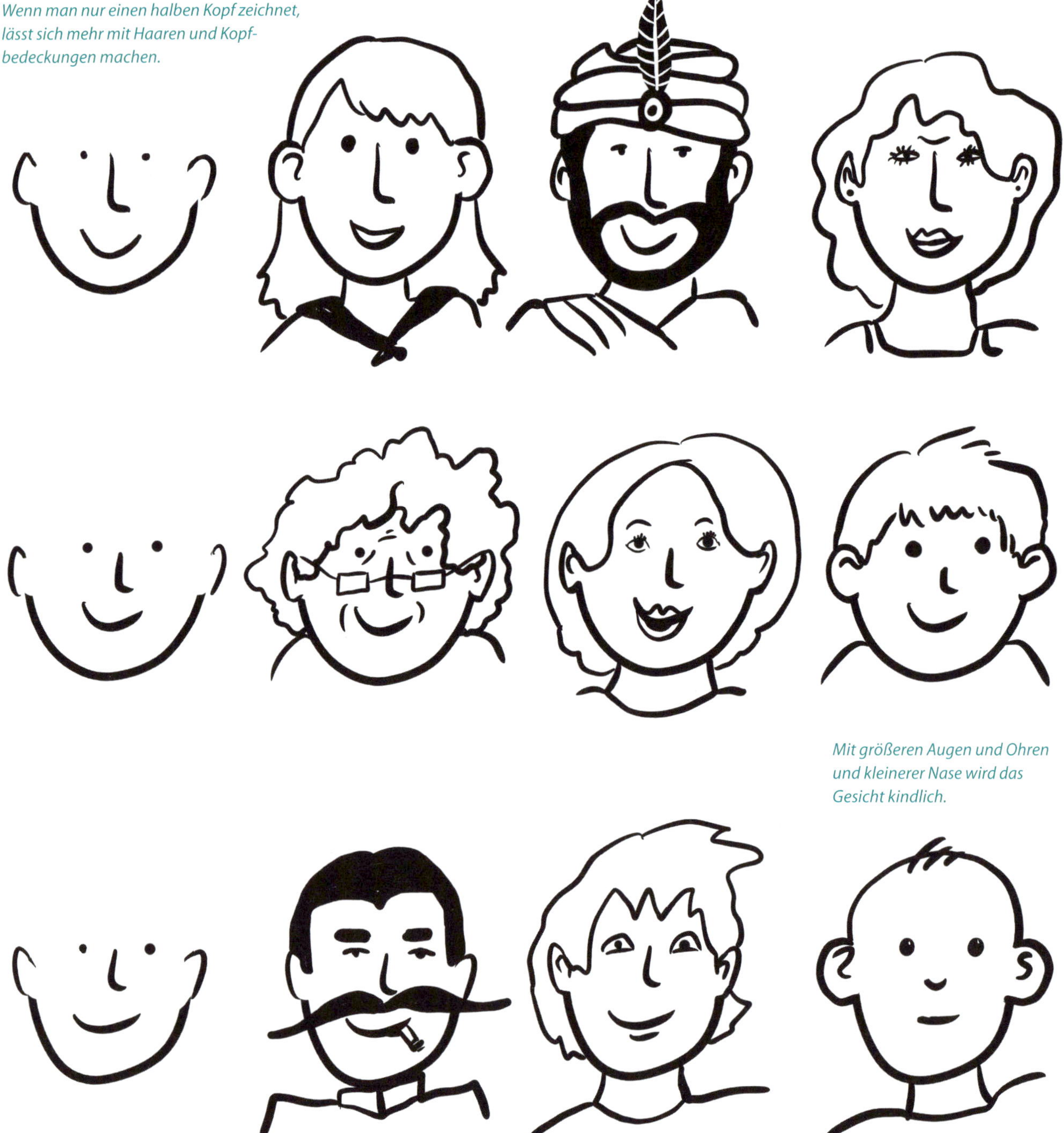

Mit größeren Augen und Ohren und kleinerer Nase wird das Gesicht kindlich.

ÜBUNGEN

Selbst probieren

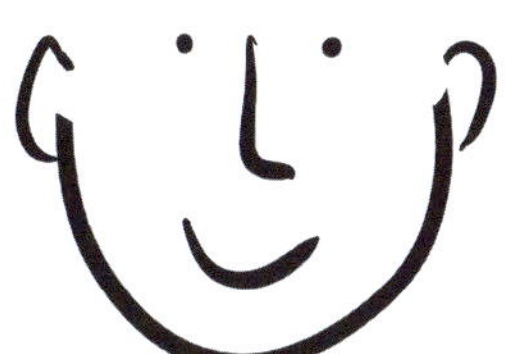

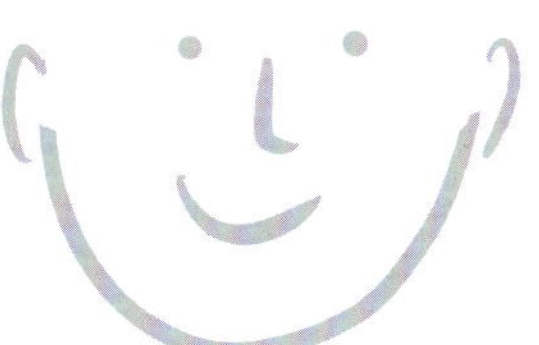

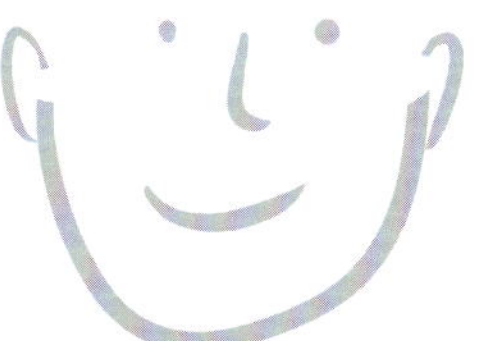

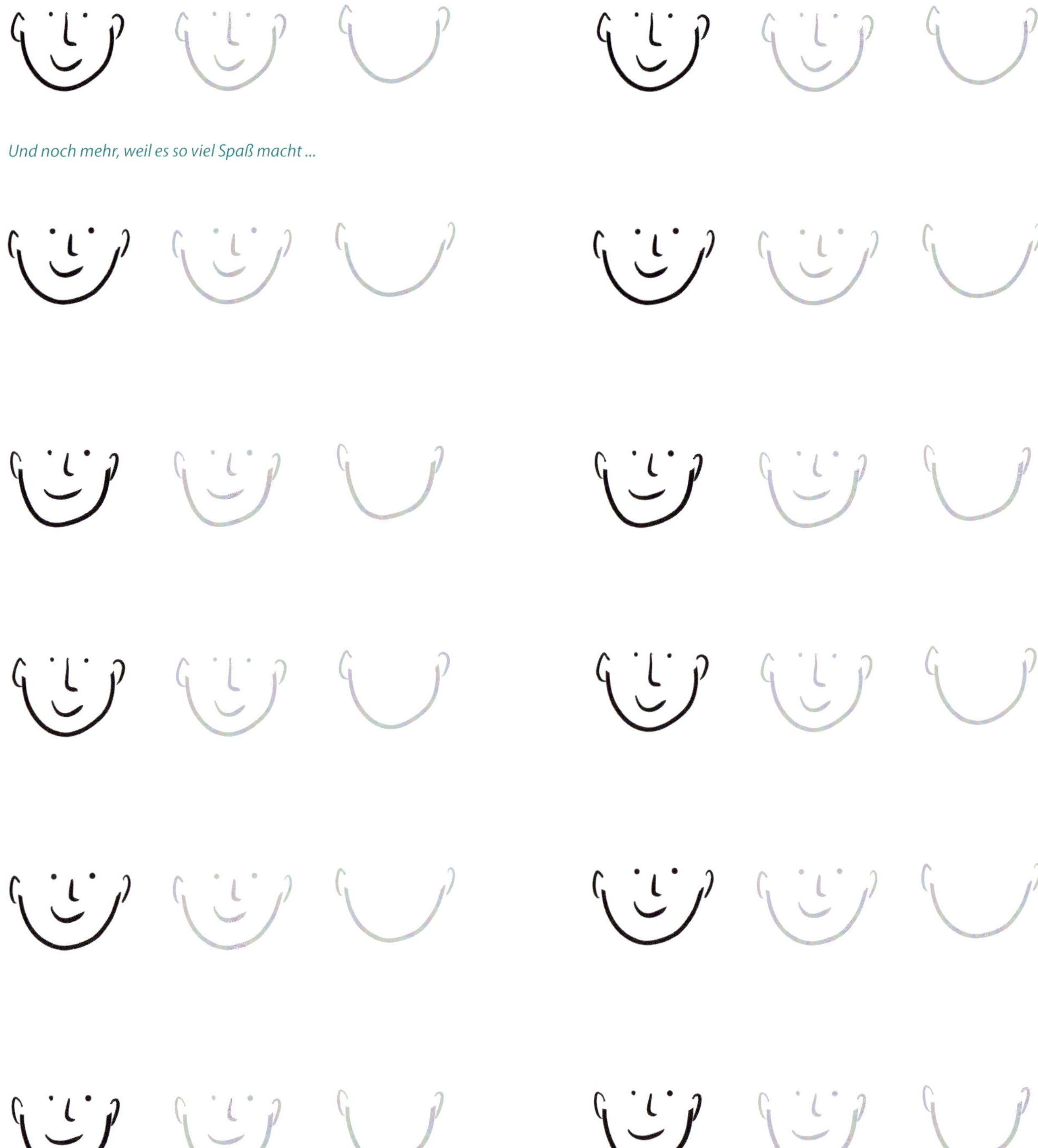

Und noch mehr, weil es so viel Spaß macht …

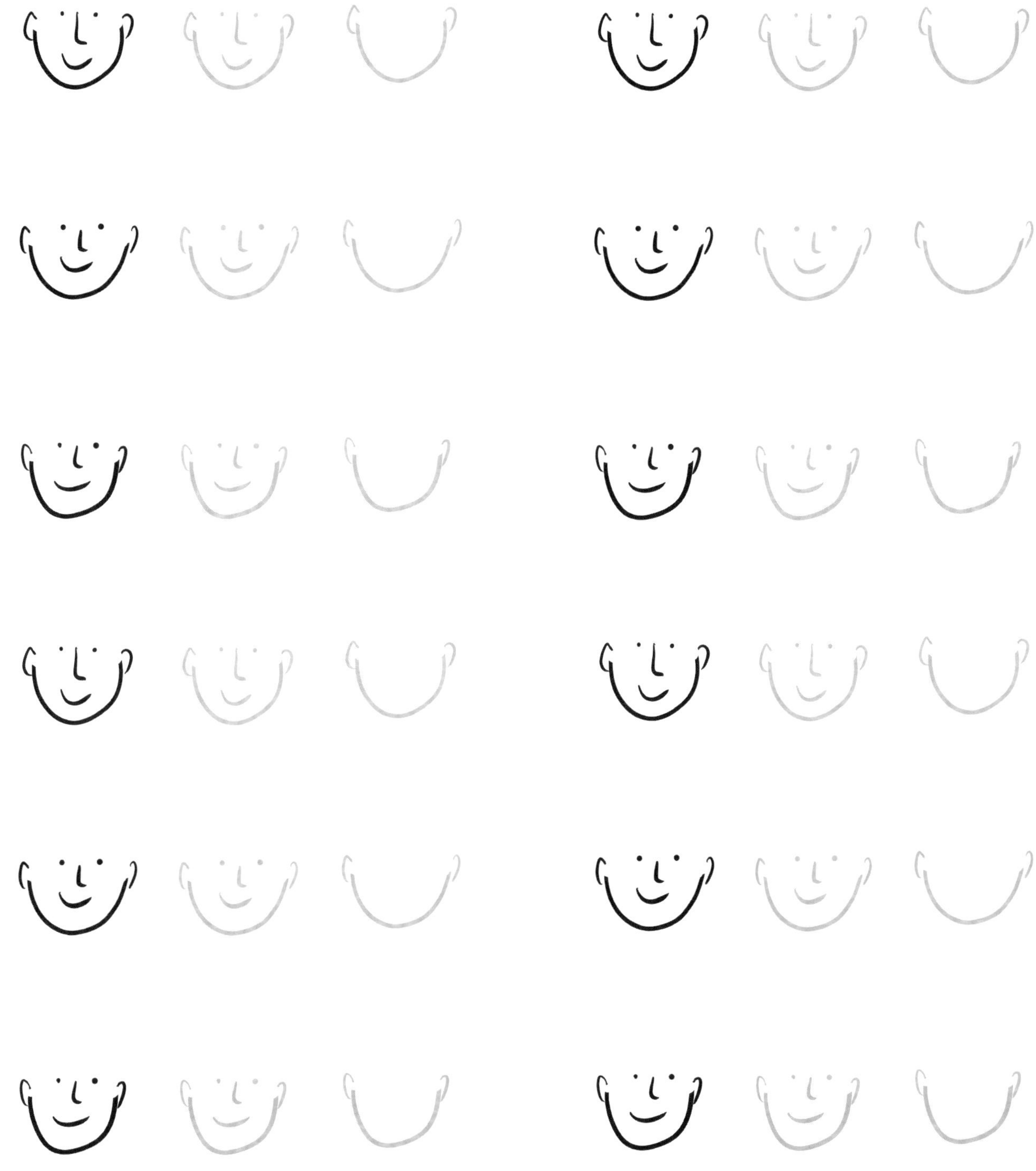

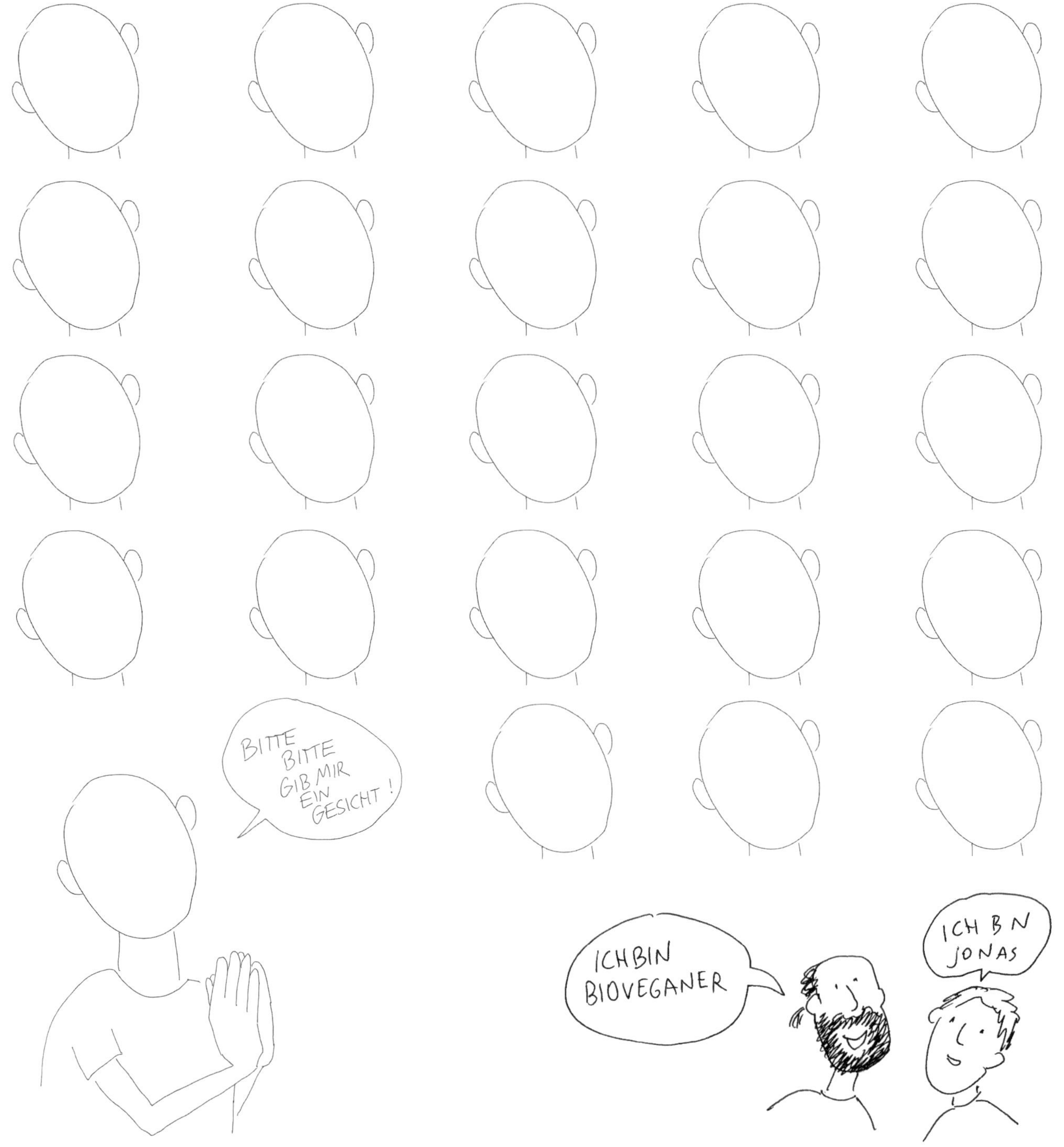
BITTE BITTE GIB MIR EIN GESICHT!
ICH BIN BIOVEGANER
ICH B N JONAS

Selbst probieren und ergänzen

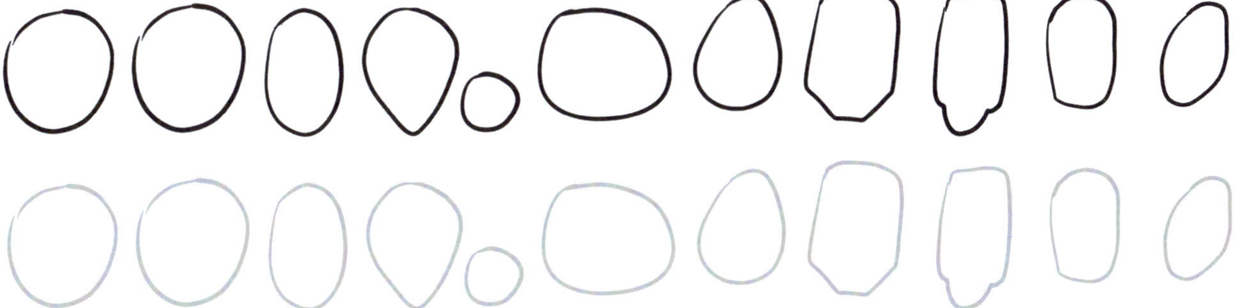

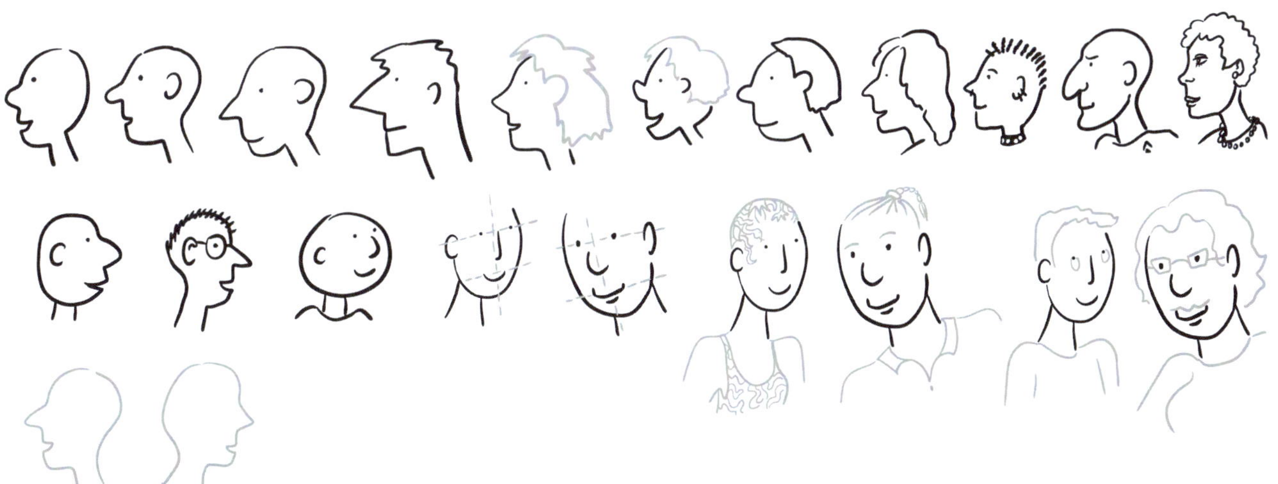

FIGUREN

Mit dem Ausdruck und den jeweiligen Merkmalen haben wir Typen und Charaktere geschaffen und sind in der Lage, komplexe Gefühle auszudrücken. Da wir Menschen in der Regel nicht nackt abbilden, stellen wir sie mit Kleidung dar. Kleidung und Accessoires erweitern die Möglichkeiten der Inhaltsvermittlung um noch eine weitere Ebene. Sie spielt ebenso eine große Rolle wie die Haltung und die Aktionen, die ausgeführt werden, weil sie Inhalte, z.T. ganze Welten, kommuniziert. Personen definieren sich auch durch die Zugehörigkeit zu einer Gruppe oder einem sozialen Umfeld.

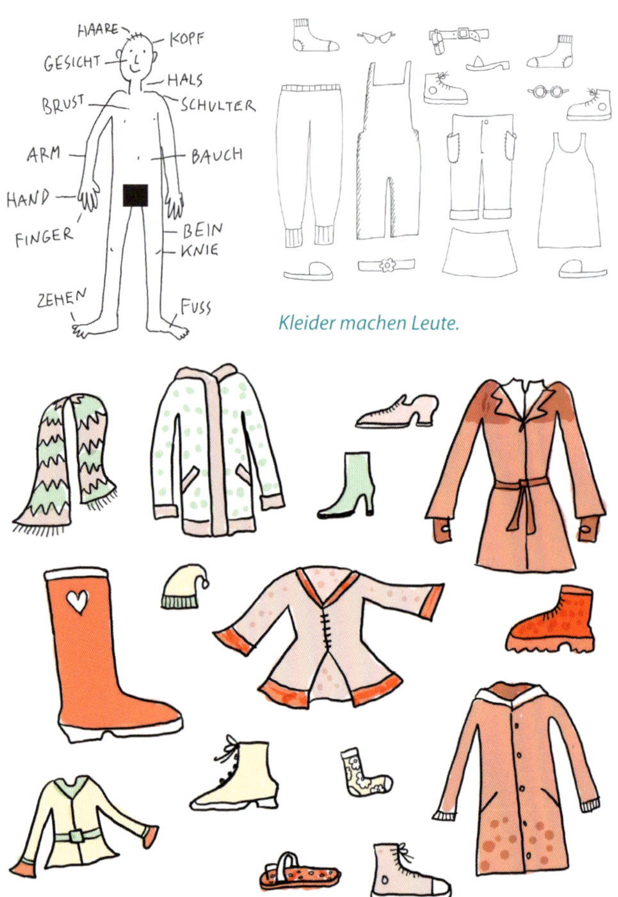

Kleider machen Leute.

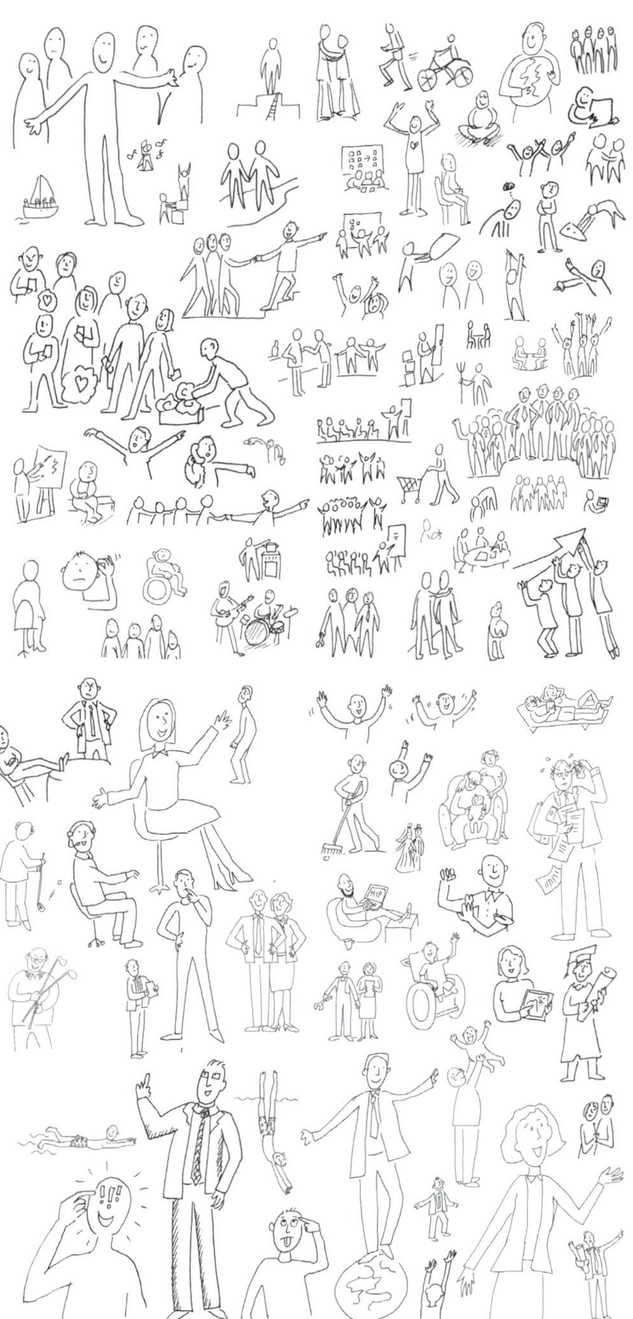

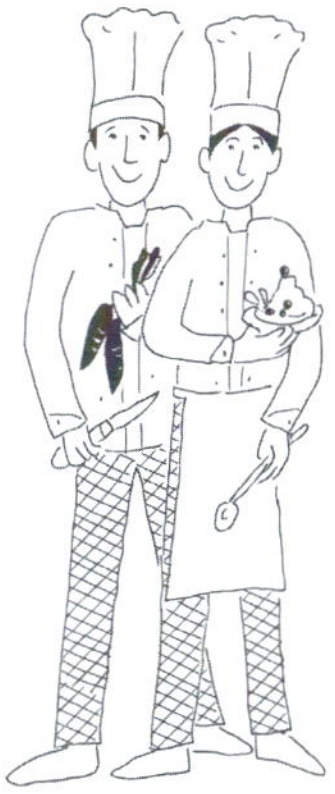

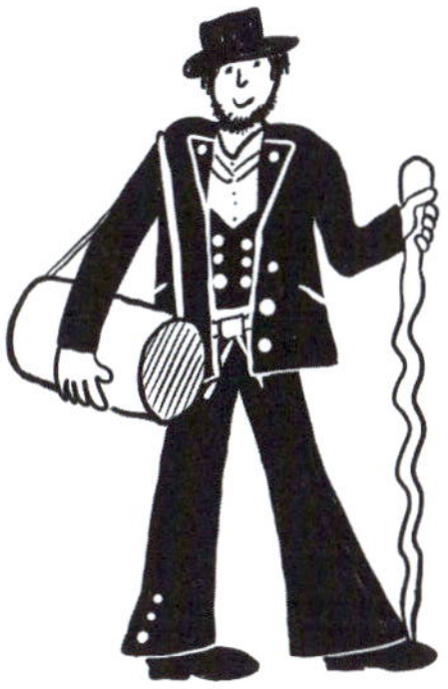

Riese *(lat.: Gigantophitecus) ausgewachsenes männliches Exemplar, ca. 8,79 m groß, etwa Mitte 14. Jahrhundert ausgestorben.*

kleiner Kopf (wahrscheinlich der Grund, warum Riesen oft als tumb und nicht besonders intelligent galten)

zottiges Haar (in der Regel stark parasitär verseucht)

Riesen waren (entgegen anderen Darstellungen) zumeist recht schlank, da sich die Nahrungsbeschaffung als schwierig erwies. Womöglich ist das einer der Gründe, warum Riesen ausgestorben sind.

Kleidung war schwierig und aufwendig herzustellen. Ein Riese besaß in der Regel nur das, was er am Leib trug. Kleidung wurde daher äußerst selten gewaschen.

Pranken (mit dreckigen Fingernägeln)

Weste aus grobem Tuch

Flicken

Riesen waren sehr stolz auf ihre Stiefel. Stiefel waren sehr kostbar, da so einige Rinderhäute sorgfältig verarbeitet werden mussten.

Schuhgröße ca. 220

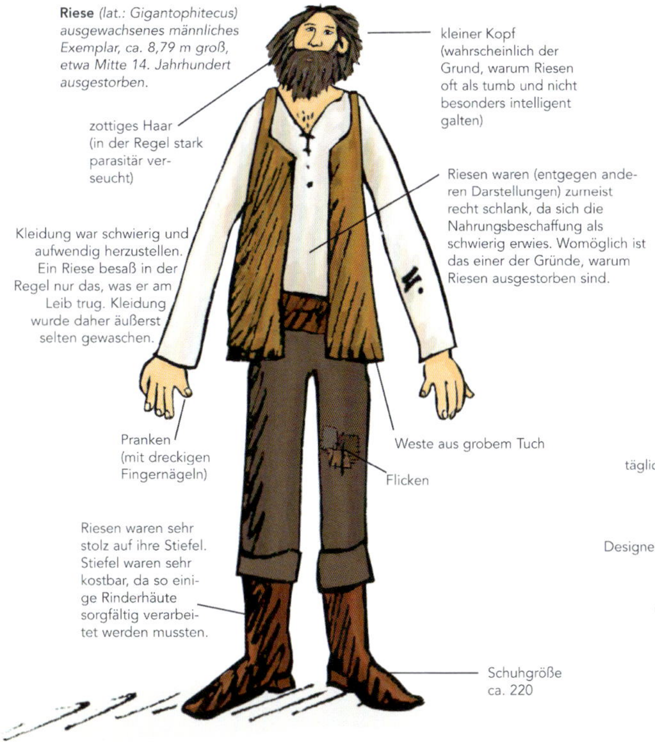

Illustration aus meinem Bilderbuch »Wo einst die wilden Riesen hausten«

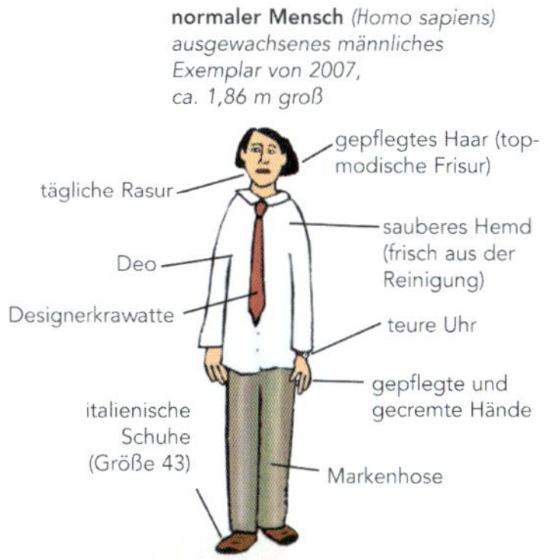

normaler Mensch *(Homo sapiens) ausgewachsenes männliches Exemplar von 2007, ca. 1,86 m groß*

gepflegtes Haar (topmodische Frisur)

tägliche Rasur

sauberes Hemd (frisch aus der Reinigung)

Deo

Designerkrawatte

teure Uhr

gepflegte und gecremte Hände

italienische Schuhe (Größe 43)

Markenhose

Diese Menschen verraten uns auf den ersten Blick, welche Berufe sie ausüben.

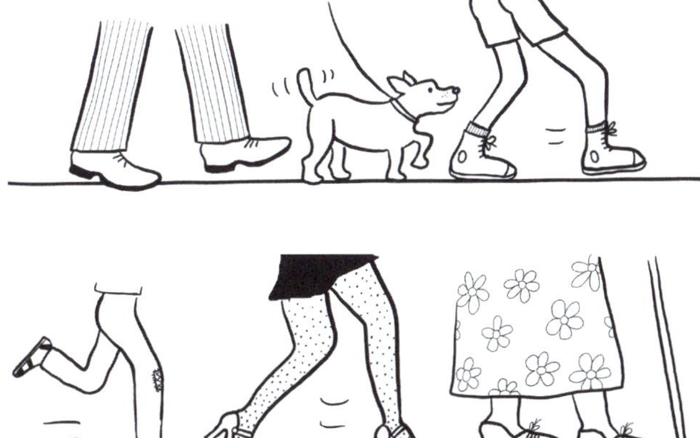

Welche Stereotype werden hier getriggert?

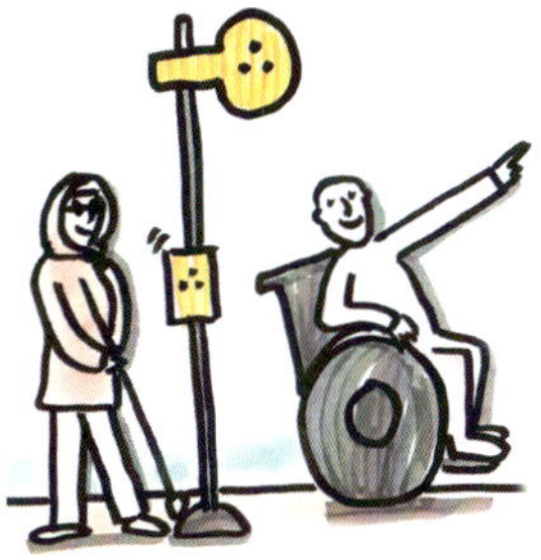

Übungen:

- *Zeichnen Sie ein paar Menschen, die für eine Berufsgruppe stehen (Fernfahrer*in, Tierfilmer*in, Physiker*in etc.).*
- *Zeichnen Sie Menschen, die für eine religiöse Glaubensgemeinschaft stehen.*
- *Zeichnen Sie Menschen, die für die Arbeiterschicht stehen.*
- *Zeichnen Sie Menschen mit Behinderungen.*
- *Zeichnen Sie Menschen, die für ein Land stehen (Indien, Grönland, Sudan).*

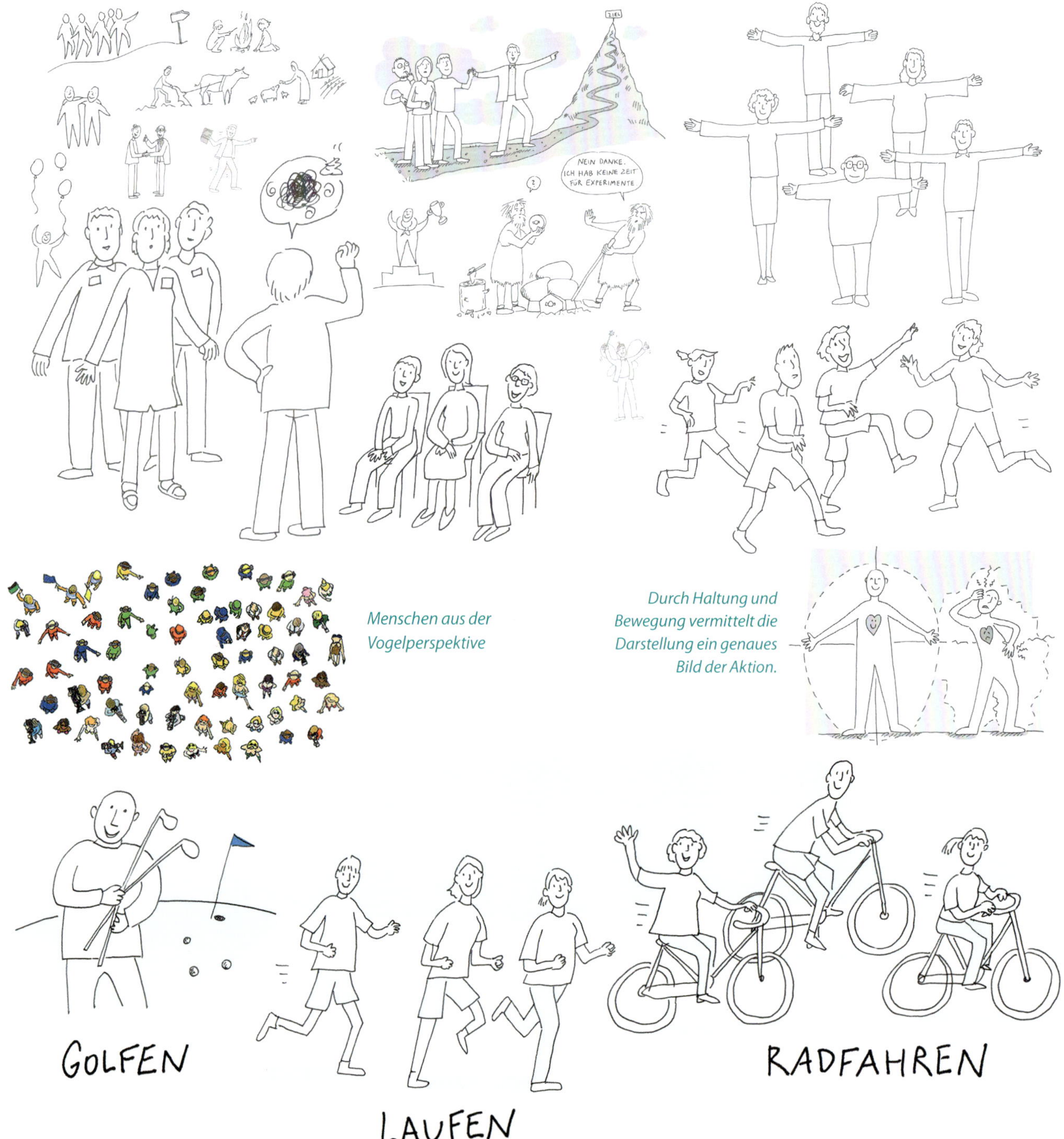

Menschen aus der Vogelperspektive

Durch Haltung und Bewegung vermittelt die Darstellung ein genaues Bild der Aktion.

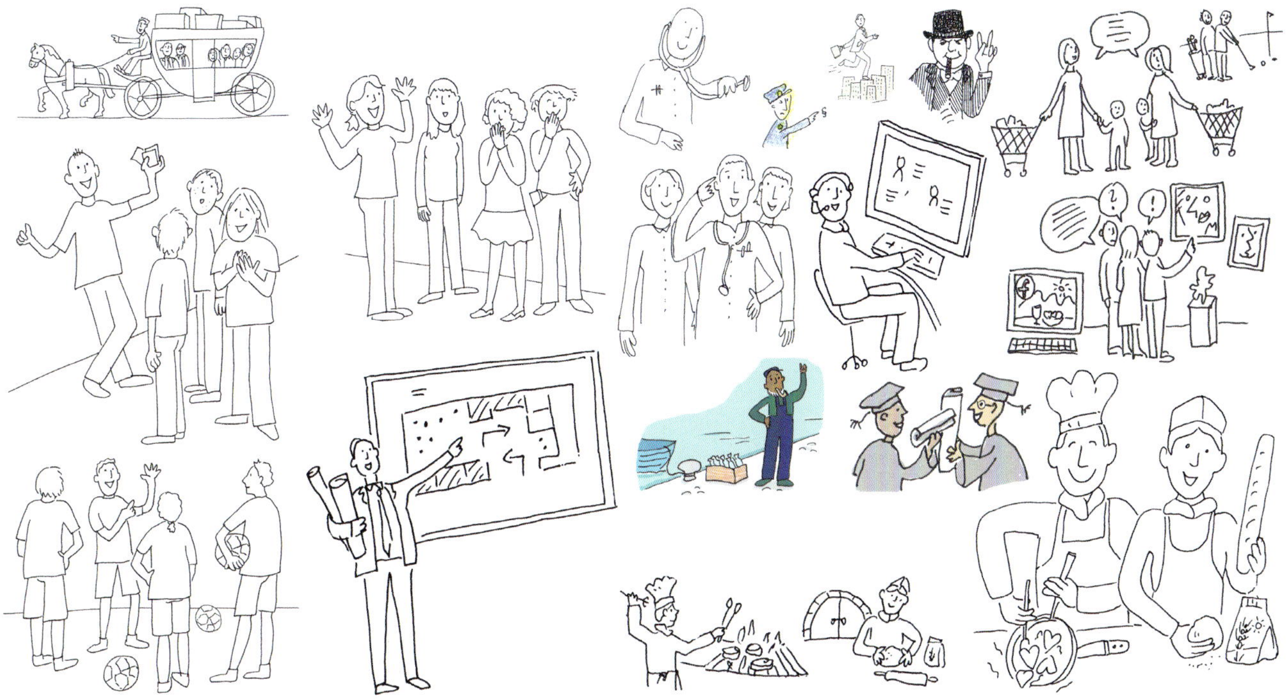

Komplexe Situationen erzählen vielfältige Geschichten.

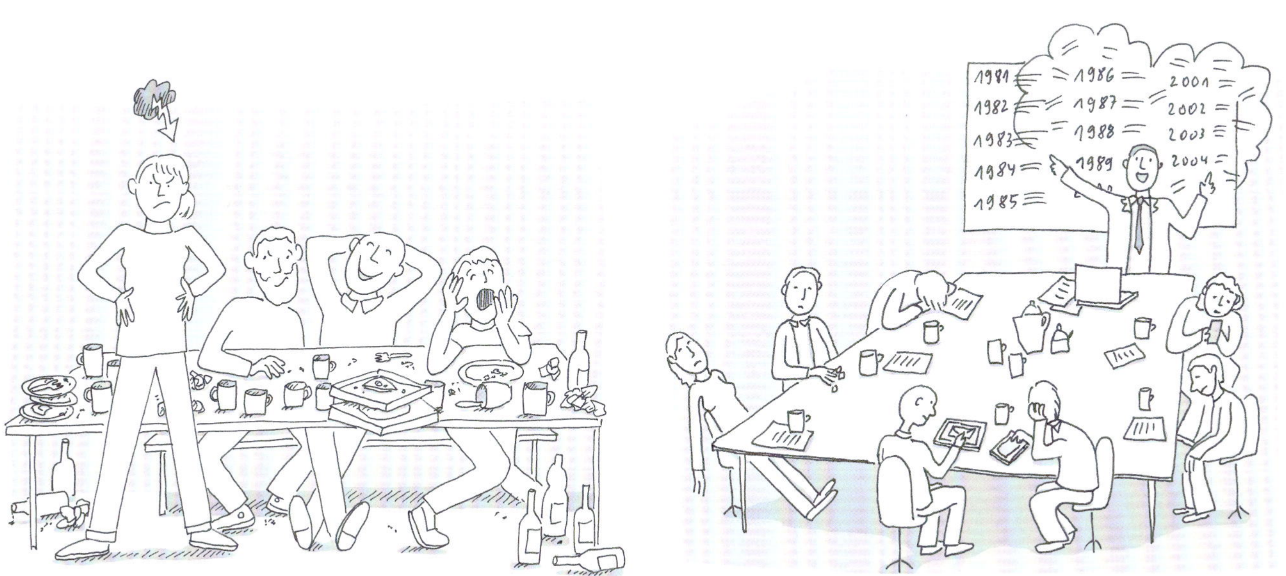

ÜBUNGEN

Zeichnen Sie Menschen, die zu den aufgelisteten Eigenschaften passen, und geben Sie ihnen einen Namen.

übergewichtig, autoritär, ewig gestrig, hat ein Alkoholproblem und Bluthochdruck

dunkle Locken, beruflich erfolgreich, sportlich, besitzt eine Segeljacht, liebt Zigarren und tockenen Rotwein

wohnt im Reihenhaus, ist in Altersteilzeit, Mitglied in Schützenverein und Freiwilliger Feuerwehr, gern im Wohnmobil unterwegs

aus Syrien geflüchtet, gut ausgebildet, hat einen erfolgreichen Videoblog, ist politisch aktiv

blond, alleinerziehend mit drei Kindern, depressiv, hat zwölf Katzen

wohlhabend, weltgewandt, liebt klassische Musik und Poesie, sammelt Kunst, spendet für Kinderheime in Afrika

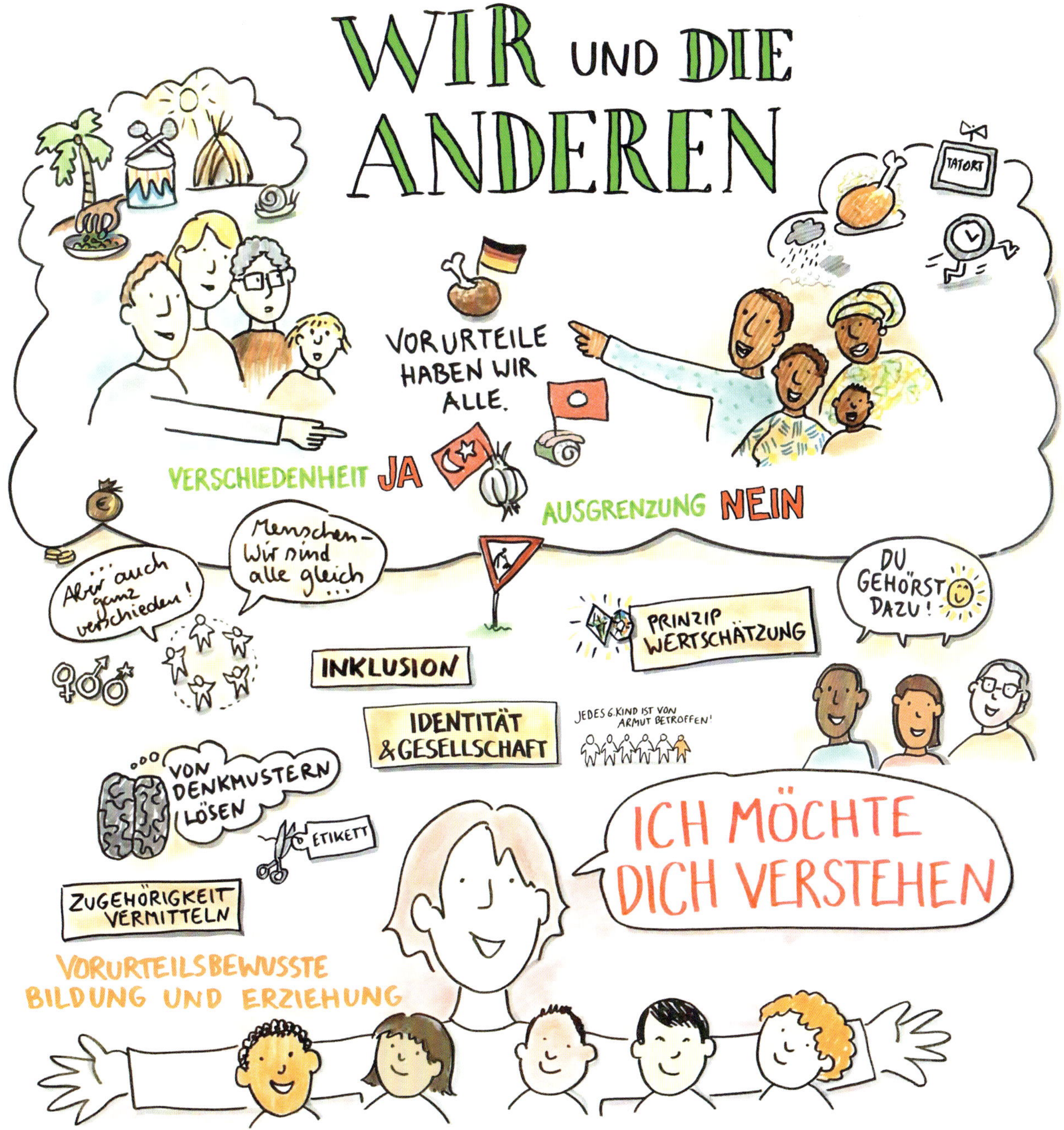

Illustration mit Bildelementen aus verschiedenen, digital bearbeiteten Graphic Recordings, die in Begleitung des Projekts »Kita international« im Rahmen des Programms »Fachkräfte sichern, weiterbilden und Gleichstellung fördern« des BM für Arbeit und Soziales und des Europäischen Sozialfonds entstanden sind.

HÄNDE

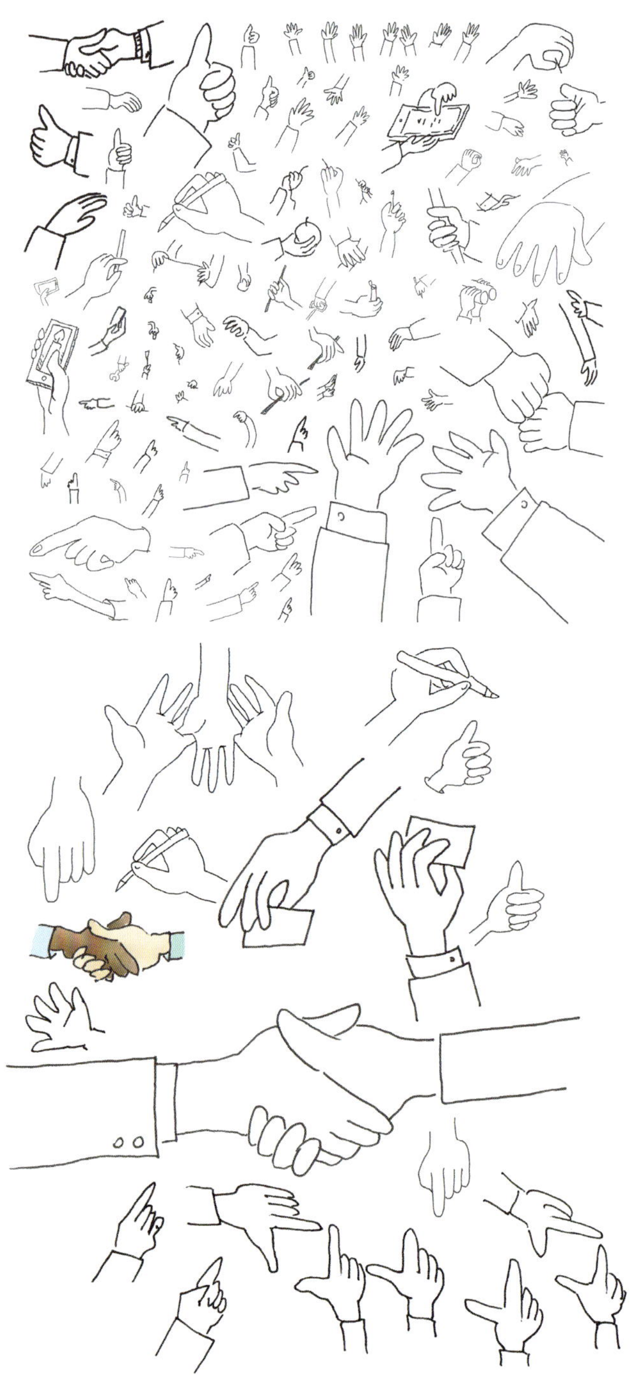

Handhaltungen und was sie symbolisch ausdrücken können, sind absolut nützliches Bildvokabular im Repertoire des Visualisierens. Sie sind gute Lückenfüller und lassen sich immer dort verwenden, wo man spontan keine Bildidee hat oder es einfach zu komlex ist und man nicht alles erfassen kann. Hände können halten, greifen, zeigen, etwas loslassen und haben damit hohes Wiedererkennungspotenzial, um Sachverhalte zu verdeutlichen.

Deuten und Bedeuten sind Begriffe, die sich insbesondere beim Zeichnen von Händen im wortwörtlichen Sinne ausdrücken. Aussagen wie »wir packen es an«, »an etwas festhalten« oder »eine Richtung aufzeigen« sind gute Vorgaben, um in der Visualisierung Hände einzusetzen.

Hände sind biologisch betrachtet komplizierte Gebilde und daher gerade in der räumlichen Verkürzung eine Herausforderung für die Darstellung. Sie sollten sich einige prägnante Handbewegungen durch vielfaches Zeichnen einprägen.

Tipps:

- *Das Nachzeichnen von Vorlagen ist hilfreich, so bekommt man bald ein Gefühl für die Proportionen.*
- *Immer wieder die eigenen Hände studieren und als Vorbild nehmen*
- *Es gibt Gliederpuppen aus Holz für die Hand. Das ist für Studienzwecke eine sinnvolle Anschaffung.*

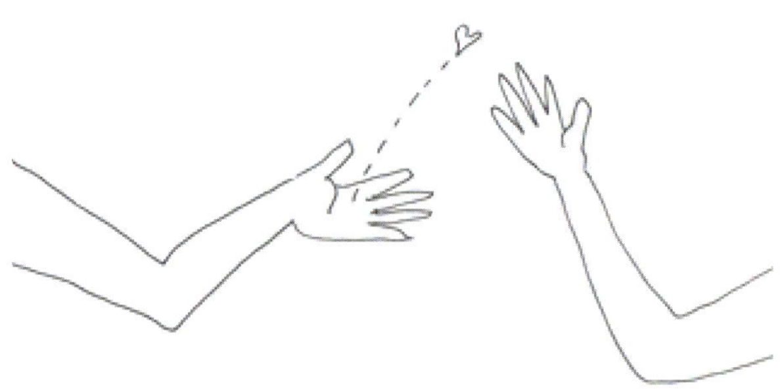

ÜBUNGEN

Zur Übung nachzeichnen

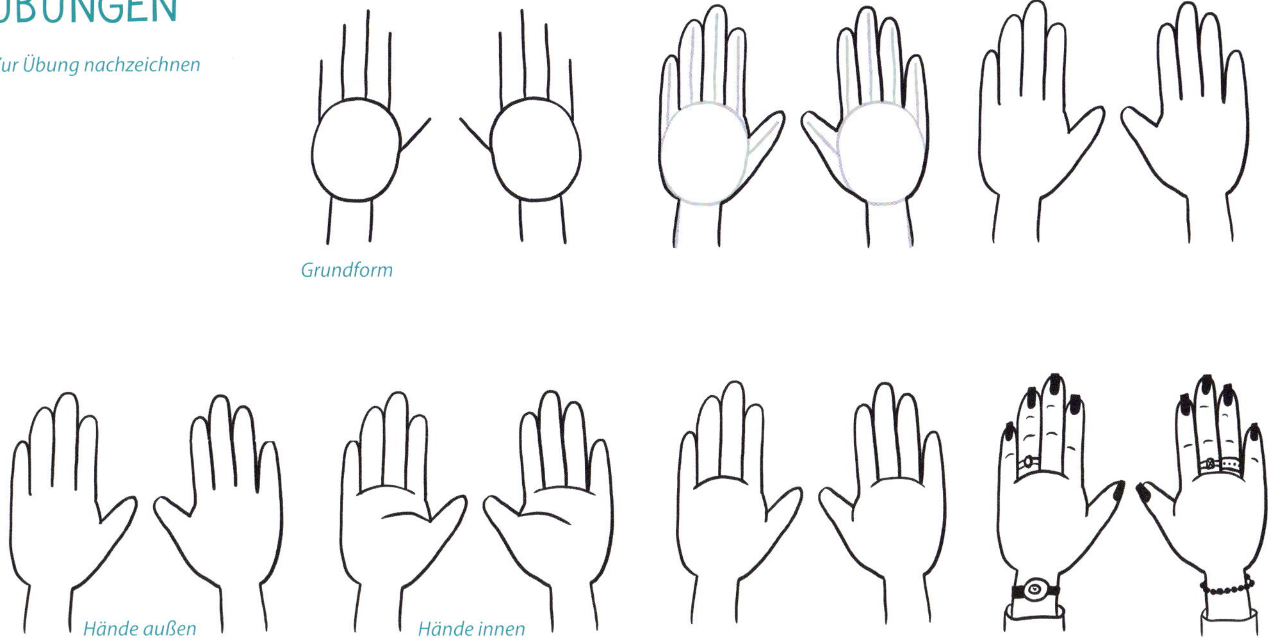

Grundform

Hände außen *Hände innen*

Zu viele Details lenken eher ab.

Durchs Nachzeichnen prägen sich die Formen ein. Also nachzeichnen – und dann experimentell damit beginnen, die Fingerhaltung zu variieren.

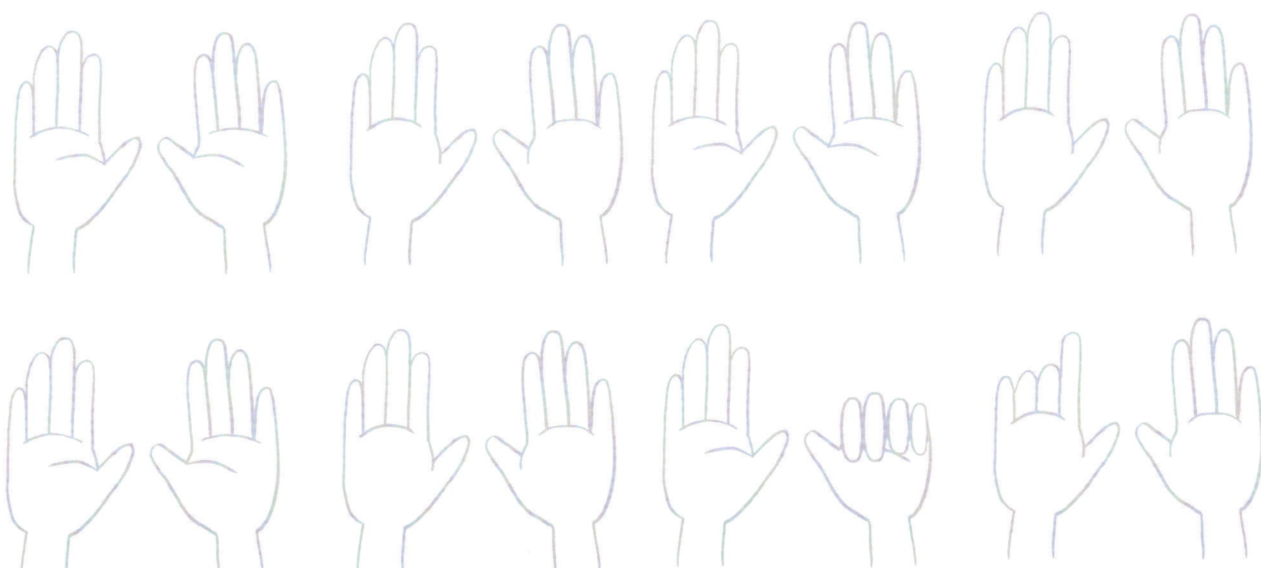

Nachzeichnen und ergänzen

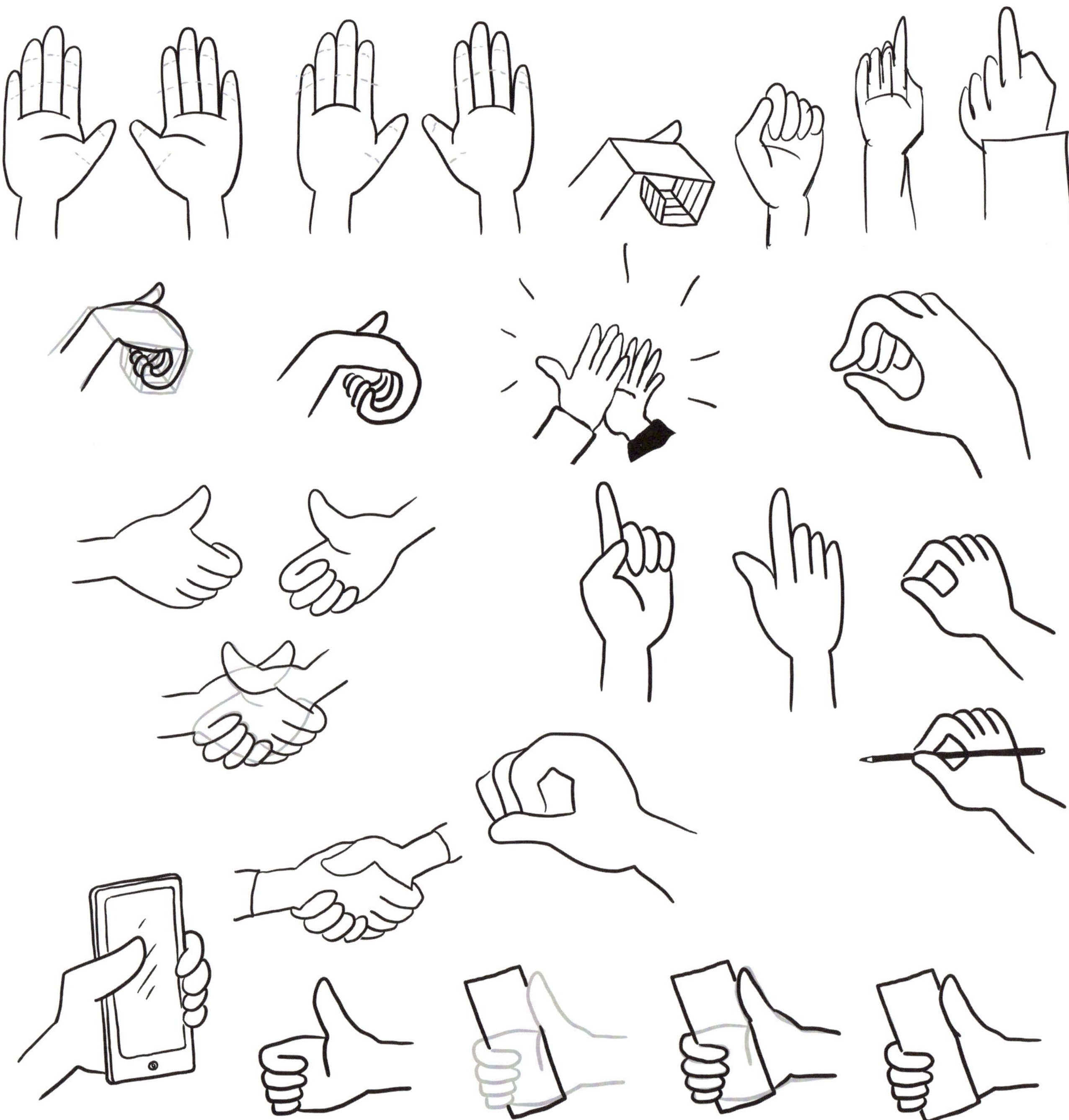

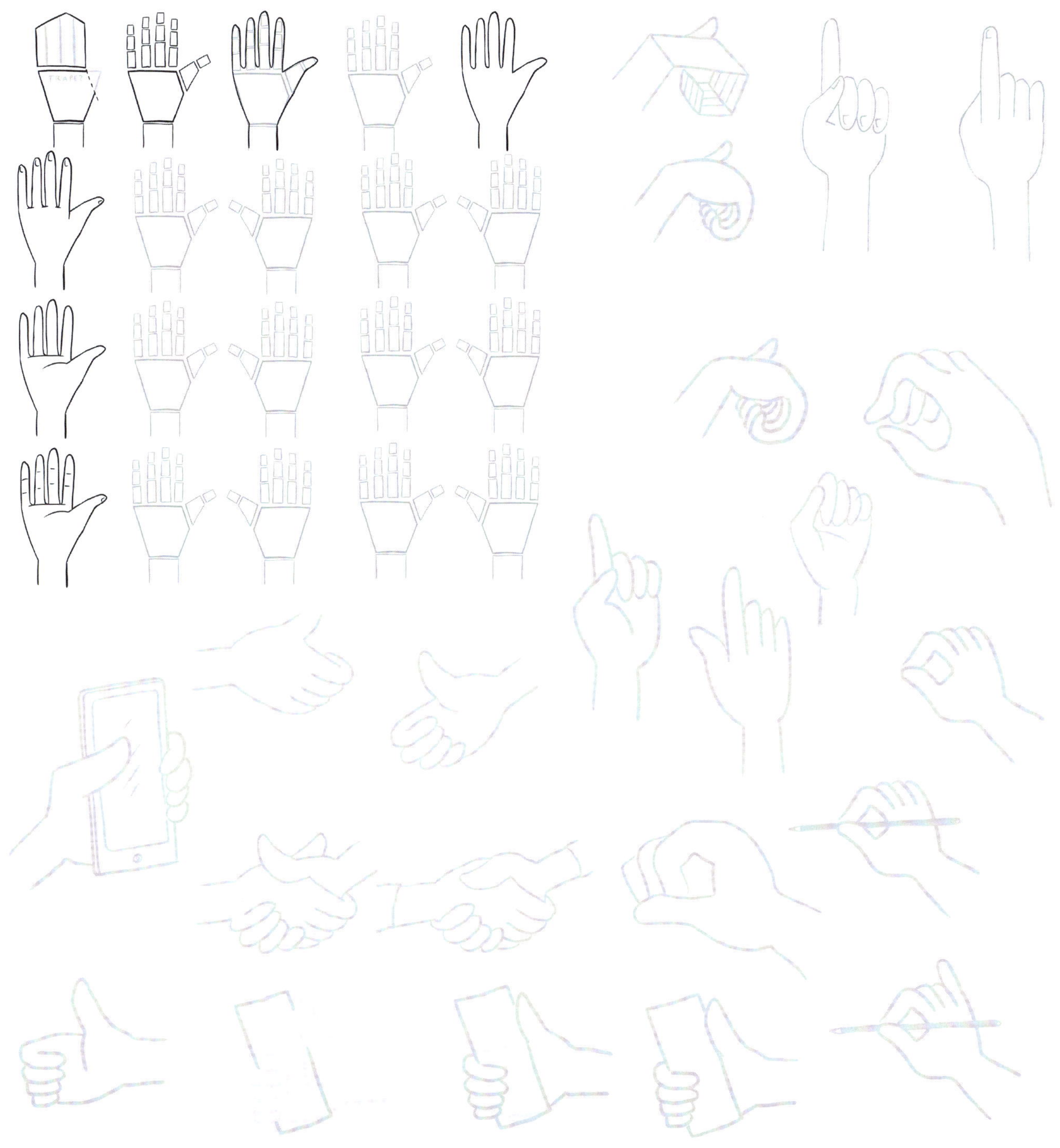
TRAPEZ

BASISWISSEN II

KAPITEL 3 GRUNDLAGEN DER GESTALTUNG

Aber was macht aus all den einzelnen Elementen nun ein stimmiges Gesamtbild und damit eine wirksame Sketchnote?

Wie verbinden, wie ordnen wir die einzelnen Bildelemente, Zeichnungen und Schriftblöcke? Wie vermitteln wir eine Stimmung?

Viele von uns, mich eingeschlossen, arbeiten intuitiv, spontan und einfach aus dem Bauch heraus. Und das ist meist gut und stimmig. Gerade als Beginner*in sollten Sie nicht zu streng mit sich sein. Manchmal weiß man nicht, was genau es ist, was uns an dem Bild stört, es ist mehr ein Gefühl und es fällt schwer, dies zu formulieren.

Was macht die Kombination und die Gesamtgestaltung stimmig? Das Design! Was ist nun gutes, was schlechtes Design? Das eine gefällt uns, anderes stößt uns ab. Ist das nicht einfach nur eine subjektive Meinung? Wenn wir verstehen wollen, warum eine Gesaltung so oder so wirkt, und auch um in der Selbstreflexion besser benennen zu können, was genau uns an dem eigenen Bild stört, braucht es noch etwas mehr theoretisches Wissen.

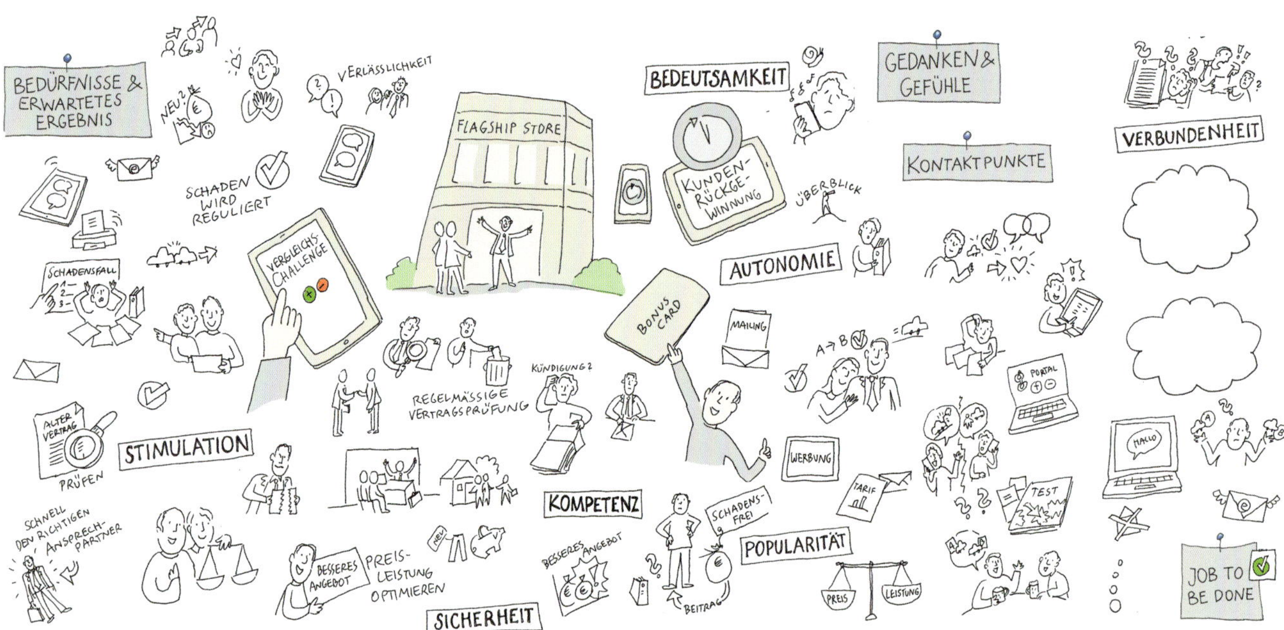

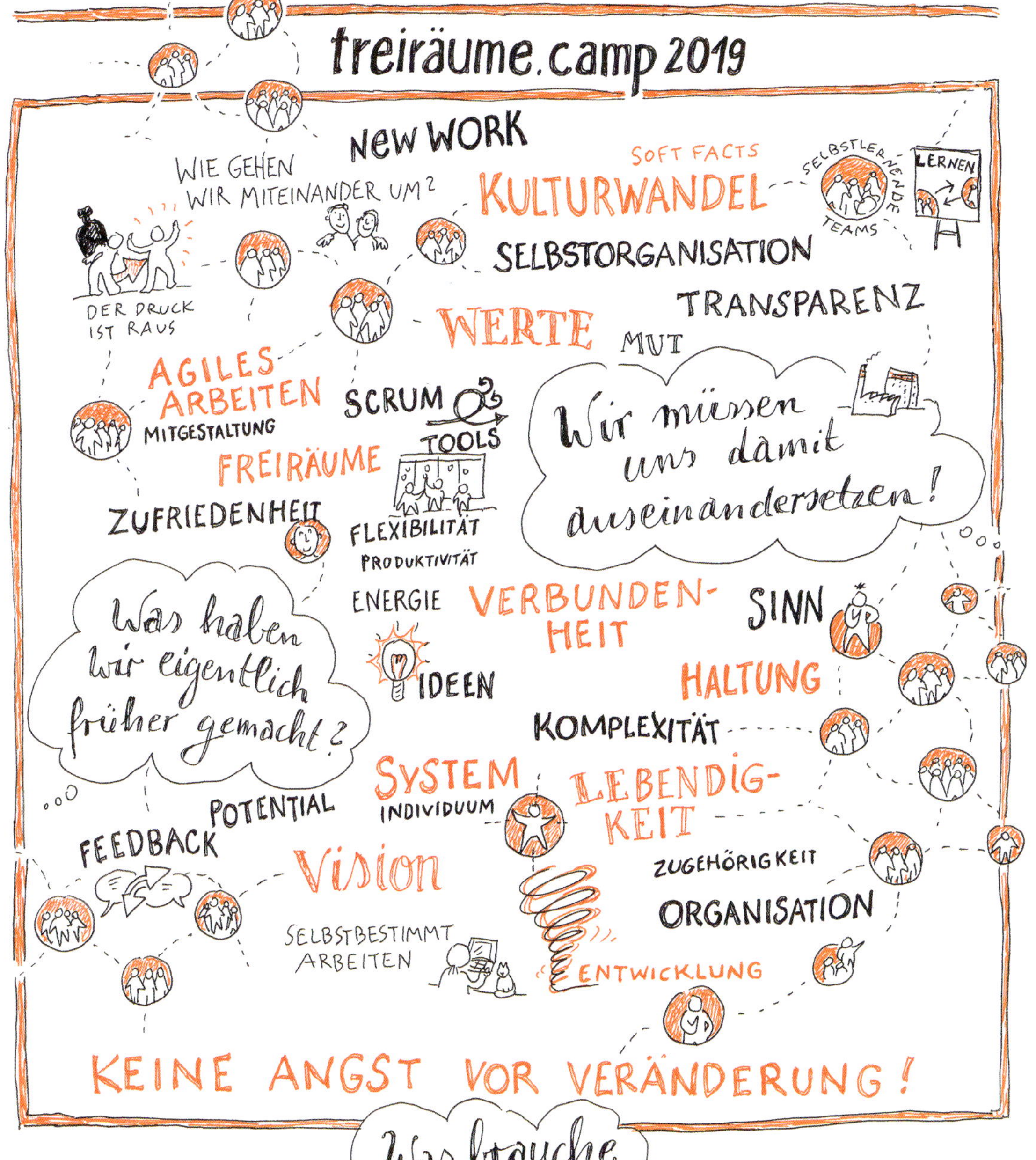

Während der Eröffnung des freiräume.camp auf A5-Papier gezeichnete Sketchnote. Sie ist ganz spontan und ungeplant entstanden und hat einen schönen Rhythmus durch Farbe und Typografie.

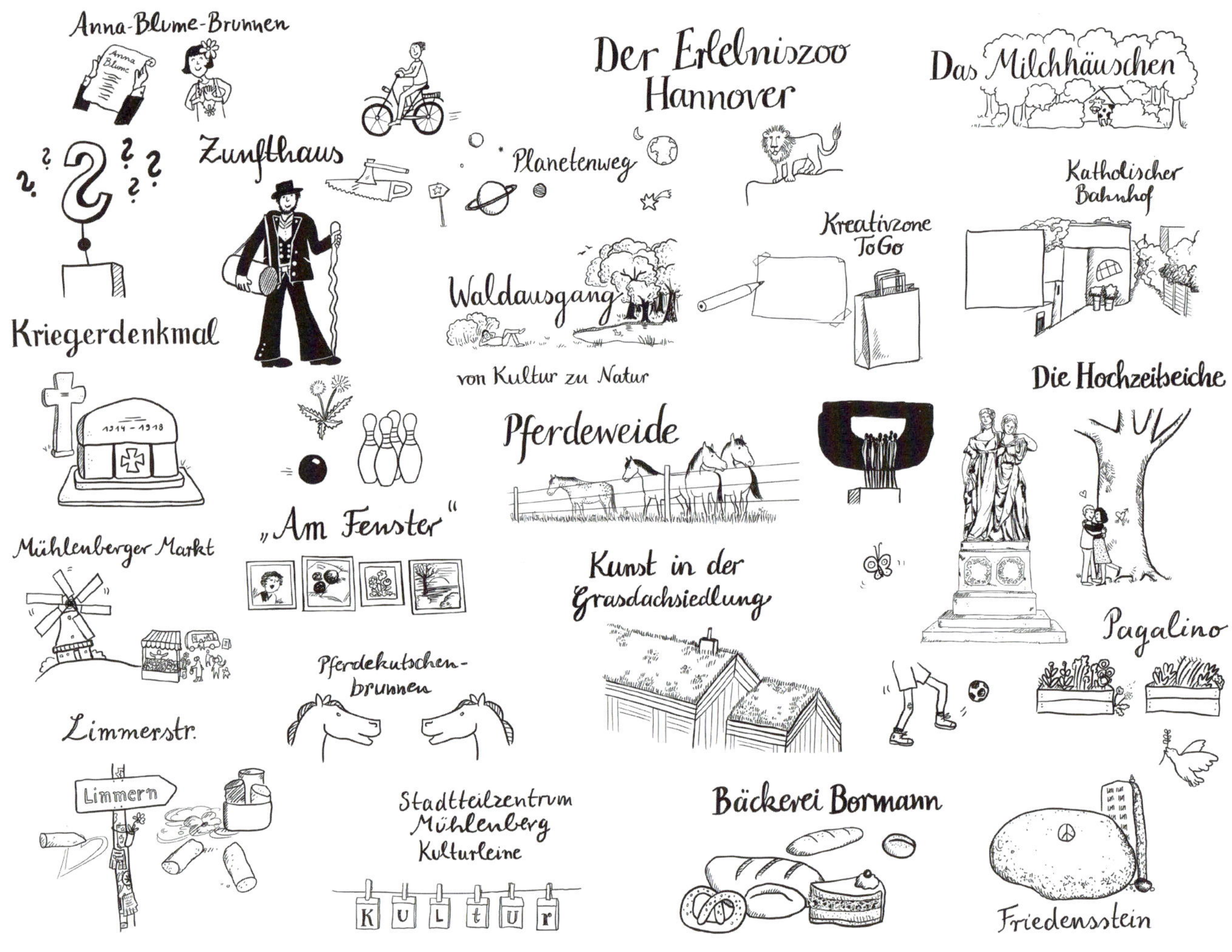

von Kultur zu Natur

kleiner
STADTTEILKULTUR-
SPAZIERGANG
in
HANNOVER

Eine Menge an ansprechend gestalteten Bildern, die recht ordentlich geschriebenen Stichworten zugeordnet sind, macht noch keine Sketchnote. Hier fehlt die Komposition, die alles ordnet und in einen sinnvollen Zusammenhang bringt. Mit diesen Bildern aus meiner Stadt zeige ich beispielhaft das Entstehen einer Sketchnote.

Für eine stimmige Sketchnote braucht es eine Überschrift. Ich habe sie mit der verspielten Handschrift der Einzelbilder als verbindendes Element zum Inhalt gestaltet. Zusätzlich benutze ich eine serifenlosen Groteskschrift, die heraussticht, weil sie nur hier auftaucht.

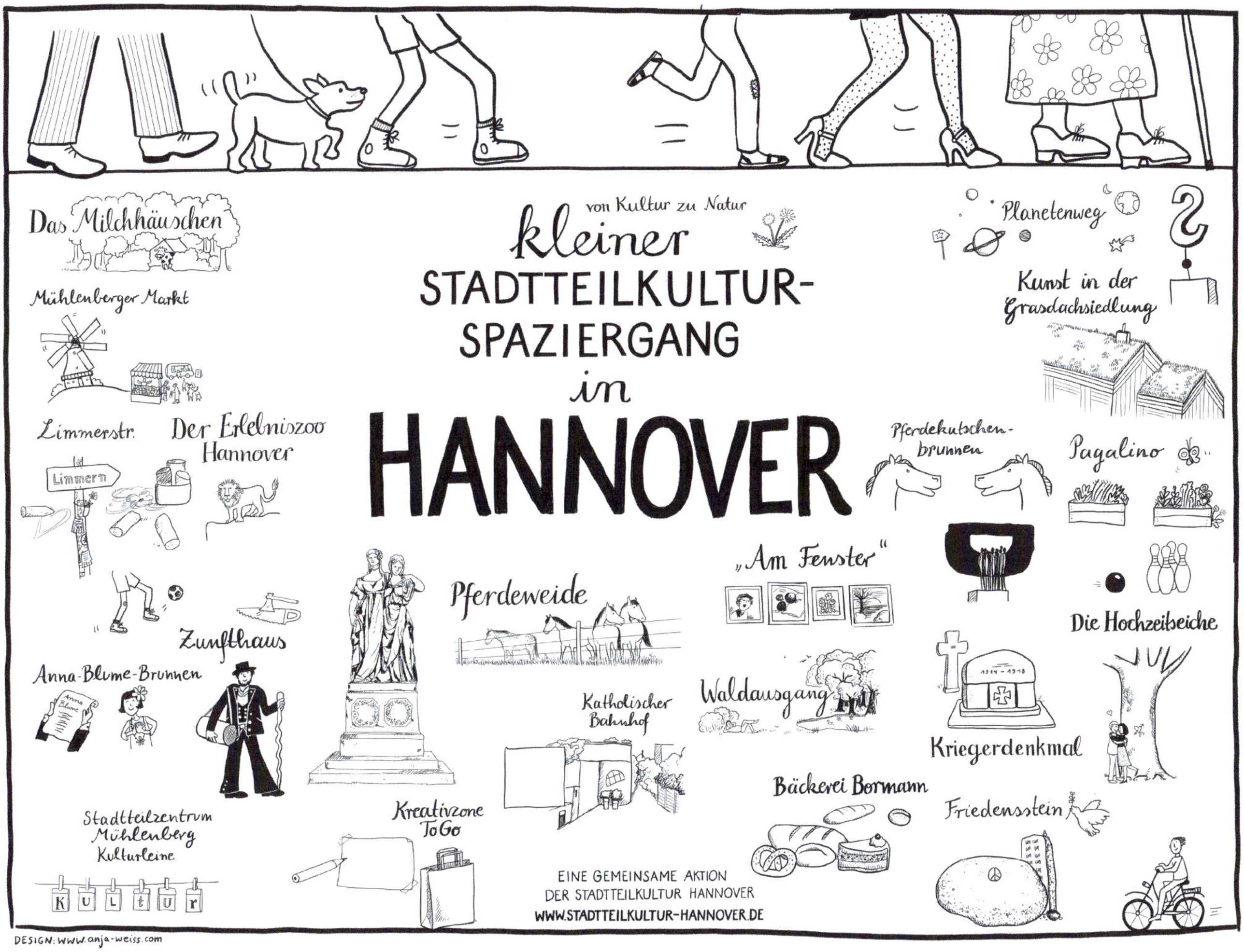

von Kultur zu Natur

kleiner
STADTTEILKULTUR-
SPAZIERGANG
in
HANNOVER

Das Milchhäuschen

Mühlenberger Markt

Planetenweg

Kunst in der Grasdachsiedlung

Limmerstr.

Limmern

Der Erlebniszoo Hannover

Pferdekutschen-brunnen

Pagalino

„Am Fenster"

Pferdeweide

Die Hochzeitseiche

Zunfthaus

Anna-Blume-Brunnen

Waldausgang

Katholischer Bahnhof

1914 – 1918

Kriegerdenkmal

Bäckerei Bormann

Friedensstein

Stadtteilzentrum Mühlenberg Kulturleine

KULTUR

Kreativzone ToGo

EINE GEMEINSAME AKTION
DER STADTTEILKULTUR HANNOVER
WWW.STADTTEILKULTUR-HANNOVER.DE

DESIGN: www.anja-weiss.com

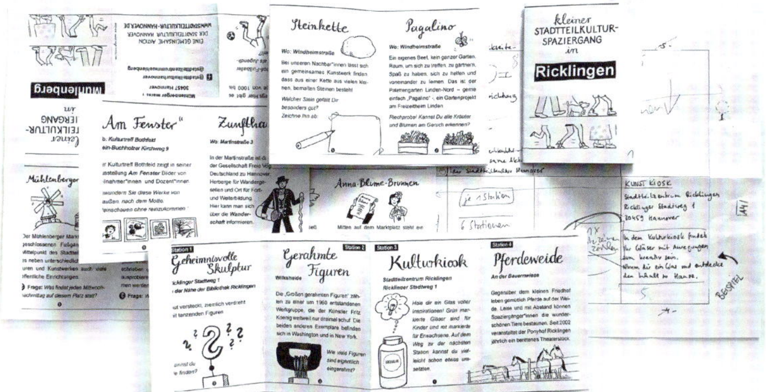

Durch die Überschrift und die Titelgrafik habe ich eine visuelle Hierarchie geschaffen. Ein Rahmen fasst alles zusammen. Es ist immer noch eine Art Wimmelbild, doch die Komposition gruppiert die Einzelteile auf denen unser Auge spazieren geht und die Einzelheiten entdecken kann.

Die Illustrationen stammen aus einem Bastelbüchlein zum Selberausdrucken. Das Team der Stadtteilkultur Hannover hat sich diese Aktion ausgedacht, um während des Corona-Shutdowns interessante Spaziergänge zum Entdecken der Stadtteile anzubieten.

GESTALTUNGSREGELN

Die Sketchnote besteht aus vielen verschiedenen Einzelelementen. Aber erst die Kombination macht das Ganze zu einem in sich geschlossenen Bild. Ein Wimmelbild hat einen gewissen Charme und kann nützlich sein, wenn es z.B. gewollt ist, dass man auf Entdeckungsreise geht und auf einer kleineren Ebene neue kleine Details findet. Eine gelungene Sketchnote vermittelt Wissen durch Schönheit, Struktur und Harmonie. Schönheit ist natürlich subjektiv, aber es gibt doch gewisse Regeln. Die Komposition verleiht dem Bild einen geschlossenen Charakter. Das Auge hat eine Komfortzone. Wenn sich das Auge wohlfühlt, schauen wir gerne hin, grelle Farbkontraste hingegen können dem Auge wehtun.

Welche Wirkung wollen wir erzielen? Gelungenes Design ist, wenn die vermittelte Botschaft bei den Empfänger*innen ankommt. Daher wollen wir die Elemente in einer Komposition möglichst bewusst kontrollieren, um den Blick von einer Information zur nächsten zu führen.

Beim spontanen Arbeiten in Live-Situationen gelingt es nicht immer, ein Bild auf Anhieb optisch stimmig zu gestalten. Daher sollten Sie, bevor Sie ein neues Bild beginnen, schon entschieden haben, wie es strukturell aufgebaut ist, damit es seinem Zweck, der Kommunikation des Inhaltes, so gut wie möglich nachkommen kann. Es lohnt immer, sich Gedanken zum Gestaltungskonzept zu machen. Wie setze ich was ins Verhältnis, wo kann ich Weißraum wirken lassen, wie setze ich welche Farbe(n) ein? Arbeite ich mit oder ohne Schatten, brauche ich einen großen Rand, in den sich gegebenenfalls später noch hineinarbeiten lässt? Bei geplanten Sketchnotes rate ich, unbedingt eine Skizze anzufertigen, um die Ideen stimmig umzusetzen.

Zu viele verschiedene Stilelemente erzeugen Unruhe. Durch gezielte Reduktion der Designelemente schaffen Sie hingegen Harmonie. Sie sollten also unbedingt einige Grundregeln für gutes Design kennen. Wenn man Regeln bricht, dann mit Absicht, um eine bestimmte Reaktion hervorzurufen, z. B. um unterschiedliche Charaktere darzustellen. Wenn man die Regeln anwendet, gewinnen die Zeichnungen an Klarheit und sind leichter zu erfassen.

Was macht eine gute Komposition aus?

Das Gehirn ordnet Informationen nach unbewussten Kriterien. Grundsätzlich basiert aber jede Gestaltung auf visuellen Ordnungskriterien, den Grundgesetzen des Designs. Das sind Raum, Farbe, Form, Linie und Raster, Schrift, Textur und deren Verhältnismäßigkeit. Durch Art, Aufbau und Anordnung komponieren alle optischen Grundelemente gemeinsam das Bild. Es bildet sich eine Struktur mit Anmutungsqualität.

Der Goldene Schnitt ist ein universelles Maß für einen allgemein anerkannten Ausdruck von Schönheit. Ich finde es spannend, dass es dabei um Beziehungen geht. Das Verhältnis des größeren Teils (a) zum kleineren Teil (b) entspricht dem der Summe beider Teile (a + b) zum größeren Teil (a). Die Formel lautet a : b = (a + b) : a. Diese Formel hat als Ergebnis immer die Zahl Phi und findet sich überall in der Natur, beispielsweise in der Form eines Tannenzapfens oder eines Schneckenhauses.

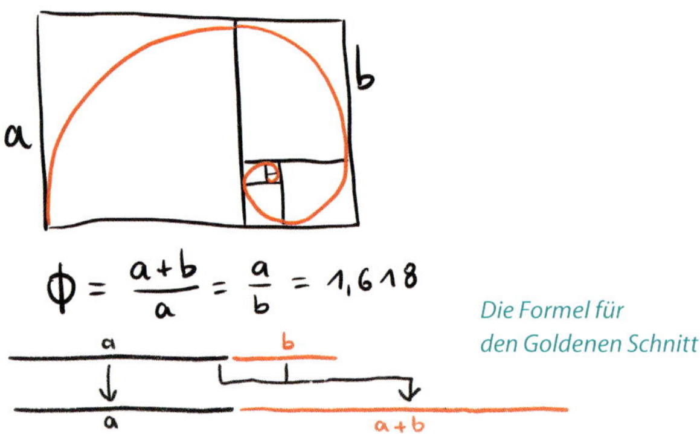

Die Formel für den Goldenen Schnitt

Der Weißraum

Damit beginne ich, weil er immer schon da ist. Vielleicht ist er nicht weiß, sondern farbig, in dem Fall würde er als Negativraum bezeichnet. Der Untergrund ist gemeint, der Hintergrund, der Raum, auf dem wir agieren. Bei Sektchnotes ist es das Blatt Papier oder das digitale Format auf dem Tablet.

Weißraum ist nicht einfach da und tut nichts – er braucht, im Gegenteil, unseren absoluten Respekt! Die Flächen, die nicht gefüllt werden, tragen wesentlich zur Gesamtwirkung bei. Weißraum erzeugt Hierarchie, Grenzen und Ordnung in größerem Maß als unsere Zeichnungen selbst. Wir assoziieren Weißraum um ein Element herum mit dessen Bedeutung. Er sagt unserem Gehirn, dass Objekte in einem Bereich getrennt von anderen Objekten zu betrachten sind. Der Raum gibt dem Design Platz zum Atmen und dem Auge einen Platz zum Ausruhen. Raum ist einer der am häufigsten ungenutzten und am meisten missverstandenen Aspekte beim Zeichnen von Sketchnotes.

Eine schlechte Raumnutzung kann dazu führen, dass sich das Design überfüllt, eng und beklemmend anfühlt und man nicht weiß, wo man hinsehen soll. Zu viel Platz, und das Design kann unvollendet erscheinen, so als würde es Lücken aufweisen, in denen etwas fehlt.

Die Linie

Die Linie ist vielseitiger, als man vielleicht meint. Sie ist das erste und grundlegendste Element des Designs. Eine Linie ist die statische oder dynamische Verbindung zweier beliebiger Punkte. Ein Strich, gezeichnet mit einem Schreibwerkzeug. Linien sind nützlich, um den Raum zu teilen und das Auge auf einen bestimmten Ort zu lenken. Eine Sketchnote verwendet z.B. Linien, um Überschriften und Bereiche zu trennen oder Verbindungen zu schaffen. Mehrere Linien interagieren miteinander. Wenn es sich aber um viele Linien handelt, die in allen möglichen verrückten Winkeln und Wellen kollidieren, wirkt es unruhig, wild und chaotisch.

Die Qualität der einzelnen Linie hat eine eigenständige Anmutung. Als Waagerechte wirkt sie solide und stabil, senkrecht dagegen leicht und aktiv. Dicke, schnell mit der Hand gezeichnete Linien tendieren zu jungen Themen, dünne Linien wirken elegant und intelligent.

Linien können natürlich auch dynamisch und formgebend sein. Schmucklinien, wellen- oder zackenförmige Linien haben einen klaren Ausdruck, Pfeile weisen in eine eindeutige Richtung und chaotisches Gekritzel drückt ein komplettes Durcheinander aus.

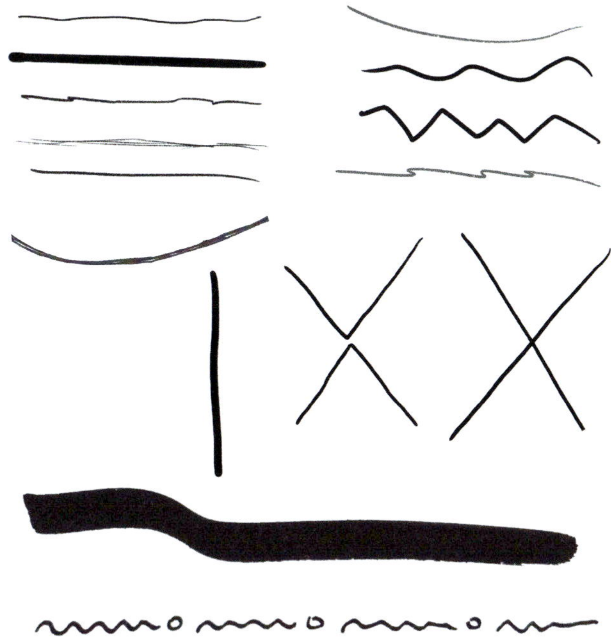

Raster

Aus Linien bilden sich Blickachsen. Sie verleihen Ordnung, lenken das Auge und definieren Hervorhebung.

Ein Mittelpunkt gibt dem Auge eine sichere Orientierungshilfe, um die Komposition zu erfassen und der Hierarchie zu folgen. Eine präsente Überschrift bietet einen soliden Einstieg in das Bild und schafft Ordnung im System des Bildes.

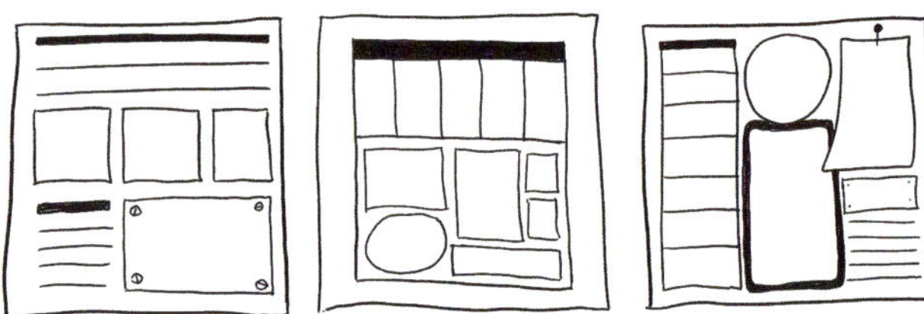

Ob einfach oder kompliziert, das Raster teilt das Format in verschiedene Zonen und schafft so eine optische Struktur.

Schrift

Typografie ist ein ganz wichtiger Teil jeder Sketchnote. Die Art der Handschrift kann sofort etwas ausdrücken. Eine aufgeblasene Ballonschrift wirkt kindlich, eine Graffittischrift jugendlich und eine klassische Serifenschrift konservativ. Schlicht oder verspielt: Was besser passt, entscheidet das Thema. Zwei ausdrucksstarke Schriftarten können den höchsten Kontrast darstellen. Sind es zu viele Schriftarten, verliert das Gesamtbild an Klarheit. Das Wichtigste bei Schrift in einer Sketchnote ist allerdings die Lesbarkeit. Sie hat höchste Priorität!

Form

Das Auge definiert geometrische oder organische Formen durch Grenzen wie die Umrisslinie oder Farben. Formen sorgen für Aufmerksamkeit und vermitteln Stimmung. Alles ist letztendlich formgebend, daher müssen wir uns bewusst sein, dass alle Elemente der Komposition interagieren und Metaformen erzeugen. Quadrate wirken sicher, vertrauenswürdig und stabil. Kreise sind geschlossen und unendlich zugleich, sie wirken angenehm und organisch und strahlen Einheit aus. Das Dreieck hat eine Richtung: Steht es auf dem Kopf, ist Achtung geboten, weil unsere physikalische Erfahrung sagt, dass das eigentlich nicht geht. Liegt es auf der Seite, zeigt es eine Richtung an.

Farbe

Farbe ist ebenfalls eines der bedeutsamsten Designelemente. Alle Farben sind mit spezifischen kulturellen und psychologischen Konzepten belegt. Es ist daher unausweichlich, sich zumindest ein wenig mit Farbtheorie und -psychologie zu beschäftigen. Jede Farbe sagt etwas aus, Kombinationen können den Eindruck weiter verändern. Die Farbe Rot signalisiert in unserem Kulturkreis z. B. »Achtung!«, Grün ist grundsätzlich positiv besetzt. Die Farbgebung löst Assoziationen aus und beeinflusst maßgeblich die Grundstimmung. Farbe verleiht Einheit und lenkt den Blick. Sie vermag Teile der Sketchnote zusammenzuführen und zu balancieren. Die Verwendung von Tonwerten gibt der Gestaltung Ruhe, weil sich alles innerhalb der gleichen Farbe bewegt, definiert aber auch Hierarchie. Helle Tonwerte wirken harmloser als dunkle, und je schwärzer, umso bedrohlicher wird die Anmutung sein. Das findet sich auch in unserer Sprache wieder. Jemand hat eine »dunkle Vergangenheit« und »sieht immer schwarz«. Jemand anderer hat dagegen eine »weiße Weste« und ist immer aufgehellter Stimmung.

Damit Farben harmonisch zusammenarbeiten, braucht es Kontrast. Der Hintergrund sollte sich klar unterscheiden.

Formen in Kombination mit Farbe ergeben verschiedene Anmutungsqualitäten

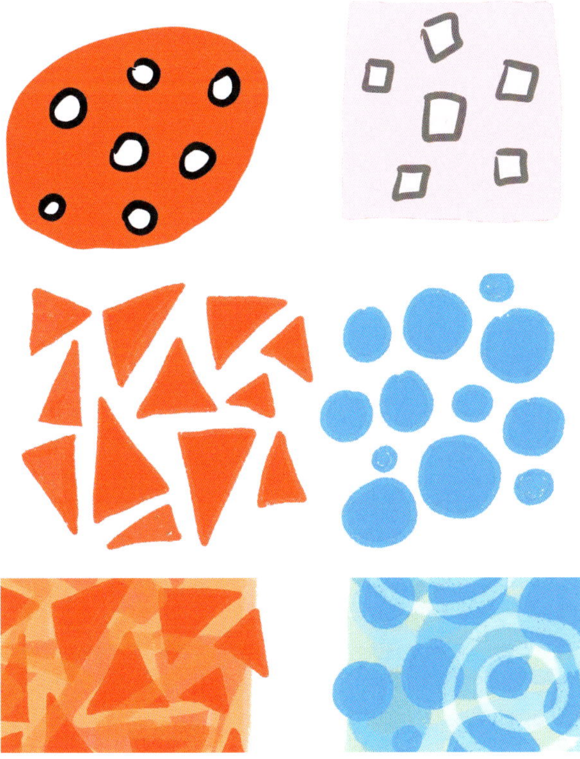

Hier sehen wir einen Punkt. Die weiße Fläche, die den Großteil des Bildes ausmacht, nehmen wir nicht bewusst wahr. Sie wird zum Hintergrund.

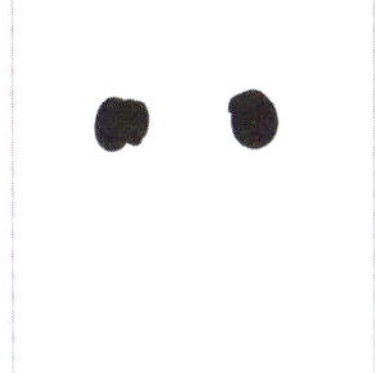

Hier sehen wir zwei Punkte. Durch ihre Anordnung setzen wir sie zueinander in Beziehung.

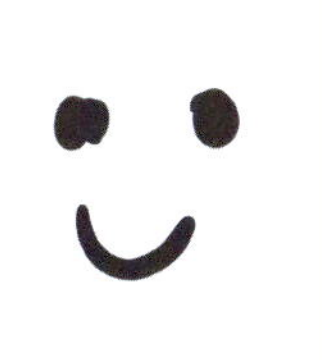

Hier sehen wir zwei Punkte und einen Halbkreis. Aber wir assoziieren es in dieser Anordnung mit einem Gesicht.

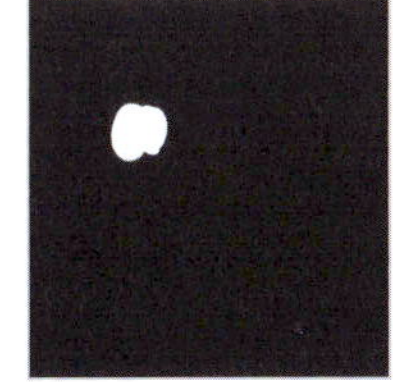

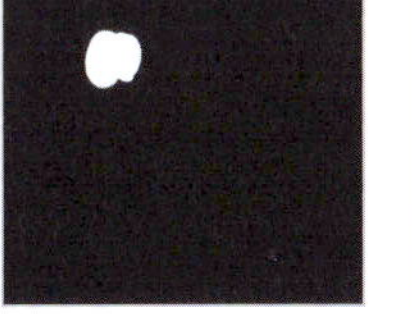

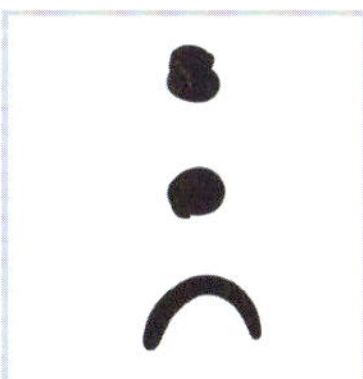

Was sehen wir jetzt?

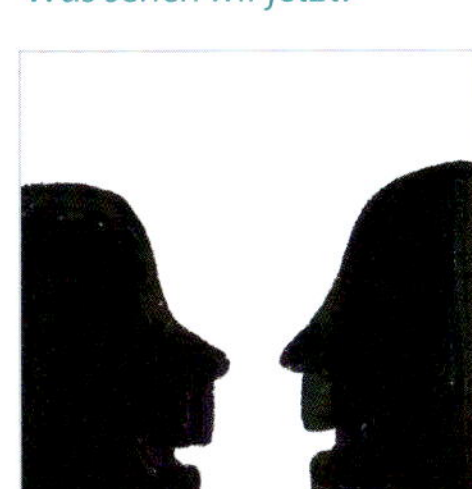

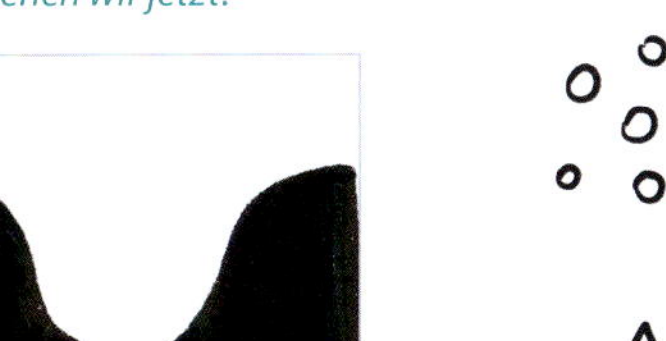

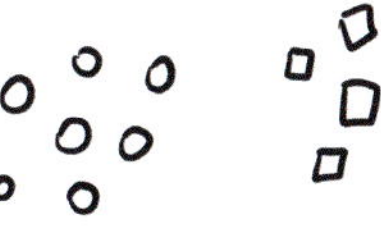

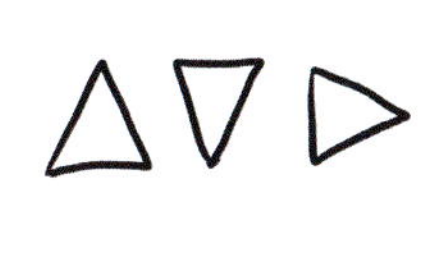

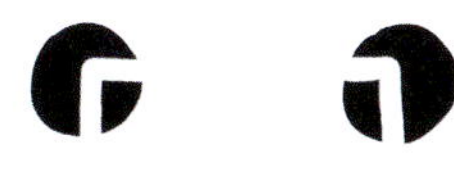

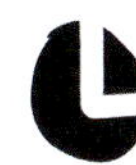

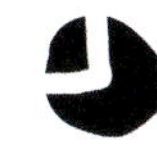

Größenverhältnisse

Proportion ist die visuelle Gewichtung und Beziehung aller Elemente untereinander sowie in Bezug auf Größe und Maßstab des Bildformates. Erinnern wir uns an unsere mächtigen Freunde Weißraum und Raster, sie sind letztlich für die Balance verantwortlich. Kontraste lassen sich auch hier finden. Das Spiel mit der Größe zweier Objekte markiert Unterschiede und setzt Prioritäten. Skalierung ist die Beziehung des Elements zu seiner Originalgröße. Größenverhältnisse haben wir unbewusst im Blick, denn auch sie definieren Hierarchie. Einen Erwachsener stellen wir im Verhältnis zu einem Kind immer größer dar. Beim digitalen Arbeiten lassen sich alle Bildelemente skalieren, was ein echter Vorteil sein kann.

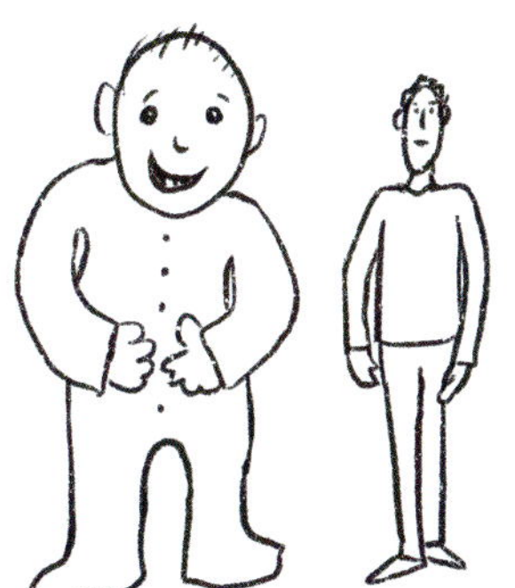

Wären die Größenverhältnisse vertauscht, ließe sich gleich eine ganze Geschichte dazu erzählen.

WAHRNEHMUNGSPSYCHOLOGIE

Textur

Texturen können auf einer zweidimensionalen Oberfläche ein dreidimensionales Erscheinungsbild oder durch Wiederholung ein Muster erzeugen. Textur ist aber in erster Linie ein haptisches Phänomen und im Produktdesign oder der Architektur von Bedeutung. Bei Sketchnotes kann es die Qualität des verwendeten Papiers sein, ist aber eher ein untergeordnetes Phänomen und daher hier nur der Vollständigkeit halber erwähnt.

Kontrast

Neben der Farbgestaltung lässt sich auch durch Gewichtung einzelner Elemente der Bildgestaltung Kontrast schaffen, z.B. voll/leer, ruhig/bewegt, hell/dunkel, klein/groß, dick/dünn, geschlossen/offen, wild/geordnet, kalt/warm.

Balance

Es gibt zwei Konzepte: Symmetrie und Asymmetrie. Eine angenehme Komposition nutzt häufig eine ungerade Anzahl an Elementen im Vordergrund, das schafft Ausgewogenheit. Symmetrie erzeugt Ordnung, Ruhe und Balance.

Aber warum funktioniert das so und nicht anders?

Einer der Begründer der Gestaltpsychologie und -theorie, Max Wertheimer (1880–1943), formulierte sechs wesentliche Faktoren für die Zusammenhangsbildung in der optischen Wahrnehmung.

Gesetz der Nähe

Elemente mit geringen Abständen zueinander werden als zusammengehörig wahrgenommen.

Gesetz der Ähnlichkeit

Einander ähnliche Elemente werden eher als zusammengehörig erlebt als einander unähnliche.

Gesetz der guten Gestalt

Es werden bevorzugt Gestalten wahrgenommen, die in einer einprägsamen (Prägnanztendenz) und einfachen Struktur (= »gute Gestalt«) resultieren. Je einfacher und prägnanter, desto besser.

Gesetz der Kontinuität

Linien werden immer so gesehen, als folgten sie dem einfachsten Weg. Kreuzen sich zwei Linien, so gehen wir nicht davon aus, dass der Verlauf der Linien an dieser Stelle einen Knick macht, sondern wir sehen zwei gerade durchgehende Linien.

Gesetz der Geschlossenheit

Es werden bevorzugt Strukturen wahrgenommen, die eher geschlossen als offen wirken. Elemente in abgegrenzten Gebieten oder miteinander verbundene Elemente werden als zusammengehörig empfunden.

Gesetz des gemeinsamen Schicksals

Zwei oder mehrere, sich gleichzeitig in eine Richtung bewegende Elemente werden als eine Einheit oder Gestalt wahrgenommen.

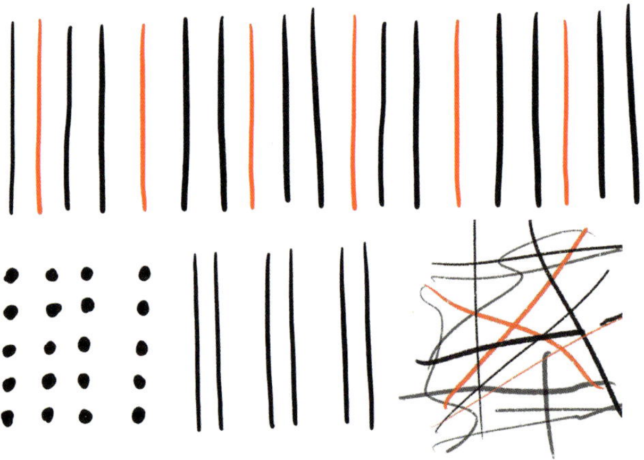

ANMUTUNGSQUALITÄTEN

Die Kombination aller dieser Gestaltungs- und Wahrnehmungsregeln gibt dem Design eine bestimmte Anmutungsqualität. Gestaltung vermittelt Werte und Qualitäten auch unbewusst. Wirkt etwas warm und sanft, sachlich seriös oder agressiv und laut: *Look & Feel* – Aussehen und Ausdruck können eine bewusst eingesetzte unterliegende Grundaussage kommunizieren.

Ist eine Sketchnote zu bunt, kann das Ganze unruhig wirken und schnell Assoziationen zu Kinderzeichnungen auslösen. Soll es seriös und erwachsen wirken, wählen Sie dezente abgemilderte Farben, am besten nur wenige und eine schlanke, elegant wirkende Serifenschrift. Die spontane Anmutung ist ein wichtiger Indikator, ob der kommunikative Aspekt eines Bildes funktioniert. Um spezifische Erwartungen zu treffen, sollte man seine Zielgruppe also kennen. Denn nicht nur in der Werbepsychologie weiß man, dass sich das Logo einer Bank von dem eines Bio-Supermarktes unterscheiden sollte.

Winkelformen wie Quadrate und Dreiecke weisen eher auf Männlichkeit hin, während glatte und geschwungene Formen wie Kreise mit Weiblichkeit verbunden sind. Es gibt außerdem eine intuitive und gefühlsmäßige Verbindung zwischen Sprache und optischer Darstellung. Der im Folgenden dargestellte Versuch zeigt auf, wie unsere Wahrnehmung von Formen und Lauten miteinander korrespondieren.

Maluma und Takete

Wolfgang Köhler, ein anderer Begründer der Gestaltpsychologie, stellte Versuchspersonen eine runde und eine eckige Figur vor und bat sie, den Formen das Wort »Maluma« oder das Wort »Takete« zuzuordnen. In 90 % der Fälle ordneten die Probanden spontan und ohne zu überlegen

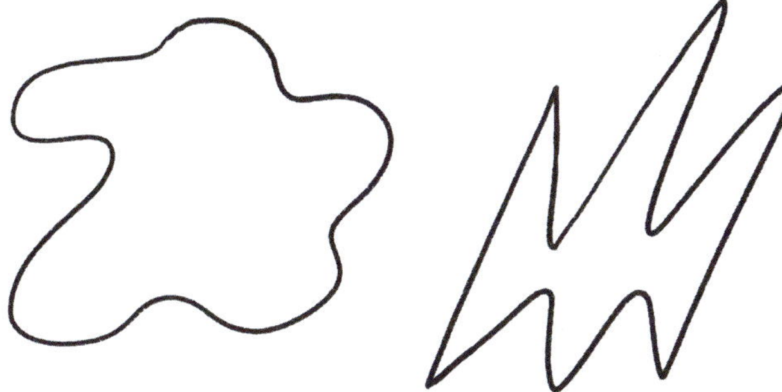

Maluma/Bouba und Takete/Kiki

»Takete« der eckigen Figur und »Maluma« der runden Figur zu. Eine ähnliche Versuchsanordnung (V. S. Ramachandran und Edward Hubbard, 2001) bestätigte diese Erkenntnisse mit den Begriffen »Bouba« und »Kiki«.

Tipp:
Der Wahrnehmungswert und damit die Wirkung einer Visualisierung lässt sich mit einfachen Mitteln steuern. Definieren Sie vor jedem Bild eine klare und durchgängige Gestaltung mit wiederkehrenden Konstanten. Reduzieren und vereinfachen Sie, wo es möglich ist. Visualisieren Sie verständlich, glaubwürdig und angemessen. Berühmte Designleitsätze sind:

- ***Weniger ist mehr.*** *Diese Aussage ist immer hilfreich! Lieber mehr Weißraum einplanen, das fördert Übersichtlichkeit und steuert den Blick. Achten Sie in der Komposition darauf, gerade genug Aktion im Verhältnis zur Stille des Raums zu haben, aber nicht zu viel. Wenn Sie am Ende denken, da ist zu viel Leere, lässt sich diese immer noch überlegt füllen.*

- ***Form follows Function.*** *Für Sketchnoter*innen- und Graphic Recorder*innen ist neben dem Prozess des Zeichnens an sich der kommunikative Wert des Ergebnisses entscheidend.Daher kann man bei unserer Tätigkeit auch von* ***Form follows Content*** *sprechen.*

Wenn wir dieses Grundwissen in die Gestaltung unserer Sketchnotes einbringen, erstellen wir Bilder, die schön aussehen und wirksam sind – ein ausdrucksstarkes Kommunikationsinstrument.

STRUKTUR

Komposition

Die Elemente der Sketchnote ordnen sich also auf dem Format zum fertigen Bild. Je nach Gewichtung der Bildelemente wird das Auge geleitet und verweilt oder wandert ziellos umher. Das Raster definiert Sichtebenen, Blickachsen und Rhythmus, und das alles zusammen komponiert die Struktur eines Bildes.

Die Sichtebenen bilden eine Hierarchie. Große Bilder und Überschriften, Zeichnungen mit viel Weißraum drumherum und Signalfarben ziehen den Blick an. Betrachter*innen fallen diese Elemente zuerst auf, dann erst nehmen sie die zweite und dritte Ebene wahr. Inhaltliche Details sind hier zu finden, sozusagen das Kleingedruckte. Sie können also mit dem Blick in das Bild hineinzoomen und mehr entdecken.

Beim spontanen Zeichnen einer Sketchnote wird man eher auf bekannte Strukturen zurückgreifen. Wenn wir uns aber inhaltlich vorbereiten konnten, gibt es eine Vorskizze, die auch eine kompliziertere Struktur haben kann.

Ich fange immer mit dem Titeltext und der Überschrift an sowie mit dem Titelmotiv. Natürlich können Sie auch zart mit Bleistift vorzeichnen und die Vorzeichnung dann später wegradieren.

Tipp:
In der Verkleinerung brechen kleine Details weg und Schrift wird unleserlich. Sie sollten bei großen Bildern darauf achten, wie das Bild später genutzt werden soll, und die minimale Schriftgröße so anlegen, dass sie in der Skalierung lesbar bleibt.

Wie auch immer sich der Untergrund füllt, mit einem gedachten Raster haben Sie einen Plan.

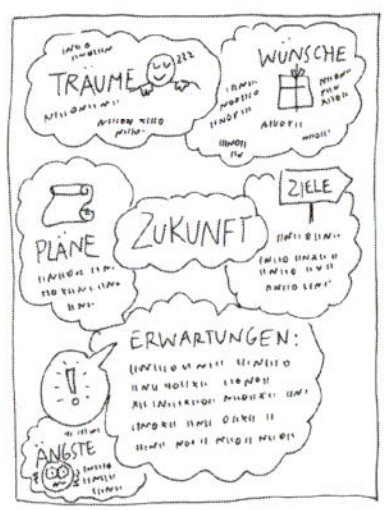

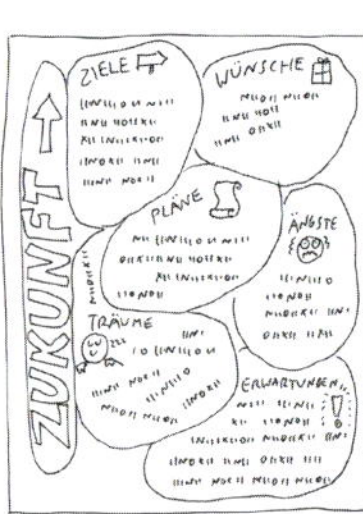

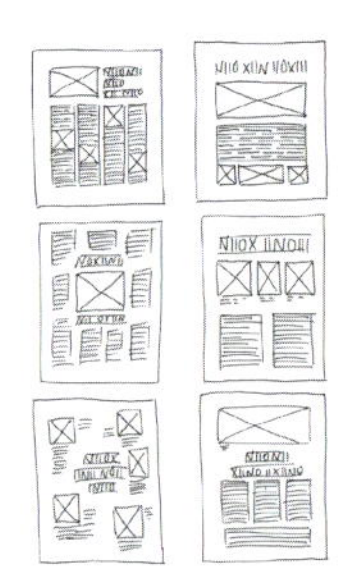

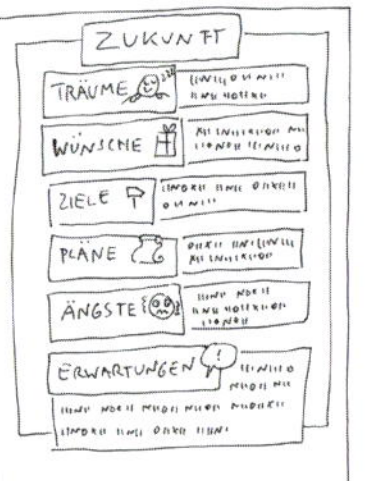

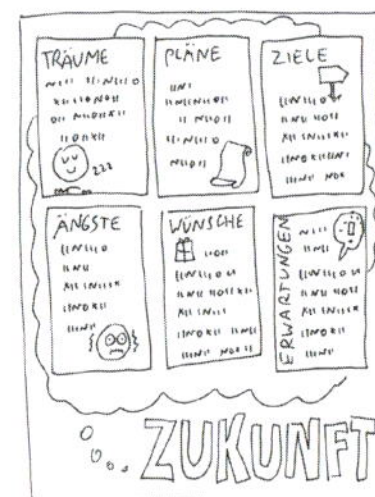

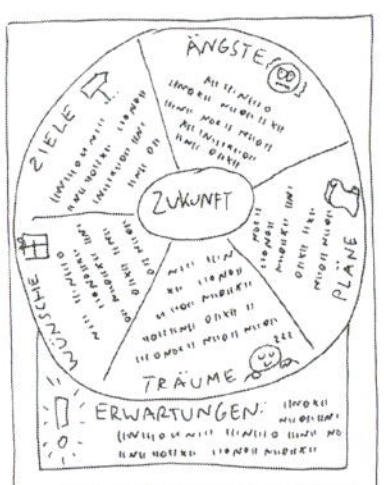

Diese einfachen Strukturen werden uns später noch einmal in anderem Zusammenhang begegnen ...

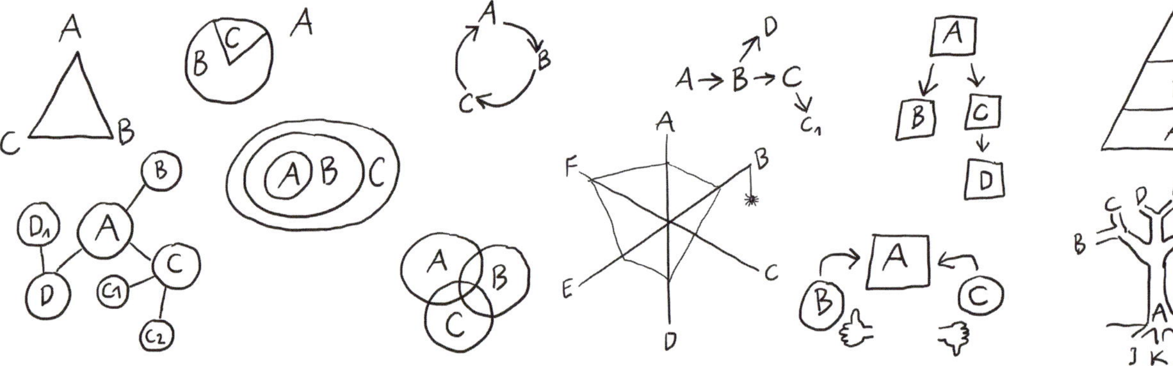

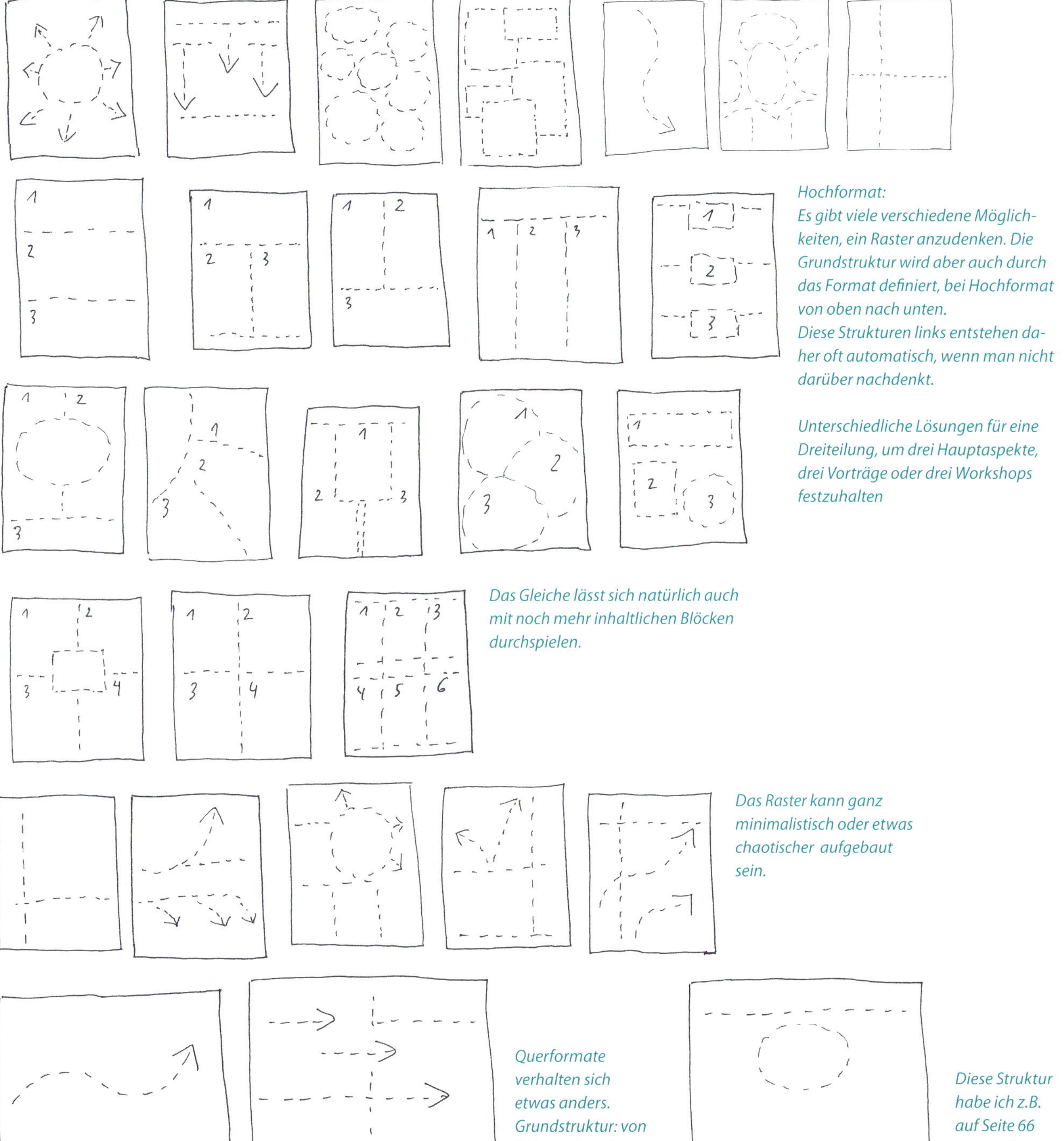

Hochformat:
Es gibt viele verschiedene Möglichkeiten, ein Raster anzudenken. Die Grundstruktur wird aber auch durch das Format definiert, bei Hochformat von oben nach unten.
Diese Strukturen links entstehen daher oft automatisch, wenn man nicht darüber nachdenkt.

Unterschiedliche Lösungen für eine Dreiteilung, um drei Hauptaspekte, drei Vorträge oder drei Workshops festzuhalten

Das Gleiche lässt sich natürlich auch mit noch mehr inhaltlichen Blöcken durchspielen.

Das Raster kann ganz minimalistisch oder etwas chaotischer aufgebaut sein.

Querformate verhalten sich etwas anders. Grundstruktur: von links nach rechts

Diese Struktur habe ich z.B. auf Seite 66 verwendet.

FARBPSYCHOLOGIE

Farben bestehen aus Licht, der Computer nutzt die drei Grundfarben Rot, Gelb, Blau, also RGB, und alle zusammen ergeben weißes Licht, das additive System. Auf der andereren Seite steht das subtraktive Farbsystem. Es gibt auch hier drei Grundfarben Rot, Blau, Gelb, sie werden aber aus Pigmenten gemischt. Damit lässt sich zeichnen oder drucken und alle zusammengemischt ergeben einen schmutzigen Grauton. Mit Farben verbinden wir vielfältige elementare und kulturell geprägte Erfahrungen: Rot und Gelb sind aktiv, warm und süß, Blau und Grün eher zurückhaltend, vertrauenserweckend und kühl. Farbe definiert emotionalen Ausdruck wie kaum ein anderes Gestaltungselement. Frische würde man niemals mit Braun oder Grau ausdrücken, das sind die Farben der Vergänglichkeit. Bei der Wirkung von Farbe kommt es besonders auf den Kontext an. Die gleiche Farbe kann Signalwirkung haben oder politische Symbolik transportieren. Es gibt kulturelle und traditionelle Unterschiede, die Farben unserer Flagge stehen hierzulande für Macht, Grün für Natur, Grau ist neutral, Schwarz steht für das Böse, das Gute ist immer weiß (das gibt zu denken). Beim Zeichnen von Sketchnotes sind Sie gut beraten, sich auf wenige Farben zu beschränken. Zu viel wirkt schnell einfach nur bunt. Wenn wir professionell arbeiten, orientieren wir uns am Corporate Design unserer Auftraggeber*innen.

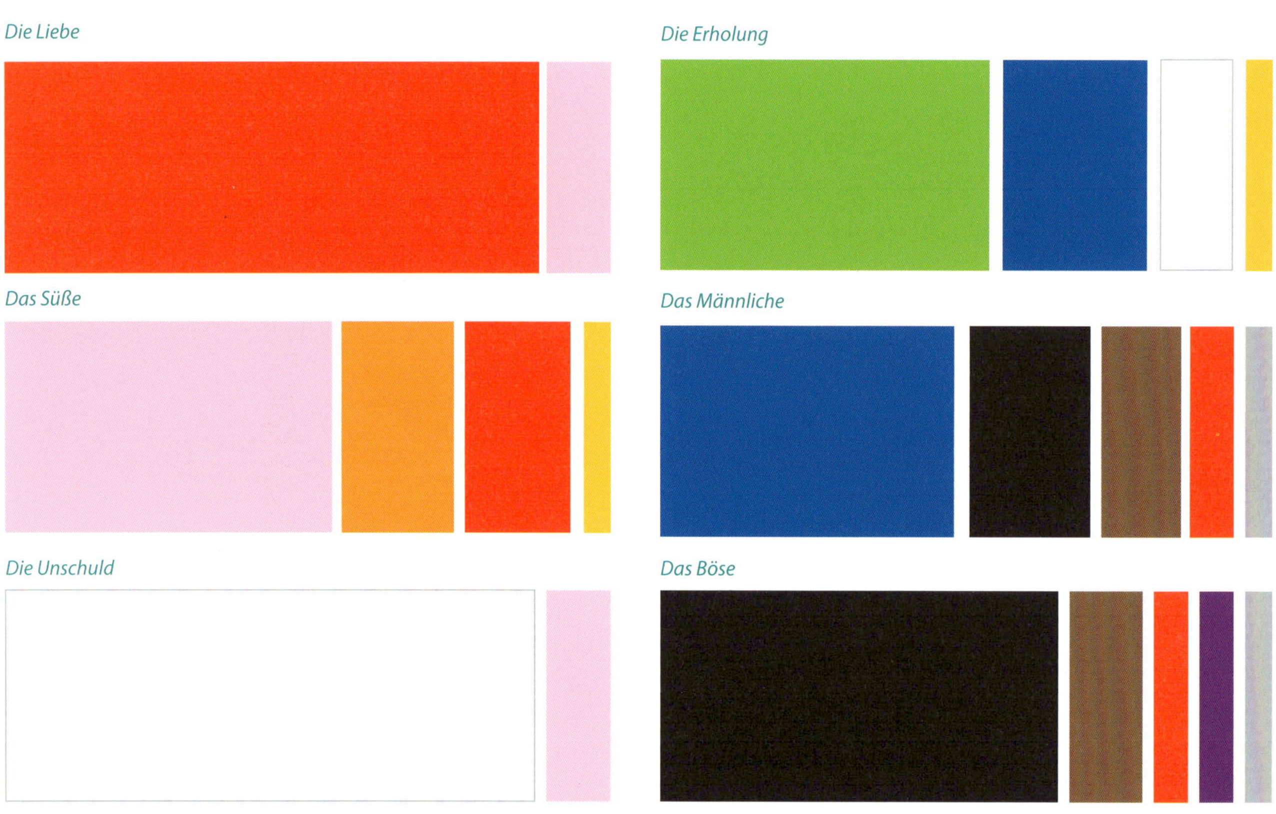

Die Farbwerte entstammen der Untersuchung und dem gleichnahmigen Buch »Wie Farben wirken« von Eva Heller.

Alle Farben des Farbkreises

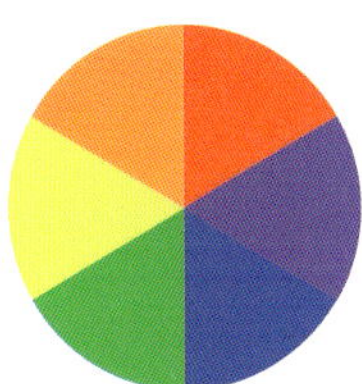

Gelb: *Sonne, Licht, Wärme, Klarheit, Geist, Optimismus, Planung, Gesetz, Luxus, aber auch Neid, Arroganz, Eifersucht*

Orange: *Freude, Effizienz, Lebhaftigkeit, Energie, Aktivität, Spaß und Aufregung, wirkt aber auch aufdringlich und billig*

Rot: *Die Signalfarbe: Vitalität, Aktivität, Wärme, Leidenschaft, Energie, aber auch Gefahr, Gewalt und Zorn*

Violett: *Die rätselhafte Farbe, steht für Magie, Opulenz, Extravaganz, aber auch für Zwiespältigkeit und Macht*

Blau: *Ruhe und Entspannung, Vertrauen, Resultate, Klugheit, Tiefe, Harmonie, aber auch Kälte oder Melancholie*

Grün: *Frische, Beharrlichkeit, Wachstum, Biologie, Lebendigkeit, Natur, Entspannung, Gesundheit, aber Grün ist eine höchst ambivalente Farbe.*

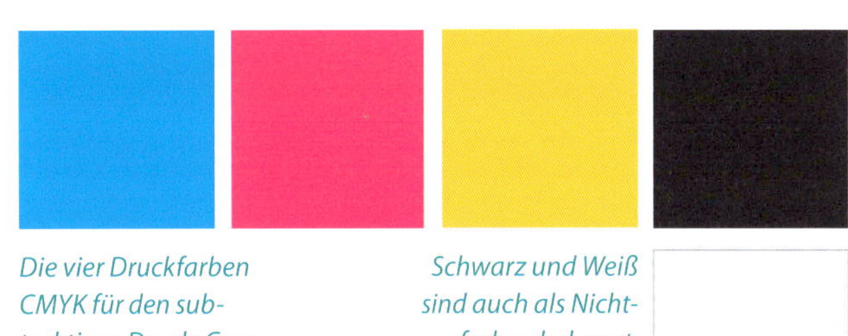

Die vier Druckfarben CMYK für den subtraktiven Druck: Cyan, Magenta, Yellow und K für Kontrast (Schwarz)

Schwarz und Weiß sind auch als Nichtfarben bekannt. Sie stehen für hell und dunkel. Weiß ist in der Regel die Druckfläche oder der Zeichengrund.

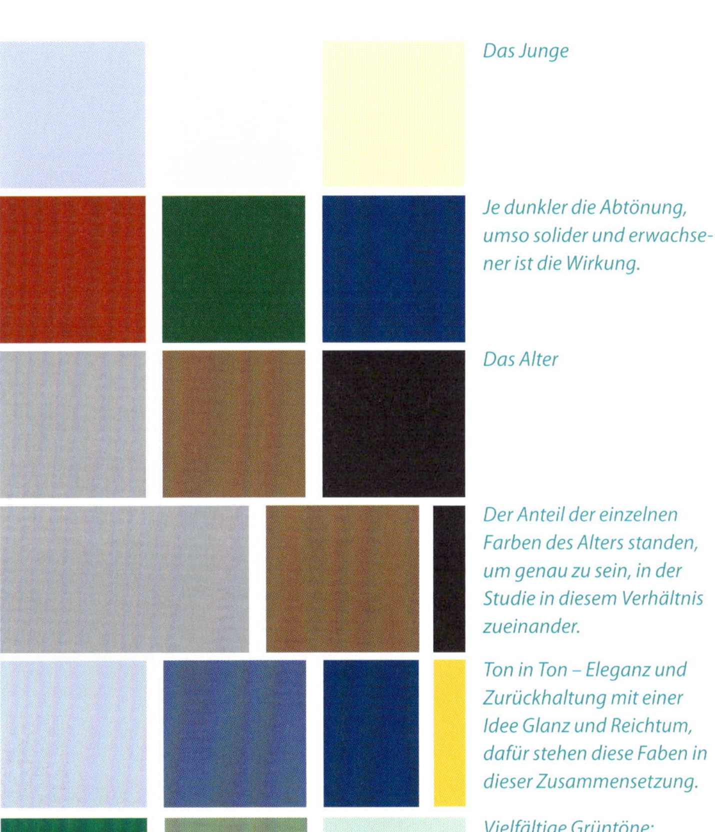

Das Junge

Je dunkler die Abtönung, umso solider und erwachsener ist die Wirkung.

Das Alter

Der Anteil der einzelnen Farben des Alters standen, um genau zu sein, in der Studie in diesem Verhältnis zueinander.

Ton in Ton – Eleganz und Zurückhaltung mit einer Idee Glanz und Reichtum, dafür stehen diese Faben in dieser Zusammensetzung.

Vielfältige Grüntöne: Tannengrün, Schlammgrün, OP-Grün

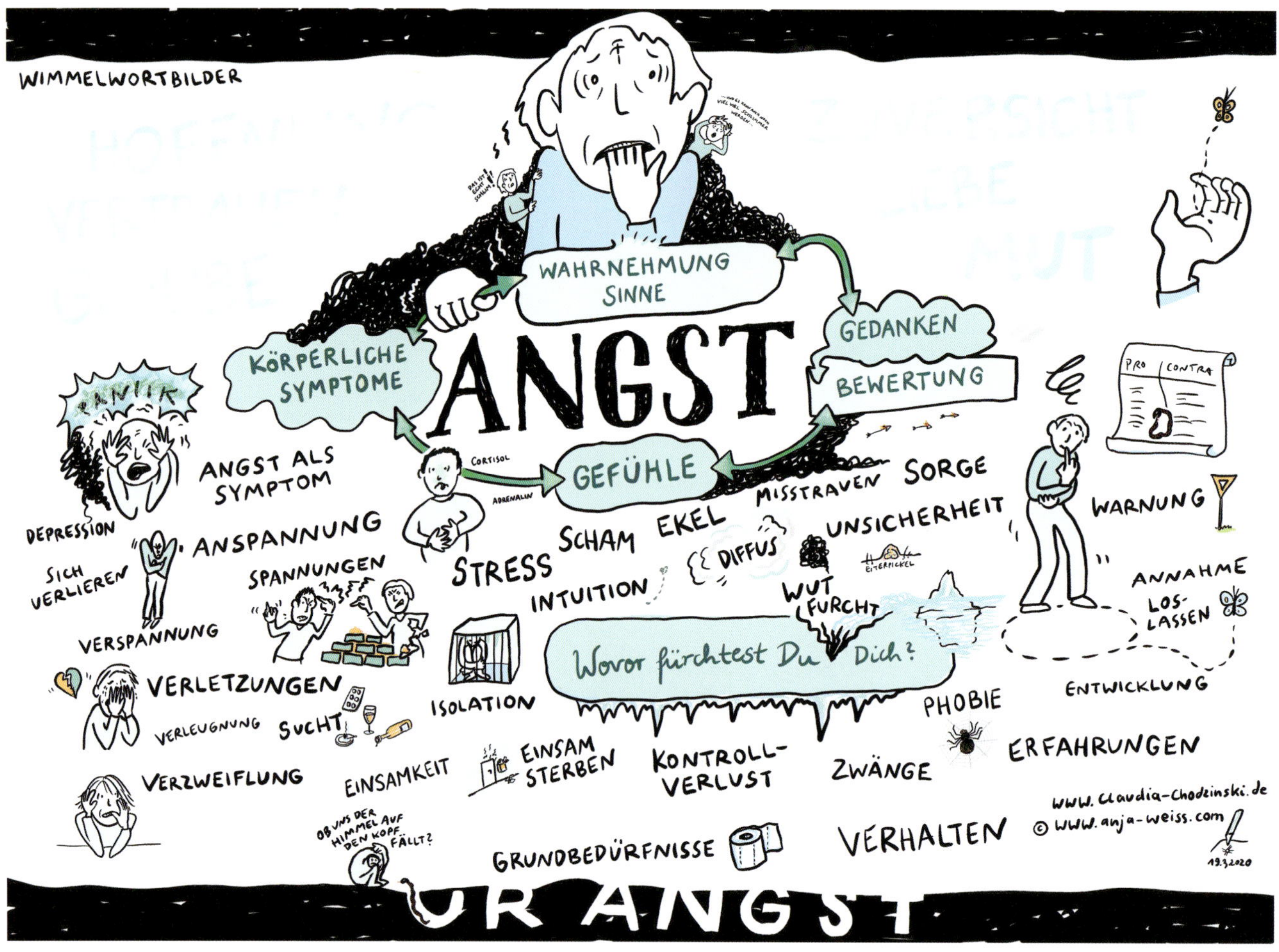

Der Auftrag: *Digitale Illustration im Sketchnote-Stil, Format A2*
Thema: *Assoziationen zum Begriff »Angst«*
Kundin: *Claudia Chodzinski · Beratung*

Die Farben in diesem Bild reflektireren die inhaltlichen Aussagen. Sie sind sehr reduziert eingesetzt. Das Bild wirkt bedrohlich, massiv und kalt.

Der Begriff steht im Zentrum, wie bei einer Mindmap. Da Angst für mich mit dem Gefühl von Ausweglosigkeit verbunden ist, wollte ich eine Kreislaufbewegung und auch das Gefühl des Hineingesaugt-Werdens in den Strudel der Gedanken erzielen. Das hat beim Arbeiten etwas mit mir gemacht. Als Gegengewicht brauchte ich daher dringend noch die positiven Begriffe, die zwar bei Angst verblassen oder gar als fehlend wahrgenommen werden, aber deshalb nicht weg sind. Das war zwar nicht Bestandteil des Briefings, hat meine Auftraggeberin aber überzeugt.

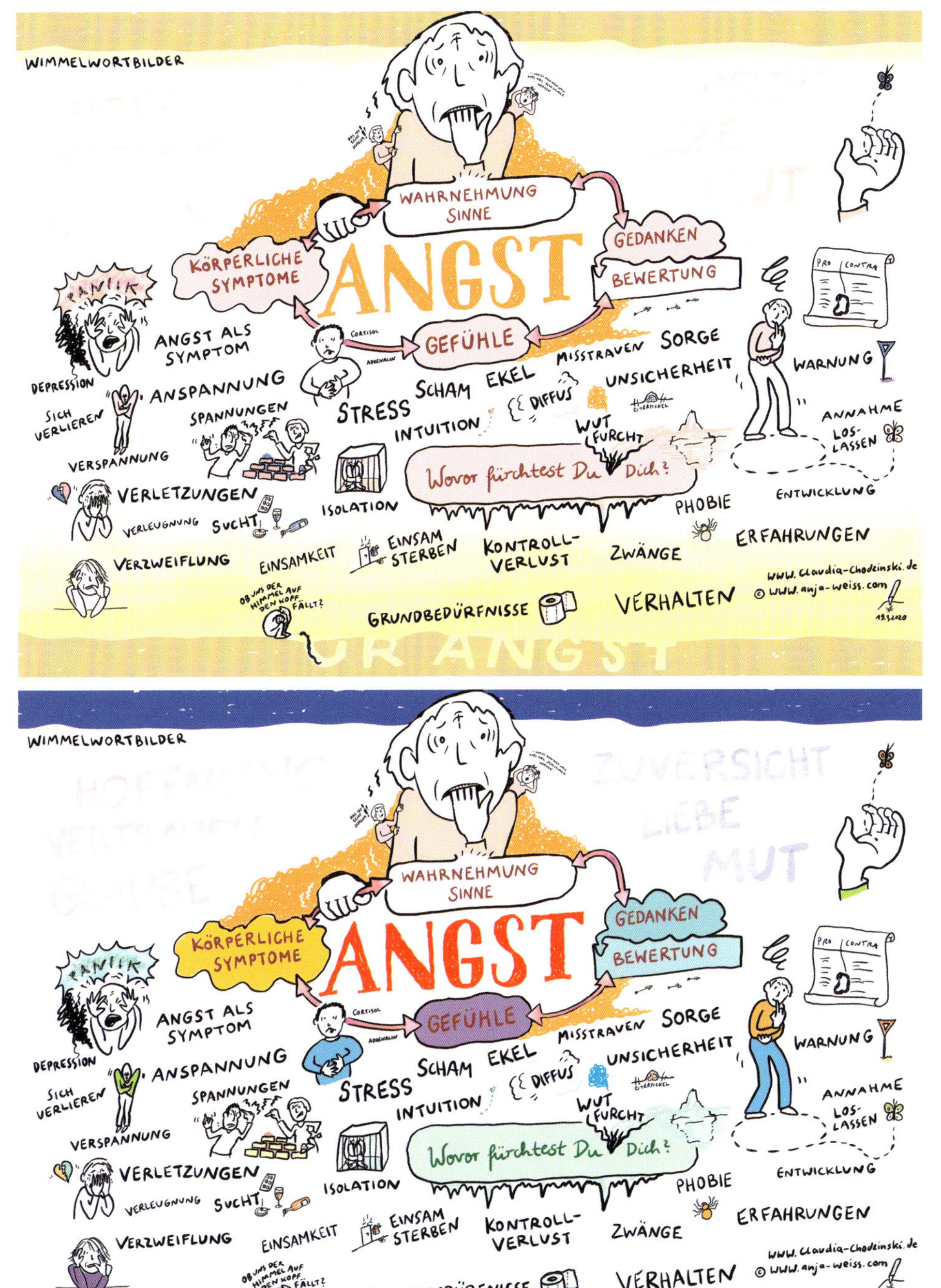

Schauen Sie mal, was Farbänderungen bei diesem Bild bewirken. Wie würden Sie es beschreiben?

KEYVISUAL

Jede Sketchnote hat ein *Keyvisual* – Schlüsselmotiv. Das ist sozusagen das Aushängeschild der Visualisierer*innen. Es ist in der Regel das Erste, was beim Zeichnen neben dem Titel auf einem Bild erscheint. Das Keyvisual können Sie sich vor der Erstellung des Bildes überlegen. Wollen Sie eine zentrale Struktur, ähnlich der Mindmap? Dann bietet sich ein Motiv für die Mitte an, um das Sie herumarbeiten können.

Beim professionellen Arbeiten gehört die Vorbereitung zwingend dazu. Beim Graphic Recording können Sie das Motiv übertragen, sobald Sie sich eingerichtet haben. Damit haben Sie einen Einstieg, solange die Begrüßung dauert und der Vortrag, den Sie mitzeichnen sollen, noch auf sich warten lässt.

Wie finden Sie das Keyvisual? Wenn Ihnen spontan nichts einfällt, wird spätestens eine Idee kommen, wenn Sie zum Thema recherchieren.

Tipps:

- ***Pars pro Toto*** *– ein Teil steht für das Ganze.*
  Gibt es einen Gegenstand, der für das Thema stehen kann? Zum Beispiel ein Brezel für Bäckerei, das Foto von Alan Kurdi, dem toten Kind am Strand, für die Flüchtlingskrise etc.

- ***Personifizierung*** *– können wir dem Thema ein Gesicht geben, einen Gegenstand vermenschlichen oder Menschen in einer passenden Situation abbilden?*

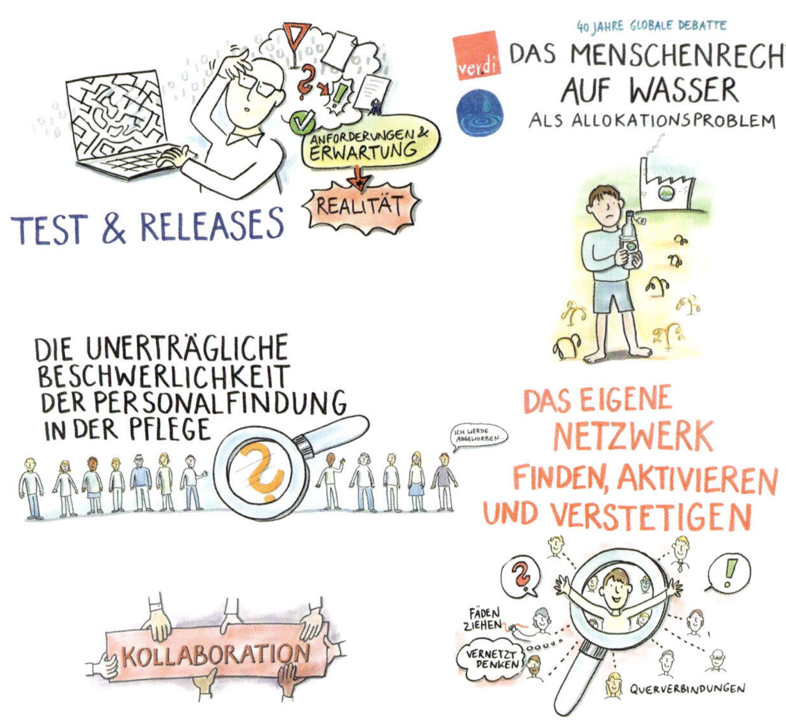

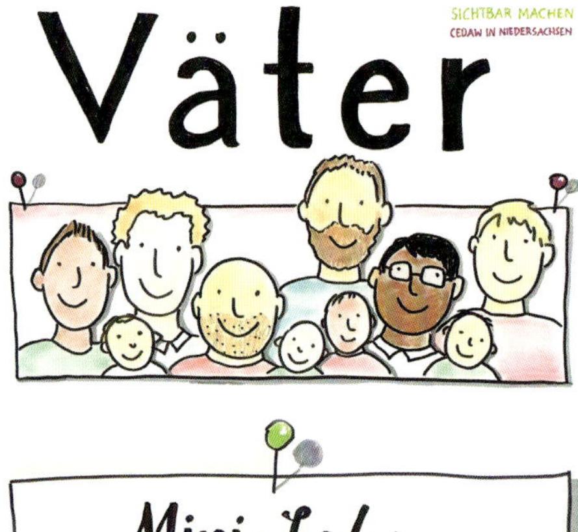

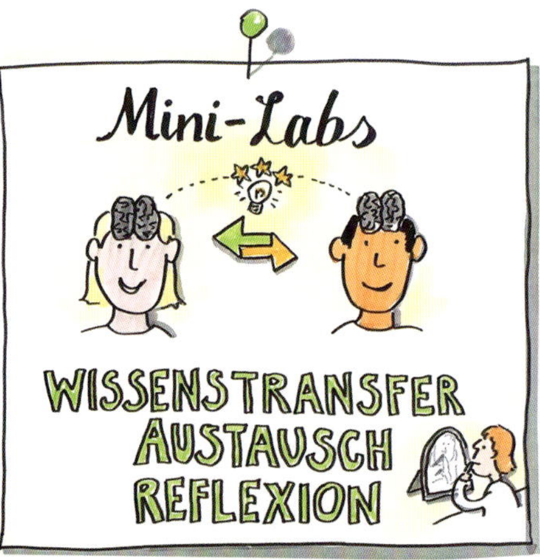

Ein paar Keyvisuals, die Menschen abbilden

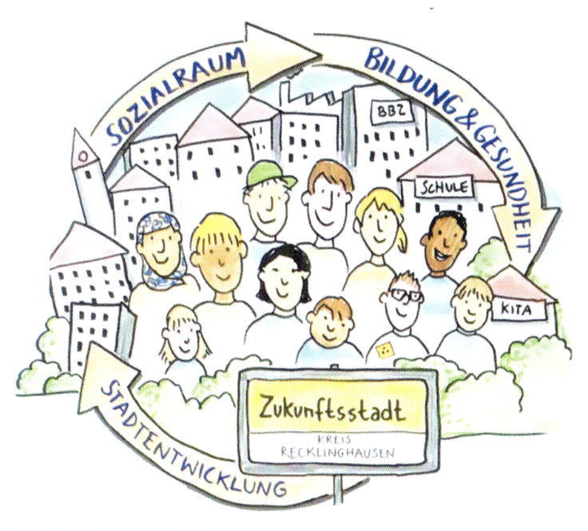

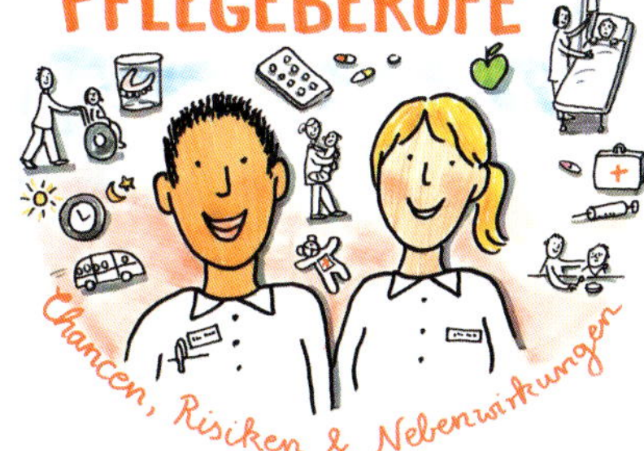

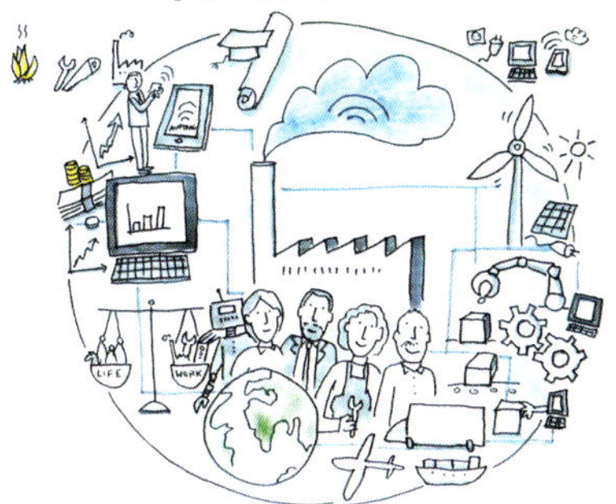

Runde Motive bieten sich für eine zentrale Komposition an. Mittig plaziert, sammeln sich um sie herum nach und nach die Inhalte.

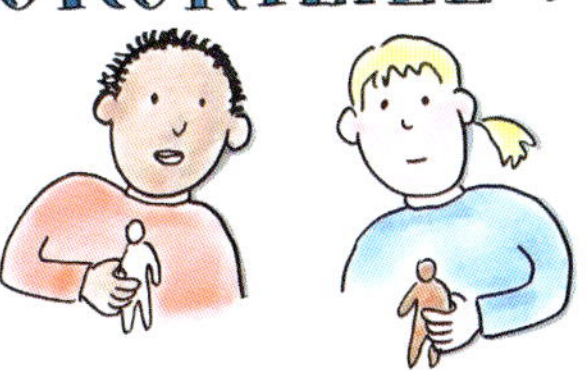

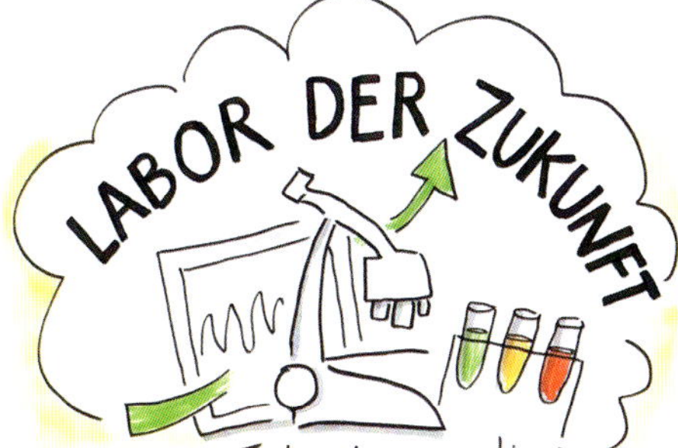

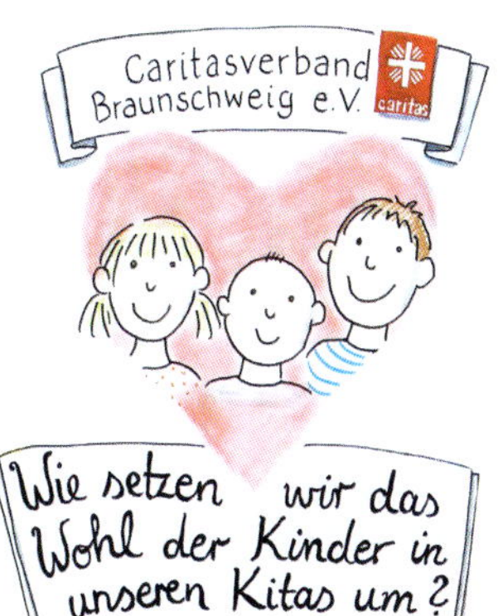

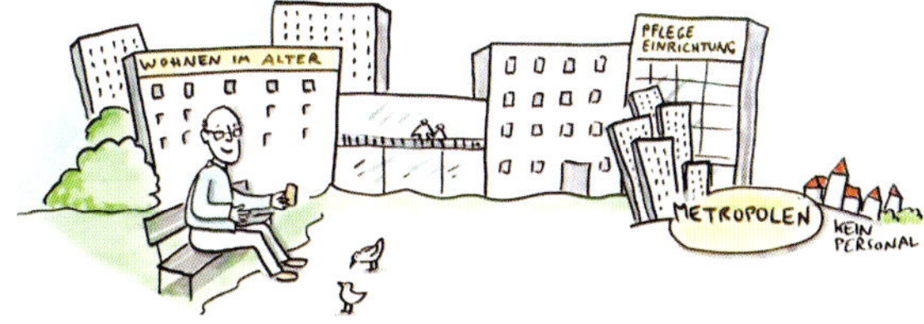

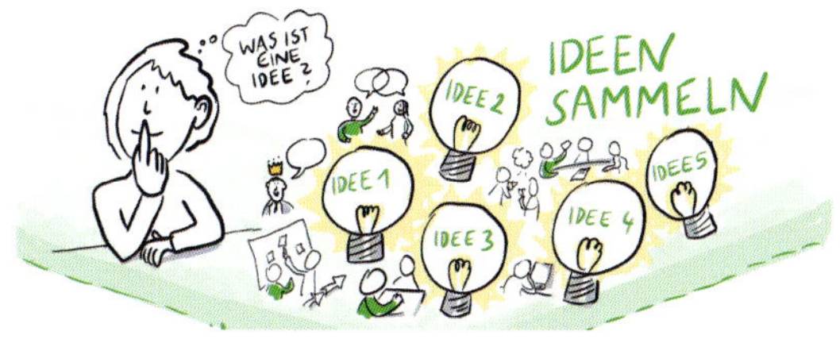

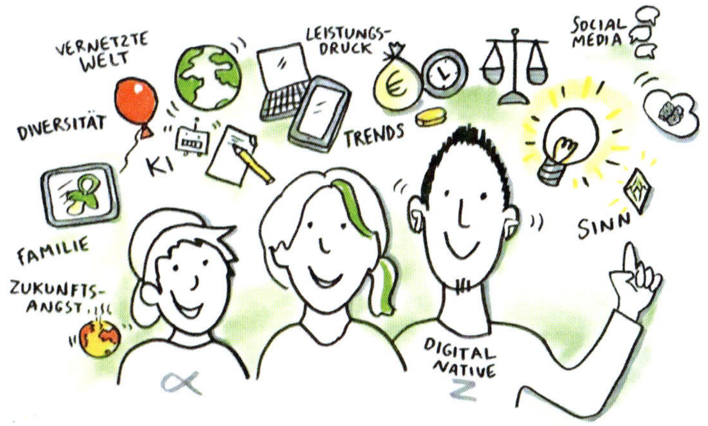

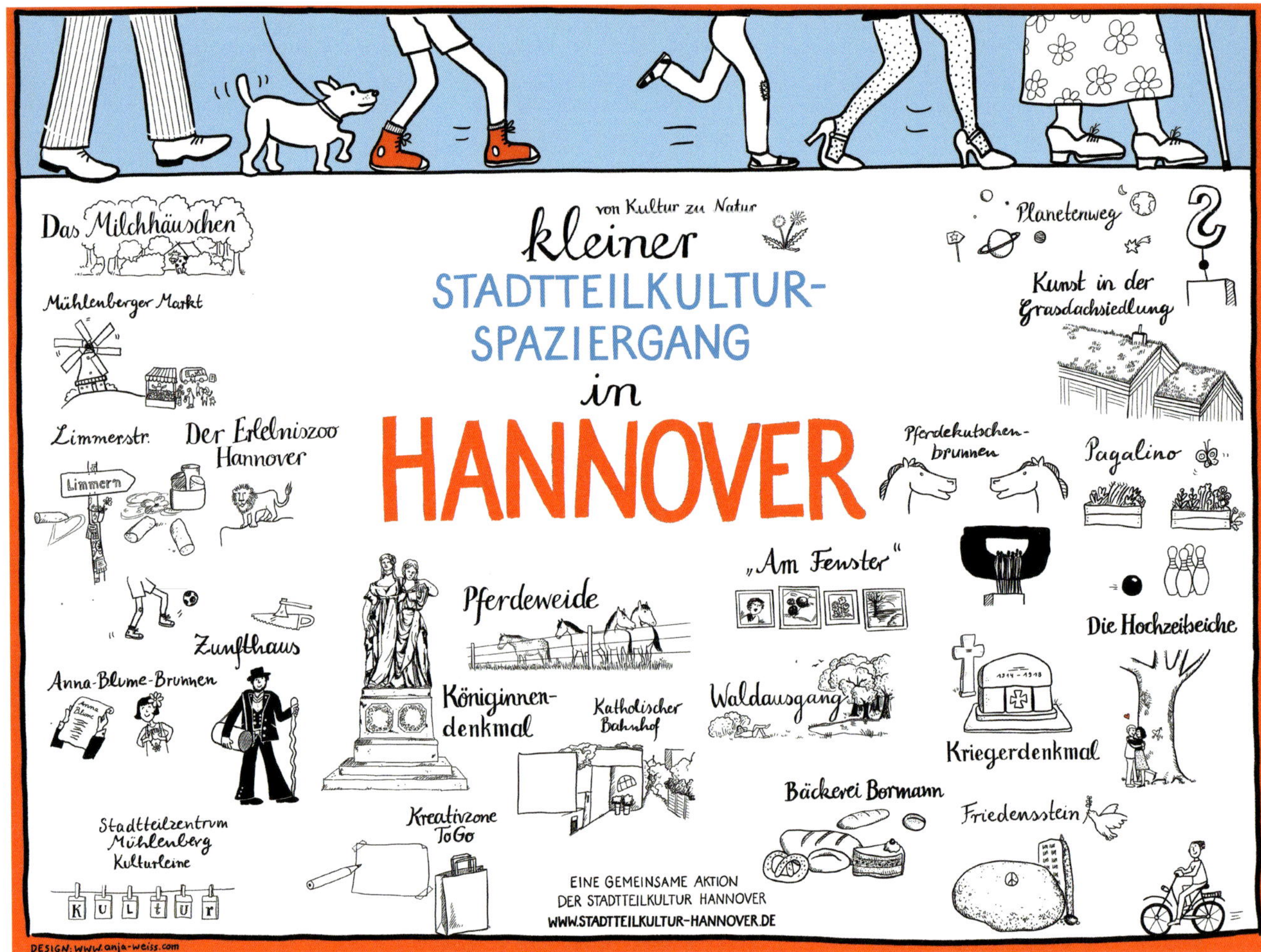

Jetzt ist Farbe hinzugekommen und damit ist die Sketchnote fertig, die ich auf Seite 50 begonnen habe. Sie hatte ja bereits eine klare Struktur mit Titelbild und Überschrift in der Mitte, und drumherum verteilt sind die einzelnen Bild- und Textelemente. Der Rahmen ist in den Farben der Stadt Hannover gehalten. Der Rest ist Schwarz-Weiß geblieben, damit sich das Bild noch als Ausmalvorlage weiterverwenden lässt. Für ein Plakat hätte ich noch helle Grün- und Blautöne unter die einzelnen Bilder gelegt.

Checkliste Sketchnotes

	JA	NEIN
IST DAS **GESAMTBILD** VISUELL ANSPRECHEND?	☐	☐
GIBT ES EINE KLARE **STRUKTUR**?	☐	☐
GIBT ES EINEN KLAR ERKENNBAREN **TITEL**?	☐	☐
IST DER **TEXT** LESBAR?	☐	☐
GIBT ES SYMBOLE UND **BILDER**?	☐	☐
SIND ALLE RELEVANTEN **INHALTE** ABGEBILDET?	☐	☐
GIBT ES EINE VISUELLE **HIERARCHIE**? (DAS WICHTIGSTE HERAUSGESTELLT / UNWICHTIGES KLEINER)	☐	☐
IST EIN OPTISCHER **PFAD** ERKENNBAR? (ANFANG – MITTE – ENDE)	☐	☐
SIND **THEMENBEREICHE** VONEINANDER ABGEGRENZT ODER ZUSAMMENGEFASST? (TRENNLINIEN / CONTAINER /...)	☐	☐
GIBT ES WEIẞRÄUME / **PLATZ** ZWISCHEN DEN ELEMENTEN?	☐	☐
GIBT ES EINEN **RAND**?	☐	☐
GIBT ES **FARBE(N)** / AUSZEICHNUNGEN?	☐	☐
SIND DIE **INHALTE** KORREKT? (RECHTSCHREIBUNG / NAMEN / DATEN ETC.)	☐	☐

WELCHE PROBLEME SIND AUFGETAUCHT?	WAS MÖCHTE ICH VERBESSERN?

Ein Bild gefällt oder gefällt nicht. Aber warum ist das so? Mit dieser Checkliste auf Grundlage der Designregeln lässt es sich überprüfen.

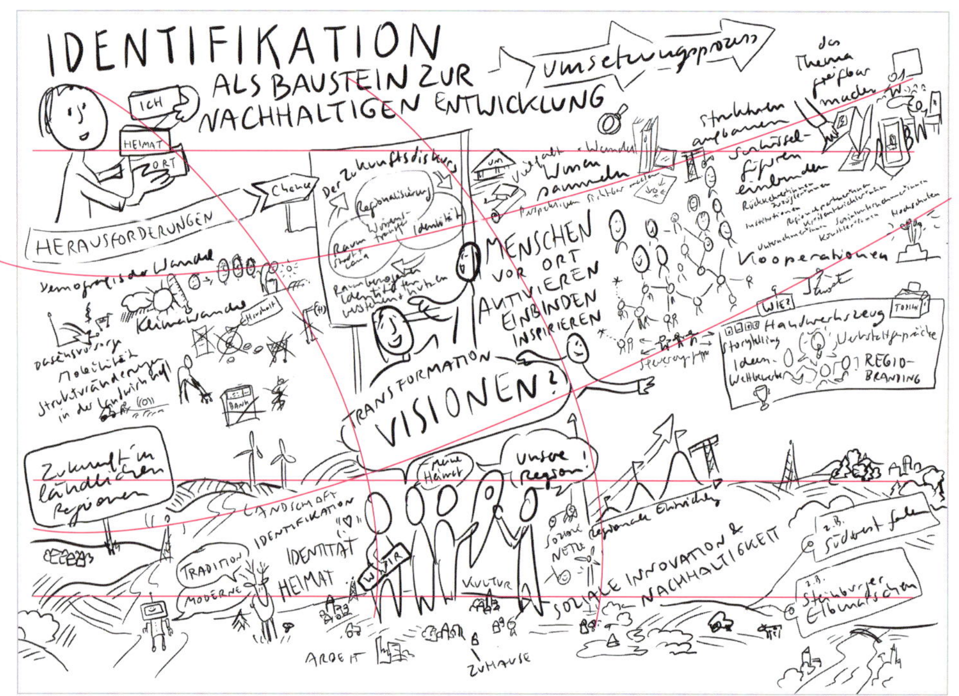

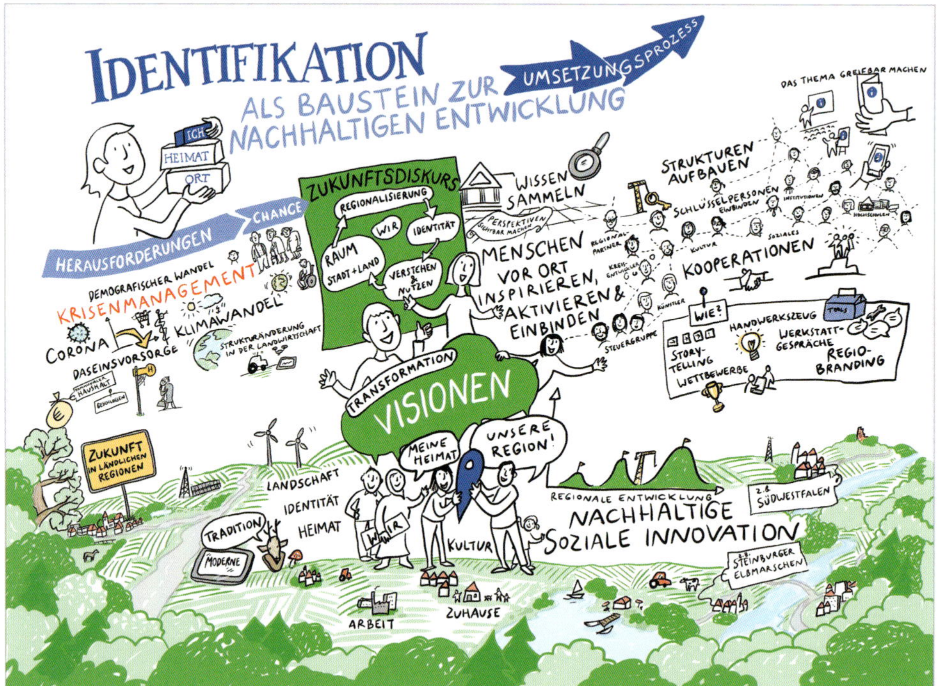

Übung:
Überprüfen Sie die folgenden Bildbeispiele anhand der Checkliste.

Skizze:
Die Grundstruktur ist dynamisch auf Basis des Goldenen Schnitts aufgebaut. Die Hierarchie der Typografie folgt der Blickrichtung.

In der Senkrechten werden diese Bildebenen durch die größer dargestellten Menschen optisch verbunden.

Erste Ausarbeitung:
Farbe definiert die Bereiche Überschrift, inhaltliche Ebene und Bildbasis. Grün steht für die Natur der Region und für Nachhaltigkeit, Blau für Stabilität und Gelassenheit.

Die Kombination der beiden Farben steht in der Farbpsychologie für Vertrauen.

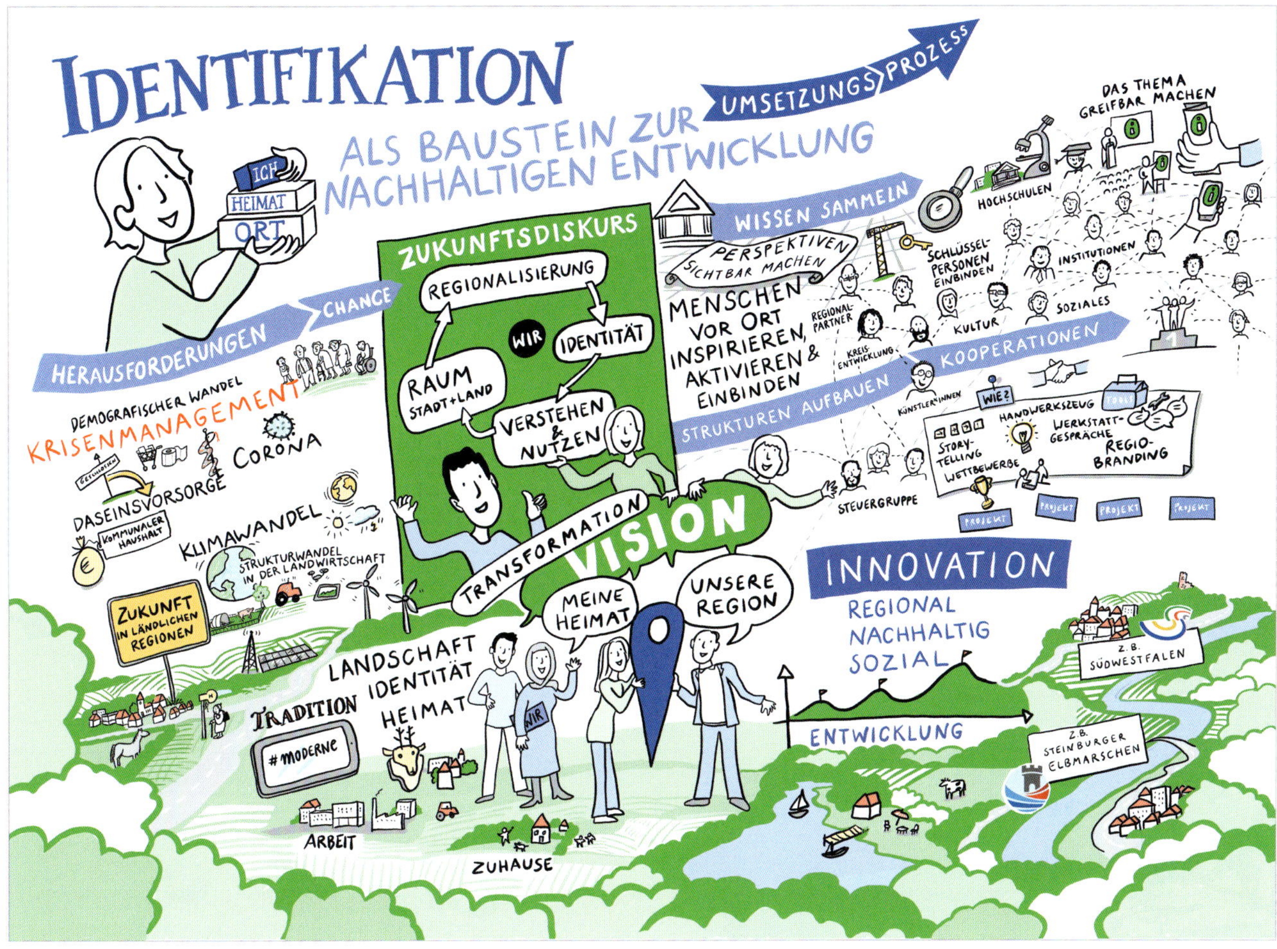

Der Auftrag: *Digitale Illustration der Ergebnisse der Studie »Zukunftsdiskurs Raumbezogene Identitäten«, Format A2*
Kundin: *Leibniz Universität Hannover*

Fertig: Das Bild ist noch einmal bearbeitet worden, inklusive Feinheiten. Die Typografie, wo sie zu flüchtig aussah, nachgeschrieben, einige Details sind ergänzt und farbig unterlegt.

Ursprünglich geplant war eine Live-Präsentation der Studie. Leider ist sie Corona zum Opfer gefallen. Die digitale Illustration ist ein schöner Ersatz, um die Ergebnisse auf einen Blick in visueller Kurzform medial zu veröffentlichen.

Gewünscht war ein »Wimmelbild« zur Darstellung der Kinder-Kulturarbeit in der Stadt Hannover. Hier sollte die ganze Vielfalt gezeigt werden, die Kinder in ihrer kulturellen Bildung von Seiten der Stadt begleitet. Das Bild ist als geplante Illustration digital ausgeführt und als großformatiges Plakat in A0 gedruckt worden.

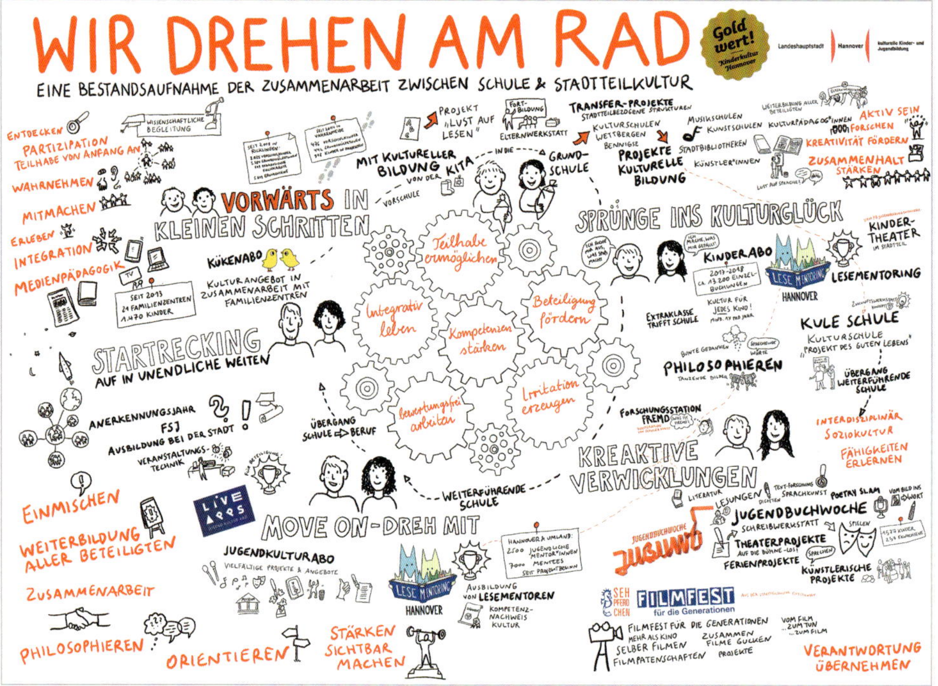

Es gibt viel Inhalt. Das Bild füllt sich mehr und mehr …

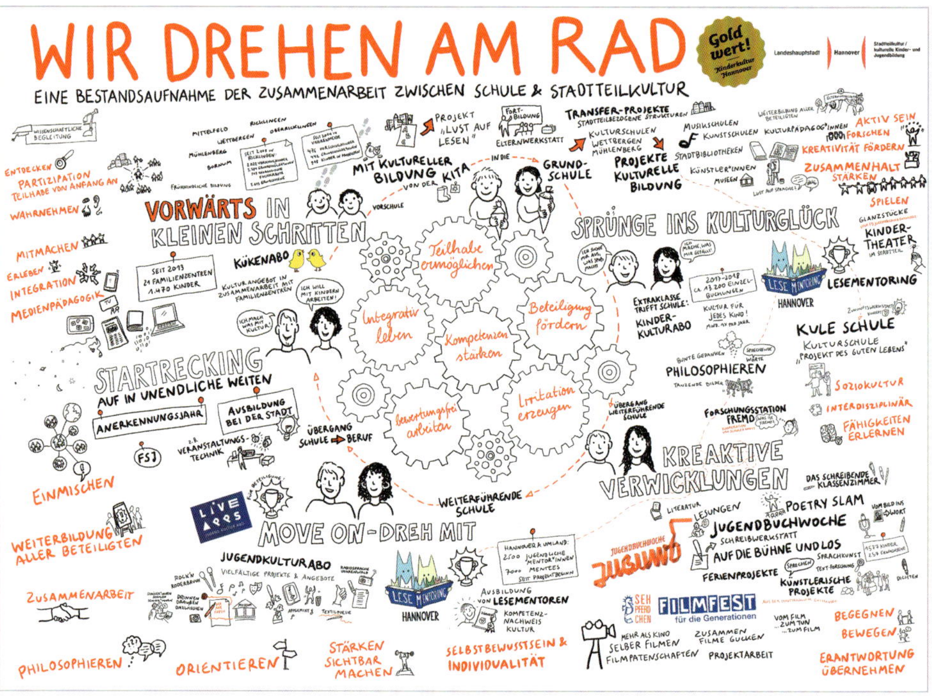

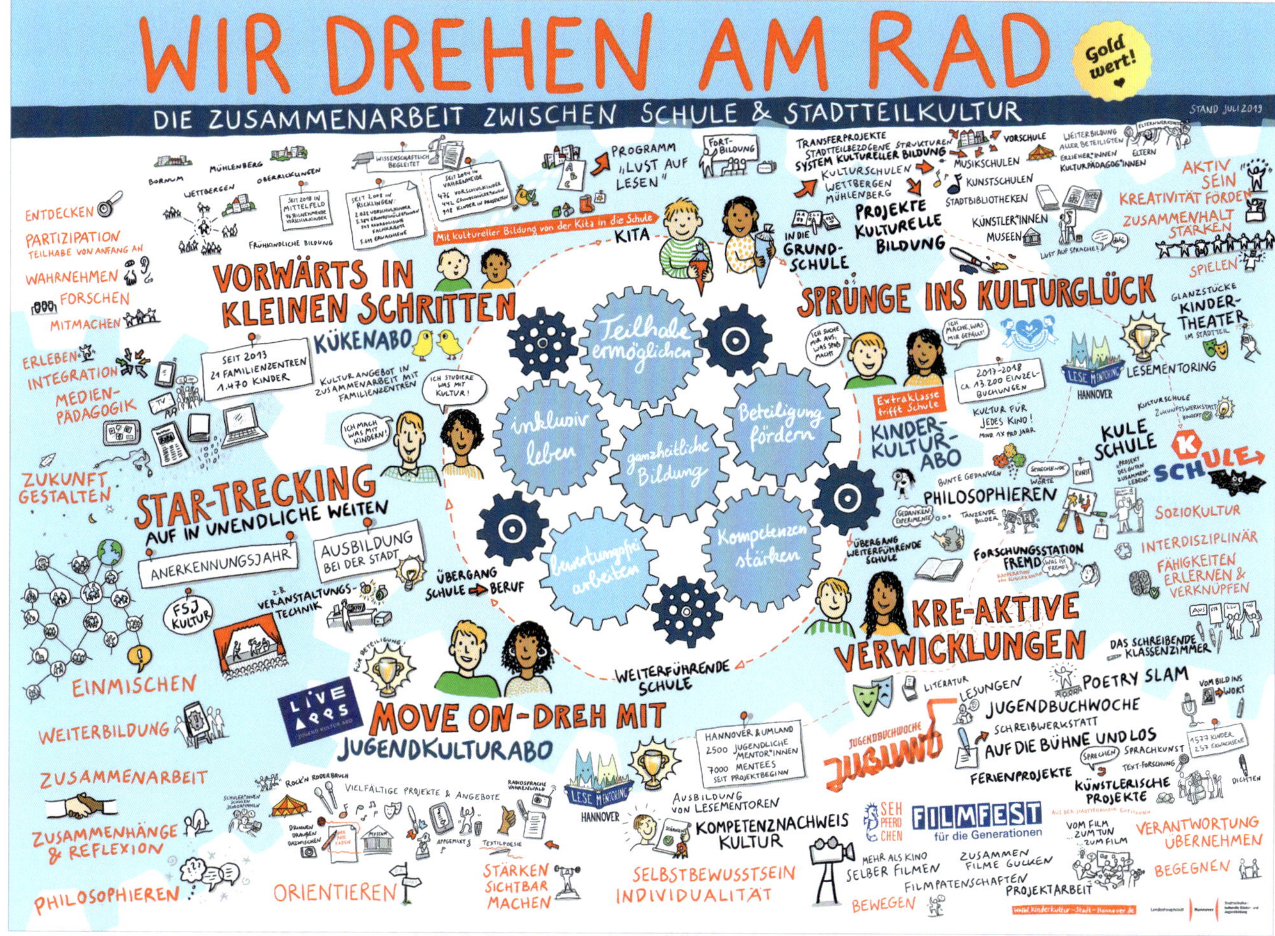

Mit den unterlegten Farben, am Corporate Design der Stadt orientiert, gewinnen die Bildidee mit den rotierenden Zahnrädern und die Hierarchie der Typografie an Klarheit.

Der Auftrag: *Illustriertes Plakat für eine Messe-Präsentation, Format A0*
Thema: *»Wir drehen am Rad«*
Heranwachsende Kinder verdeutlichen die verschiedenen altersbegleitenden Kulturangebote der Stadt. Eingearbeitet sind verschiedene Logos.
Kunde: *Stadtteilkultur Hannover*

Ich habe digital gezeichnet, aber das Format ist auch im Digitalen begrenzt. Mit etwas Bearbeitung ist A0 das absolute Maximum, bevor es unscharf wird.

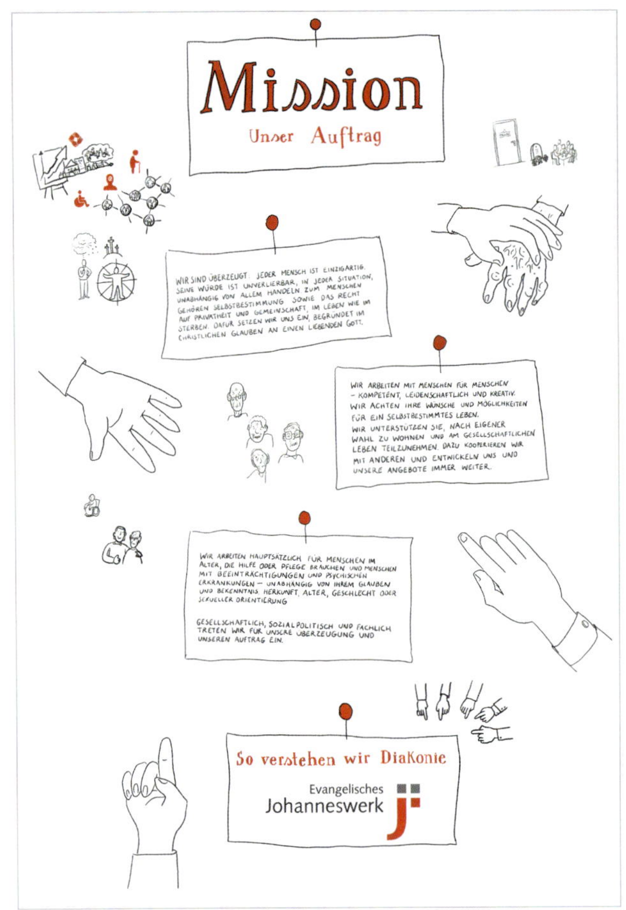

Verschieden Skizzen zur Komposition wurden vorher abgestimmt. Text auf Einzelblöcke verteilt, aber grundsätzlich mittig. Hier habe ich schon mal den Text abgeschrieben, um ein Gefühl für die Textmenge zu bekommen.

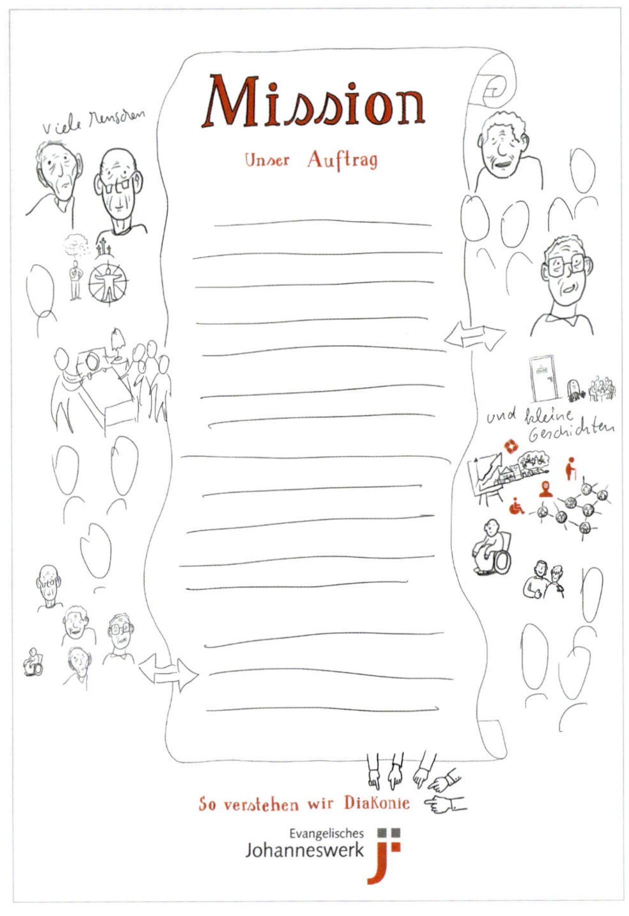

Text mittig auf einem Dokument – ein Bild im Bild

Der Auftrag: *Digitale Illustration zur Darstellung der Ergebnisse, die in einem internen Prozesses erarbeitet wurden, Format A1.*
Thema: *»Unsere Mission«*
Kunde: *Evangelisches Johanneswerk gGmbH*

Ich habe das Bild als Druckvorlage geliefert. Davon wurden für die Gemeinschaftsbereiche der verschiedenen Einrichtungen Plakate gedruckt.

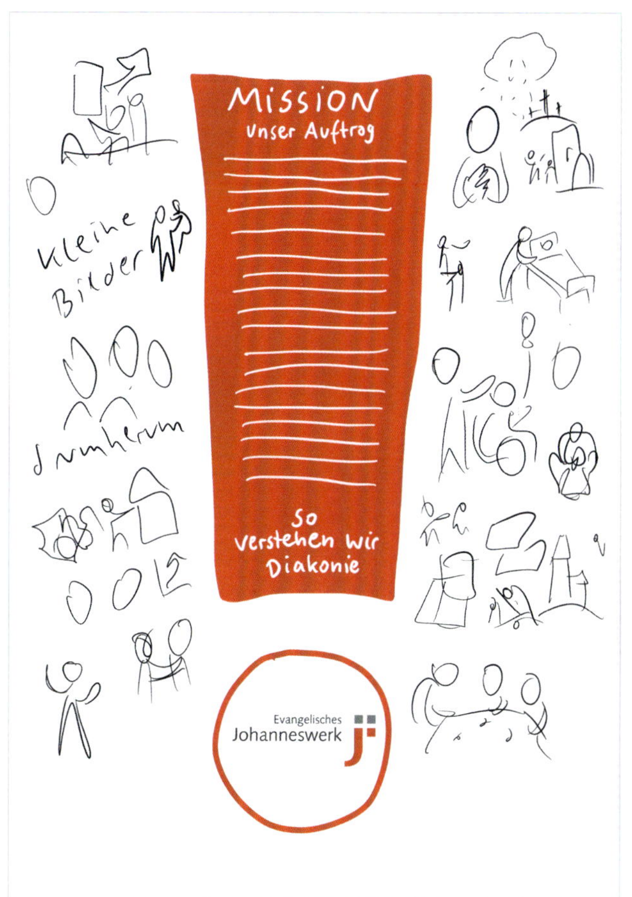

Noch ein zentraler Aufbau, diesmal prägnant durch die negative Schrift in der farbigen Fläche in Form eines Ausrufezeichens

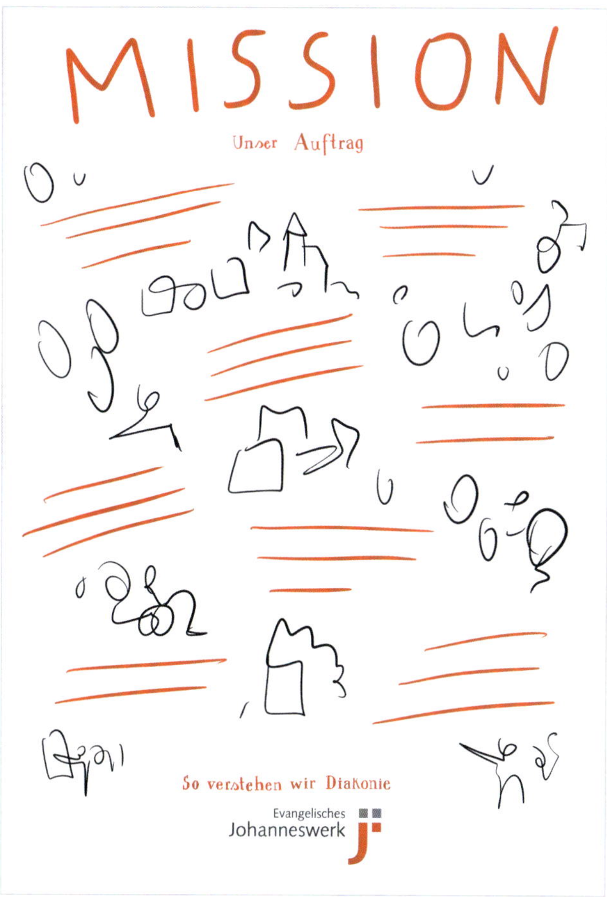

Für diese lockere Streuung des Textes hat sich der Kunde dann letztlich entschieden.

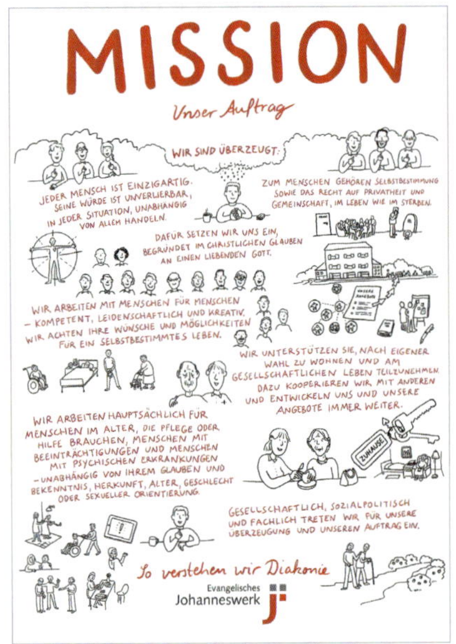

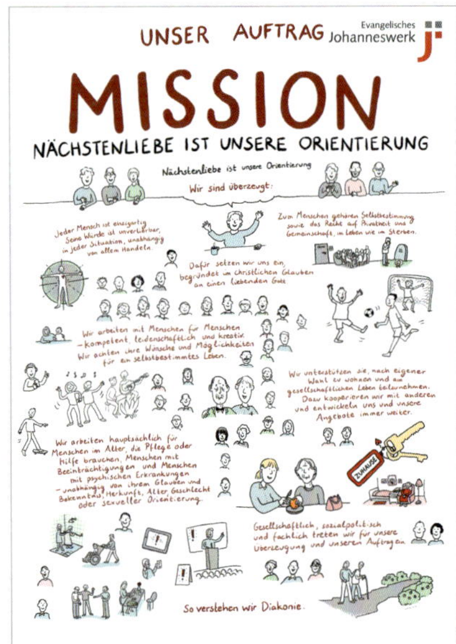

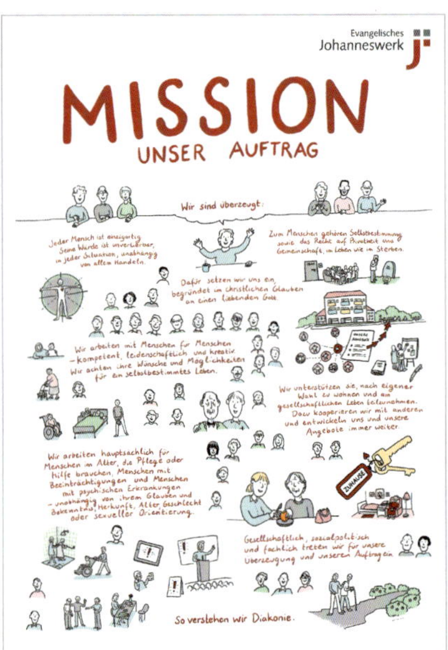

Die einzelnen Textblöcke sind in sich länger, als es die abgestimmte Skizze vermuten ließ. Daher wirkt der Entwurf jetzt weniger luftig.

Die Illustration baut sich über maximal drei Korrekturphasen auf, bis am Ende die fertige farbige Illustration steht.

In diesem Fall gab es das gleiche Motiv noch für eine andere Einrichtung in einer anderen Farbe.

Welches gefällt Ihnen besser – und warum?

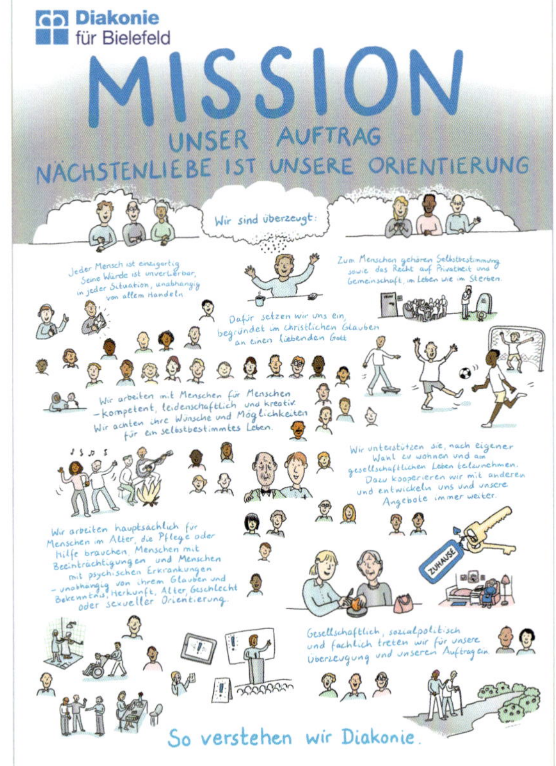

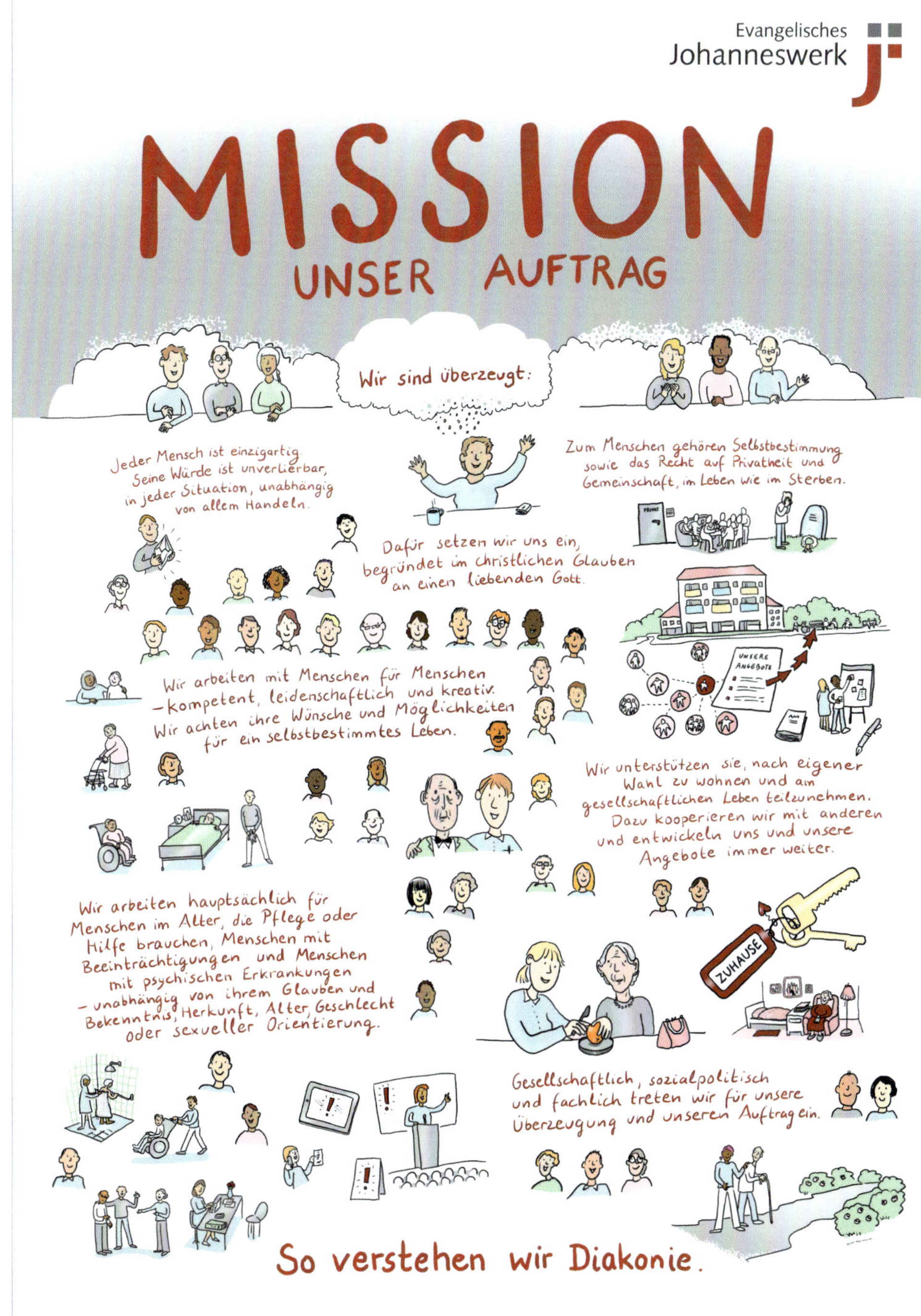

Die Illustration wurde u.a. als A1-Plakat gedruckt und hängt jetzt in den Häusern der Diakonie.

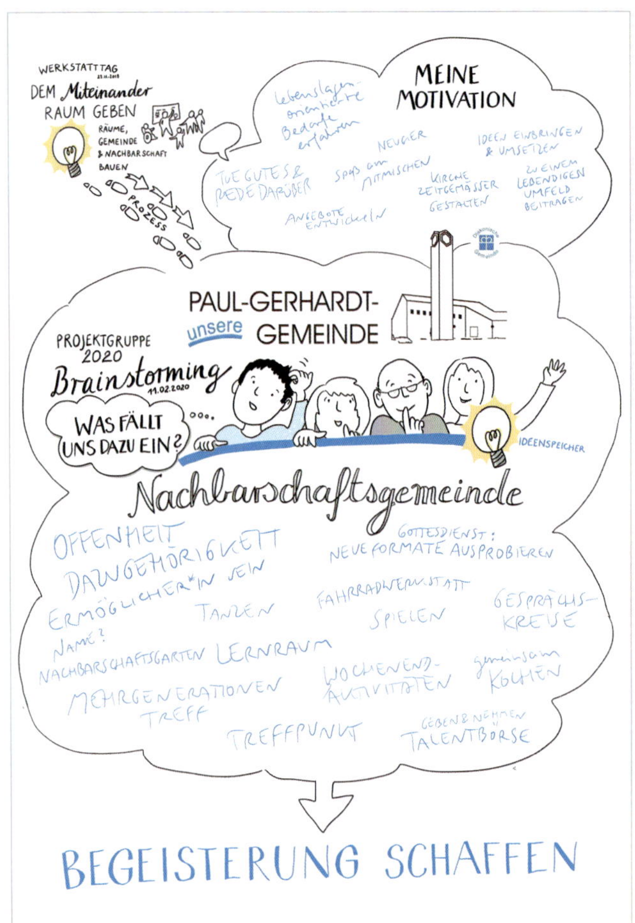

Skizze des groben Aufbaus zur Abstimmung mit dem Kunden. Das Titelmotiv steht als Erstes fest.

Im zweiten Schritt wird alles überarbeitet, die Schrift ordentlich nachgeschrieben und es kommen kleine Bilder hinzu.

Der Auftrag: *Ergebnissicherung der Inhalte und Ideen, die in einem Workshop entstanden sind, als digitale Illustration, Format A1*
Thema: *Nachbarschaftsgemeinde*
Kunde: *Haus kirchlicher Dienste Hannover*

Das Bild wurde an alle Beteiligten versendet und diente als Grundlage für den weiterführenden Prozess.

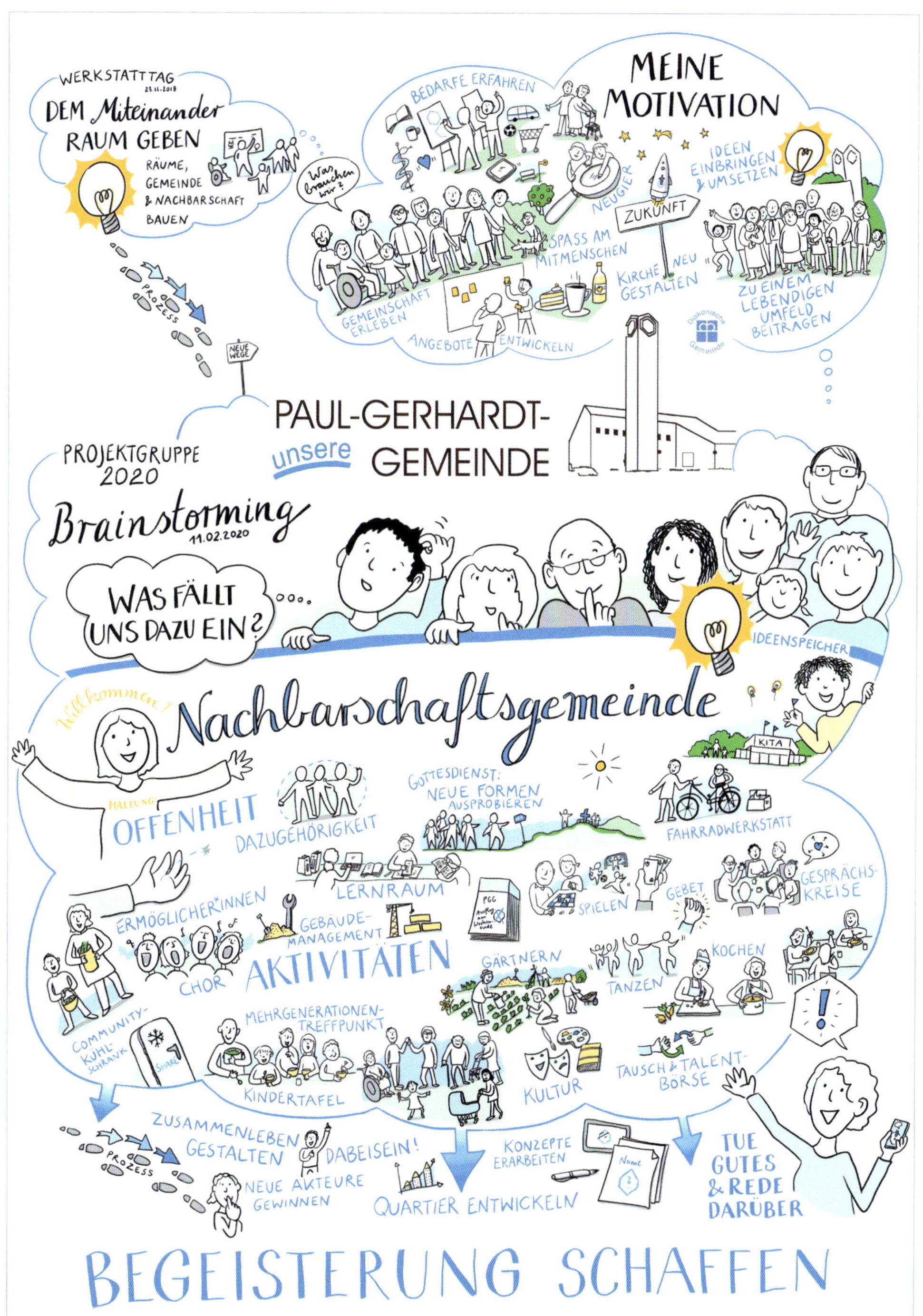

Wenn alles überarbeitet ist, folgt im letzten Schritt die Kolorierung.

DIGITAL VERSUS ANALOG

Visualisierer*innen sollten sich mit dem eigenen Handwerkszeug sicher fühlen und es zu benutzen wissen. Die klassischen Werkzeuge sind Stift und Papier, die andere Möglichkeit ist digital zu zeichnen mit Pad, Pen und App. Ich arbeite mit der App Procreate auf dem iPad mit passendem Pen, aber es gibt natürlich auch andere Hersteller und Zeichen-Apps.

Beide Methoden haben Vor- und Nachteile. Die Vorteile der digitalen Visualisierung sind vielfältig. Für mich das Entscheidende, weil es den Aufwand verkürzt: Es gibt Korrekturmöglichkeiten. Sie können auf Ebenen arbeiten, vorzeichnen, drüberzeichnen, Elemente verschieben oder skalieren, wegradieren und neu zeichnen oder nachträglich zusammenfassen und das Bild »aufräumen«. Das geht analog nicht. Da steht alles so da und bis auf wenige Kleinigkeiten lässt es sich nur in der digitalen Nachbearbeitung noch verändern. Für die Kommunikation auf anderen Ebenen sollte das Bild immer digital bearbeitet werden, um Schatten etc. zu eliminieren. Die digitale Zeichenfläche ist immer knitterfrei und gut ausgeleuchtet, was analog eher nicht der Fall ist. Das digitale Zeichengeschehen kann direkt an die Leinwand gebeamt werden. Damit gibt es die Möglichkeit, dass mehr Menschen an verschiedenen Orten zusehen können. Das funktioniert auch remote, also während einer Online-Konferenz. Das Bild liegt sofort in digitaler Form vor und kann simultan in soziale Netzwerke oder anderweitig eingebunden werden.

Aber es gibt auch Nachteile: Das Bild ist nur sichtbar, wenn es eingeblendet ist, der*die Zeichner*in und die reale Aktion werden nur medial wahrgenommen. Das Zoomen im digitalen Zeichenprozessist kann irritieren. Gegebenenfalls wird man weggeschaltet, z.B. wenn eine Präsentation läuft.

Analoges Graphic Recording ist als reale Live-Aktion jederzeit sichtbar und durch die Echtzeit und Realität im Hier und Jetzt verankert. Reale Erfahrungen können mediale Präsentationen nicht ersetzen. Fotos vom Bild oder eine fest installierte Kamera, die den Zeichenprozess an die Leinwand überträgt, machen das Bild ebenfalls schnell digital verfügbar.

Ich finde folgende Frage viel wichtiger:
Welchen Mehrwert bringt Graphic Recording für die Teilnehmenden, aber auch die Ausrichtenden einer Veranstaltung? Ziel jeder Veranstaltung ist es, Menschen abzuholen und mitzunehmen, sie zu informieren, motivieren oder zu aktivieren. Die Tatsache, dass vor Ort ganz real ein Bild oder eine »Growing Wall« mit mehreren Bildern entsteht, hat Vorteile, eben weil es ganz analog, echt und wirklich passiert. Viele Menschen sind von der Handlung des Zeichnens an sich fasziniert, für einige hat das visuelle Schaffen, das Entstehen eines großen Ganzen, fast etwas Magisches oder wenigstens einen Unterhaltungswert.

Wenn das fertige Bild noch während der Veranstaltung gut plaziert wird (am besten dort, wo es den Kaffee gibt), entsteht ein Fokus, ein Ankerpunkt. Ich nenne es den Lagerfeuereffekt. Das ist meiner Meinung nach der größte Nutzen. Die Menschen versammeln sich, machen Fotos und kommen in den direkten Austausch. Das Bild ist über die Zeit vor Ort präsent, es ist unterhaltsam, informativ, erzählt eine Geschichte, von der die Betrachter*innen ein Teil sind. Es verschafft einen Überblick, erinnert, öffnet emotionale Zugänge ist, bringt Menschen in eine positive Stimmung und fördert die Kommunikation. Das sind sozusagen die inneren Werte eines Graphic Recordings. Dieser Lagerfeuereffekt tritt vor einer Leinwand mit einem gebeamten Bild nicht ein. Hier wird es als weiteres mediales Bild und eher als Dekoration wahrgenommen. Die Wirkqualität hängt also nicht vom technisch Machbaren ab, und was passt, wird weitestgehend vom Veranstaltungsformat bestimmt.

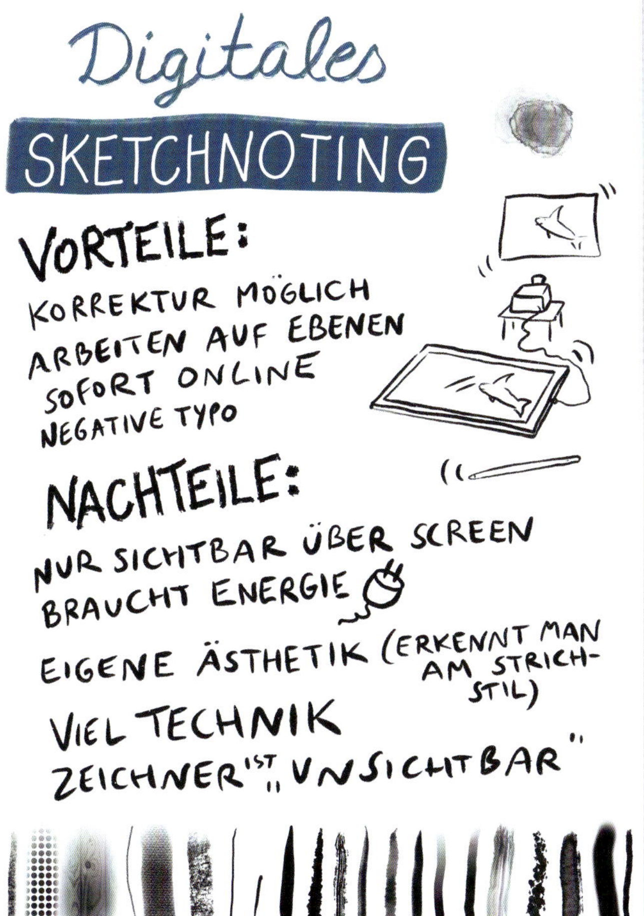

Analoges

SKETCHNOTING

VORTEILE:

- TECHNIK- & ENERGIE-UNABHÄNGIG
- LIEBLINGSSTIFT & PAPIER
- HAPTIK
- FEINHEIT DES ZEICHENGESCHEHENS (ZARTER STRICH → SCHÖNER + WERTIGER)
- EIN „ORIGINAL" ENTSTEHT
- IN DER LIVE SITUATION SICHTBAR 1:1 – ECHT

NACHTEILE:

- KORREKTUREN BLEIBEN SCHWIERIG SICHTBAR
- ONLINE-STELLEN NUR ÜBER FOTO / SCAN MÖGLICH
- NEGATIV TYPO IST AUFWENDIG
- KANN KNICKEN / SCHATTEN WERFEN / SCHMIEREN

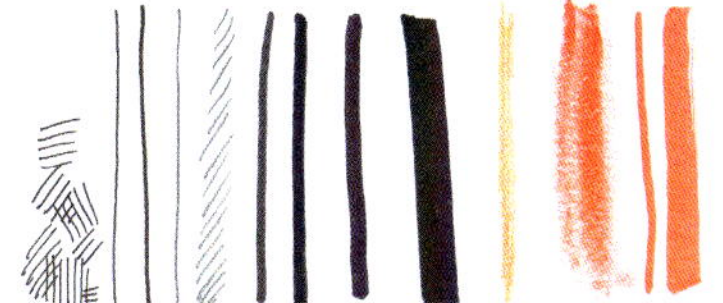

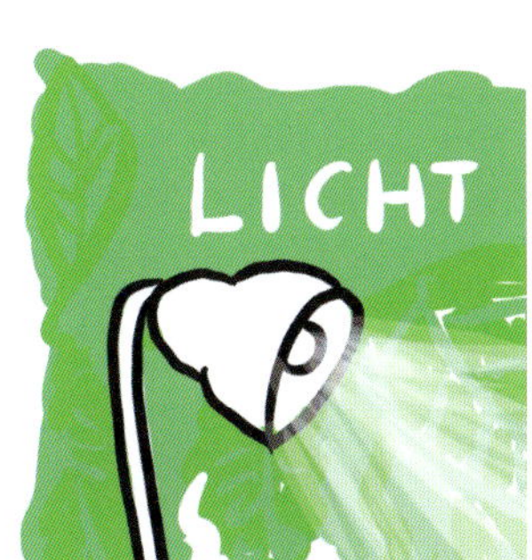

ERKLÄRT FÜR KINDER

Negative Schrift oder farbige Hintergründe sind beim digitalen Arbeiten einfach anzulegen, beim analogen Sketchnoting jedoch problematisch, da man mit Aussparungen oder weißem Farbstift arbeiten muss. Farbige Untergründe können einen schönen Effekt haben, wenn man auch mit Weiß darauf arbeitet und die Kontraste hoch genug sind.

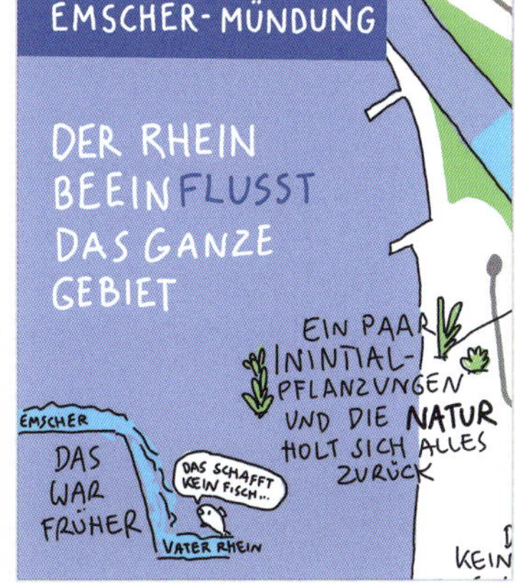

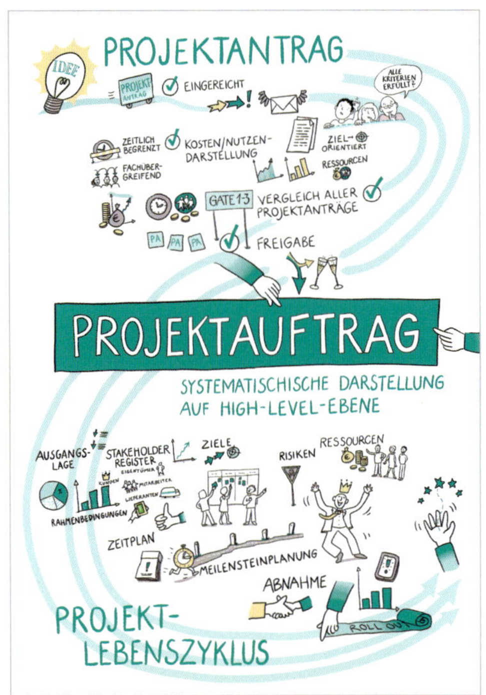

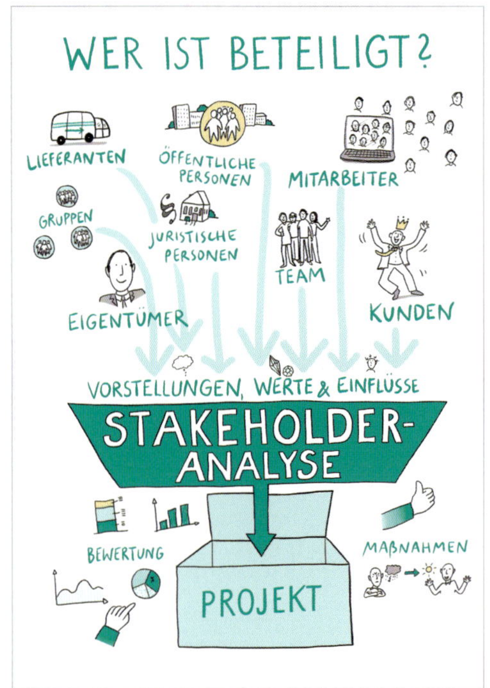

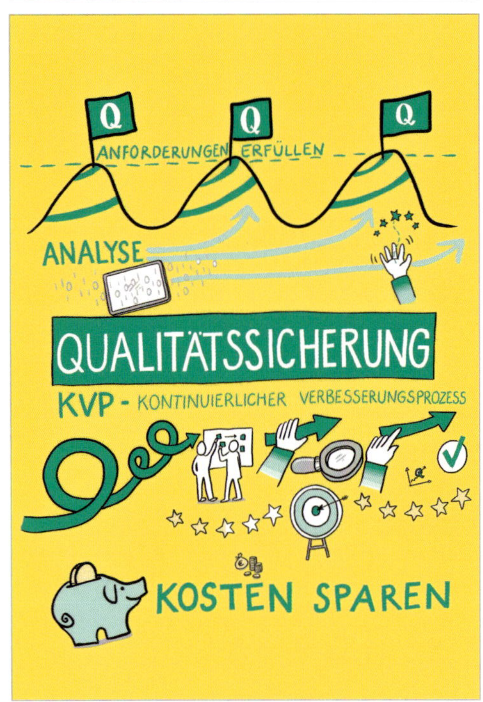

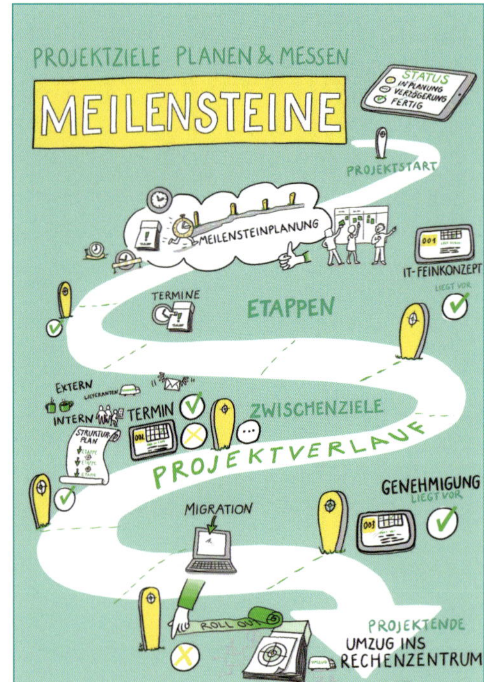

Digital entstandene Illustrationen zu Schlüsselwörtern im Projektmanagement. Beim digitalen Arbeiten lässt sich gut auch ein farbiger Hintergrund ausprobieren. Das gibt der Gestaltung einen ganz eigenen Charakter.

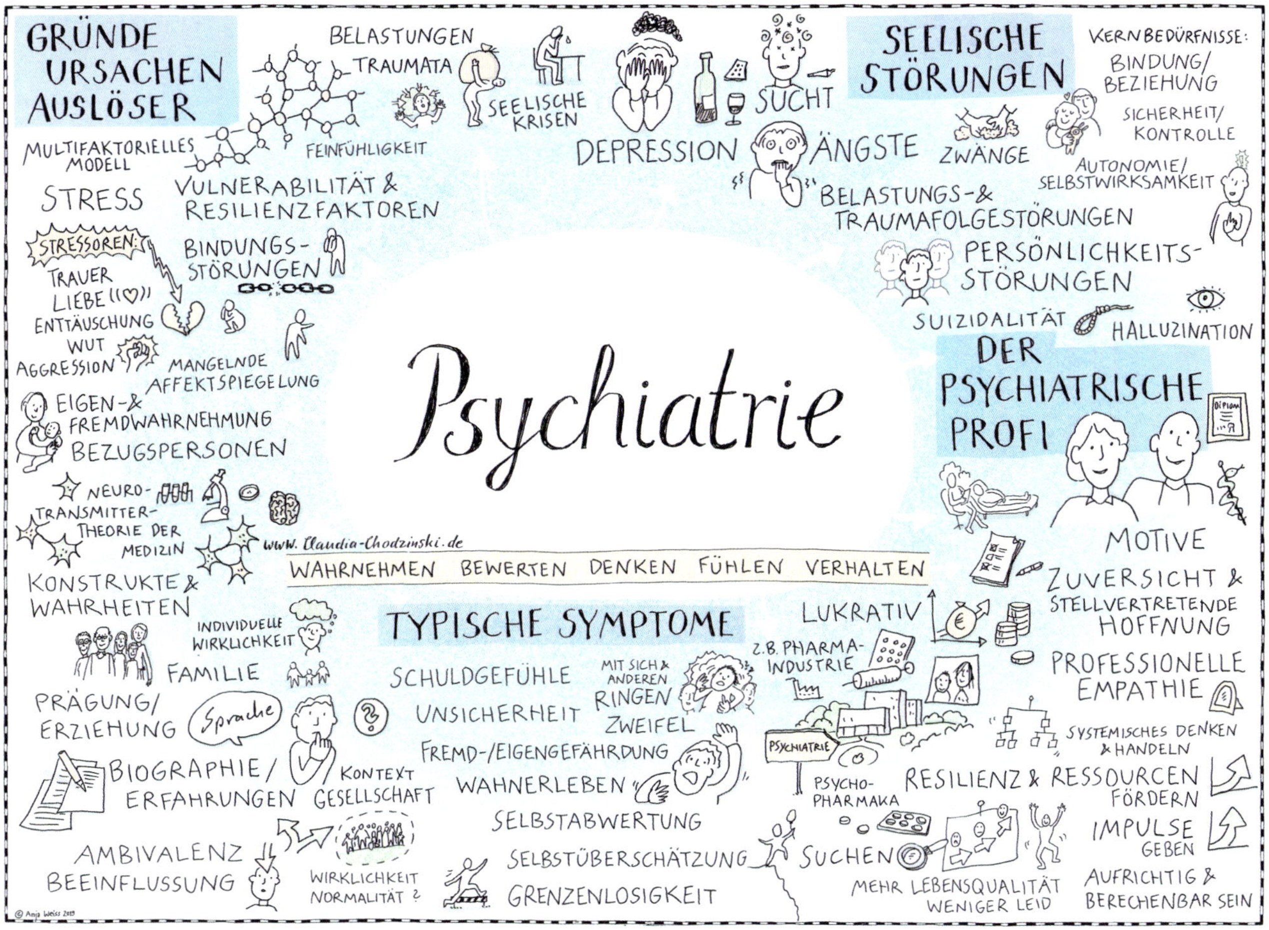

Analoge Illustration im Sketchnotes-Stil auf Grundlage einer Mindmap zum Schlüsselbegriff »Psychiatrie«. Die einzelnen Elemente sind mit der Hand auf Papier gezeichnet und geschrieben, dann gescannt und digital bearbeitet, komponiert und koloriert worden. Das braucht Zeit, ergibt aber durch die Farbigkeit und die gewählte Typografie eine wertige, intellektuelle Anmutung.

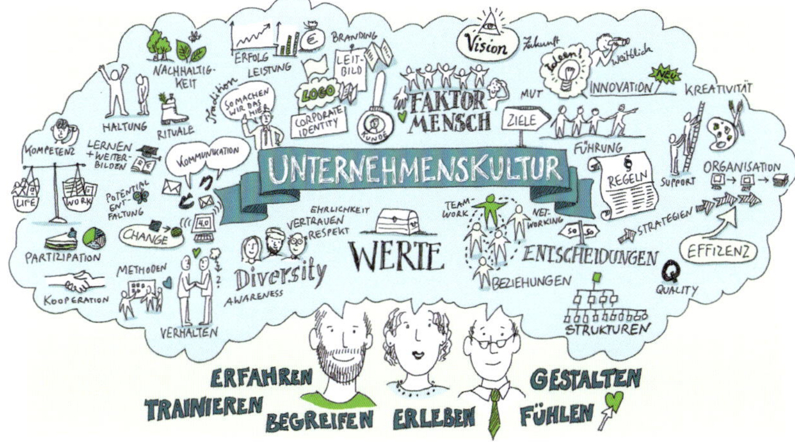

Analoge Illustration zum Begriff »Unternehmenskultur«, auf Papier gezeichnet, gescannt, digital bearbeitet und koloriert

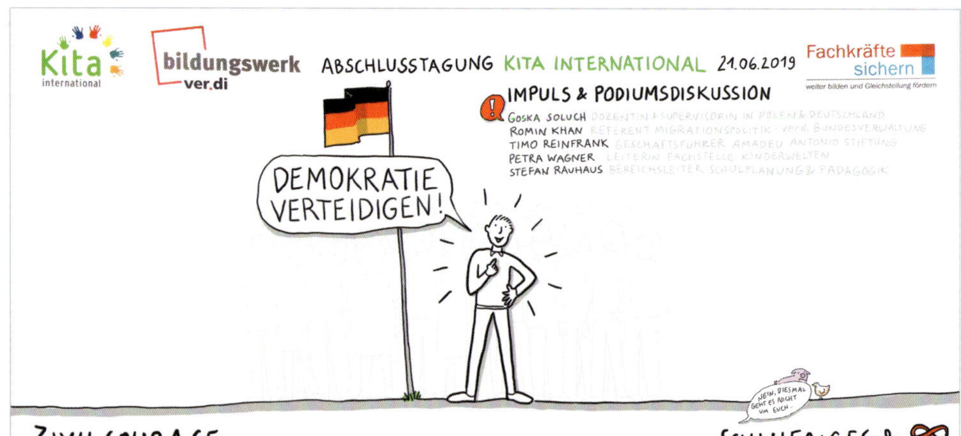

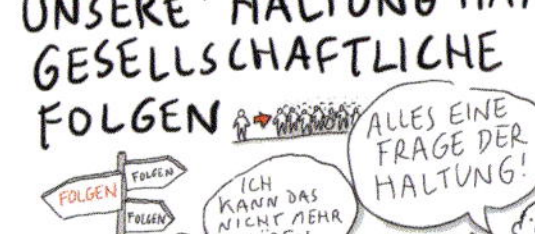

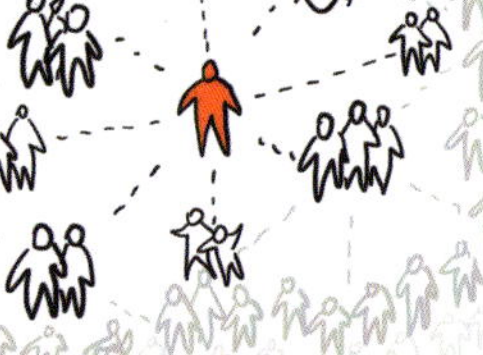

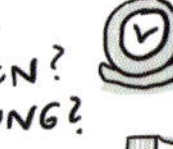

Digitale Sketchnote, live auf dem Tablet während eines eines dreiviertelstündigen Vortrags entstanden und im Anschluß bearbeitet. Die Struktur basiert auf dem Goldenen Schnitt. Das Hauptmotiv nimmt die zentrale obere Bildebene ein.

Es gibt eine klare Wertung in der Typografie durch die Signalfarbe Rot. Das Bild ist grundsätzlich zweifarbig mit Ausnahme von Logoleiste und Titelbild.

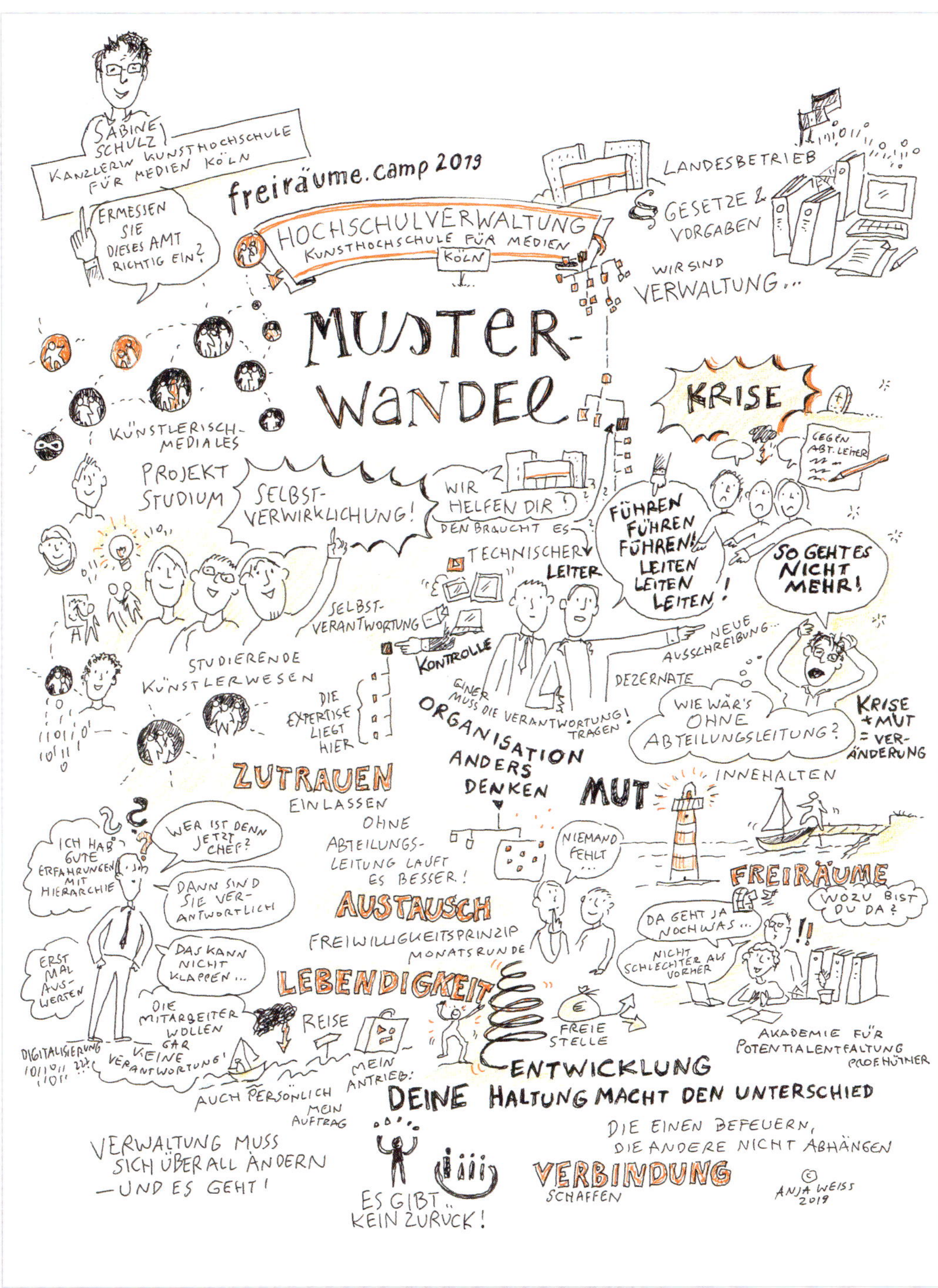

Diese analog und spontan mitgezeichnete Sketchnote ist in einem Open-Space-Workshop entstanden, den ich als Teilnehmerin besucht habe. Hier habe ich ganz frei ohne Auftrag gearbeitet. Der direkte Vergleich mit einer digitalen Arbeit zeigt, dass Papier und Fineliner einen sichtbar anderen Duktus haben.

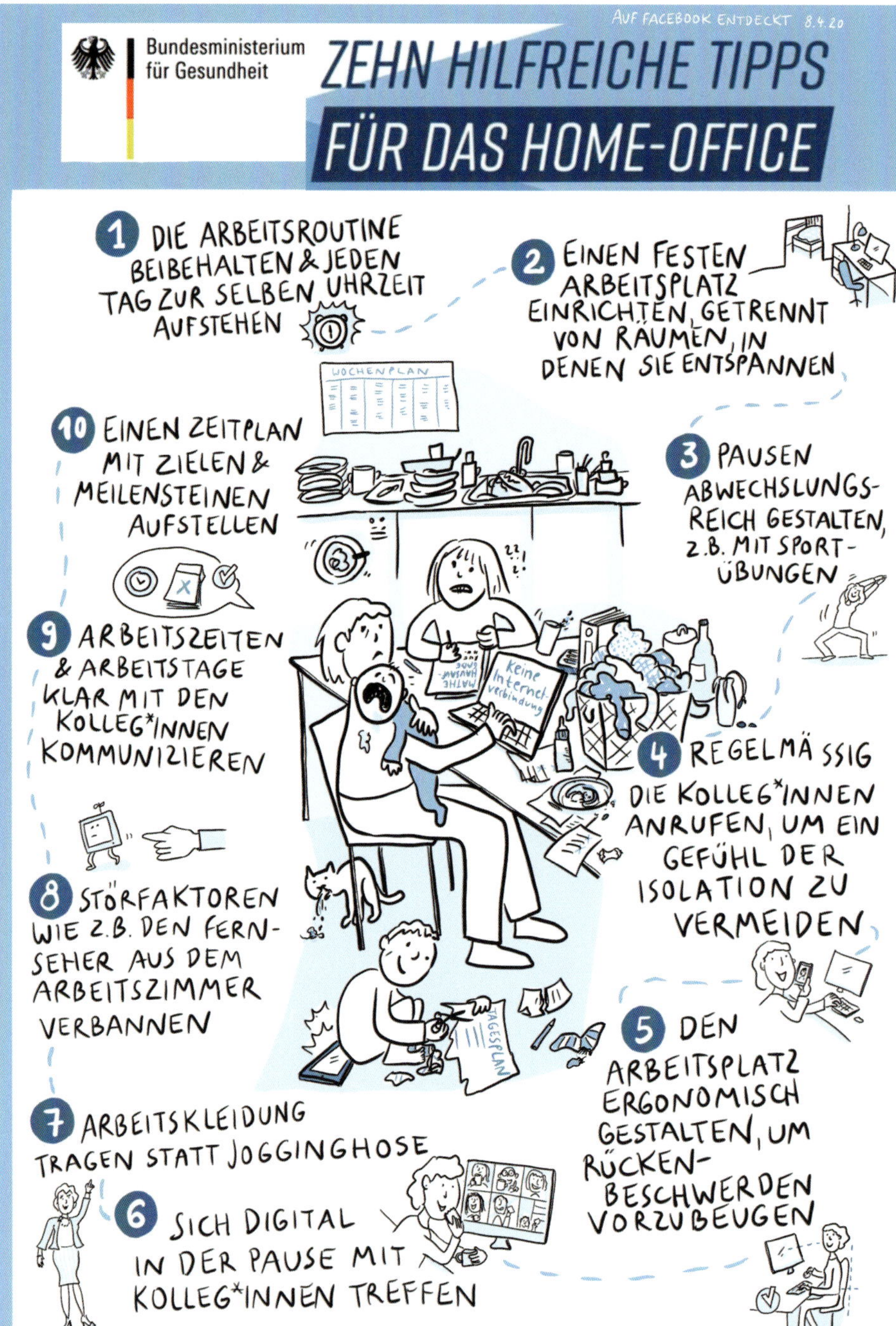

Digitale Sketchnote auf Grundlage eines Textes, den ich im Internet fand.

Spätestens seit Corona arbeiten viele Menschen im »Home-Office«. Diese zehn Tipps des BM für Gesundheit musste ich einfach bildlich ausdrücken!

Zehn Tipps, sieben Schritte, neun Weisheiten, drei Erfolgsregeln … sind perfekt für Sketchnotes, da man das Format von Anfang an passend einteilen kann.

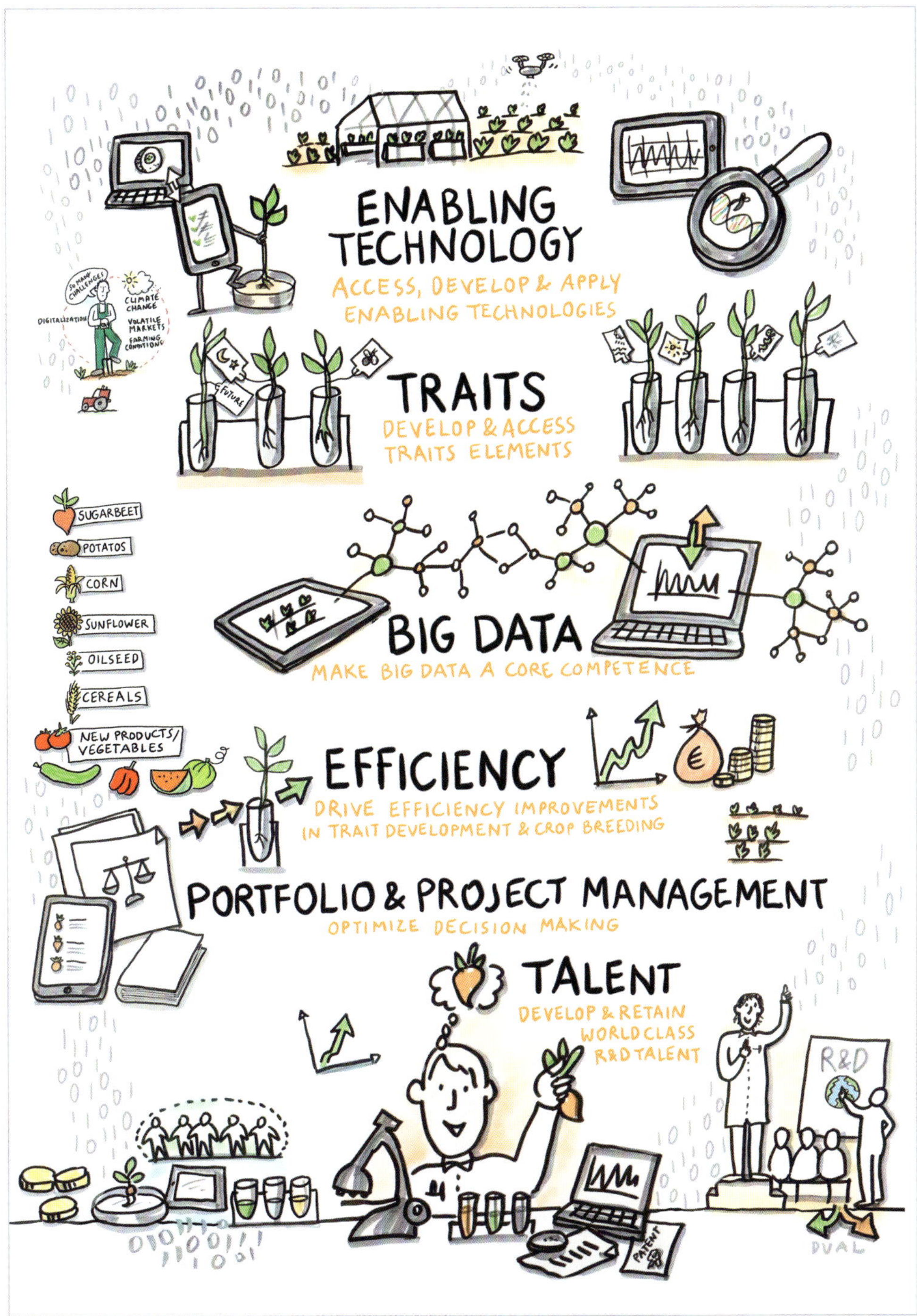

Illustration mit Bildausschnitten aus einem analogen Graphic Recording, kombiniert mit digitalen Elementen als Zusammenfassung der Tagesordnungspunkte einer Klausurtagung. Die graue Datenwolke bildet den Rahmen für die mittig angeordnete Auflistung der verschiedenen Themen. Die Farbgebung richtet sich nach der Corporate Identity des Unternehmens.

SKETCHNOTES

KAPITEL 4 PROFESSIONELL EINSETZEN

Wissen vermitteln

Sketchnotes sind dafür gemacht, Wissen sichtbar zu machen und es sich selbst oder anderen zugänglich zu machen.

Die Lernpsychologie sagt, der Bildüberlegenheitseffekt von Visualisierungen bietet in der Lehre Potenzial zur langfristigen kognitiven Verankerung von Wissensinhalten und die Schaffung visueller Repräsentanzen von Wissensinhalten und -strukturen verstärkt die Lernwirksamkeit.

Mit Visualisierungen lässt sich also, einfach ausgedrückt, Wissen auf eine ganzheitliche Art vermitteln. Die meisten Menschen, ca. 80 %, sind auditiv-visuelle Lerntypen. Daher wirken Visualisierungen so gut. Eine zielgerichtet eingesetzte Visualisierung kann aussagekräftiger sein als manch langer Vortrag oder seitenlanger Text. Bilder aller Art helfen uns, Zusammenhänge zu begreifen oder Geschehenes emotional zu erfassen. Bilder dienen unserem Gehirn als Ankerpunkte. Die Erinnerbarkeit von Bildern oder Begriffen, die mit einem Bild gekoppelt kognitiv verarbeitet werden, ist nachhaltiger. Ein Bild lenkt darüber hinaus unsere Vorstellungskraft, denn es zeigt, je nach Konzept, die gesammelten Inhalte mit den bei der Ausführung gewollten gestalterischen Anmutungsqualitäten.

Gezeichnete Bilder vermitteln außerdem noch eine ganz andere Information, nämlich dass da jemand gezeichnet hat: Da ist ein handgemachtes Werk entstanden, da war ein kreativer Mensch tätig. Das bietet eine zusätzliche Identifikationsebene.

Einfache Sprache

Mit einfacher Sprache wird Wissen einfach verständlich aufbereitet und damit zu einem inklusiven Kommunikationsmittel. **Emojis** sind zwar (noch) keine anerkannte Sprache, aber es lassen sich damit viele Dinge treffend ausdrücken. Vor allem auch Gefühle. **Piktogramme** helfen bei der Orientierung, weltweit ist diese Bildsprache zu verstehen, z. B. an Flughäfen.

Visualisierung unterstützt vor allem überall dort, wo die Zielgruppe nur geringe oder keine Sprachkenntnisse hat.

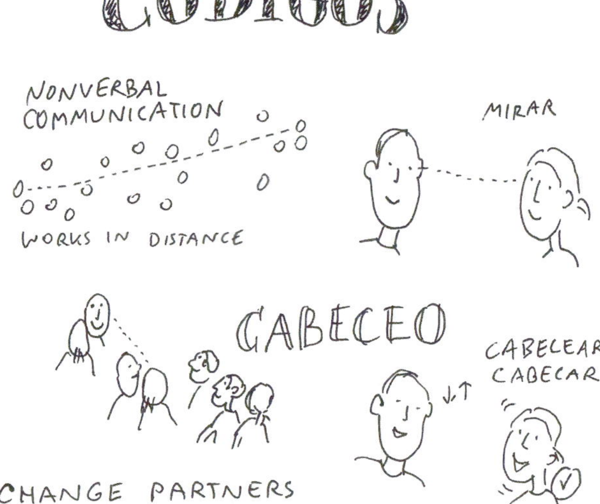

Kleine Sketchnote der Códigos – die Regeln im Tango, wie er in Argentinien und Uruguay getanzt wird.

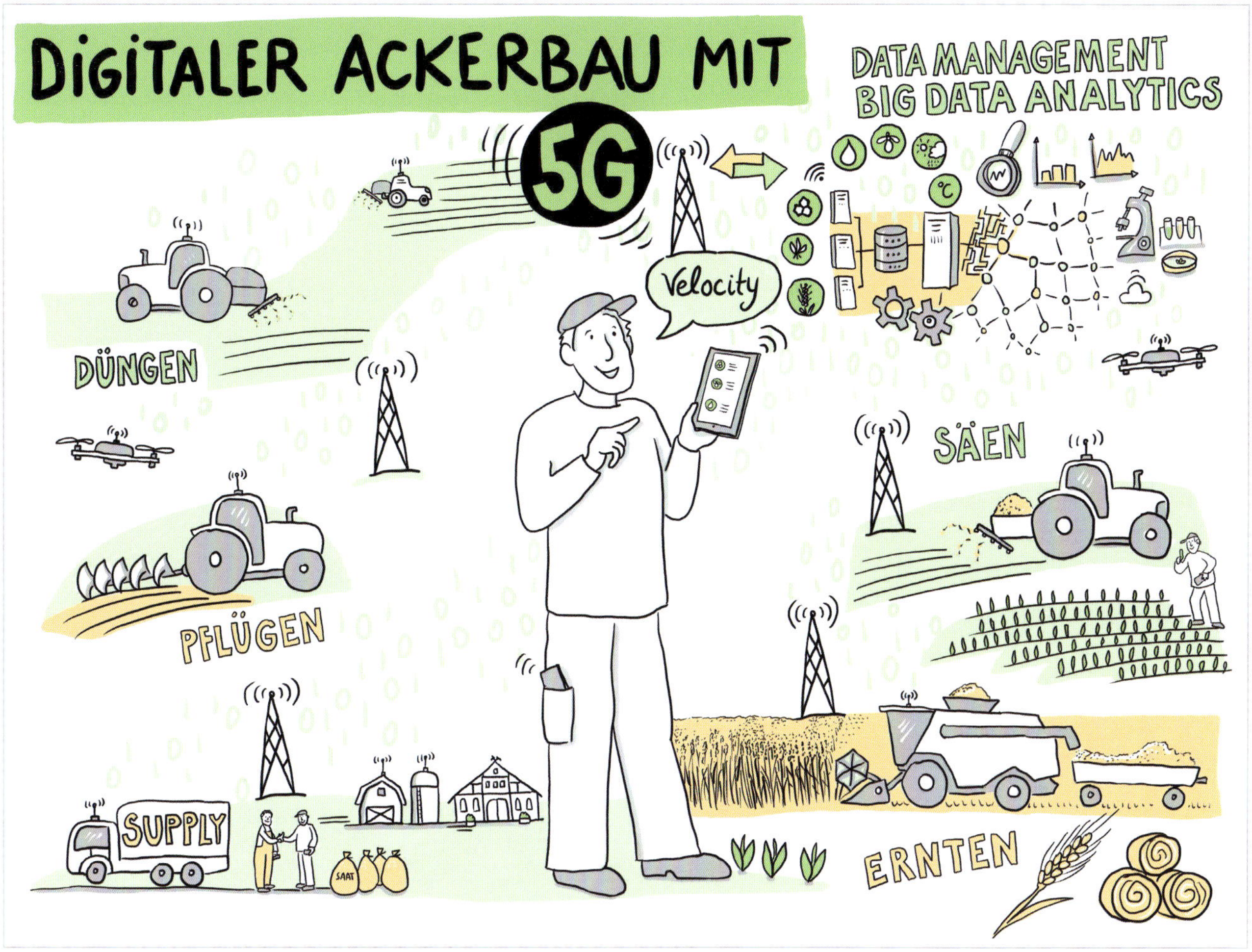

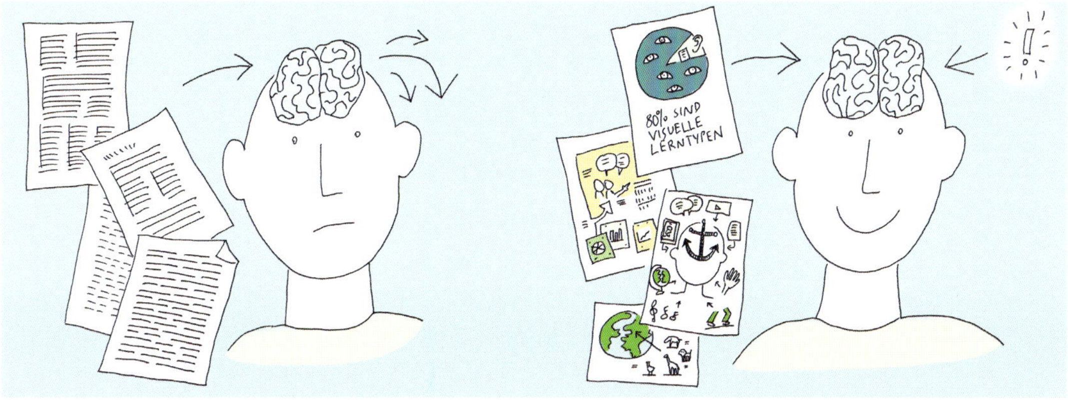

Diese Sketchnotes vermitteln komplexe Abläufe und kommen dabei mit wenigen Worten aus.

FLIPCHART

Die Gestaltung eines Flipcharts ist eine niederschwellige Anwendungsmöglichkeit, mit der sich erste Erfahrungen der Präsentation von eigenen Sketchnotes im öffentlichen Raum sammeln lassen. Etwa ein Bild, um die Gäste willkommen zu heißen, die Agenda oder Tagesordnung aufzulisten oder um motivierende Aussagen abzubilden. Solche Flipcharts lassen sich in Ruhe und ohne Zeitdruck vor dem Meeting vorbereiten.

Wenn Sie bei Meetings und in Arbeitsgruppen Flipcharts beschreiben, lohnen sich Visualisierungskenntnisse. Insbesonders eine gut lesbare Handschrift ist von Vorteil. Wenn Sie mit Sektchnotes zu arbeiten beginnen, wird sich die Qualität Ihrer Handschrift durch Übung positiv ändern. Weniger und lesbarer zu schreiben und dafür mehr zu zeichnen, hilft vor allem den Teilnehmenden, besser zu folgen. Meist sammeln sich mehrere Seiten an, die aber nicht im Blick bleiben, weil sie umgeschlagen werden. Die einzelnen Blätter können Sie, wenn sie voll sind, an eine Wand hängen, damit sie sichtbar und besser im Gedächtnis bleiben.

Nutzen Sie das Flipchart, um eine Möglichkeit für Feedback zu schaffen. Positives bzw. Negatives lässt sich auf vielfältige Weise darstellen. Plus und Minus, Engel und Teufel, Sonne und Gewitter, ein lachendes und ein weinendes Gesicht sind einige Beispiele. Schaffen Sie damit ein zu Ihrer Veranstaltug passend gestaltetes Template. Auch um Stimmungen, Anregungen, Wünsche oder Ideen festzuhalten, motiviert und aktiviert ein visuell ansprechend gestaltetes Flipchart.

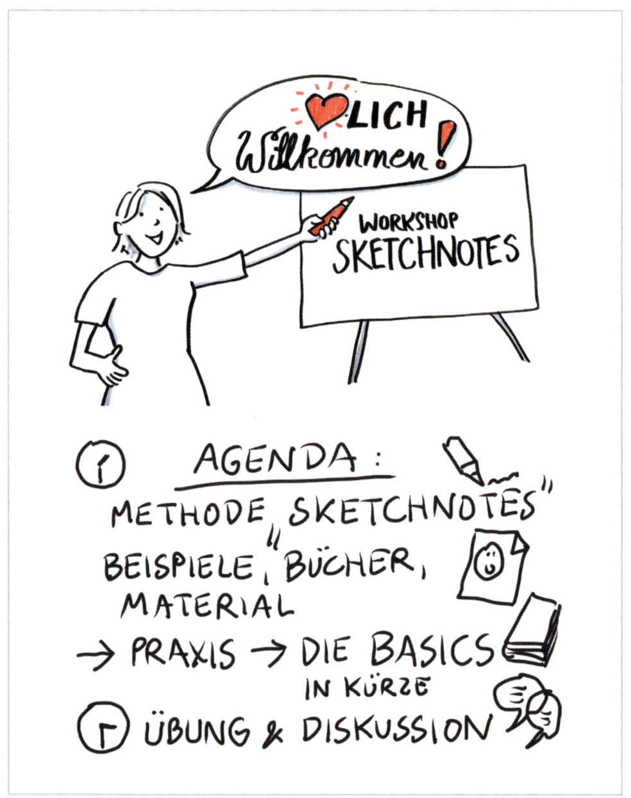

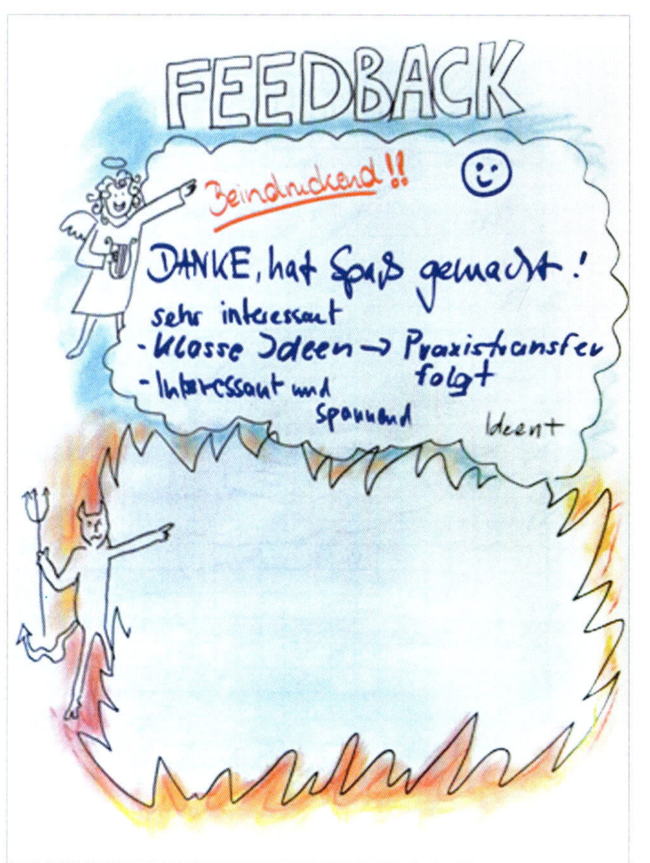

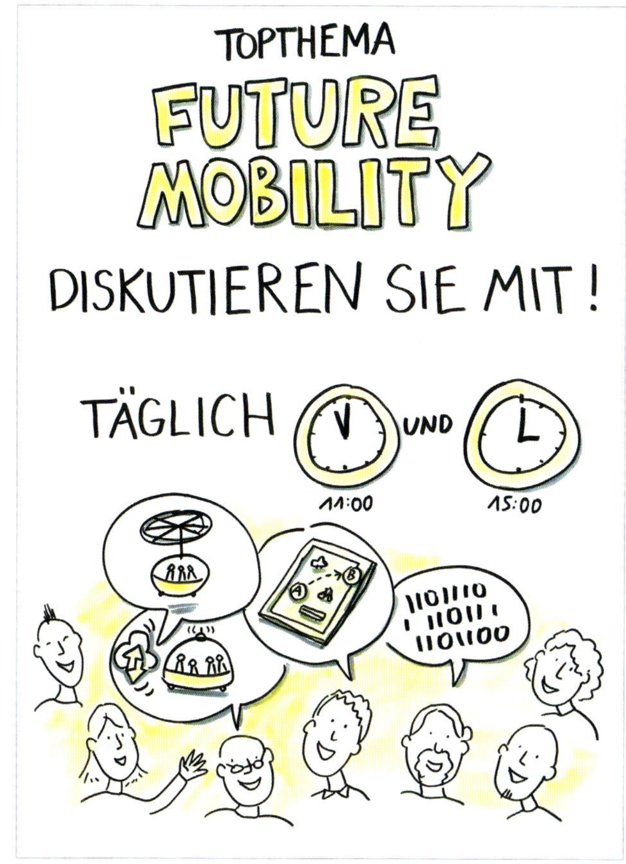

Verschiedene, mit Sketchnotes gestaltete Flipcharts

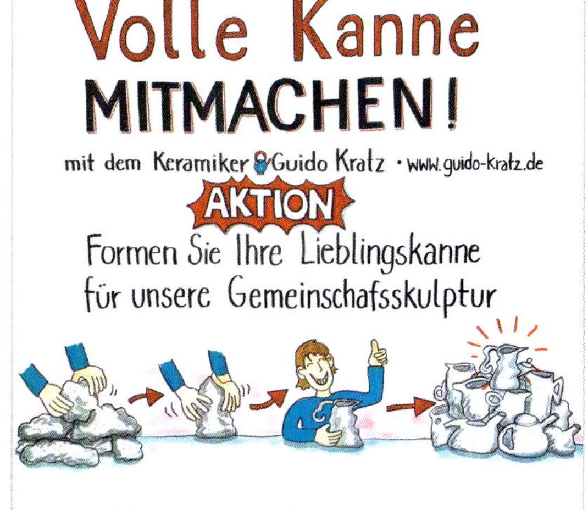

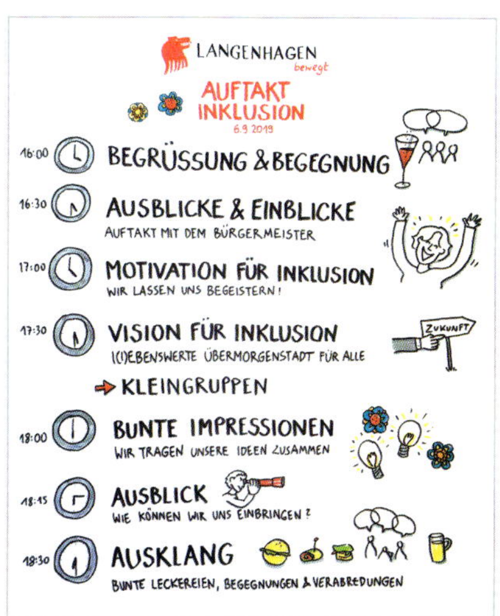

PRÄSENTATION

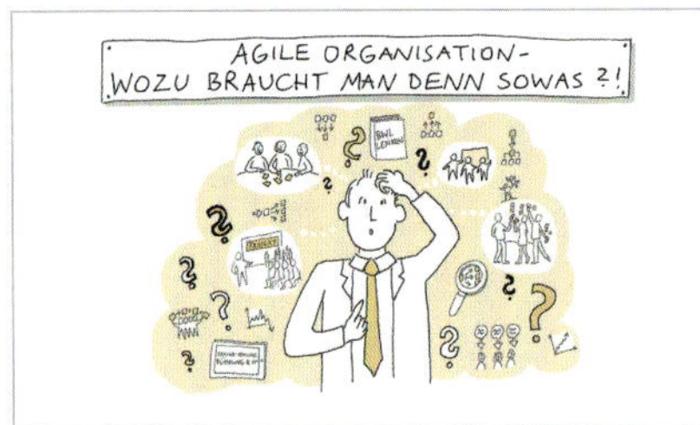

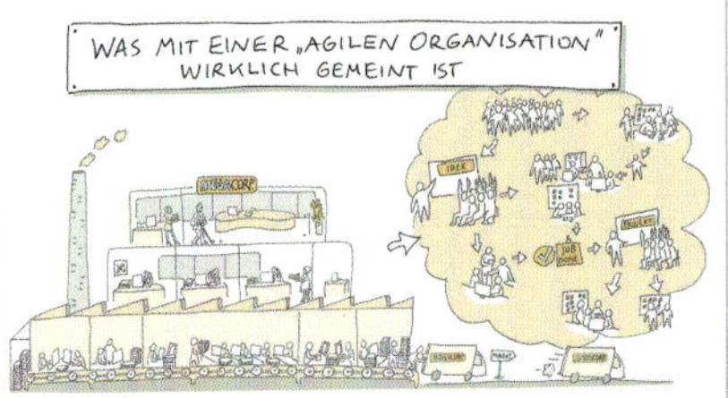

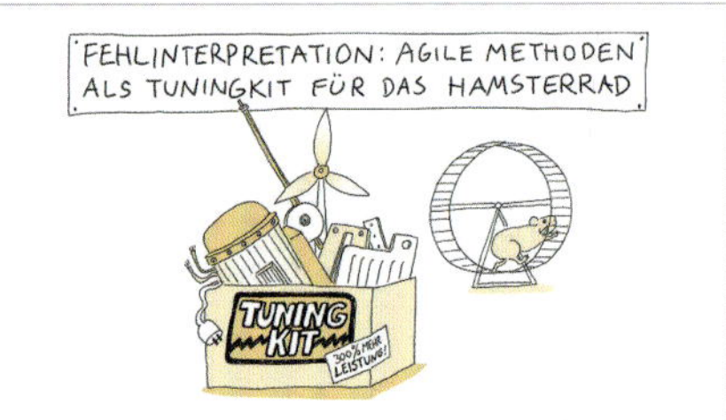

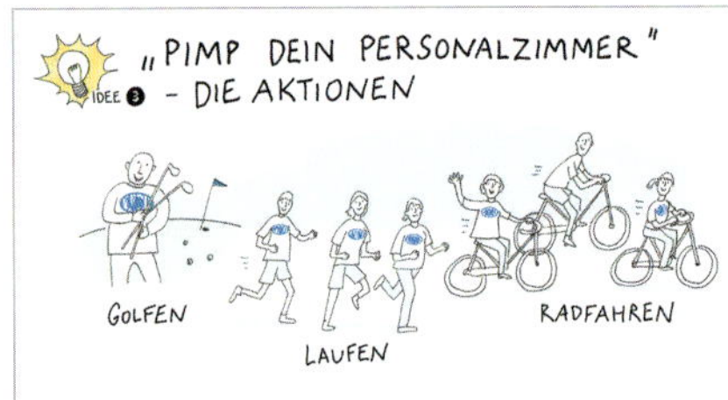

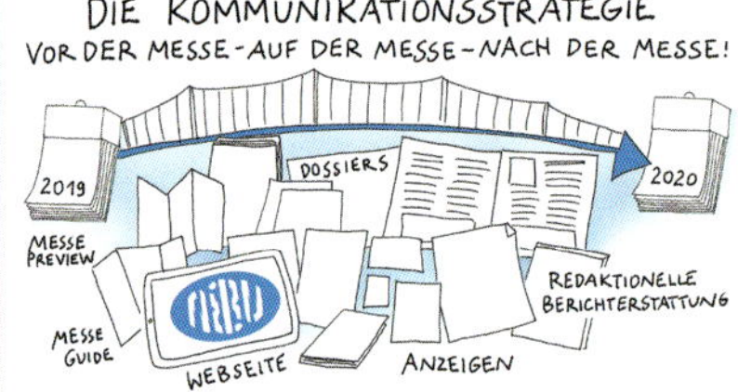

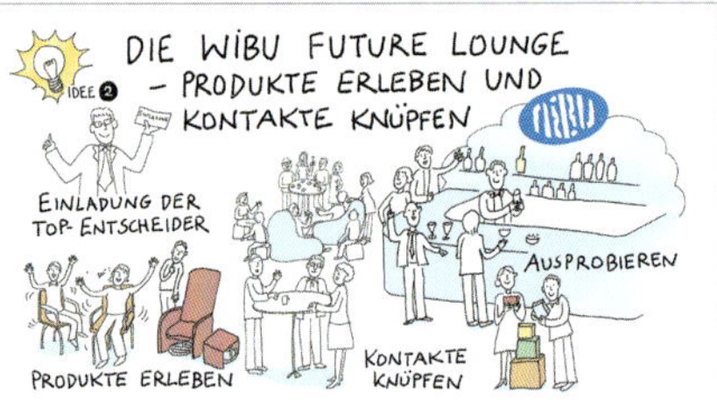

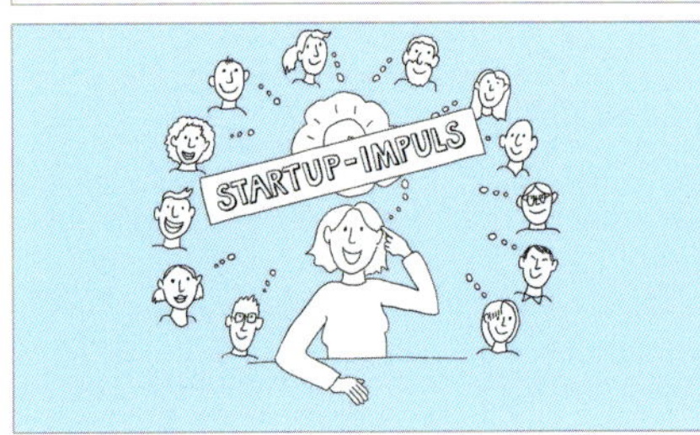

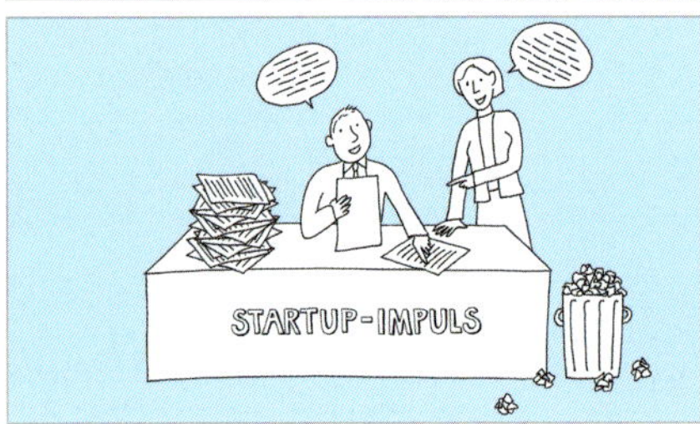

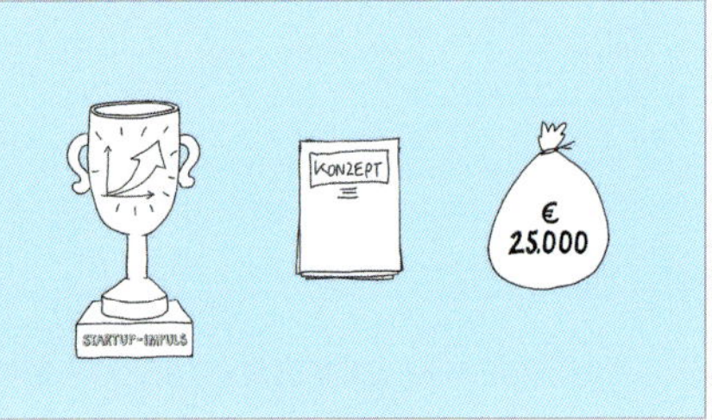

Die Folien-Präsentation wird mit einem konsequenten Sketchnote-Konzept viel positive Aufmerksamkeit erzeugen.

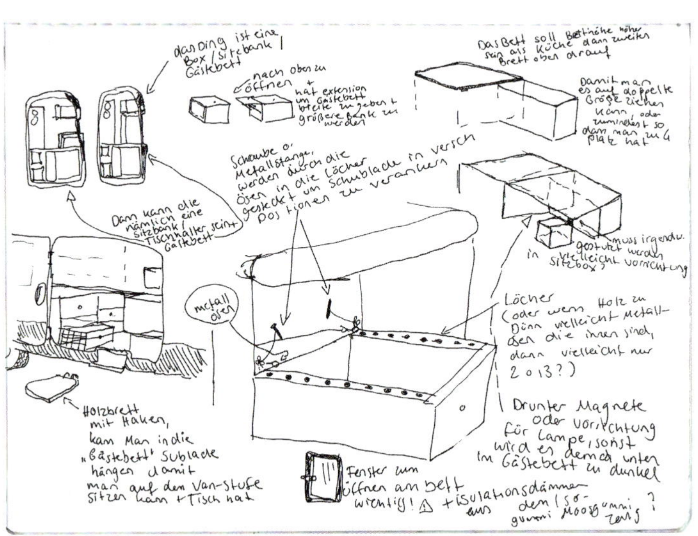

Skizzen und Ideen zum Ausbau eines Vans

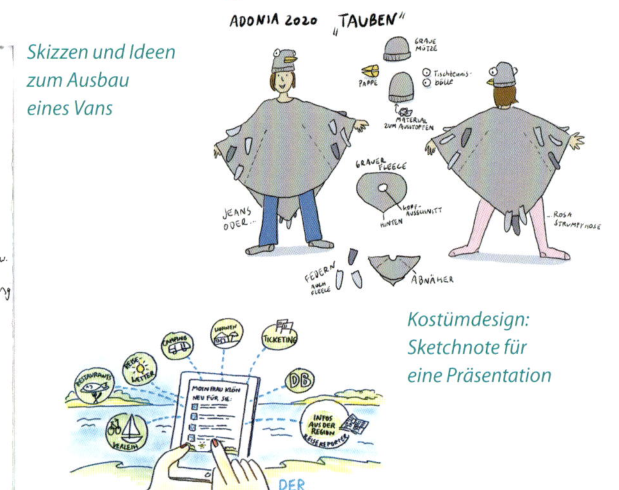

Kostümdesign: Sketchnote für eine Präsentation

Sketchnote zur Entwicklung einer App

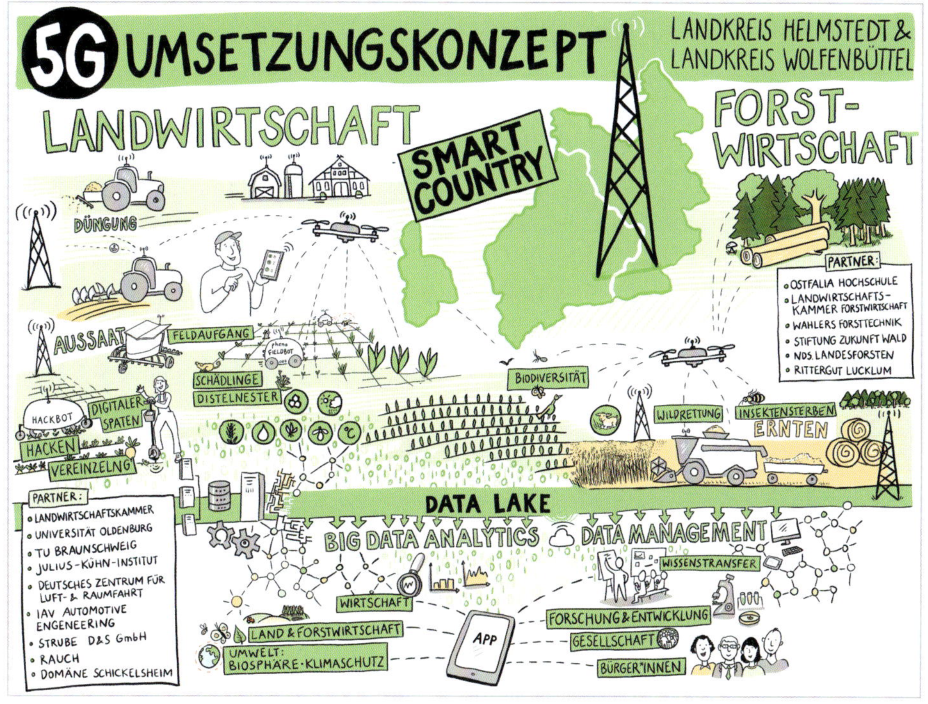

Wettbewerbe: Digitale Illustration im Sketchnotes-Stil für eine Bewerbung beim »5 x 5G«-Innovationswettbewerb des Bundesministeriums für Verkehr und digitale Infrastruktur

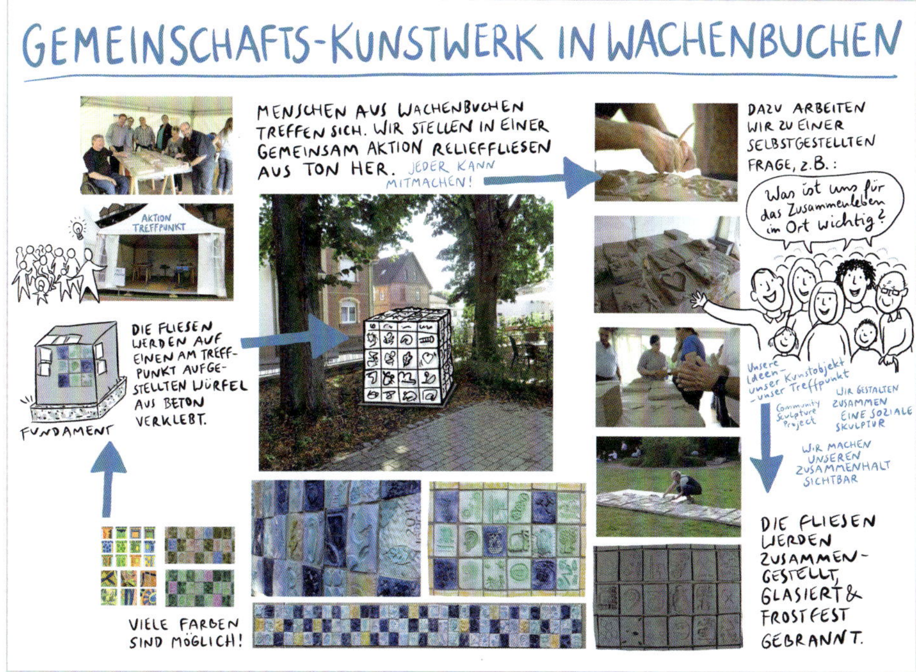

Präsentation zur Teilnahme an einem Ideenwettbewerb für die Dorferneuerung. In diesen Entwurf sind Fotos eingebunden.

EDUTAINMENT

Unterhaltsame Wissensvermittlung – der Begriff setzt sich zusammen aus den englischen Worten *Education* – Bildung und *Entertainment* – Unterhaltung. Edutainment ist ein Konzept, das alle Formen und Angebote im Kultur- und Freizeitbereich umschreibt, die Bildung mit einer Form von Unterhaltung verbinden. Freizeitzentren, Themenwelten, Museen, multimediale Ausstellungen und Events nutzen Edutainment. Das Konzept ist im Zuge der elektronischen Wissensvermittlung entwickelt worden. Dazu gehören Computer-und Videospiele, Multimedia-Softwaresysteme, interaktive Lernplattformen und professionelle Augmented-Reality-Settings in 3D.

Infotainment ist der zusammengesetzte Begriff aus Information und Entertainment. Es soll sowohl informiert als auch unterhalten werden. Optische Medien nutzen dazu Visualisierungen. Spielerische Wissensvermittlung nennt man auch **Gamification** – *Spielifizierung*. Damit ist die Anwendung spieltypischer Elemente in einem ernsthaften Kontext gemeint. Erfahrungspunkte, Highscores, Fortschrittsbalken, Ranglisten oder Auszeichnungen geben Anreize und steigern die Motivation. Auf diese Weise werden Tätigkeiten, die sonst etwas langweilig sein können, wie etwa das Erstellen von Steuererklärungen, Kostenberichte oder das Ausfüllen von Formularen etwas spannender.

Visualisierung spielt überall eine große Rolle und trägt wesentlich dazu bei. In der Schule steht jede Lehrkraft täglich vor der Herausforderung, die Kinder in der Klasse zum Lernen zu motivieren und ihre Aufmerksamkeit über die Stunde zu halten. Wie transportiere ich meinen Lehrstoff so, dass er ankommt und die Schüler*innen innerlich nicht abschalten?

Sketchnotes sind die perfekte Lehrmethode! Selbst ein nicht geübter Strich trägt positiv zum Unterricht bei, denn es erzeugt Heiterkeit, wenn auch die Lehrkraft nicht alles perfekt beherrscht. Damit steigt zugleich die Motivation zum Lernen und die Stunde gestaltet sich unterhaltsamer.

Wenn Lehrer*innen stimmige Tafelbilder entstehen lassen, fesseln sie die Aufmerksamkeit, während sie erklären. Sie werden zu **Visual Facilitators**.

Action Learning – beim *Aktionslernen* stehen die Aktion und das Selbermachen im Vordergrund, z.B. bei einem Floß- oder Brückenbau-Gruppenerlebnis.

Tipps:

- *Schon kleine Bildelemente gliedern textlastige Tafelbilder und bieten sich für den Einstieg zum Arbeiten mit Sketchnotes an. Mit ein bisschen Übung lassen sich bald übersichtliche Tafelbilder oder Lernlandkarten gestalten.*

- *Sie sollten die Kinder beim Entstehungsprozess eines Tafelbildes einbinden, sie auffordern, eigene Ideen einzubringen und Zeichnungen beizutragen. Ermutigen Sie die Kinder, selbst zu zeichnen!*

Edutainment-Methoden:

- *Soziale Netzwerke*
- *Bühnenshow*
- *Podcasts*
- *Interaktive Angebote*
- *Museumspädagogik*
- *Multimediale / digitale Formate*
- *Interaktive Präsentationen und Videos*
- *Animierte Bildergeschichten*
- *Erklärfilme*
- *Videos*
- *Lernlandkarten*
- *Infografiken*
- *Storytelling*
- *Graphic Novel*

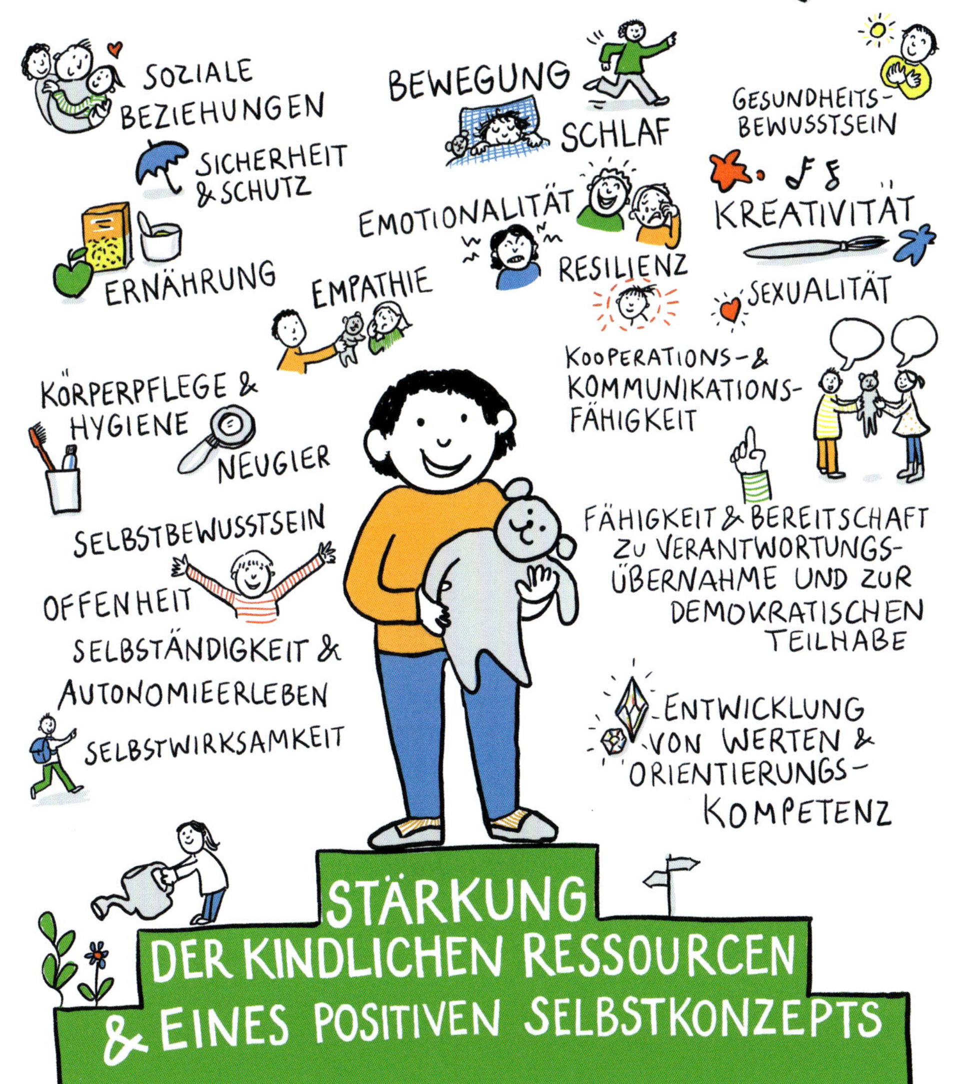

Sketchnotes sind zur unterhaltsamen Wissensvermittlung bestens geeignet.

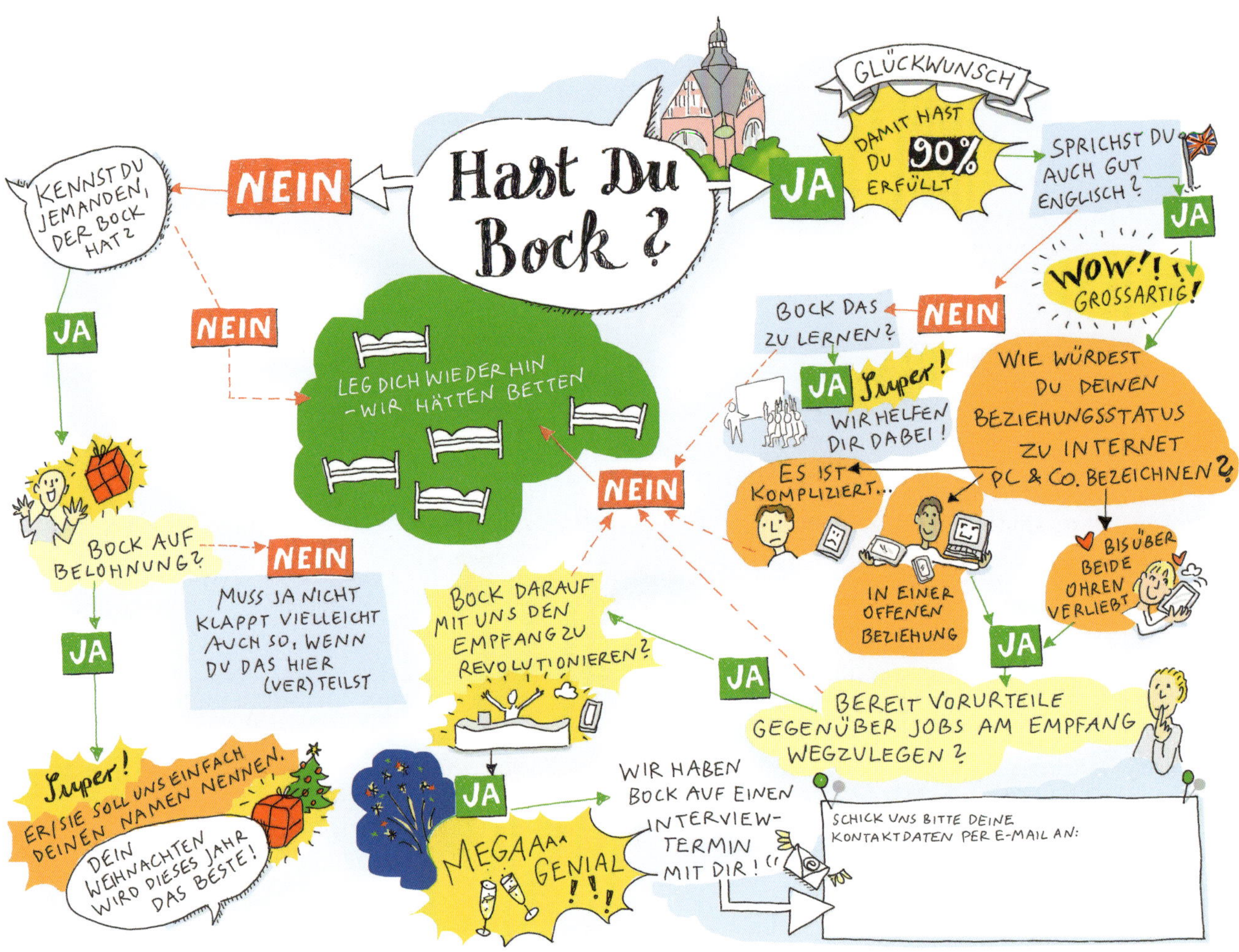

In dieser illustrierten Stellenanzeige im Sketchnotes-Stil ist das Prinzip der Gamification angewandt, um eine jugendliche Zielgruppe zu aktivieren.

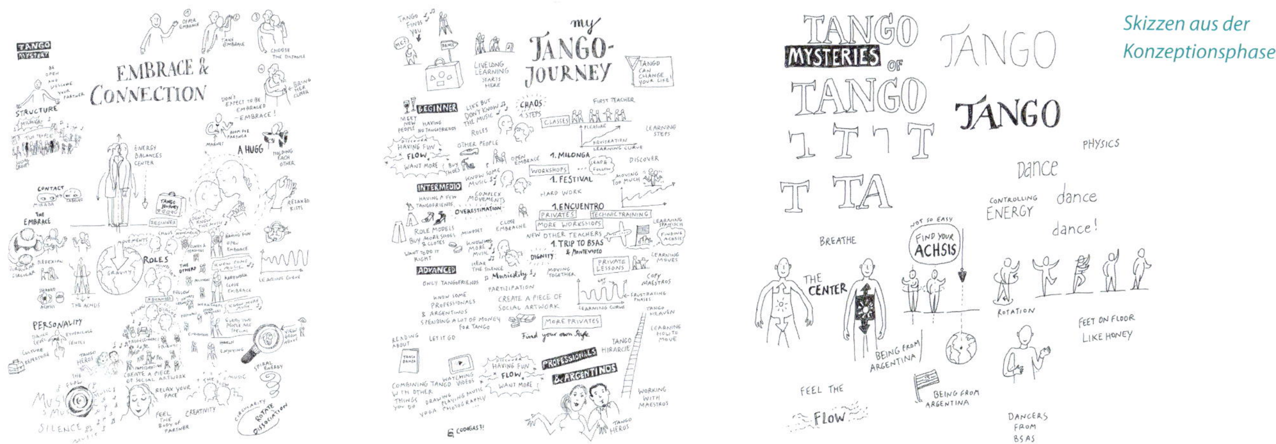

Skizzen aus der Konzeptionsphase

Gesammeltes Tango-Wissen – eine Illustration im Stil von Sketchnotes, analog gezeichnet, gescannt, digital bearbeitet und koloriert. Die Bilder sind in der Fachzeitschrift »Tangodanza!« erschienen und werden als Plakate vertrieben.

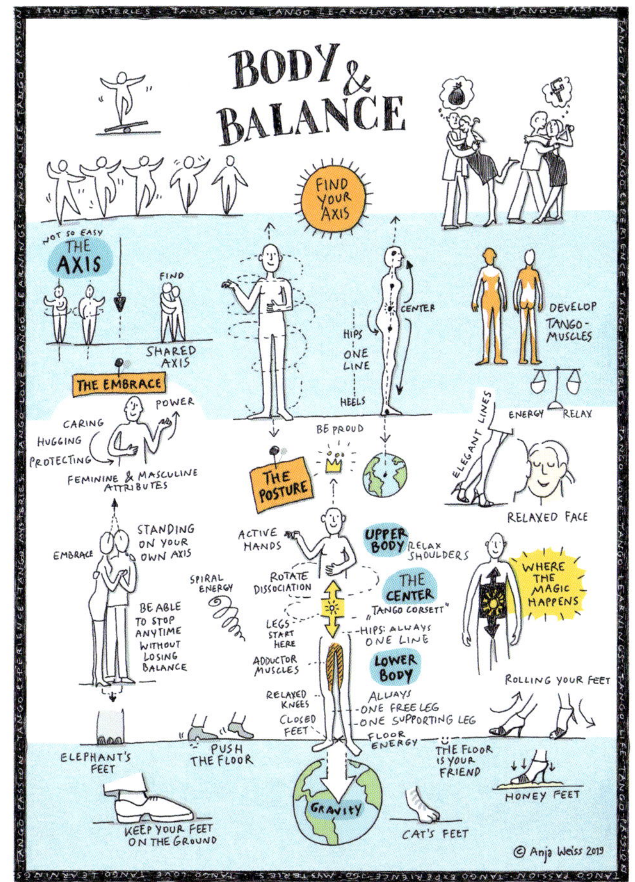

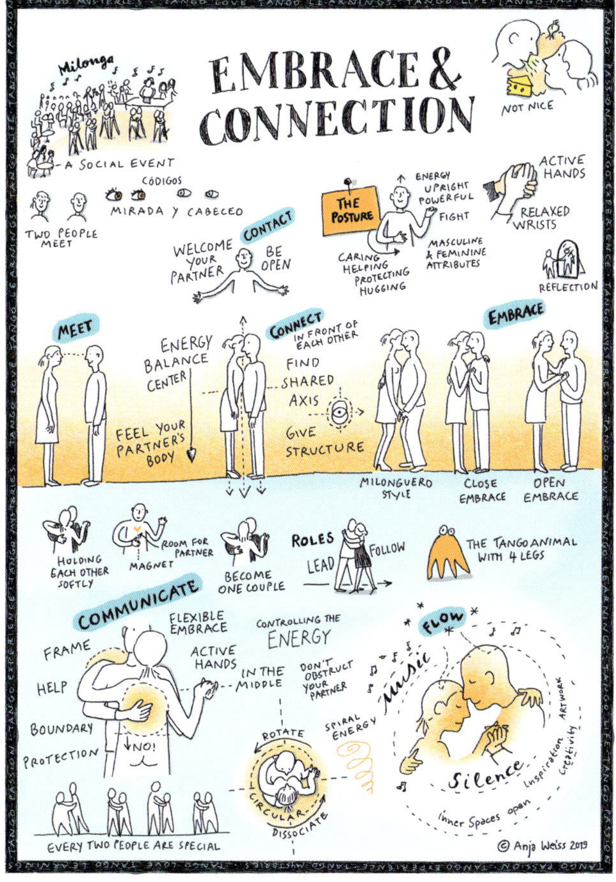

INFOGRAFIK & MODELLE

Diagramme und Standardmodelle werden überall eingesetzt, um statistische Aussagen verständlich zu machen. Es sind einfache Visualisierungen, um Zahlen, Daten und Fakten sichtbar zu machen. Infografiken sollen Information schnell vermitteln und sind daher wichtiges Bestandteil des Informationsmanagements.

Wir kennen diese Optik gut, denn Diagramme tauchen überall auf. Die meisten gängigen Programme stellen dafür Tools zur Verfügung. Alle funktionieren nach den gleichen Prinzipien. Ein reduzierter und schlichter Stil macht die Grafiken noch verständlicher.

Wenn wir für Diagramme die Methode des Sketchnotings anwenden, haben wir die Freiheit, die Aussage durch Bilder zu ergänzen und damit die jeweilige Thematik noch stärker zu verdeutlichen. Daten lassen sich also auch anders aufbereiten. Es gibt es viele Spielräume zur Gestaltung. Warum nicht den Pro-Kopf-Verbrauch von Mehl mit Mehl darstellen? Es darf nur nicht zu unübersichtlich werden. Die eingängige Struktur eines Diagramms können wir auch als Raster nutzen, um unser Format einzuteilen.

Bekannte Diagrammformen:

- *Tabelle*
- *Kurven- und Liniendiagramm*
- *Kreis-, Balken- und Säulendiagramm*
- *Matrix*
- *Concept Map*
- *Begriffslandkarte*
- *Punktstreuungskarte*
- *Wortwolke*
- *Histogramm*
- *Mengendiagramm*
- *Sankey-Diagramm*
- *Baumdiagramm*
- *Flussdiagramm*

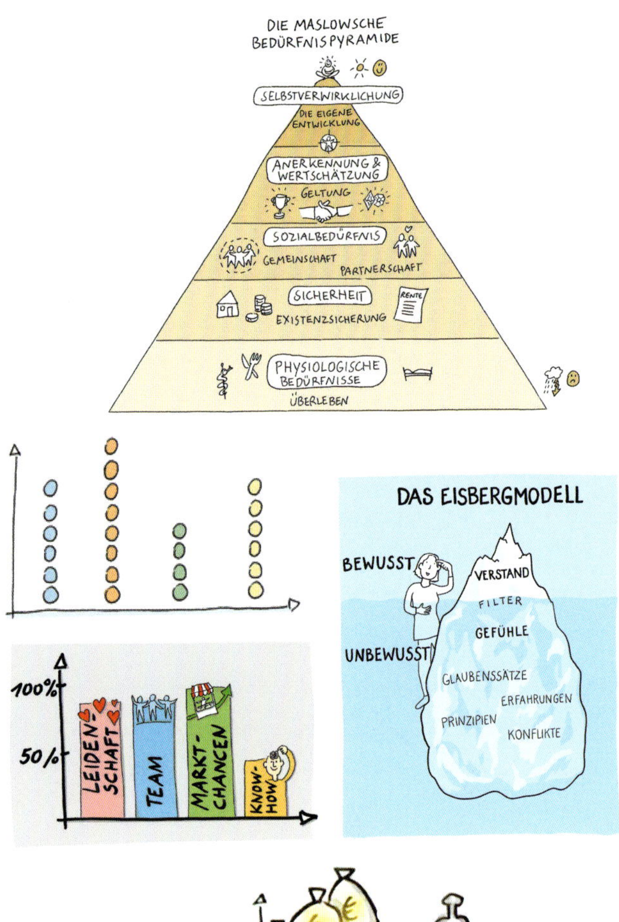

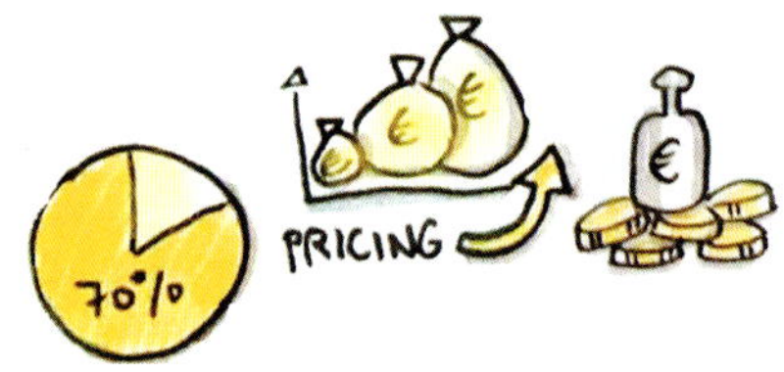

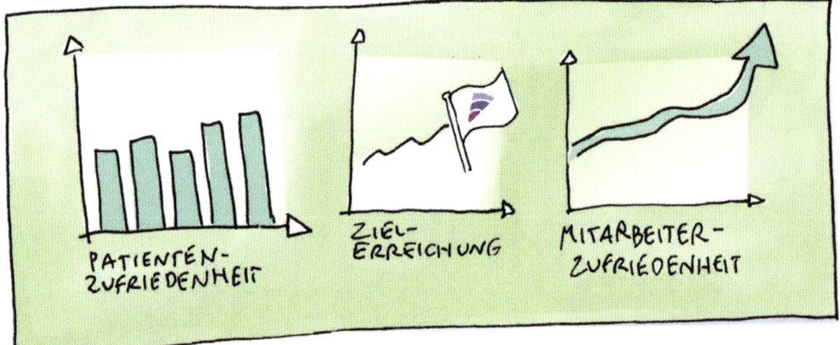

Verschiedene Modelle für Infografiken.
Haben Sie sie wiedererkannt? Manche davon haben wir schon beim Thema Struktur gesehen.

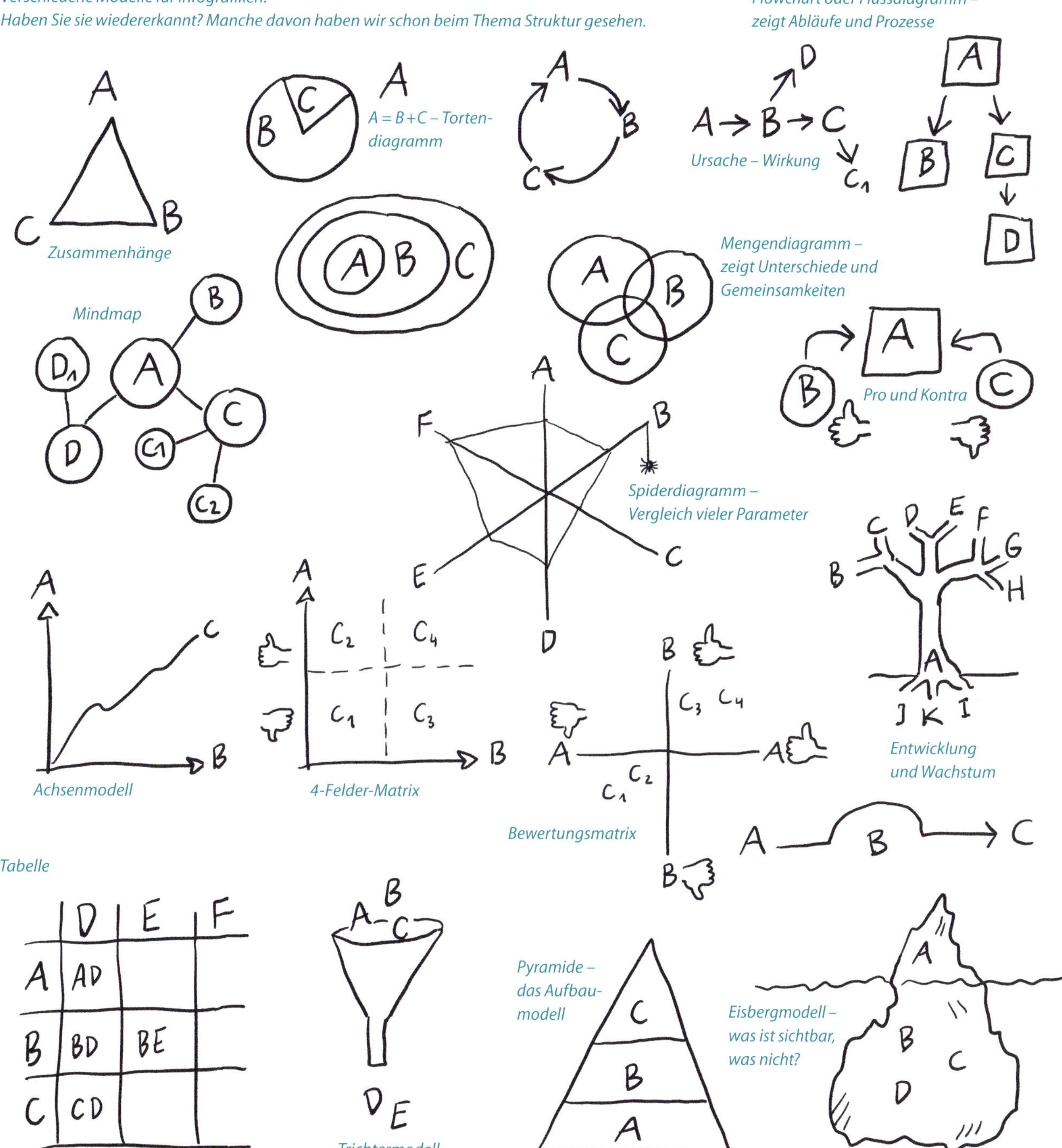

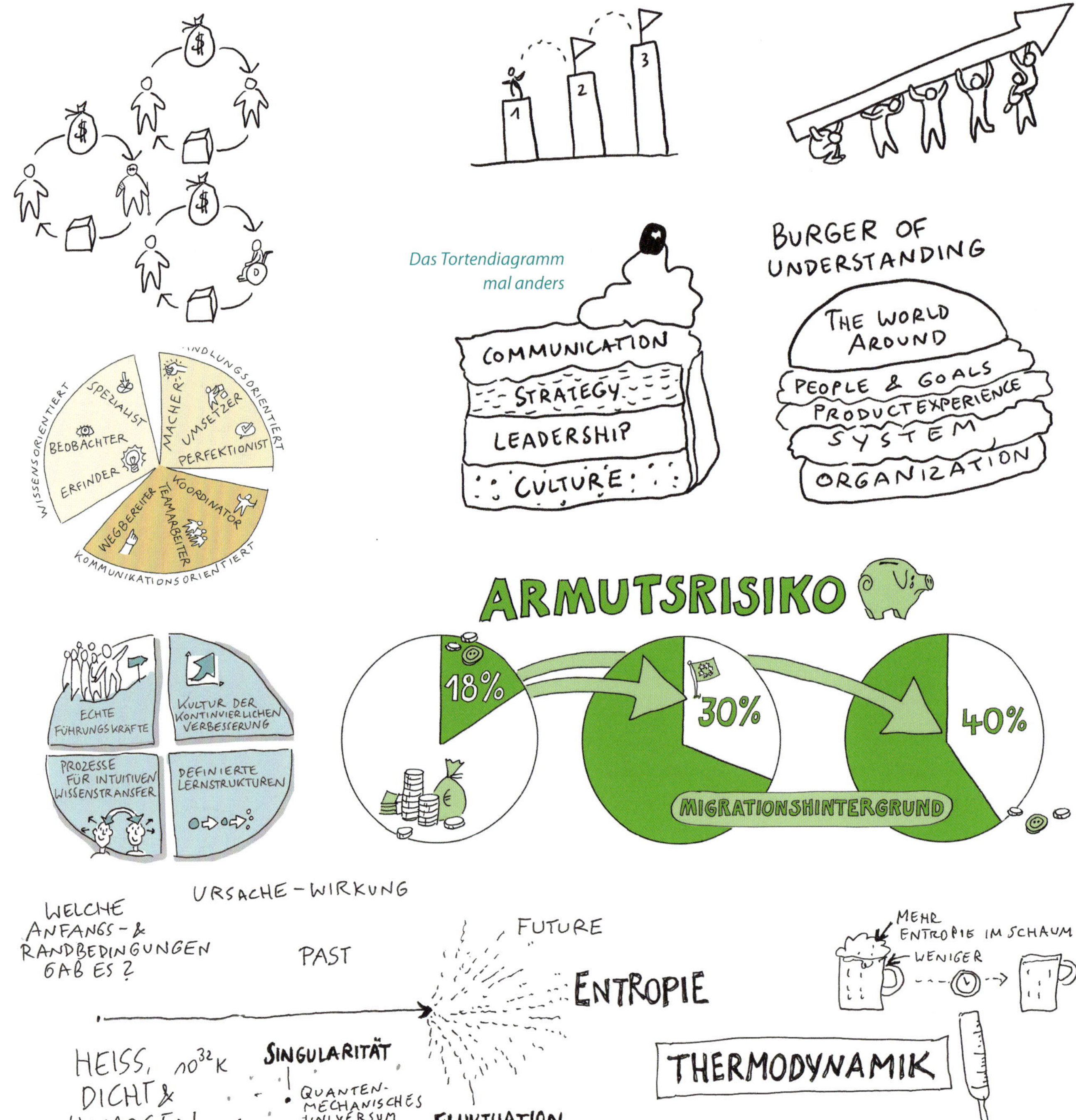

Das Tortendiagramm mal anders

Zahlen, Daten und Fakten in Bilder umsetzen

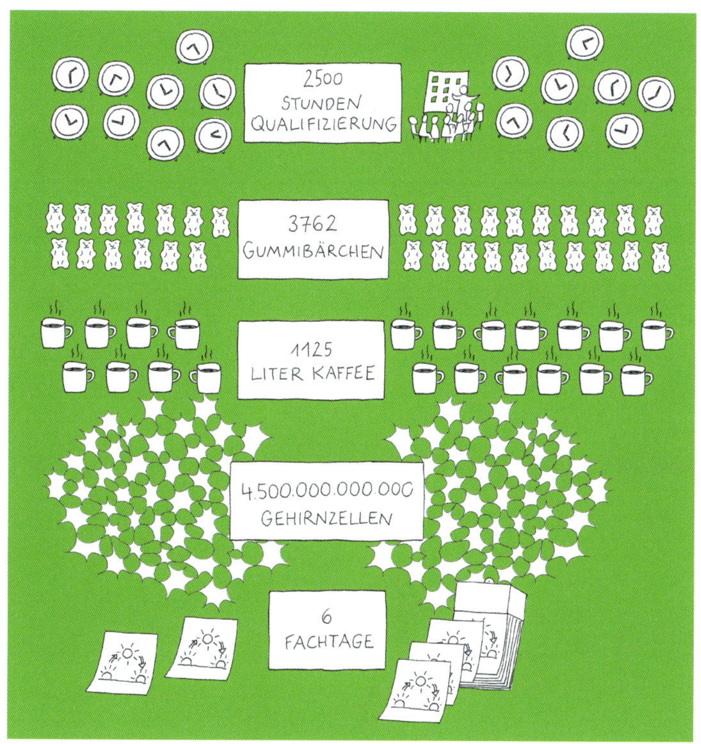

»Viel« lässt sich auch mit weniger darstellen. Die realen Zahlen abzubilden wäre sicher eine Herausforderung, hier ist das aber so gut wie unmöglich …

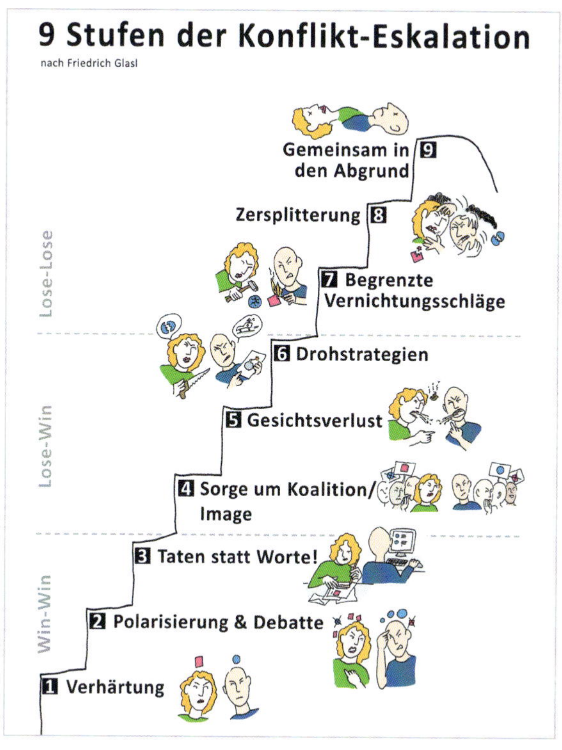

Durch die Abbildung der handelnden Personen bietet das Bild die Möglichkeit der Identifikation.

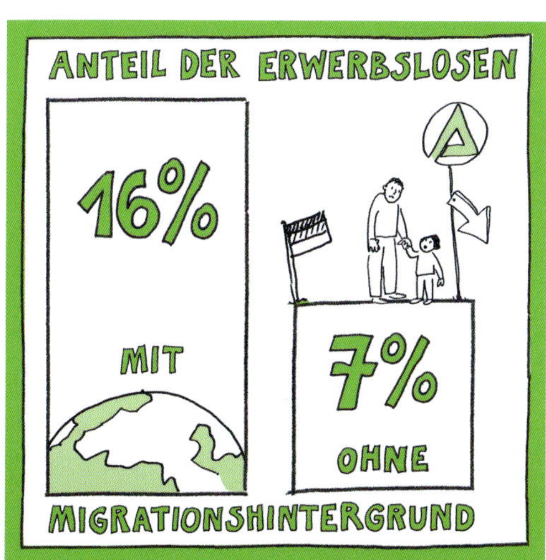

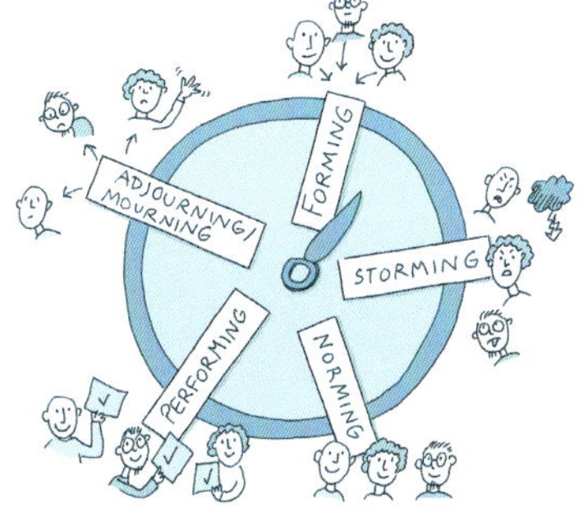

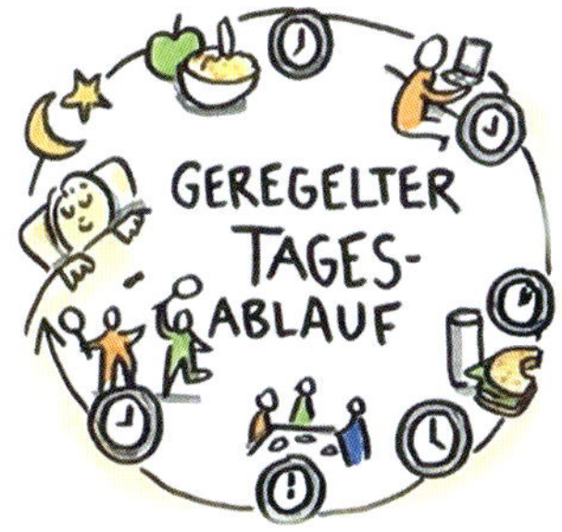

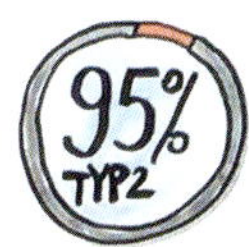

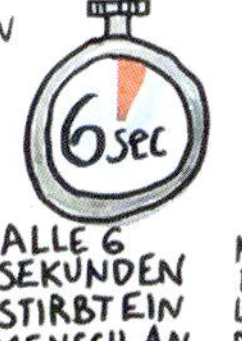

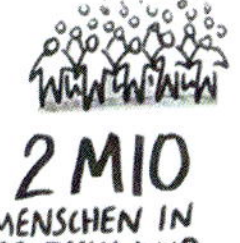

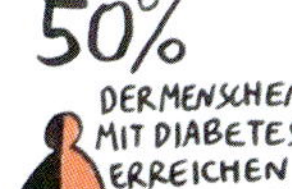

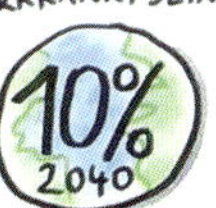

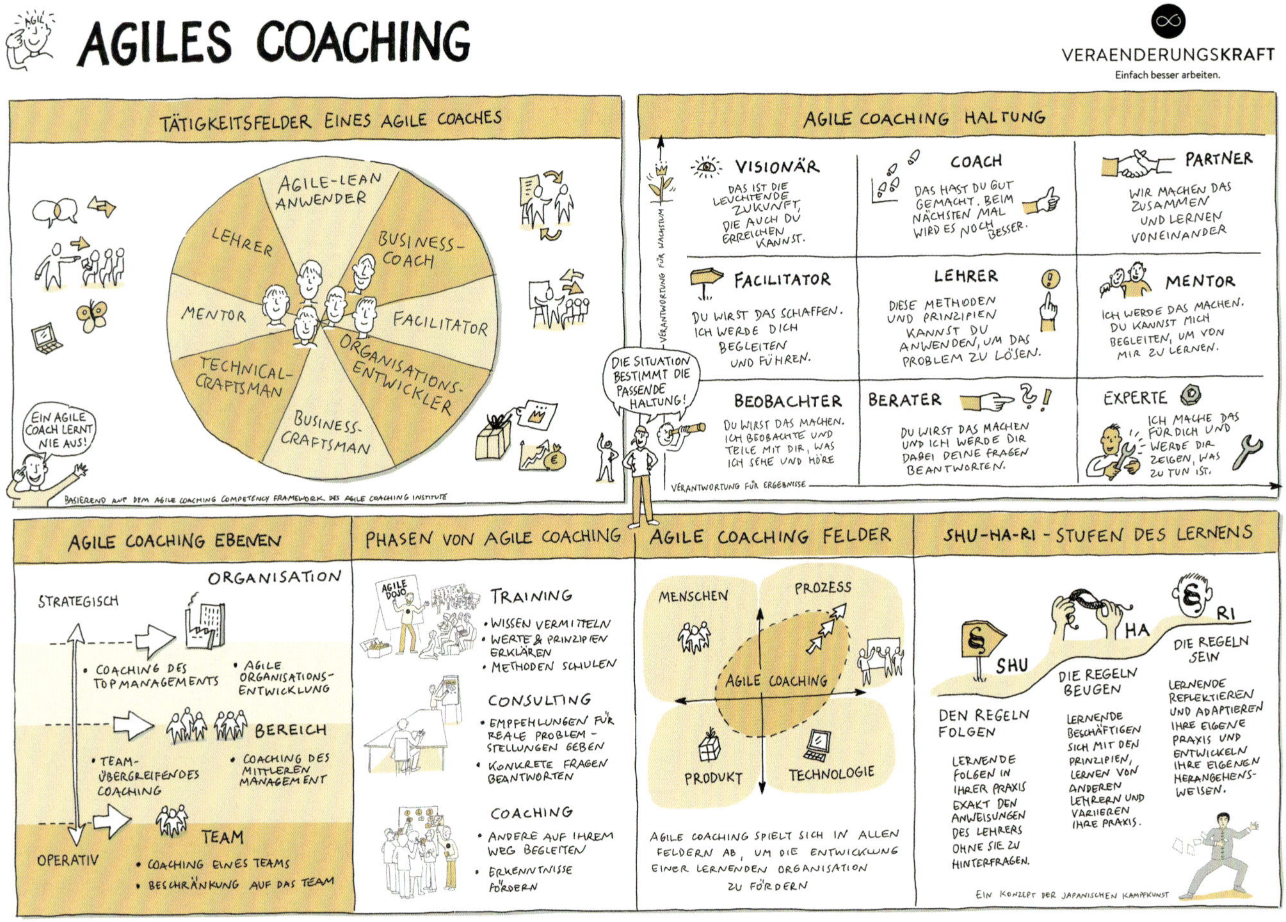

AGILES COACHING

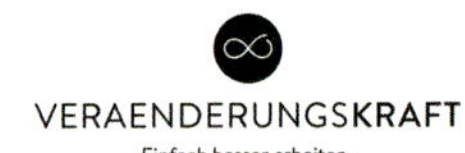

TÄTIGKEITSFELDER EINES AGILE COACHES

AGILE-LEAN ANWENDER
BUSINESS-COACH
FACILITATOR
ORGANISATIONS-ENTWICKLER
BUSINESS-CRAFTSMAN
TECHNICAL-CRAFTSMAN
MENTOR
LEHRER

EIN AGILE COACH LERNT NIE AUS!

BASIEREND AUF DEM AGILE COACHING COMPETENCY FRAMEWORK DES AGILE COACHING INSTITUTE

AGILE COACHING HALTUNG

VERANTWORTUNG FÜR WACHSTUM

VERANTWORTUNG FÜR ERGEBNISSE

DIE SITUATION BESTIMMT DIE PASSENDE HALTUNG!

VISIONÄR – DAS IST DIE LEUCHTENDE ZUKUNFT, DIE AUCH DU ERREICHEN KANNST.

COACH – DAS HAST DU GUT GEMACHT. BEIM NÄCHSTEN MAL WIRD ES NOCH BESSER.

PARTNER – WIR MACHEN DAS ZUSAMMEN UND LERNEN VONEINANDER

FACILITATOR – DU WIRST DAS SCHAFFEN. ICH WERDE DICH BEGLEITEN UND FÜHREN.

LEHRER – DIESE METHODEN UND PRINZIPIEN KANNST DU ANWENDEN, UM DAS PROBLEM ZU LÖSEN.

MENTOR – ICH WERDE DAS MACHEN. DU KANNST MICH BEGLEITEN, UM VON MIR ZU LERNEN.

BEOBACHTER – DU WIRST DAS MACHEN. ICH BEOBACHTE UND TEILE MIT DIR, WAS ICH SEHE UND HÖRE

BERATER – DU WIRST DAS MACHEN UND ICH WERDE DIR DABEI DEINE FRAGEN BEANTWORTEN.

EXPERTE – ICH MACHE DAS FÜR DICH UND WERDE DIR ZEIGEN, WAS ZU TUN IST.

AGILE COACHING EBENEN

STRATEGISCH
OPERATIV

ORGANISATION
- COACHING DES TOPMANAGEMENTS
- AGILE ORGANISATIONS-ENTWICKLUNG

BEREICH
- TEAM-ÜBERGREIFENDES COACHING
- COACHING DES MITTLEREN MANAGEMENT

TEAM
- COACHING EINES TEAMS
- BESCHRÄNKUNG AUF DAS TEAM

PHASEN VON AGILE COACHING

AGILE DOJO

TRAINING
- WISSEN VERMITTELN
- WERTE & PRINZIPIEN ERKLÄREN
- METHODEN SCHULEN

CONSULTING
- EMPFEHLUNGEN FÜR REALE PROBLEMSTELLUNGEN GEBEN
- KONKRETE FRAGEN BEANTWORTEN

COACHING
- ANDERE AUF IHREM WEG BEGLEITEN
- ERKENNTNISSE FÖRDERN

AGILE COACHING FELDER

MENSCHEN
PROZESS
AGILE COACHING
PRODUKT
TECHNOLOGIE

AGILE COACHING SPIELT SICH IN ALLEN FELDERN AB, UM DIE ENTWICKLUNG EINER LERNENDEN ORGANISATION ZU FÖRDERN

SHU-HA-RI – STUFEN DES LERNENS

SHU – DEN REGELN FOLGEN
LERNENDE FOLGEN IN IHRER PRAXIS EXAKT DEN ANWEISUNGEN DES LEHRERS OHNE SIE ZU HINTERFRAGEN.

HA – DIE REGELN BEUGEN
LERNENDE BESCHÄFTIGEN SICH MIT DEN PRINZIPIEN, LERNEN VON ANDEREN LEHRERN UND VARIIEREN IHRE PRAXIS.

RI – DIE REGELN SEIN
LERNENDE REFLEKTIEREN UND ADAPTIEREN IHRE EIGENE PRAXIS UND ENTWICKELN IHRE EIGENEN HERANGEHENSWEISEN.

EIN KONZEPT DER JAPANISCHEN KAMPFKUNST

Verschiedene Infografiken zusammengefasst: Sie machen die Funktionsweisen einer agilen Arbeitsweise deutlich.

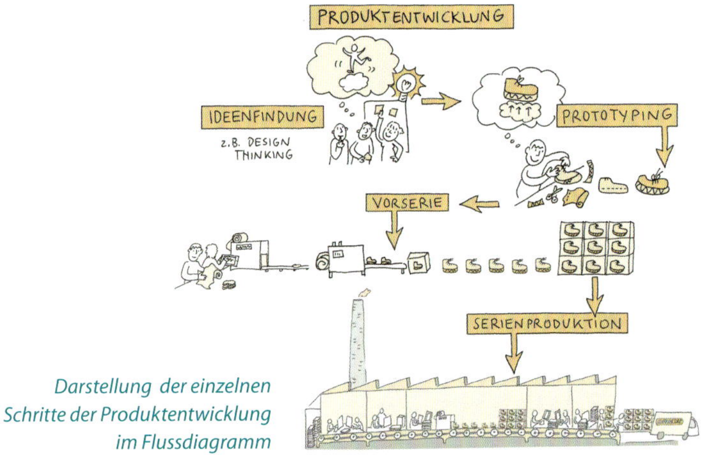

Darstellung der einzelnen Schritte der Produktentwicklung im Flussdiagramm

FLOWCHARTS

Fluss- oder Ablaufdiagramme – prägnantestes Merkmal dieser Form der Abbildung ist der Pfeil. Gibt es Pfeile, liegt dem Bild immer das Prinzip des Flussdiagramms zugrunde. Diese Diagrammform integriert die Zeitebene. Pfeile, Wegweiser oder andere Richtungsmarker, wie Schritte, die durch Fuß- oder Schuhabdrücke dargestellt werden, sind typisch und führen das Auge. Das Bild kann einen Ablauf beschreiben, einen Entwicklungs- oder Veränderungsprozess oder andere Prozesse aller Art.

Entstehung einer digitalen Illustration auf Grundlage eines Flussdiagramms. Vorskizze auf Papier – erste Recherche zum Thema Projektmanagement

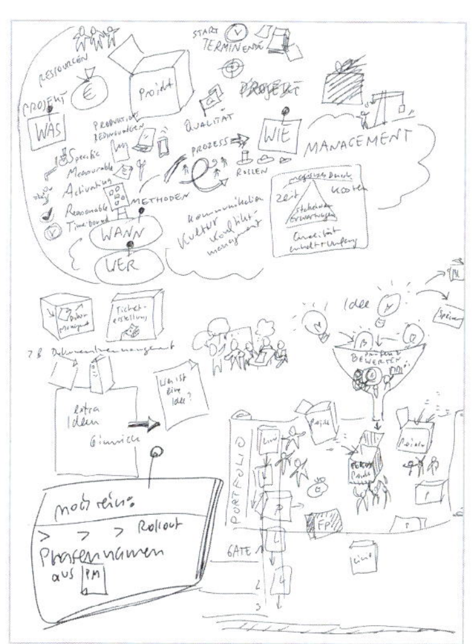

Erste digitale Vorzeichnung

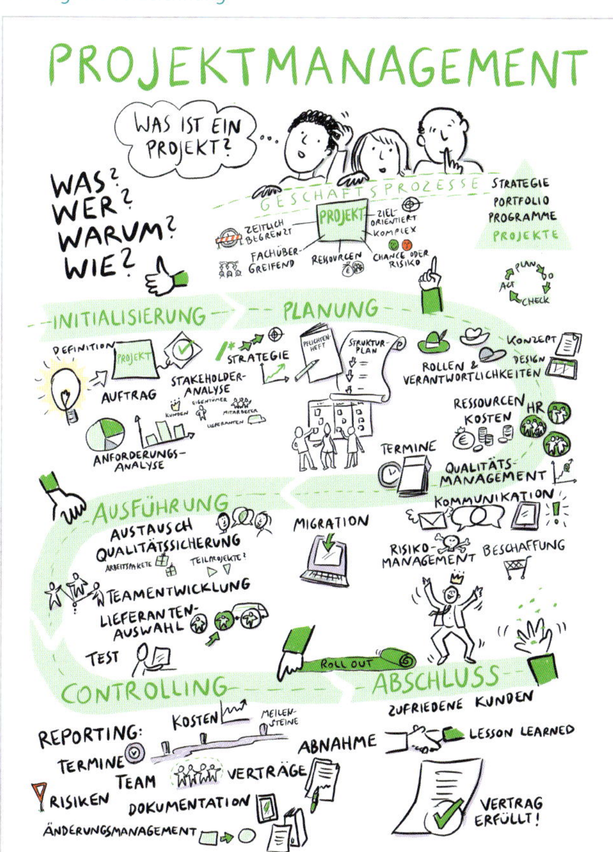

Das fertige Bild

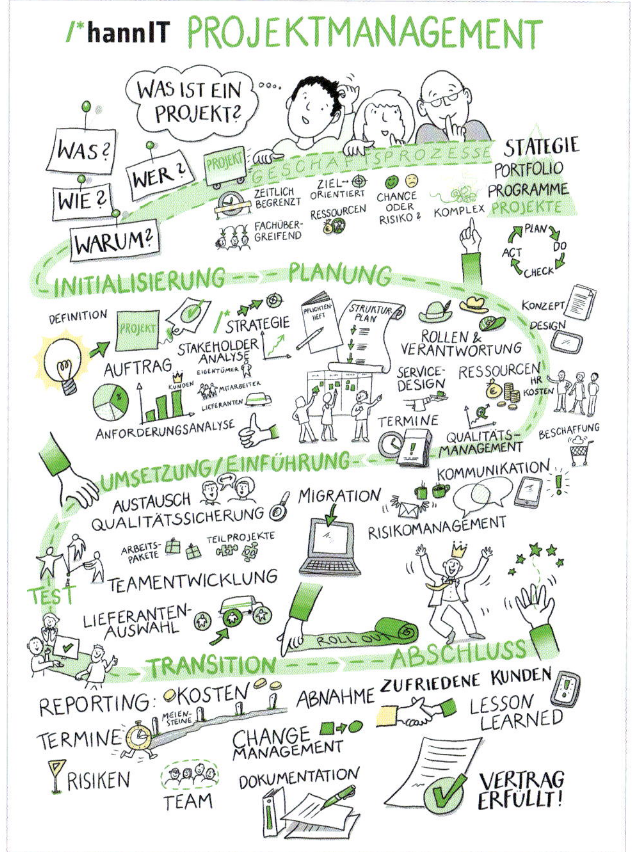

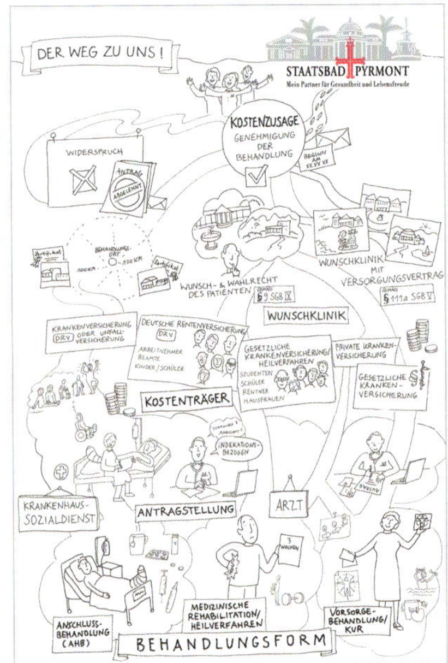

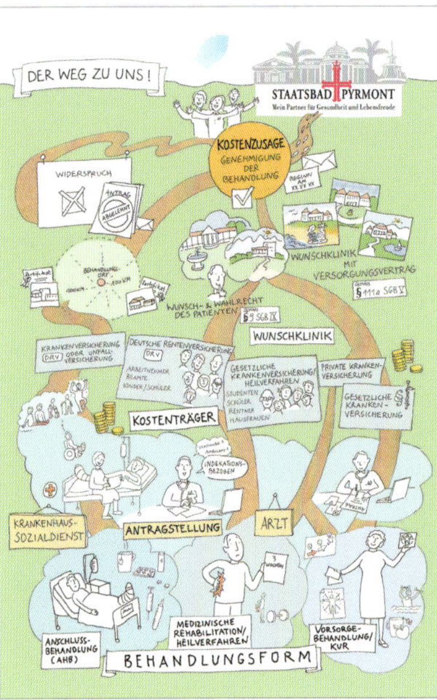

Ablaufdarstellung als Vorskizze und erster digitaler Aufbau der Illustration

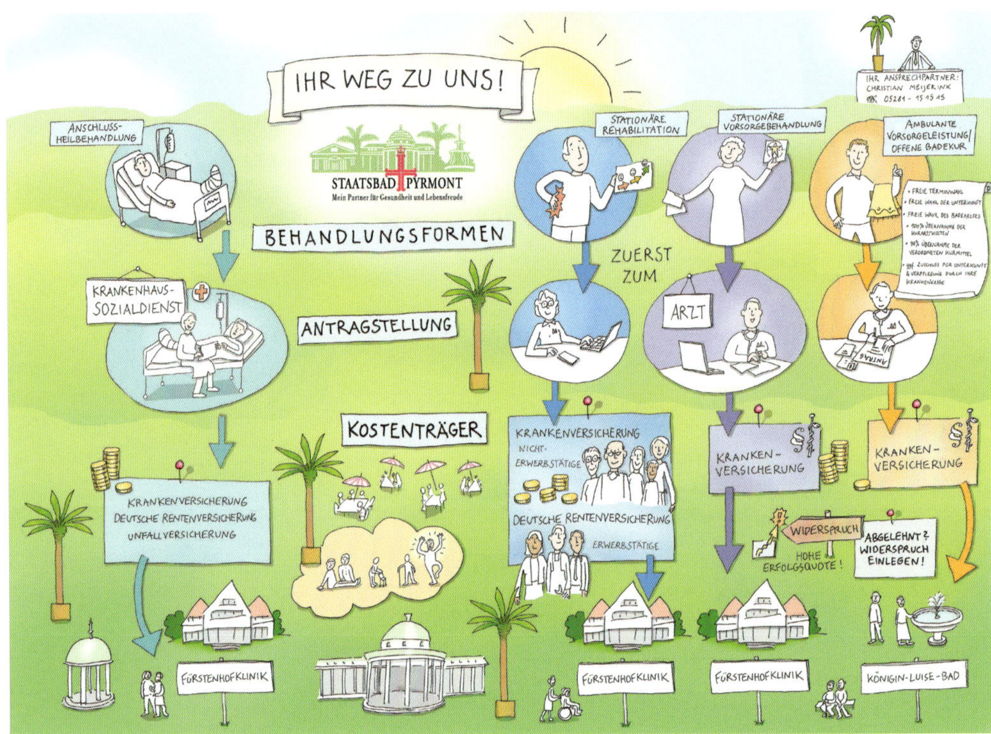

Am Ende ist ein Querformat daraus geworden.

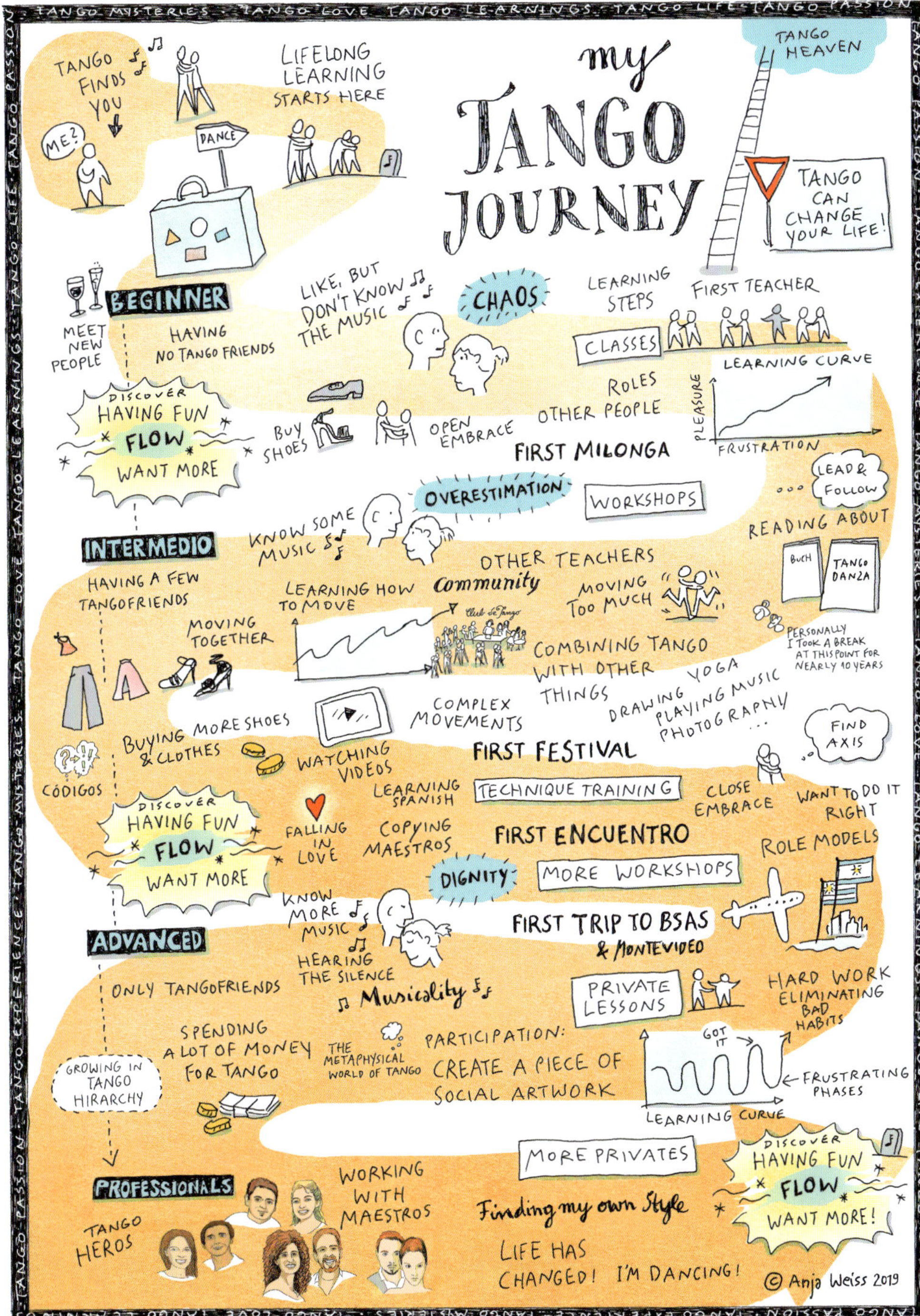

Das Flussdiagramm zeigt den temporalen Ablauf von Ereignissen. Alles, was Pfeile hat oder mit anderen Stilmitteln eine klare Richtung aufweist, schafft zeitliche Verbindungen und Zusammenhänge.

Dieses Motive und die Bilder auf Seite 95 sind als Plakat erhältlich unter: www.tangodanza.de

VISUAL STORYTELLING

Geschichten erzählen – jede Kultur hat ihre eigenen Geschichten. Durch sie werden Erfahrungen und Botschaften weitergegeben. Es handelt sich um eine unterhaltende Art der Wissensvermittlung und somit um eine kreative Methode, mit der sich Werte und Handlungsoptionen kommunizieren lassen. Geschichten helfen, uns emotional mit der Materie zu verbinden und uns mit handelnden Personen zu identifizieren. Beim Storytelling geht es aber nicht nur um den Inhalt der Geschichte, sondern auch darum, in welcher Form sie erzählt wird.

Visuelles Storytelling nutzt dafür die Kraft der Bilder. Mit Bildern können Emotionen sichtbar und barrierefrei kommuniziert werden. Sie unterstützen die Identifikation und machen die Geschichte erfahrbar. Bilder begleiten die menschliche Kulturgeschichte. Bänkelsänger*innen nutzten Bildtafeln zur Untermalung ihrer Musik, in Kirchen erzählen Fresken die biblischen Geschichten.

Visuelle Geschichten finden sich in unserem Alltag überall. Ob auf Social Media oder in der Werbung. Fotos, Filme und Videos, Comics oder Illustrationen können uns beim Zuschauen direkt in das Geschehen hineinsaugen. Ist eine Filmszene besonders berührend, fließen schon mal Tränen und Kinder bei einem Kasperletheater fürchten sich wirklich, wenn das Krokodil kommt. Die Art des Erzählens spricht direkt unsere Spiegelneuronen an.

Diesen Effekt nutzt Storytelling in der Bildung, im Wissensmanagement oder in der Unternehmenskommunikation. Die Fotos im Katalog eines großen schwedischen Möbelhauses zeigen z. B. wesentlich mehr als nur die Ware, die verkauft wird. Mit der Marke werden gleichzeitig ein Lebensstil und eine Haltung transportiert. Der Werbespot für ein Pharmaprodukt erzählt in Kurzform die Geschichte eines Menschen, der nach langem Leiden mit Hilfe des Produktes zu einem gesunden und glücklichen Leben zurückfand. Das großflächige Foto in der Autokampagne zeigt leere Straßen in wunderschönen Landschaften, die Bedürfnisse wecken sollen (bei mir wirkt das in diesem Fall allerdings nicht), denn die Realität ist von Staus und Parkplatzproblemen geprägt.

Der Klassiker unter den Geschichten: Die Heldenreise

Der*die Held*in (die holde Magd?) hat ein Problem (die Schurkin hat den Prinzen entführt?). Ziel ist, das Problem zu lösen (den Prinzen zu befreien?). Es gilt Widerstände und Hürden (Drachen, reißende Flüsse, verspätete Züge?) zu meistern. Der*die Held*in bekommt Hilfe (der weise Eremit hat einen Zauberstein?). Die Situation spitzt sich zu einem dramatischer Höhepunkt zu (der Kampf auf dem Gipfel?), der gewonnen wird und zu einem glücklichen Ende (Hochzeit, Vertrag wird unterschrieben?) führt.

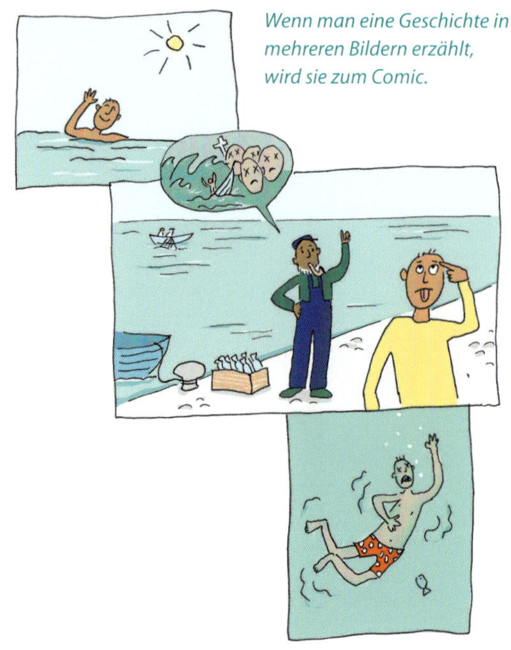

Wenn man eine Geschichte in mehreren Bildern erzählt, wird sie zum Comic.

Welche Geschichten werden hier erzählt?

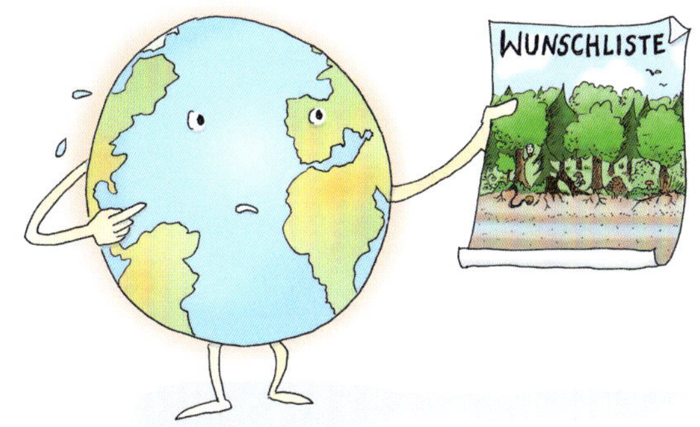

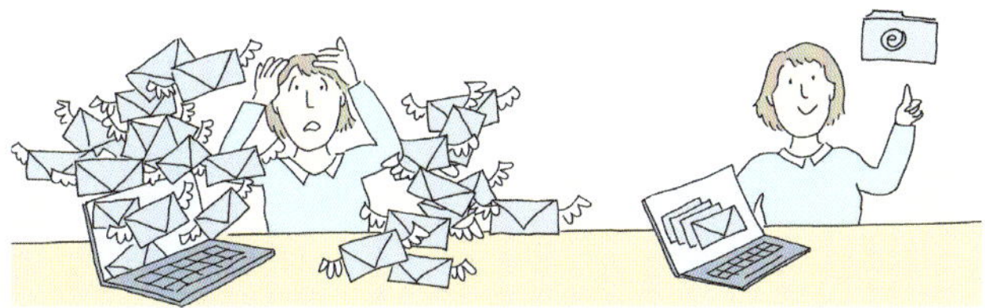

Übung in der Gruppe:

*Erzählen Sie im Wechsel in einer Gruppe mit mindestens drei Leuten spontan eine fiktive Heldenreise mit Anfang, Mitte und Ende. Held*in könnte z. B. ein*e Vertriebler*in, Projektleiter*in, Chef*in oder das Unternehmen an sich sein. Welchseln Sie zwischendurch mal die Perspektive.*
Zeichnen Sie zeitgleich dazu eine Landkarte, anschließend vertiefende Einzelbilder:

- *Was für ein Typ ist der*die Held*in?*
- *Welches Reisegepäck hat er oder sie?*
- *Wie stellen wir das Problem dar – als Drache? Als Unwetter? Als Schurk*in?*
- *Welche Hilfsmittel braucht es, um das Problem zu lösen?*

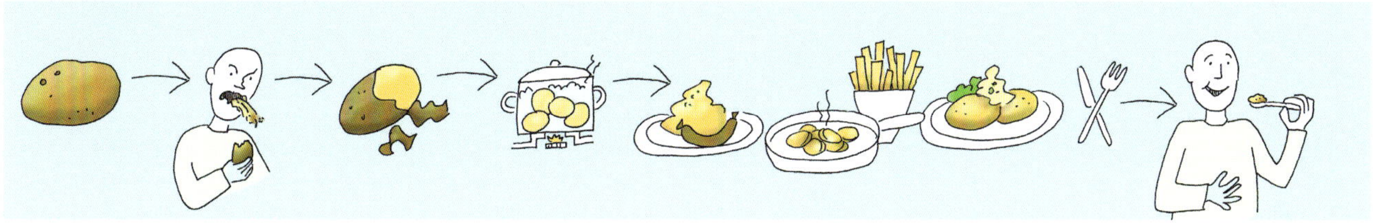

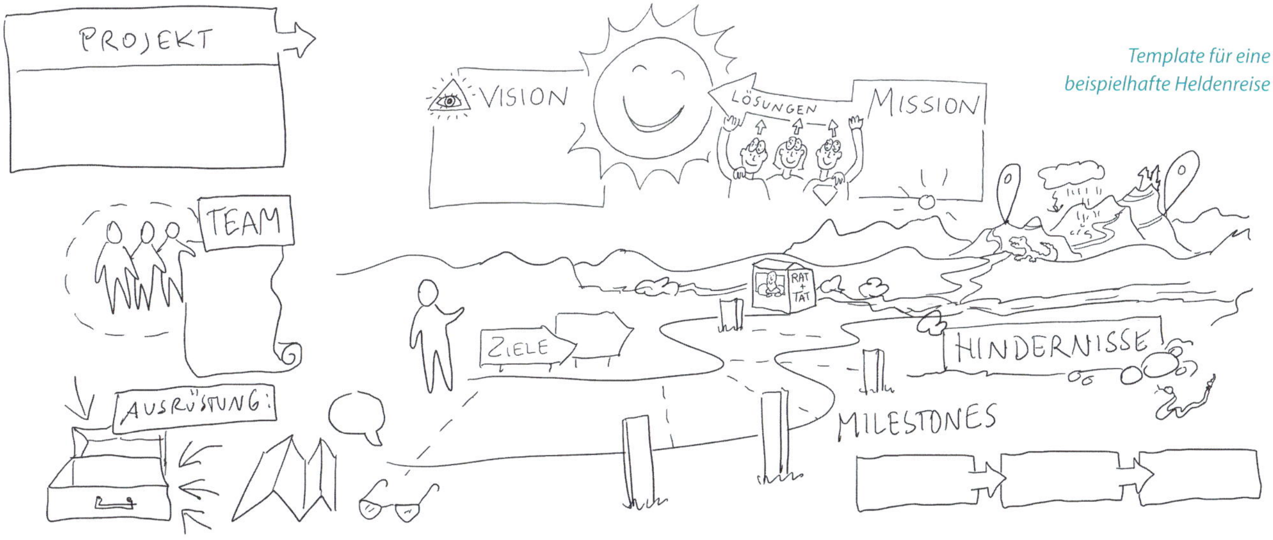

Template für eine beispielhafte Heldenreise

VISUAL SELLING

Visual Selling – mit Bildern verkaufen. Wir reagieren oft unbewusst oder beiläufig darauf, denn die Bilder sprechen uns emotional an, sie sollen Wünsche und Sehnsüchte wecken. Das ist für uns durch die Werbung Alltag, dem wir kaum entkommen können. Die Werbung bedient dabei viele Klischees. Zum Beispiel atemberaubend schöne Landschaften in der Autowerbung, glückliche, gut aussehende, gesunde und wohlhabende Menschen in sonnigen und großzügigen Wohnungen. In der Lebensrealität sieht es dann aber ganz anders aus. Aus diesem Grund verliert die klassische Konsumwerbung mehr und mehr an Glaubwürdigkeit. Oder geht es nur mir so?

Mit Sketchnotes gibt es eine neue Form der Bildsprache, die inzwischen ebenfalls von der Werbung genutzt wird, um eine bestimmte Zielgruppe zu erreichen. Gerade der Einsatz von Schriftarten, die handgeschrieben aussehen, ist im Mainstream angekommen. Sie sind durch die persönliche Anmutung ein optisches Testimonial.

Die User Experience (UX) – *Nutzererfahrung* oder **Customer Journey Map** – *Kundenreisererfahrungskarte* ist die visuelle Darstellung der Interaktion zwischen dem Unternehmen und seinen Kund*innen an den verschiedenen Schnittstellen. Auf Grundlage von Umfrageergebnissen oder anderweitig gesammelten Daten wird das Kundenerlebnis mit dem Unternehmen festgehalten. Die Visualisierung hilft Verständnis zu schaffen, Missverständnisse im Kundengespräch auszuräumen, auf Mängel aufmerksam zu machen und sie in der Folge z.B. in darauf abgestimmten Schulungen zu beheben. Die Visualisierung ist auch die perfekte Arbeitsgrundlage, um die internen Prozesse zu optimieren. Das Ziel ist immer, ein befriedigendes Nutzererlebnis zu schaffen, die Kundenbindung zu erhöhen und das (hoffentlich gute Image) eines Unternehmens zu festigen.

UX

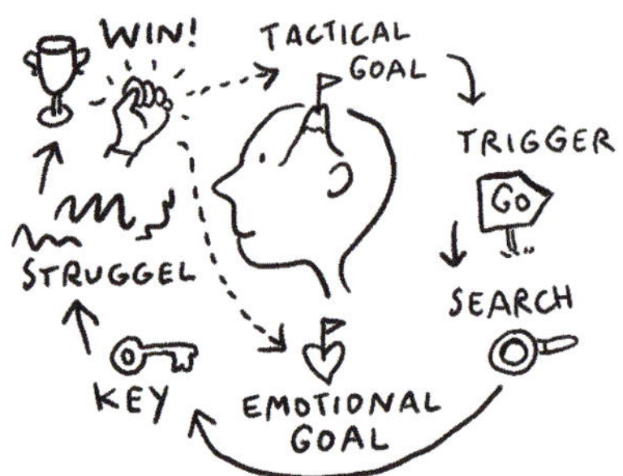

UX in aller Kürze

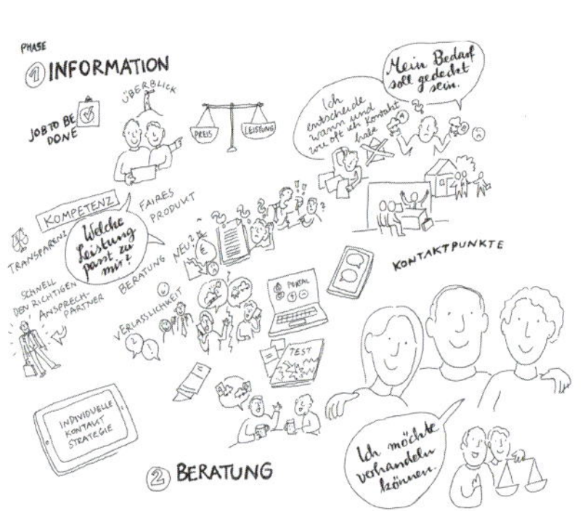

Erste Skizzen zur Illustration

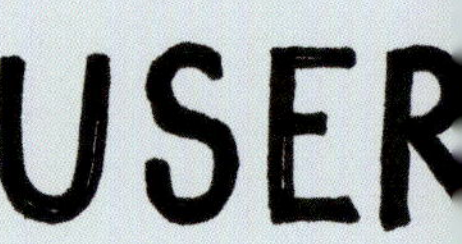

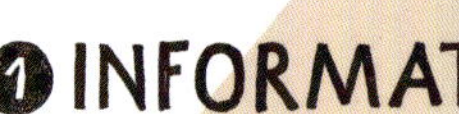

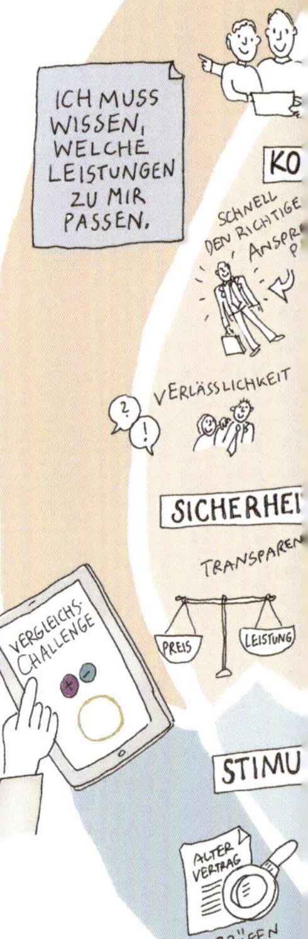

*Dargestellt ist die Erlebnisreise von Kund*innen, wenn sie eine Dienstleistung einkaufen, in diesem Fall eine Versicherung. Diese Illustration ist mit der Hand gezeichnet und anschließend digital bearbeitet und koloriert worden.*

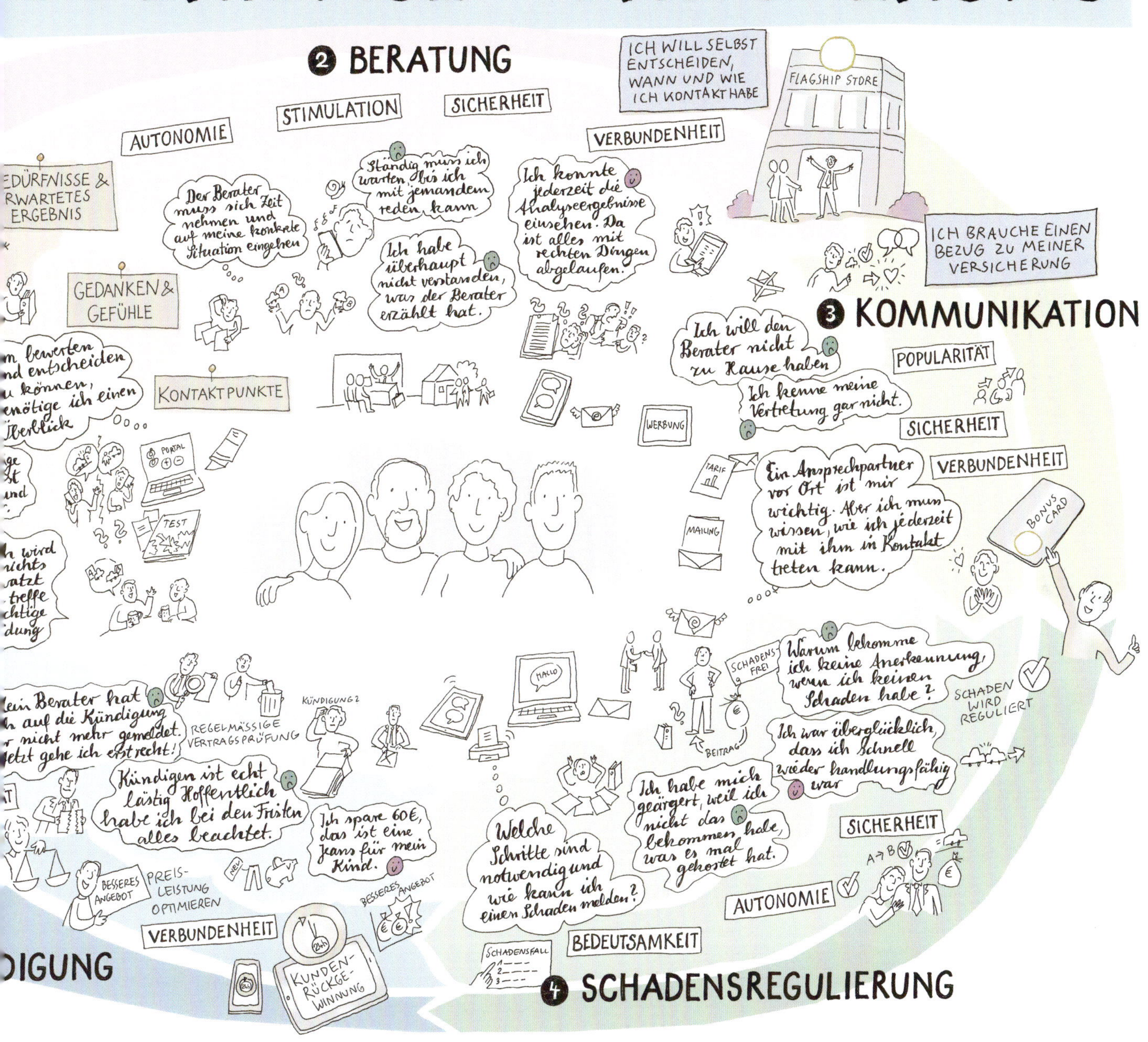

EXPERIENCE - VERSICHERUNG
2 BERATUNG
AUTONOMIE
STIMULATION
SICHERHEIT
VERBUNDENHEIT
ICH WILL SELBST ENTSCHEIDEN, WANN UND WIE ICH KONTAKT HABE
FLAGSHIP STORE
GEDANKEN & GEFÜHLE
KONTAKTPUNKTE
Der Berater muss sich Zeit nehmen und auf meine konkrete Situation eingehen
Ständig muss ich warten, bis ich mit jemandem reden kann
Ich habe überhaupt nicht verstanden, was der Berater erzählt hat.
Ich konnte jederzeit die Analyseergebnisse einsehen. Da ist alles mit rechten Dingen abgelaufen.
ICH BRAUCHE EINEN BEZUG ZU MEINER VERSICHERUNG
3 KOMMUNIKATION
Ich will den Berater nicht zu Hause haben
Ich kenne meine Vertretung gar nicht.
POPULARITÄT
SICHERHEIT
VERBUNDENHEIT
PORTAL
TEST
WERBUNG
TARIF
MAILING
Ein Ansprechpartner vor Ort ist mir wichtig. Aber ich muss wissen, wie ich jederzeit mit ihm in Kontakt treten kann.
BONUS CARD
REGELMÄSSIGE VERTRAGSPRÜFUNG
KÜNDIGUNG?
HALLO
SCHADENSFREI
BEITRAG
Warum bekomme ich keine Anerkennung, wenn ich keinen Schaden habe?
SCHADEN WIRD REGULIERT
Ich war überglücklich, dass ich schnell wieder handlungsfähig war
Kündigen ist echt lästig. Hoffentlich habe ich bei den Fristen alles beachtet.
Ich spare 60€, das ist eine Jeans für mein Kind.
Welche Schritte sind notwendig und wie kann ich einen Schaden melden?
Ich habe mich geärgert, weil ich nicht das bekommen habe, was es mal gekostet hat.
SICHERHEIT
AUTONOMIE
BEDEUTSAMKEIT
BESSERES ANGEBOT
PREIS-LEISTUNG OPTIMIEREN
VERBUNDENHEIT
KUNDEN-RÜCKGEWINNUNG
SCHADENSFALL
4 SCHADENSREGULIERUNG

PARTIZIPATION & BETEILIGUNGSPROZESSE

Beteiligungsprozesse sind ohne Visualisierung fast undenkbar. Um die Menschen zu verbinden und abzuholen, um etwas ansehlich zu machen und mit anderen zu teilen, sind Visualisierungen das Mittel der Wahl. Beteiligung und Mitarbeit an Gestaltungsprozessen ist überall in der Gesellschaft möglich, in Unternehmen und Organisationen, in Kommunen, Schulen, Vereinen, Kirchen und der Politik.

Visualisierungsaufgaben für Teams bieten enormes Potenzial zur Initiierung selbstgesteuerter Lernprozesse. Vorgefertigte Templates können als Starthilfe genutzt werden, denn das volle Potenzial schöpfen die Teilnehmenden erst aus, wenn sie motiviert werden, selbst aktiv zu werden.

Bei der Visualisierung von Gruppenprozessen gibt es zwei grundsätzliche Möglichkeiten:
Erstens: das passive Visualisieren, die Begleitung durch Graphic Recording oder Sketchnotes als Prozessdokumentation, zur Ergebnissicherung und um die entstandenen Bilder als Diskussionsgrundlage in den weiteren Prozess einzubeziehen. Dabei zeichnet man alles mit, was geht, ist aber selbst außerhalb des Prozesses. Die Ergebnisse können im Nachgang in einem finalen Bild zusammengefasst werden.
Zweitens: das aktive Moderieren mit Hilfe visueller Methoden, die Aufgabe von Visual Facilitators. Visual Facilitators tragen die Verantwortung für den Prozess, stellen Inhalte visuell vor und halten die Ergebnisse und Prozessschritte selbst im gezeichneten Bild fest. Die Erfahrung zeigt, wie visuelles Arbeiten die Effizienz der Gruppe steigern kann, und es gibt schnell positives Feedback, wenn Visualisierungsmethoden sinnvoll als kommunikationsfördernde Maßnahme angewandt werden.

Um Gruppen anzuleiten braucht es besondere Fähigkeiten, am besten natürlich eine Cochingausbildung.

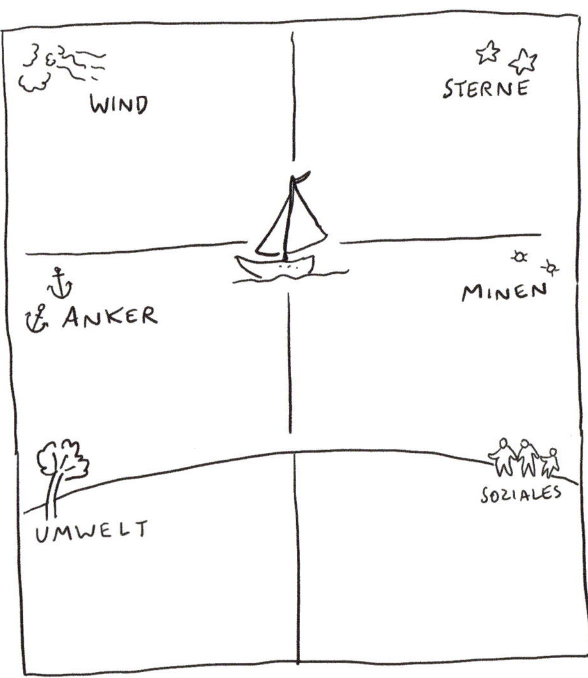

Ein einfaches Template ist schnell gezeichnet.
Mit solch einer Gruppenarbeit ist niemand überfordert.

Tipps:

- *Lassen Sie als Eisbrecher (oder* Warm-up *– Aufwärmer) zu Beginn des Meetings in Zweiergruppen ein kurzes visuelles Kennenlernen stattfinden. Je zwei Menschen zeichnen einen schnellen Steckbrief von ihrem Gegenüber und stellen ihn anschließend der Gruppe vor. An einer Wand sammelt man diese, so dass sich später alle wiederfinden. Besonders gut eignet sich das, um Menschen ins Gespräch zu bringen.*

- *Gestalten Sie gemeinsam mit der Gruppe ein Stadt-Land-Fluss-Spiel mit themenrelevanten Begriffen , die vorab im Gespräch ermittelt wurden. Spielen Sie es mit der ganzen Gruppe und tauschen Sie sich im Anschluss über die auffälligsten Begriffe aus. Auch das ist ein humorvolles Tool, das die ein oder andere Wahrheit offenbaren kann und einen humoristischen Einstieg ins Thema bietet.*

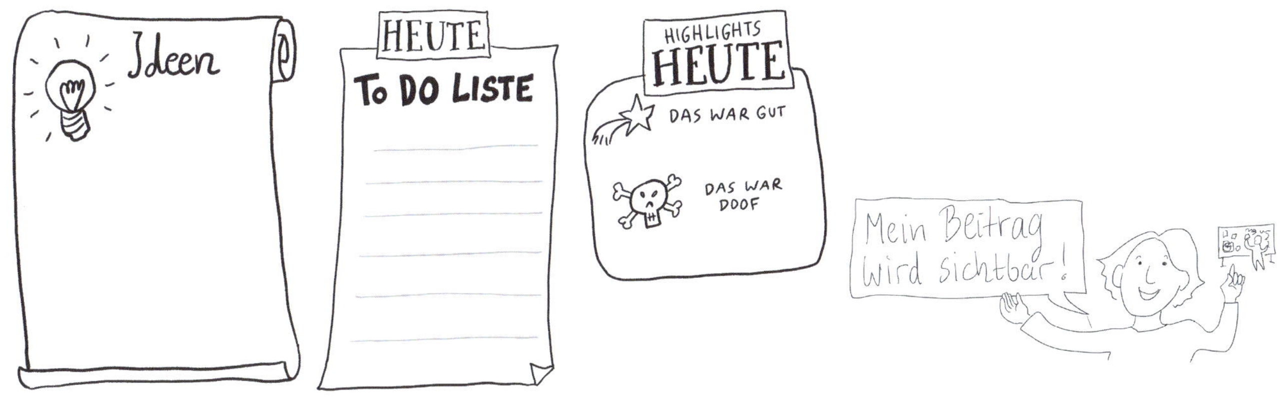

Stadt Land Fluss

A-Z	STADT	LAND	FLUSS	TIER	PFLANZE	EIGENSCHAFT	INSEL	BERUF	DRESSCODE	PUNKTE

A-Z	KANN MAN GRILLEN	ROMAN-FIGUR	DESSERT	MACHT GUTE LAUNE	IST EKELIG	TANZ	TECHNISCHES GADGET	MEDIZINISCHER FACHBEGRIFF	PUNKTE

A-Z	TODES-URSACHE	AUSREDE	PARTY-MOTTO	KLEIDUNGS-STÜCK	SCHEIDUNGS-GRUND	DARAUF KANN ICH NICHT VERZICHTEN	GUTE TAT	PERSON DES ÖFFENTL. LEBENS	PUNKTE

Warum nicht mal ein Stadt-Land-Fluss-Spiel mit unternehmensrelevanten Begriffen als Eisbrecher zu Beginn eines Meetings?

CANVAS

Die Leinwand – ist der Begriff für visuell gestaltete Vorlagen und Templates zum Ausfüllen. Diese werden als Tools zur Gruppenarbeit eingesetzt. Im Grunde handelt es sich dabei um ein Formular mit verschiedenen Feldern und dient der Auseinandersetzung mit der Fragestellung, dem Sammeln von Beiträgen und Meinungen sowie zur Ergebnissicherung in Gruppenarbeit.

Ein Beispiel ist das Business Model Canvas als Ergänzung zum klassischen Businessplan. Es beruht, wie Canvas meistens, auf einem einfachen Bausteinprinzip. Die einzelnen Felder werden von einem Team durchgearbeitet. Es dient dazu, ein Geschäftsmodell auch für Außenstehende übersichtlich zu visualisieren. Dabei zeigt es auf, was wirklich wichtig und was weniger relevant ist. So werden die Kernaussagen für alle nachvollziehbar und transparent.

Um alle Ergebnisse zusammenzufassen, bietet sich als Visualisierungsmethode Graphic Recording an. So lassen sich die in den einzelnen Bausteinen erhaltenen Ergebnisse in einem Bild bündeln.

Bausteine für ein Business Model Canvas:

- *Partner*innen*
- *Schlüsselaktivitäten*
- *Ressourcen*
- *Warenangebot*
- *Zielgruppe*
- *Kundenbeziehung*
- *Vertriebskanäle*
- *Werte*
- *Mitarbeiter*innen*
- *Kosten*
- *Einnahmen*
- *Organisation*
- *Prozesse*
- *Image*

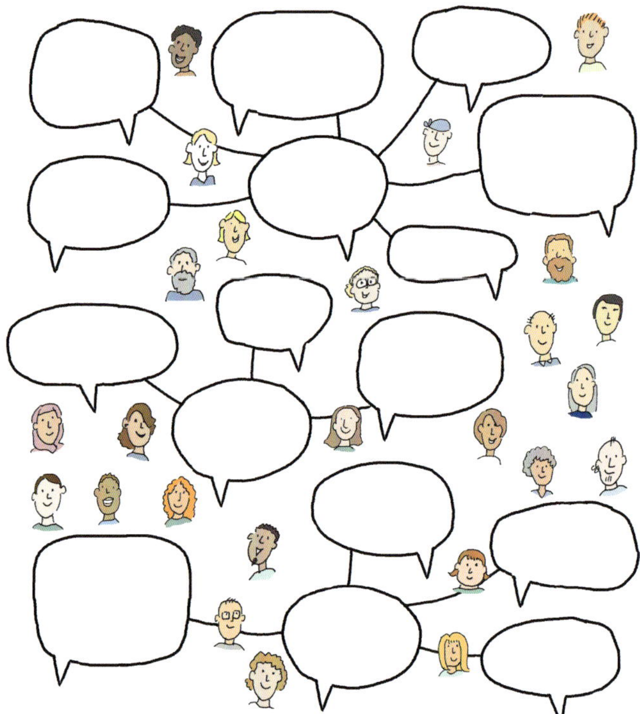

Neutrale Vorlagen sind einsetzbar, um Aussagen zu einem Thema zu sammeln. Zum Beispiel Teamfindung: Wie wollen wir in Zukunft zusammenarbeiten?

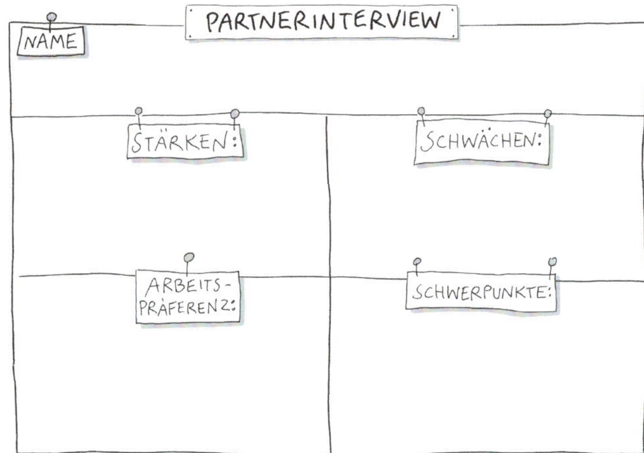

Das Partnerinterview. Um es visueller zu gestalten, können Sie zusätzlich ein Porträtfeld in die Mitte integrieren und es noch mehr wie einen Steckbrief aufbauen.

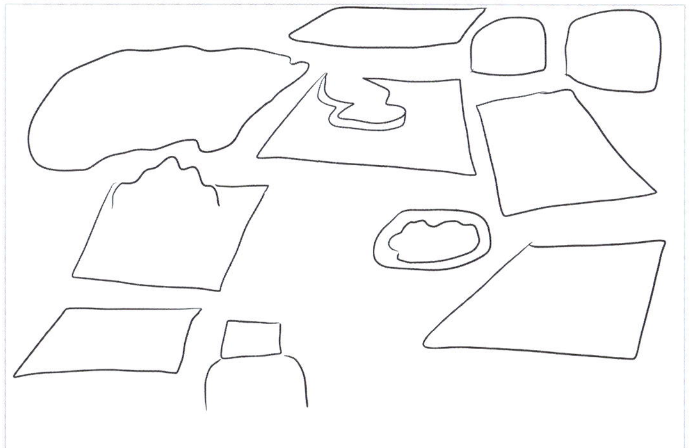

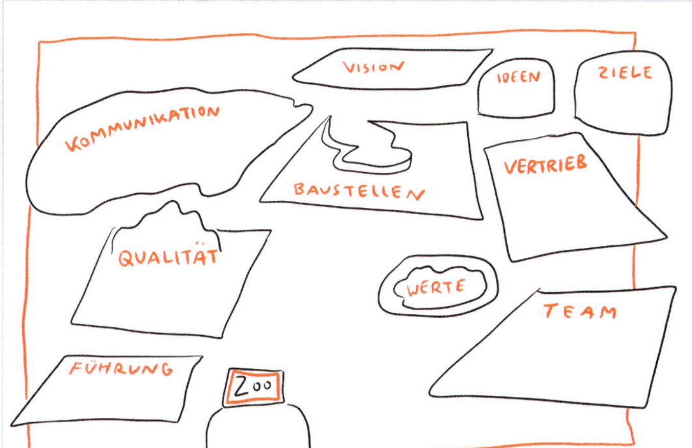

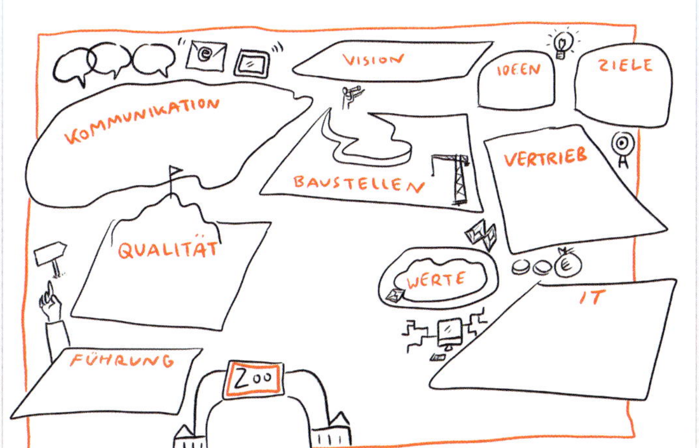

Übung:
So kommen Sie schnell ins gemeinsame Arbeiten: einfache Anleitung für ein Template, um Assoziationen, Meinungen und Ideen zu sammeln. Dieses Vorgehen eignet sich besonders zum Eintieg in Change- oder Strategiethemen.

Statt eines Zoos können Sie selbstverständlich auch eine andere Umgebung wählen:

- *Baustelle*
- *Garten*
- *Rennbahn*
- *Goldmine*
- *Labyrinth*
- *Stadtplan*
- *Insel*

Lassen Sie das Team einen Haufen von zehn freien Formen zeichnen. Definieren Sie in der Gruppe dazu zehn Oberbegriffe und ordnen Sie diese den Formen zu. Lassen Sie dem Team etwas Zeit, das Bild mit ergänzenden Bildern und Schlagworten zu befüllen. Identifizieren Sie in der anschließenden Diskussion die Kernthemen für den weiteren Prozess.

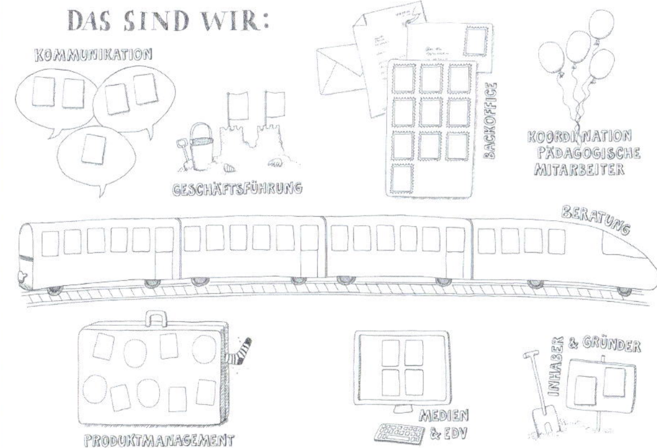

*»Das sind wir« – auf dieser Vorlage (im Original DIN A2) wurden Porträtfotos der Mitarbeiter*innen eingefügt. Auf der Website wurde so das Team vorgestellt, auf jedem Bild lag auch ein Kontaktlink.*

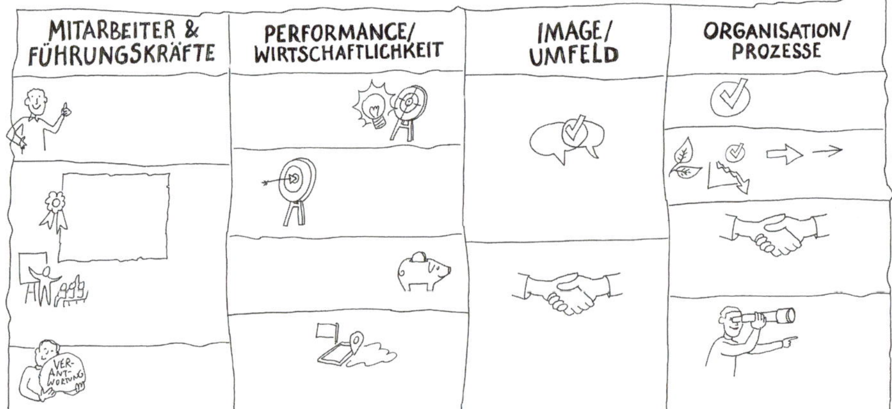

Mit visuellen Methoden an internen Themen arbeiten und zu Beteiligung motivieren

MEINE PERSÖNLICHE AGILE REISE

VERAENDERUNGSKRAFT
Einfach besser arbeiten.

	SELBSTEINSCHÄTZUNG AUF EINER SKALA VON 1 (BEREITS GUT UMGESETZT) – 10 (PERFEKT)	PRIORITÄT WARUM IST MIR WEITERENTWICKLUNG WICHTIG?	ZIELZUSTAND WAS MÖCHTE ICH KONKRET VERBESSERN?	MEILENSTEINE WORAN KANN ICH VERÄNDERUNG FESTMACHEN?	NÄCHSTE SCHRITTE WIE ERREICHE ICH DIE VERBESSERUNG?
HALTUNG / WERTE	1 – 10				
AGILITÄT	1 – 10				
TEAMENTWICKLUNG	1 – 10				
KOMMUNIKATION	1 – 10				
SYSTEMISCHES DENKEN	1 – 10				

HALTUNG / WERTE
FOKUS, RESPEKT, OFFENHEIT, MUT, COMMITTMENT, SELBSTREFLEXION

AGILITÄT
FLEXIBILITÄT, KVP, TRANSFORMATIONSFÄHIGKEIT, PROZESS- & ZIELGERICHTETES HANDELN, KULTUR-BOTSCHAFTER, ANPASSUNGSFÄHIGKEIT, INNOVATION, LERNBEREITSCHAFT

TEAMENTWICKLUNG
VERTRAUEN, EIGENVERANTWORTUNG, COACHING MOTIVATION, STRUKTUREN, ROLLEN, EMPOWERMENT

KOMMUNIKATION
STORY-TELLING, TRANSPARENZ, FRAGEN, MODERATION/FACILITATION, MOTIVATION, EMOTIONEN, EINLADUNG

SYSTEMISCHES DENKEN
FOKUS-SCHLEIFE: BEOBACHTUNG, HYPOTHESEN, ZIELÜBERPRÜFUNG (INSPECT & ADAPT), SUBJEKTIVE WIRKLICHKEITEN, ANERKENNUNG VON AMBIVALENZEN UND PARADOXIEN, TRENNUNG ZWISCHEN BEOBACHTUNG UND INTERPRETATION

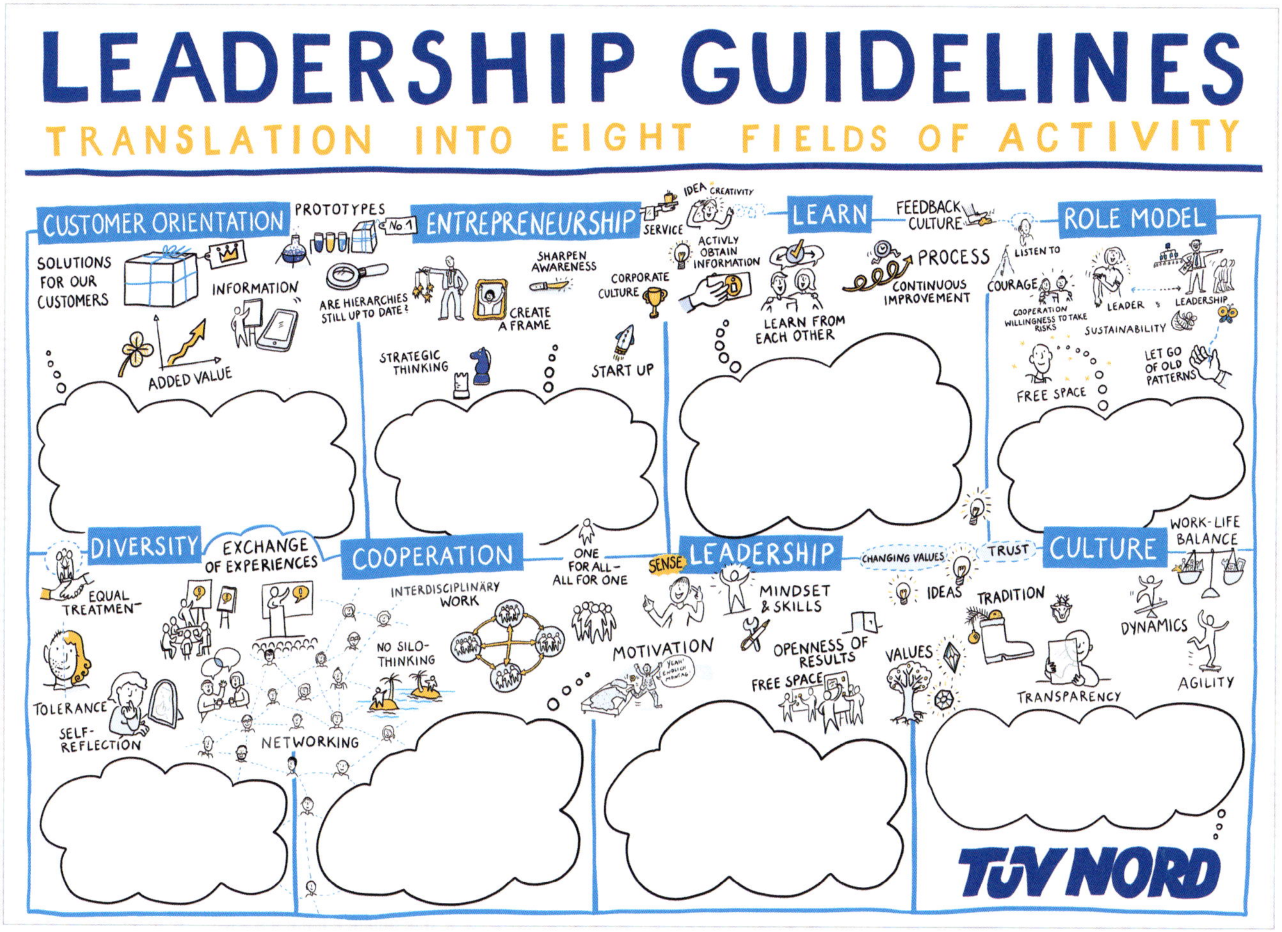

LEADERSHIP GUIDELINES

TRANSLATION INTO EIGHT FIELDS OF ACTIVITY

CUSTOMER ORIENTATION
PROTOTYPES
No 1
ENTREPRENEURSHIP
SERVICE
IDEA
CREATIVITY
LEARN
FEEDBACK CULTURE
ROLE MODEL
SOLUTIONS FOR OUR CUSTOMERS
INFORMATION
ADDED VALUE
ARE HIERARCHIES STILL UP TO DATE?
SHARPEN AWARENESS
CREATE A FRAME
CORPORATE CULTURE
STRATEGIC THINKING
START UP
ACTIVLY OBTAIN INFORMATION
LEARN FROM EACH OTHER
PROCESS
CONTINUOUS IMPROVEMENT
LISTEN TO
COURAGE
COOPERATION WILLINGNESS TO TAKE RISKS
LEADER
LEADERSHIP
SUSTAINABILITY
FREE SPACE
LET GO OF OLD PATTERNS
DIVERSITY
EXCHANGE OF EXPERIENCES
COOPERATION
ONE FOR ALL – ALL FOR ONE
SENSE
LEADERSHIP
CHANGING VALUES
TRUST
CULTURE
WORK-LIFE BALANCE
EQUAL TREATMENT
INTERDISCIPLINÄRY WORK
NO SILO-THINKING
MINDSET & SKILLS
IDEAS
TRADITION
DYNAMICS
TOLERANCE
SELF-REFLECTION
NETWORKING
MOTIVATION
YEAH! ENDLICH MONTAG
OPENNESS OF RESULTS
FREE SPACE
VALUES
TRANSPARENCY
AGILITY
TÜV NORD

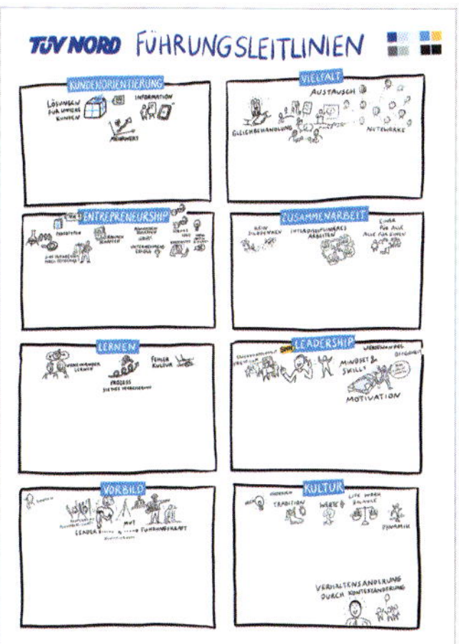

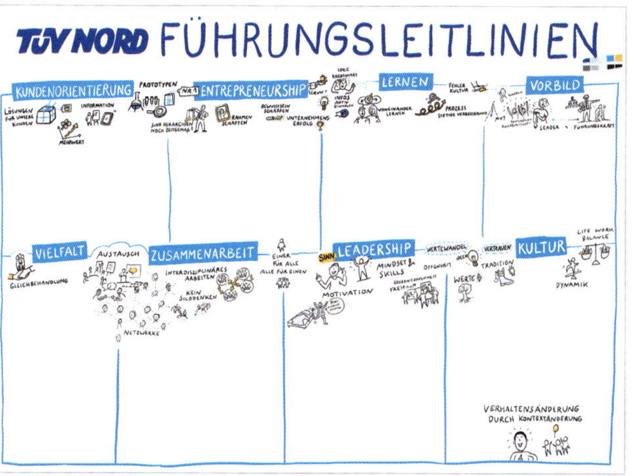

Illustration zu Führungsleitlinien, die für den nächsten Prozessschritt als Vorlage zum Erfassen weiterer Ideen dient

Erste Entwürfe. Der Versuch als Hochformat war nicht praktikabel, weil zu wenig Platz zum Befüllen blieb. Im Querformat ließen sich die Bilder besser verbinden und somit platzsparender einsetzen. Und so wird sogar noch deutlich, dass ein Bereich in den anderen greift.

VISUAL COACHING

Bildhaftes Begleiten – bezeichnet eine therapeutische Methode mit der ein*e Coach*in oder Therapeut*in Klient*innen durch begleitende Sketchnotes helfen kann, Probleme zu identifizieren und Lösungswege aufzuzeigen.

Beim Visual Coaching arbeiten Sie gemeinsam mit den Gesprächspartner*innen oder der Gruppe an deren Herausforderungen und Lösungsideen und zeichnen ein Bild, das wiederum verblüffende Erkenntnisse liefern kann. Unsere Sprache ist voll von Bildern und Metaphern, die für verschiedene Seelenzustände oder Glaubenssätze stehen: sich im Kreis drehen, die Decke fällt mir auf den Kopf, man versumpft, steckt fest, verstrickt sich, Knoten lösen sich, man steht sich selbst im Weg, beißt sich auf die Lippe, bekommt einen Hals oder muss ein Muster durchbrechen. Sprachliche Bilder sind perfekte Vorlagen, die sich immer gut in Bilder übertragen lassen.

Es handelt sich um eine Form von Graphic Recording, das während des Gesprächs angefertigt wird. Während der*die Coach*in Fragen stellt und das Gespräch moderiert, zeichnet er*sie das Ganze mit und agiert so als Visual Facilitator. Das Innere der Klient*innen wird nach außen transportiert und durch die Therapeut*innen sichtbar gemacht. Das entstandene Bild des Ist-Zustands erlaubt einen Außenblick und ermöglicht so eine emotionale Distanz. Die Visualisierung bildet eine Gesprächsgrundlage. So lassen sich offene Fragen identifizieren und Lösungswege für ein Problem oder eine schwierige Situation aufzeigen. Die Visualisierung kann auch Verbindungen und Zusammenhänge klären. Das kann helfen, sich in einer undurchsichtigen Situation einzuordnen und zurechtzufinden. Für persönliche Krisen ist das also eine hilfreiche und wirkungsvolle Methode!

Für Unternehmen oder Organisationen kann Visual Coaching Unterstützung im Changemanagement sein. Die Entwicklung eines Selbstbildes wird strategisch eingesetzt, um Vision, Mission, Werte oder Unternehmenskultur zu ermitteln und/oder zu kommunizieren. Aber es kann auch genutzt werden, um Zukunftsperspektiven zu entwickeln oder Konflikte an die Oberfläche zu bringen und mögliche Lösungswege aufzuzeigen. Bilder fördern proaktiv den Austausch und damit den Prozess. Und ein Unternehmen oder eine Organisation lässt sich damit ebenso visuell coachen wie eine Person.

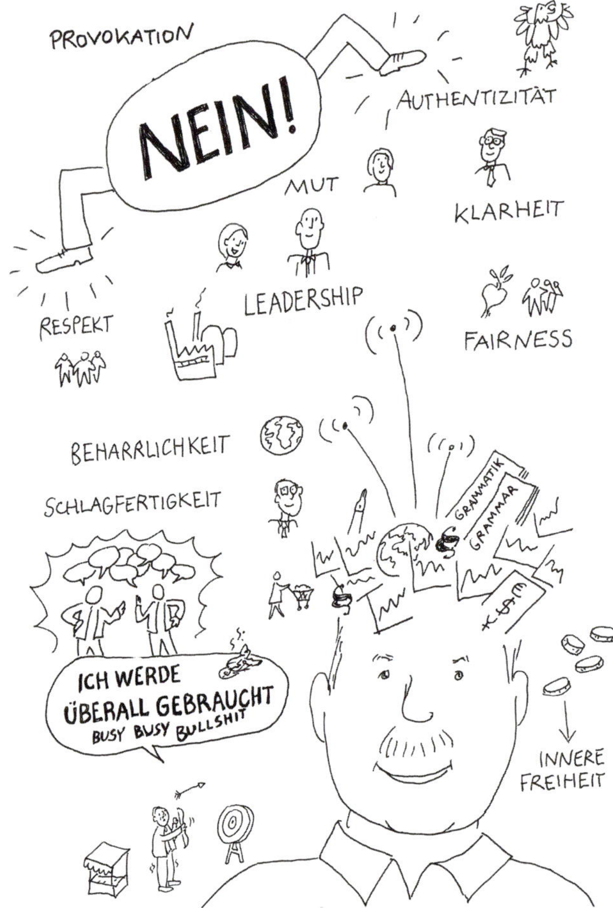

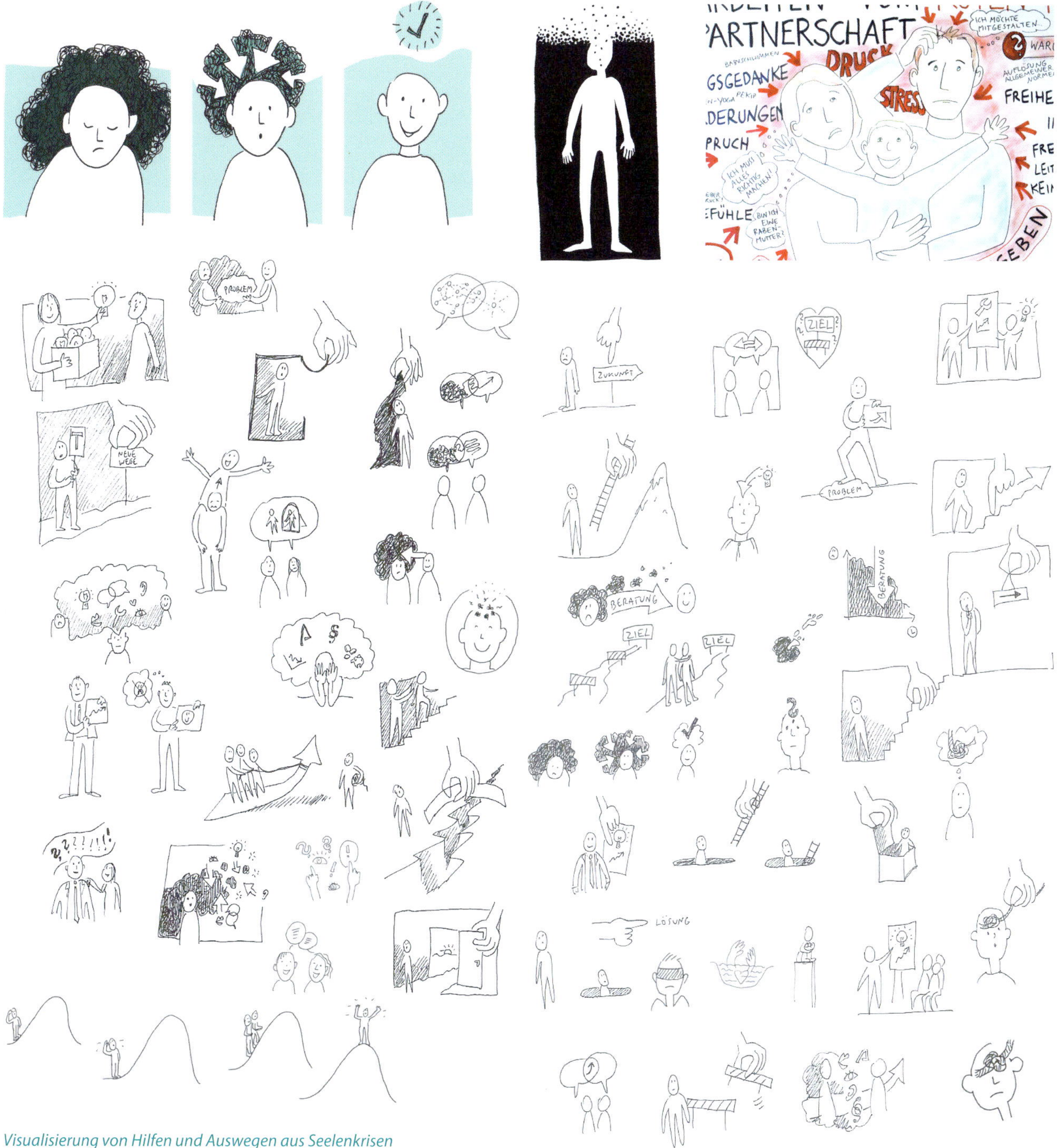

Visualisierung von Hilfen und Auswegen aus Seelenkrisen

SICH EIN BILD GEBEN

Wenn Sie beim Coaching viel nachfragen und trotz des Zeichnens den Blickkontakt nicht vergessen, werden Sie eine Menge Bilder ernten. Die Visualisierung wird man wahrscheinlich nie als perfekt empfinden. Aber nicht alle Fakten müssen visualisiert werden, auf das große Ganze kommt es an. Wenn es Punkte im Gespräch gibt, die Sie aufgreifen möchten, nutzen Sie die Visualisierung, um diese zu betonen, z. B. farbig zu unterlegen oder zu umkästeln. So bleibt die Wichtigkeit erhalten und wird sofort identifiziert.

Dem*der Gesprächspartner*in sollten Sie das fertige Bild schnell zukommen lassen, am besten sofort mitgeben. Wenn man ein Foto fürs eigene Archiv macht, hat man es beim nächsten Treffen vorliegen und kann es als Einstieg nutzen.

Für die Visualisierung geeignete Fragestellungen:

- *Vergleich Ist- und Soll-Zustand*
- *Ziele, Prozesse und Etappen definieren*
- *Wünsche für die Zukunft formulieren*
- *Pro- und Kontra-Listen*
- *Herausforderungen und Hindernisse definieren*
- *Ursachen und Einflussfaktoren*
- *Welche Ressourcen sind verfügbar?*
- *Welche Glaubenssätze leiten mich?*

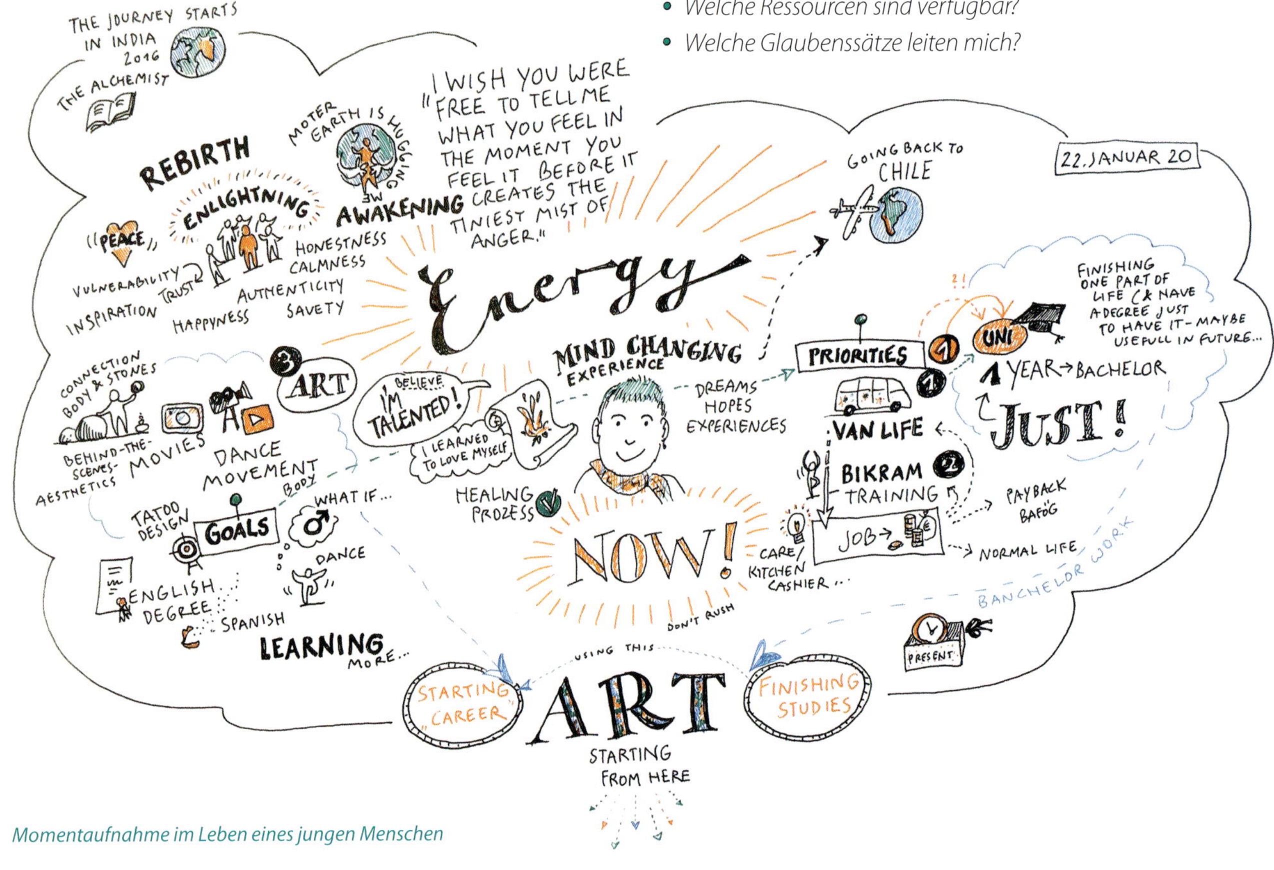

Momentaufnahme im Leben eines jungen Menschen

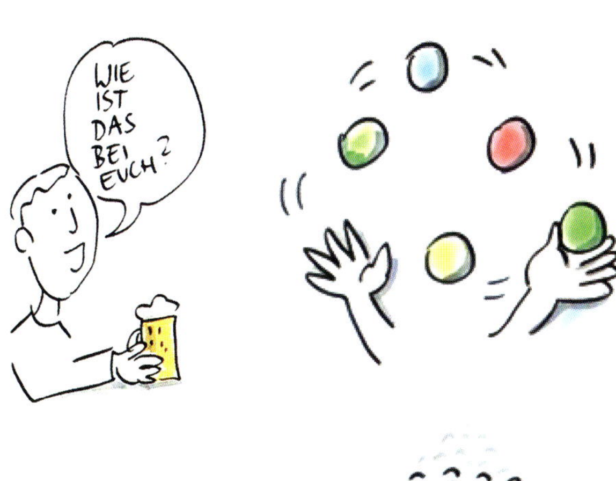

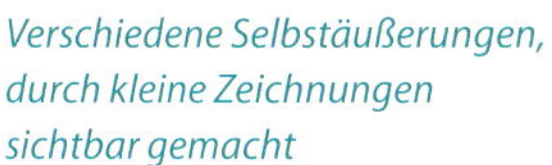

Verschiedene Selbstäußerungen, durch kleine Zeichnungen sichtbar gemacht

Visualisierte Gefühlszustände

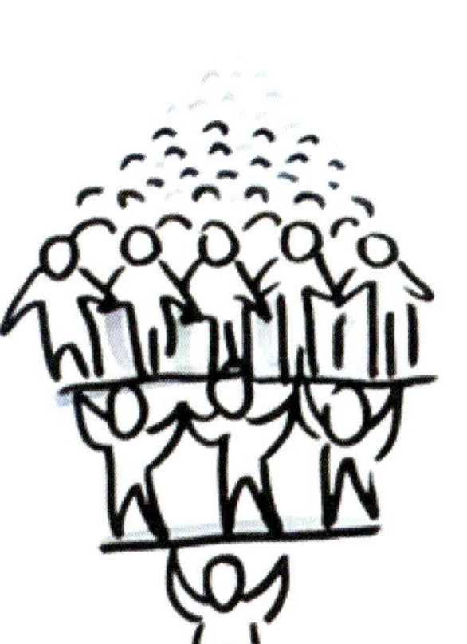

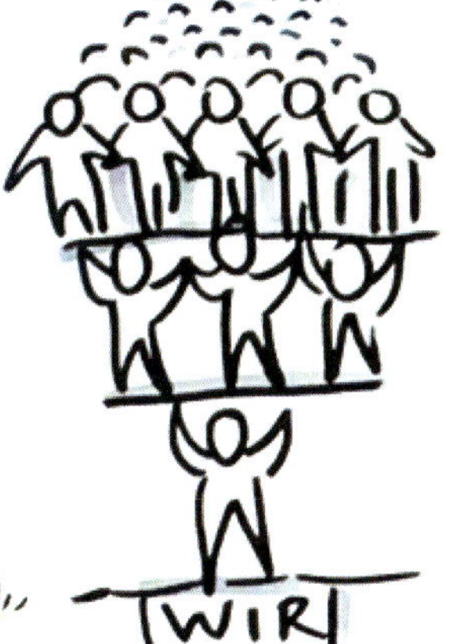

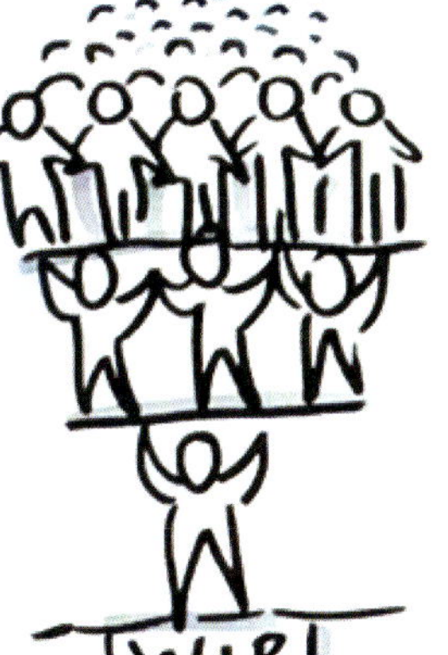

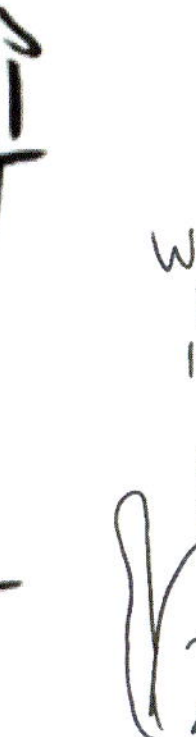

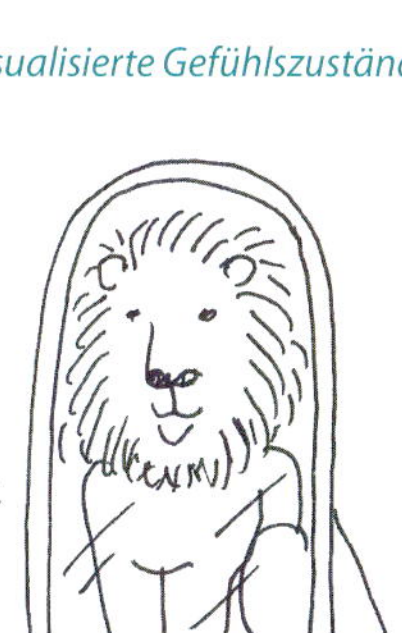

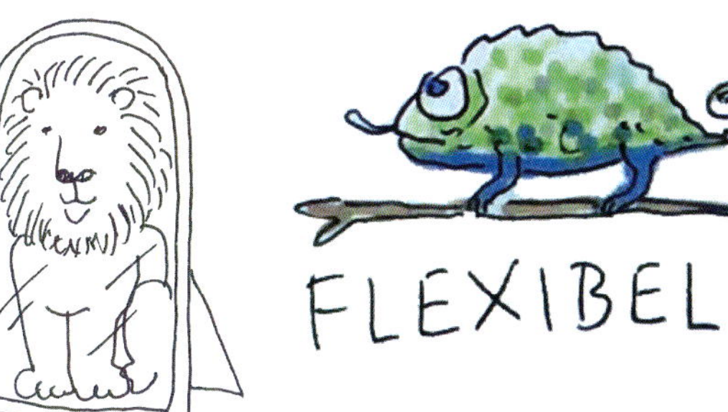

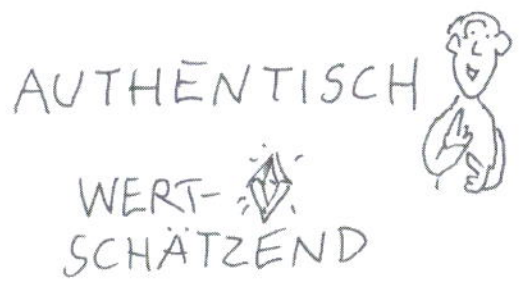

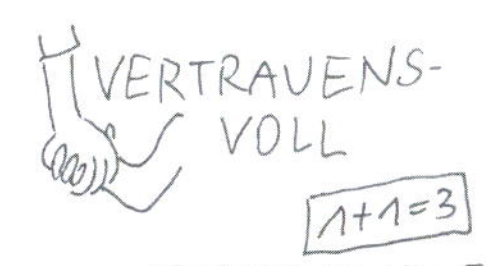

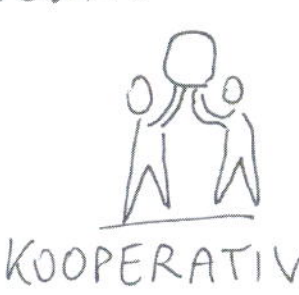

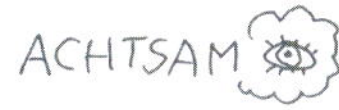

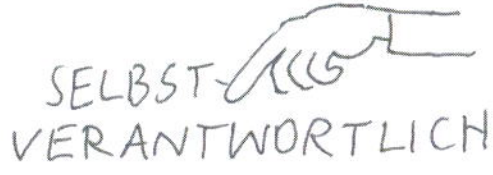

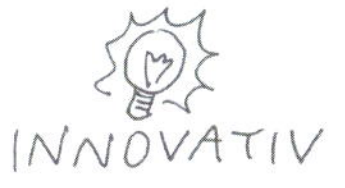

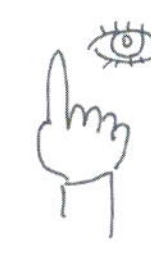

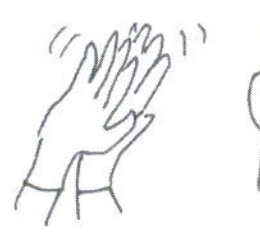

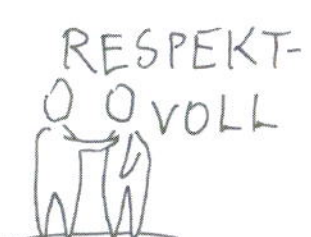

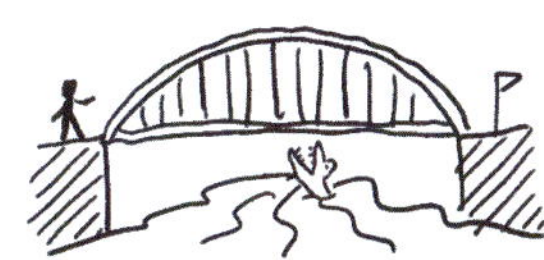

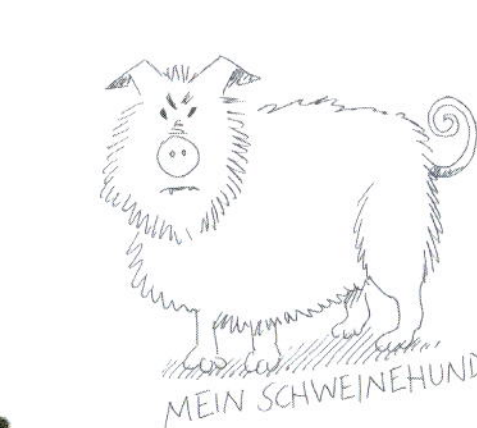

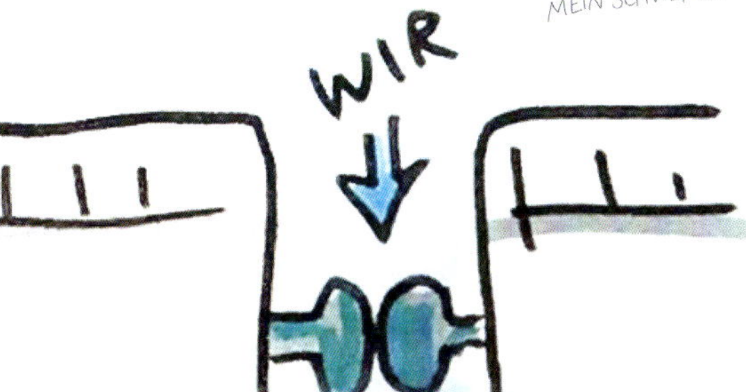

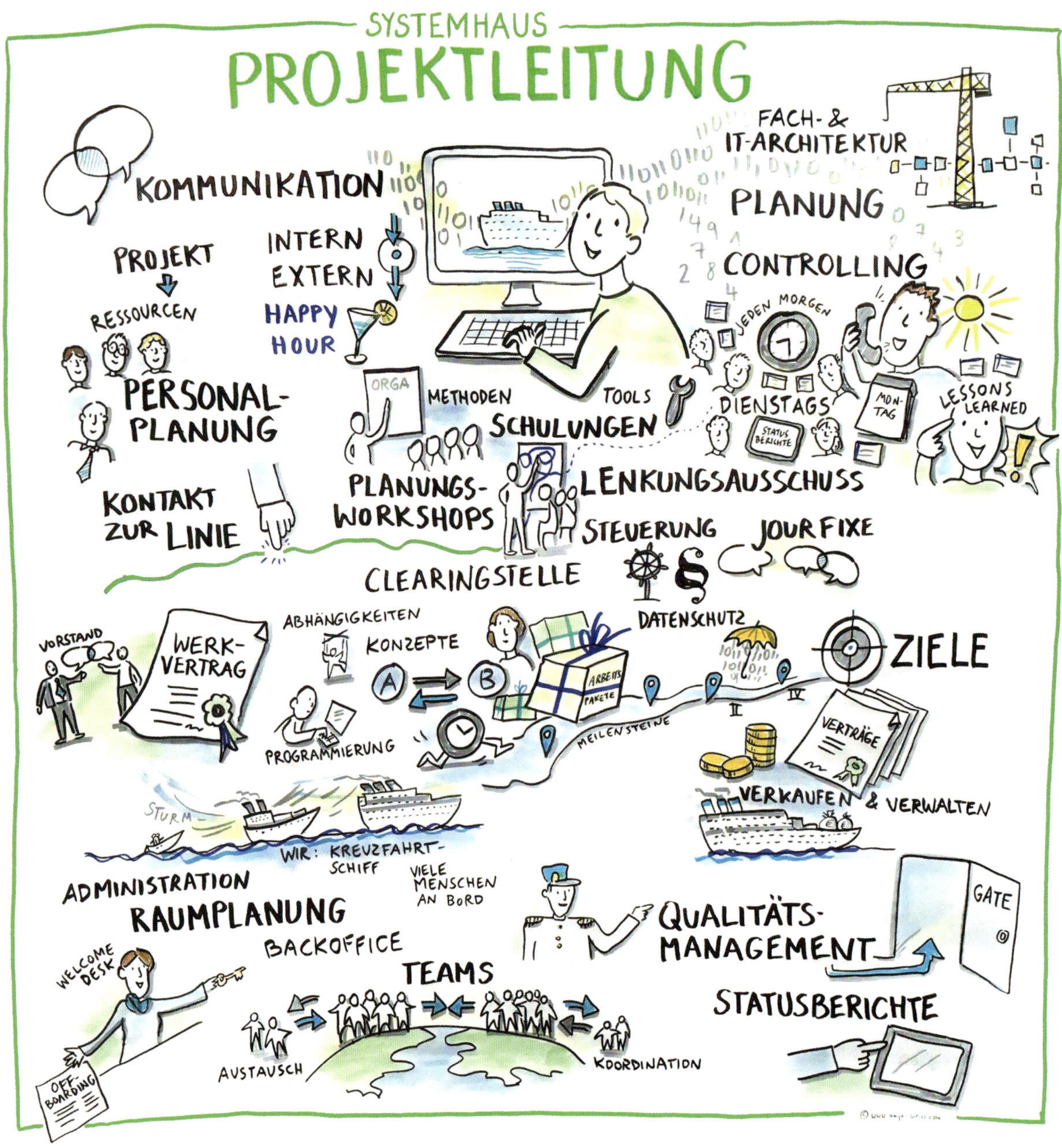

Die Visualisierung einer Sammlung von Antworten auf die Frage »Unsere Abteilung – Wer sind wir?« als Grundlage für den Start möglicher Veränderungsprozesse im Unternehmen. Das Bild ist als Graphic Recording live entstanden, während das Team diese Frage diskutiert hat.

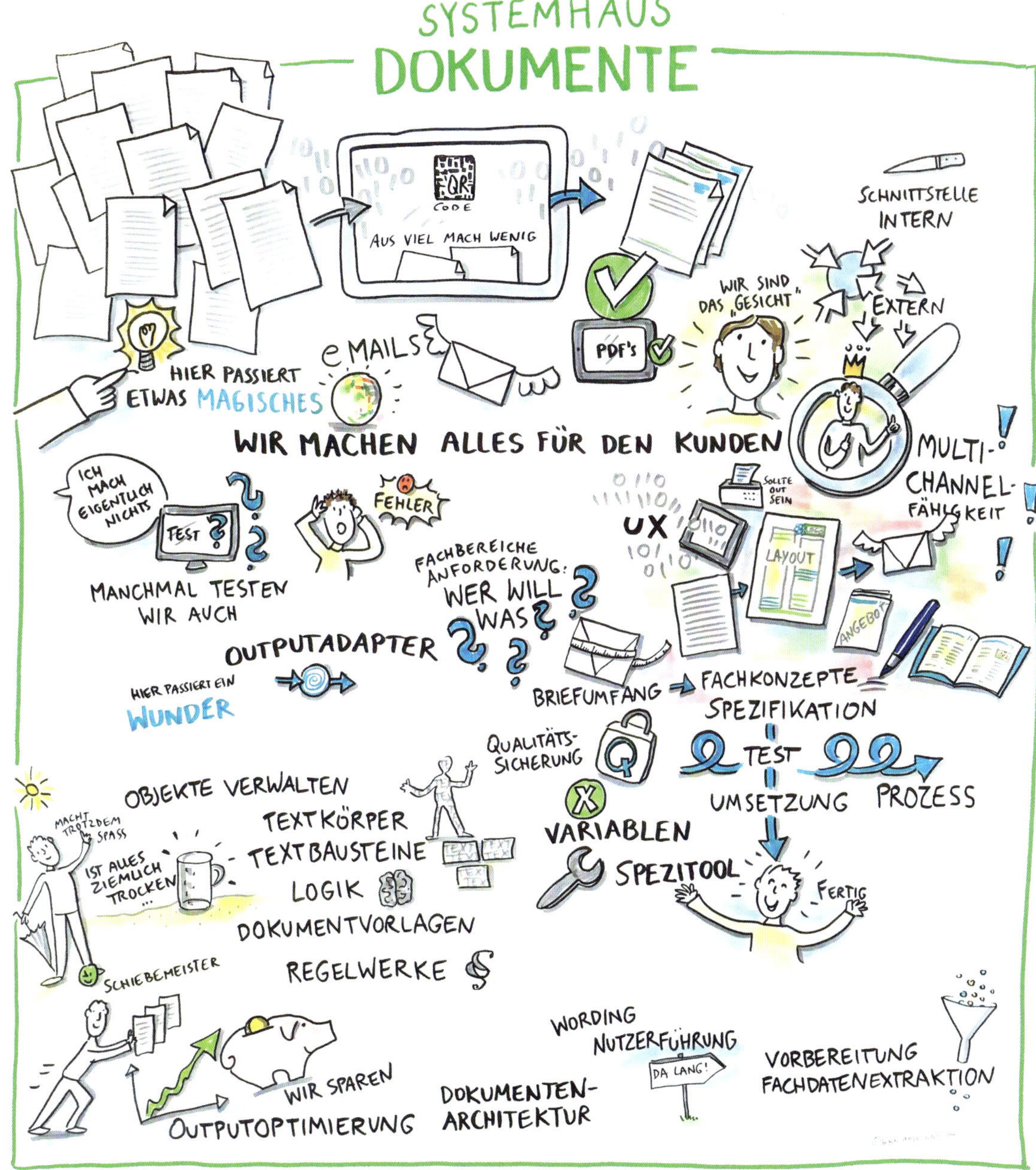

... und die Visualisierung eines anderen Teams im gleichen Unternehmen

STRATEGIEBILDER

Strategiebilder sind Ergebnisse aus Unternehmensprozessen, die den aktuellen Stand, die Vison, die Mission oder Unternehmenswerte darstellen, um sie für alle Mitarbeiter zugänglich zu machen. Es geht um Verkaufsstrategien, Vertriebswege, Unternehmenskultur oder zukünftige Entwicklungen. Wo sehen wir uns in zehn Jahren und welche Schritte müssen wir bis dahin gehen?

In Veränderungs- bzw. Changeprozessen helfen sie, alle ins Boot zu holen und ein gemeinsames Verständnis für die Unternehmensthemen zu schaffen. Sie werden als Dialogwerkzeug eingesetzt, um Prozesse weiter voranzutreiben oder Trainingsmaßnahmen im Rahmen von Veränderungsmanagement zu unterstützen. Als Visualisierer*in sind Sie Umsetzer*in dieser Ideen. Die Herausforderung ist, den Nerv der Aussage zu treffen und das Bild als Prozessdokumentation oder als Ergebnisillustration im Sinne der Kund*innen umzusetzen.

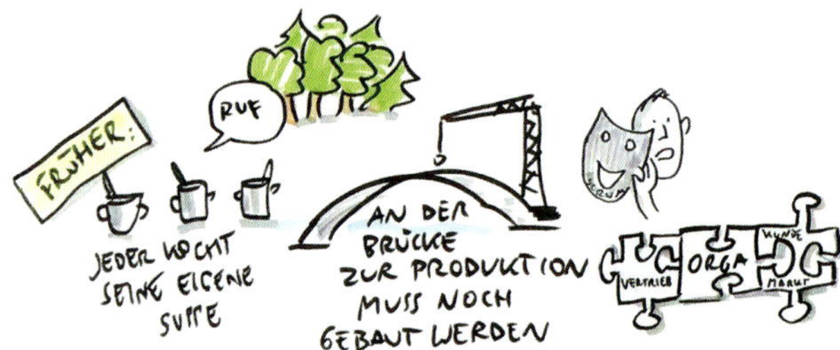

In einer Diskussion entstandene Skizzen zur Beschreibung des Unternehmens

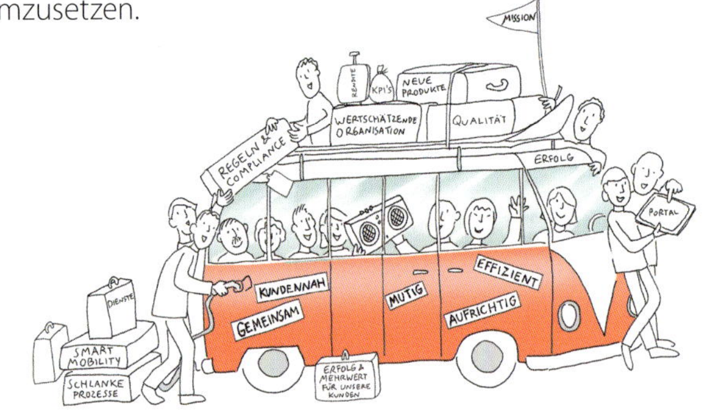

In der Diskussion ist skizzenhaft die Idee der gemeinsamen Reise in einem coolen Bus entstanden. Die Illustration habe im Anschluss an das Gespräch ausgearbeitet.

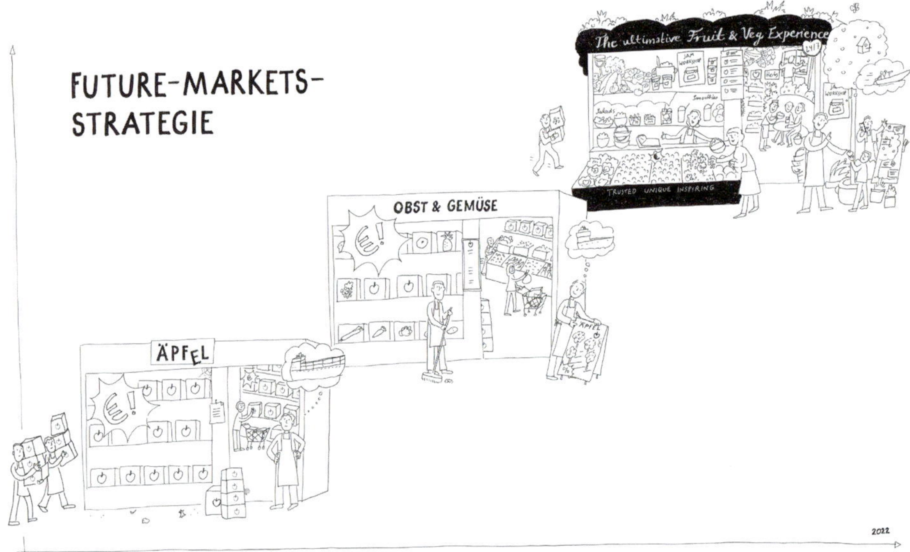

Vom Verkauf zur Dienstleistung: Entwicklung in der Tourismusbranche, dargestellt durch die Methapher eines Obstladens

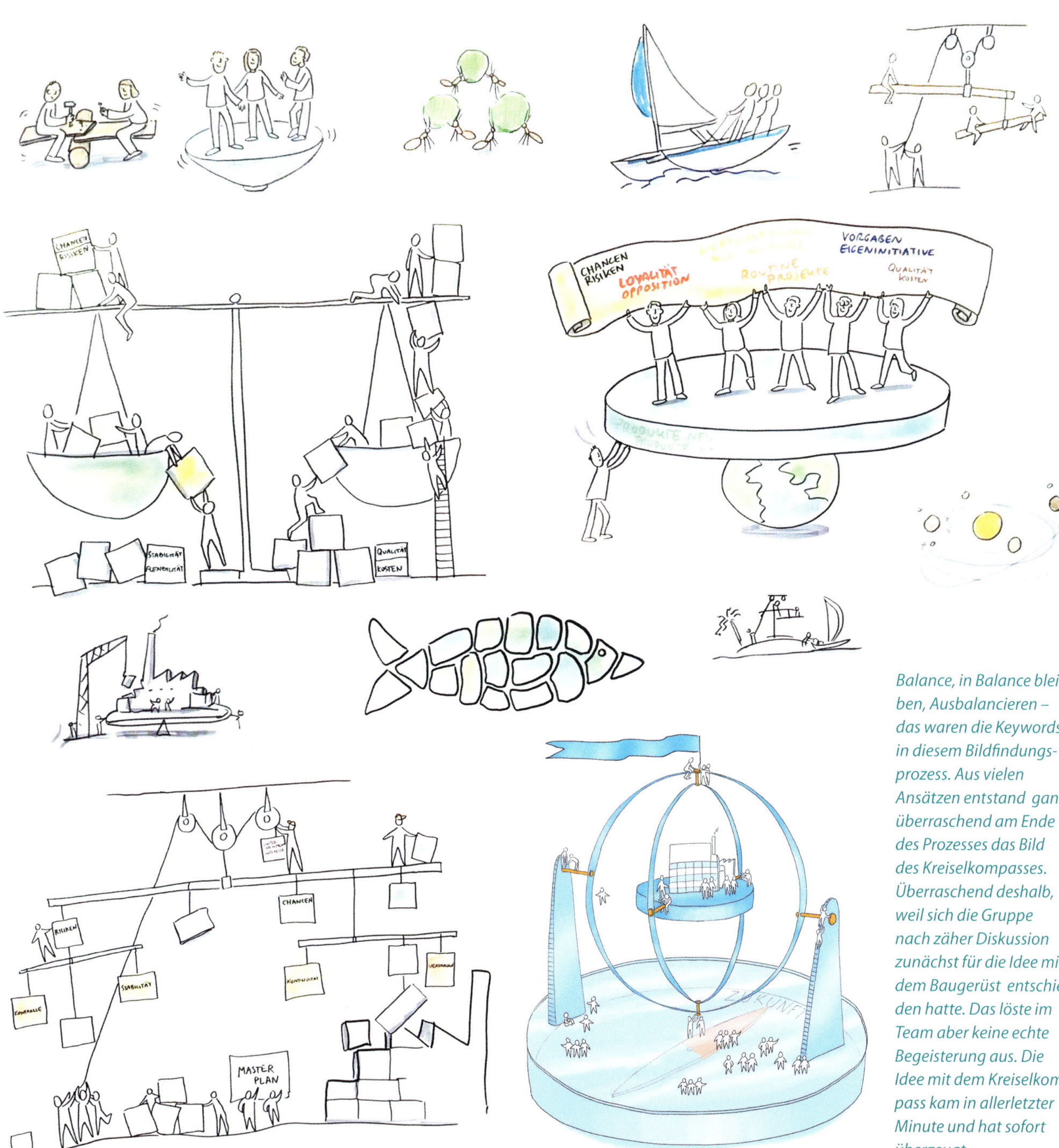

Balance, in Balance bleiben, Ausbalancieren – das waren die Keywords in diesem Bildfindungsprozess. Aus vielen Ansätzen entstand ganz überraschend am Ende des Prozesses das Bild des Kreiselkompasses. Überraschend deshalb, weil sich die Gruppe nach zäher Diskussion zunächst für die Idee mit dem Baugerüst entschieden hatte. Das löste im Team aber keine echte Begeisterung aus. Die Idee mit dem Kreiselkompass kam in allerletzter Minute und hat sofort überzeugt.

Säulen

Säulen sind statisch und fest. Sie vermitteln Stabilität und Sicherheit. Säulen sind abstrakt und können als Container für inhaltliche Themenbereiche stehen. Hierarchische Ebenen können mit Säulen ebenfalls gut ausgedrückt werden.

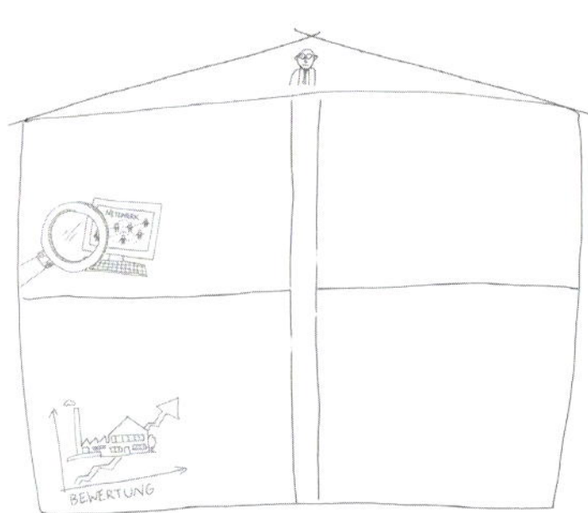

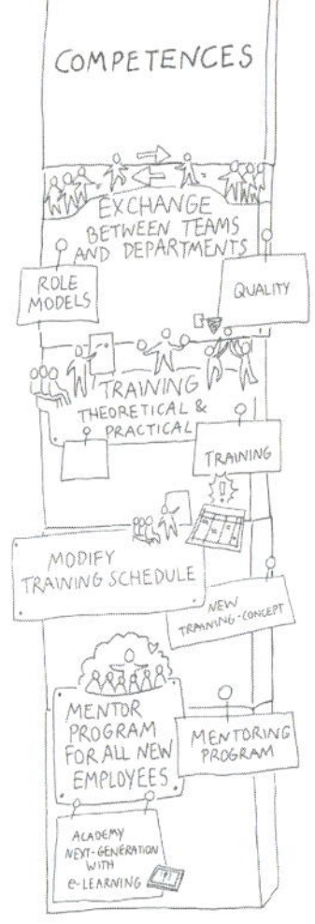

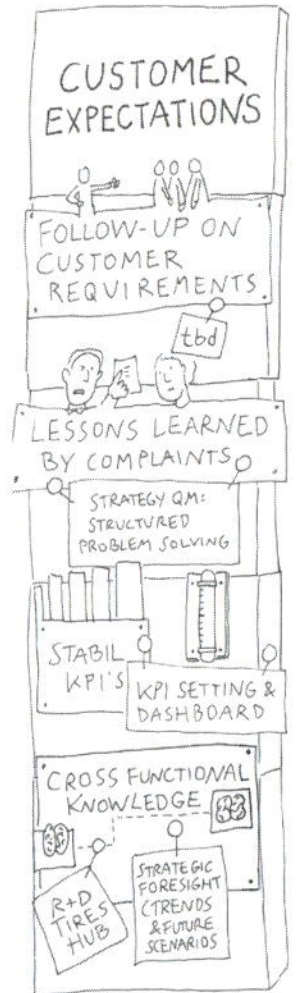

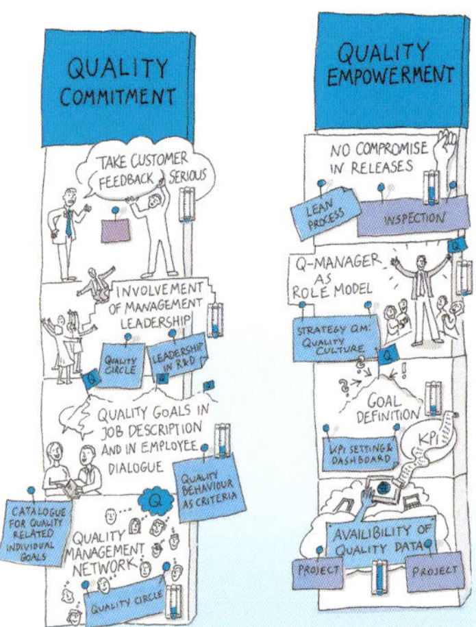

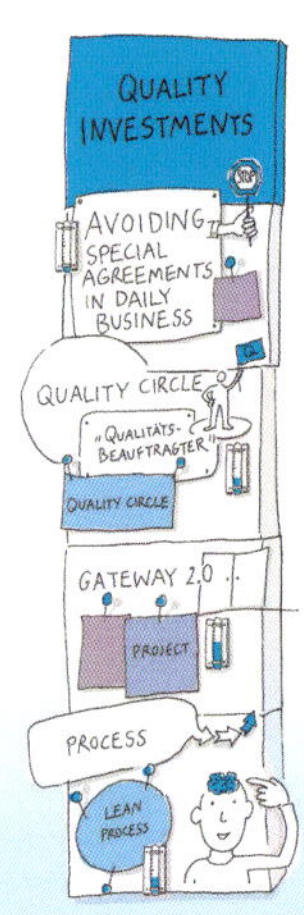

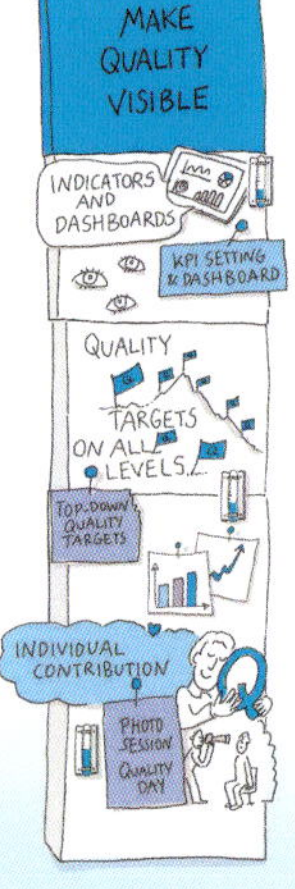

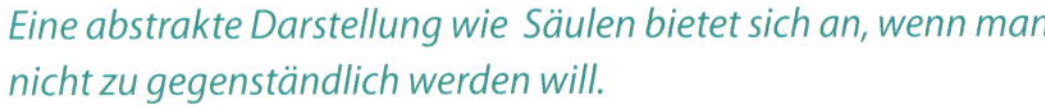

Eine abstrakte Darstellung wie Säulen bietet sich an, wenn man nicht zu gegenständlich werden will.

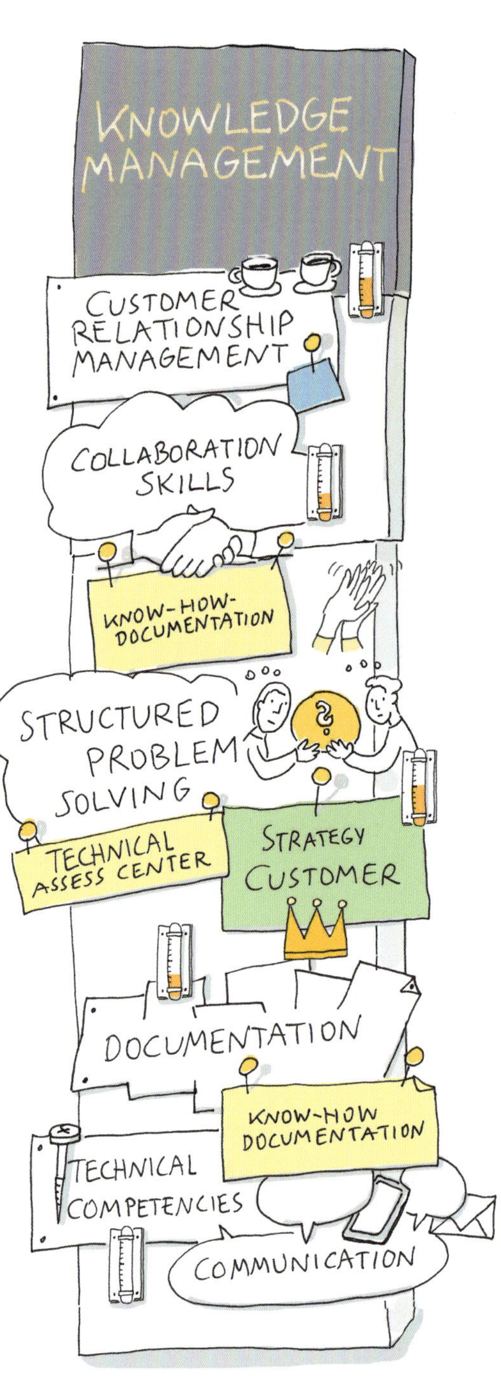

Architektur

Mit Säulen und anderen einfachen Grundformen lassen sich nach dem Baukastenprinzip auch Gebäude konstruieren. Verschiedene Teile können aufeinander aufbauen, mehrere Gebäudegruppen ergeben eine Stadt oder ein Gebäude ist noch unfertig, also eine Baustelle.

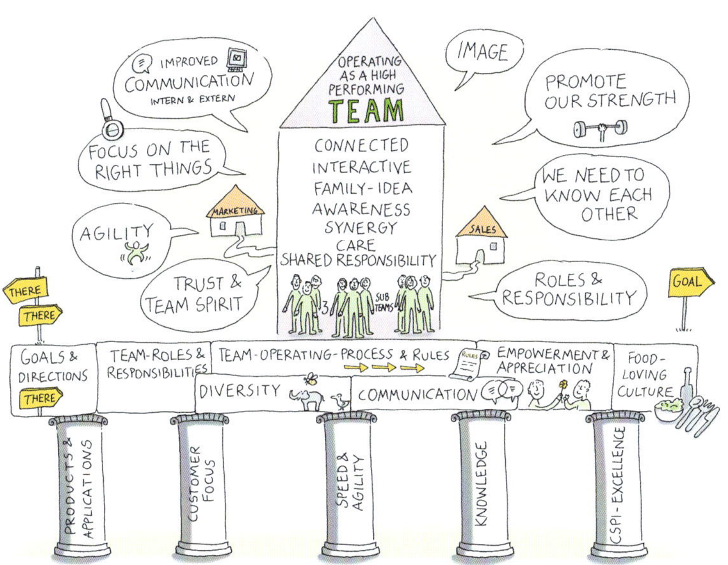

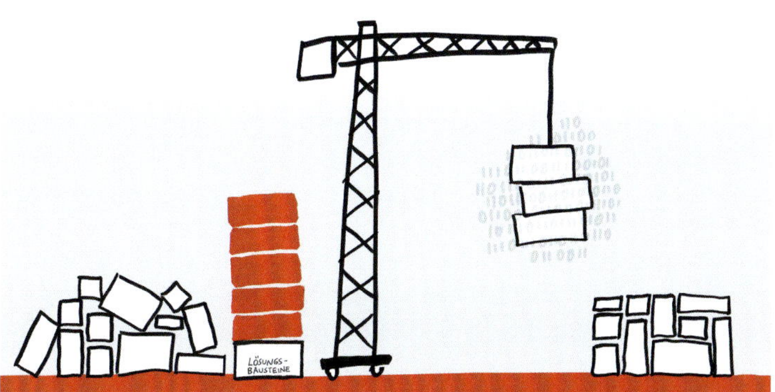

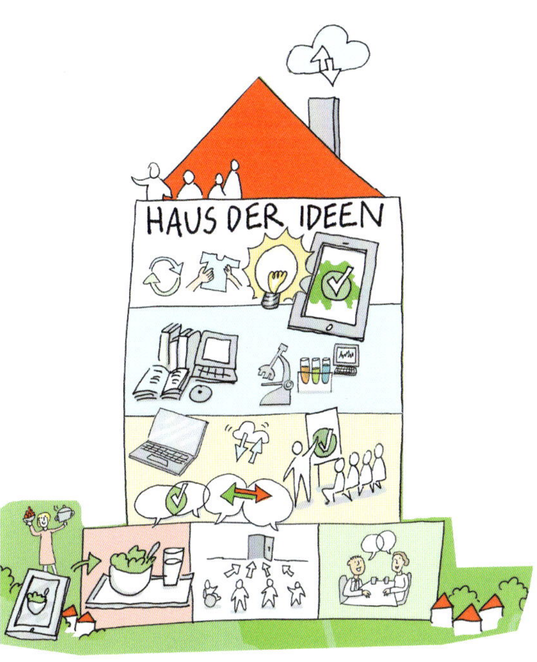

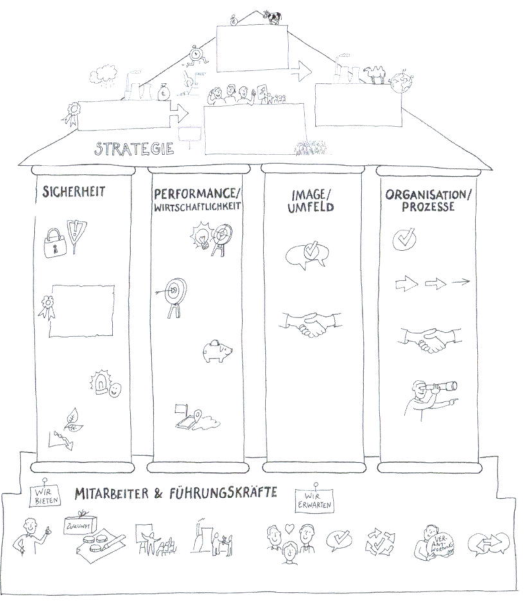

Landkarten

Eine der beliebtesten Strategieanalogien ist die gemeinsame Reise, das meistgenutzte Motiv dafür eine Landkarte. Damit lassen sich Bewegung und Geschwindigkeit in die Visualisierung integrieren, zeitliche Verbindungen und Eckpunkte definieren. Die Wörter »Meilensteine« oder »Leitplanken« sind schon sprachlich sehr visuell. Und ferne Berge am Horizont sind die perfekte Analogie für Herausforderungen und definierte Ziele.

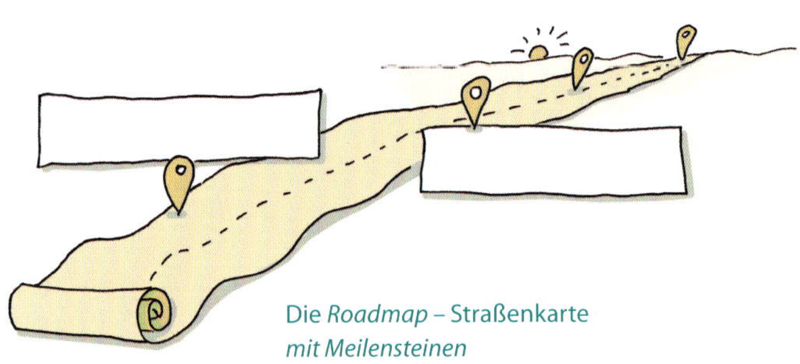

Die *Roadmap* – Straßenkarte mit Meilensteinen

Landschaften und Landkarten bieten in der Visualisierung eine Fülle an Optionen für Farben und Formen: Wüste, Dschungel, Gebirge, grüne Felder oder Flüsse, die im Delta Netzwerkstrukturen ausbilden.

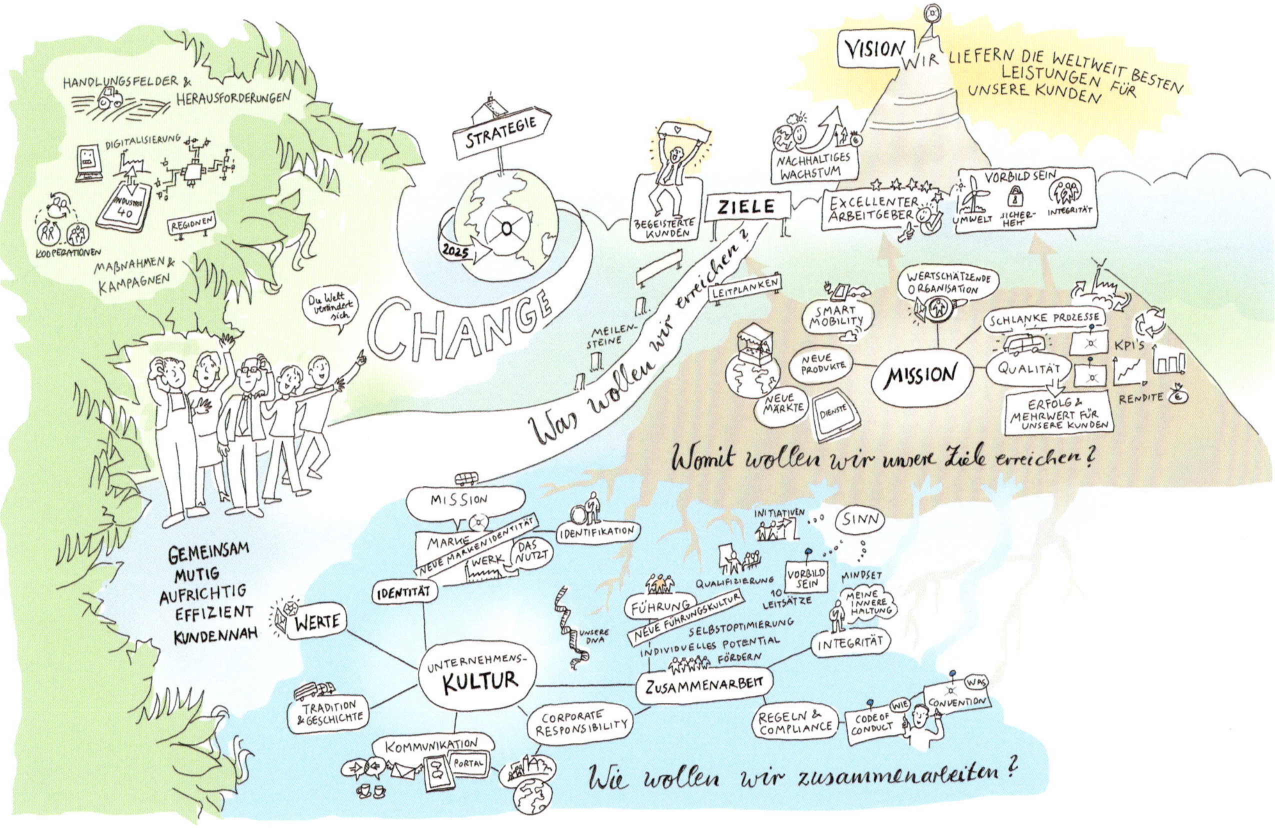

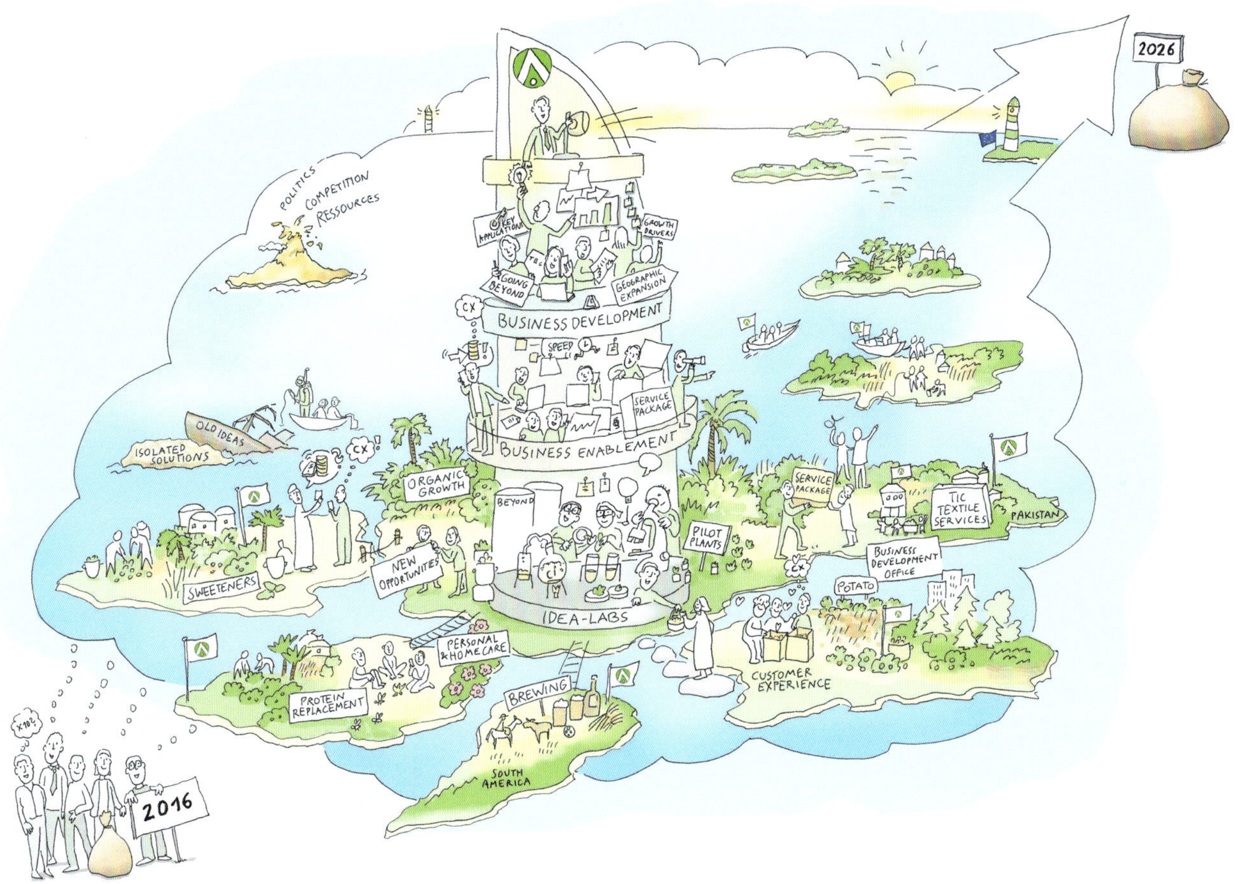

Analogien aus Land- und Seefahrt stehen für Aufbruch und Unterwegssein auf einem gemeinsamen Weg oder einer gemeinsamen Reise. Eigene Welten entstehen und geben dem Unternehmen ein Gesicht. Die Details machen Unternehmensstrategie oder -kultur lebendig und für alle sichtbar.

Der Berg ruft. Der Berg ist eine beliebte Metapher. Teamgeist, eine gute Ausrüstung lassen uns Ziele erreichen, auch wenn es Hindernisse gibt.

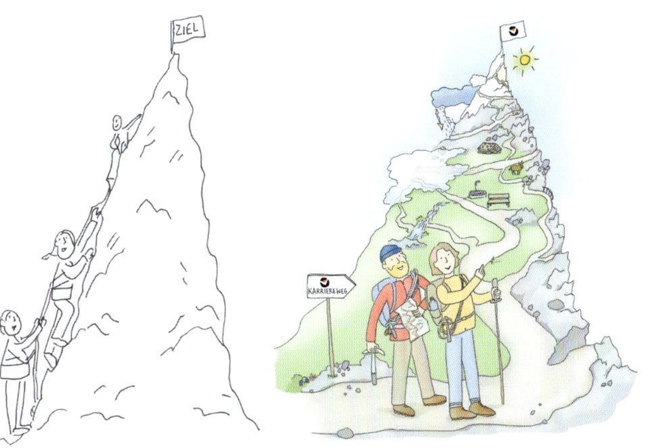

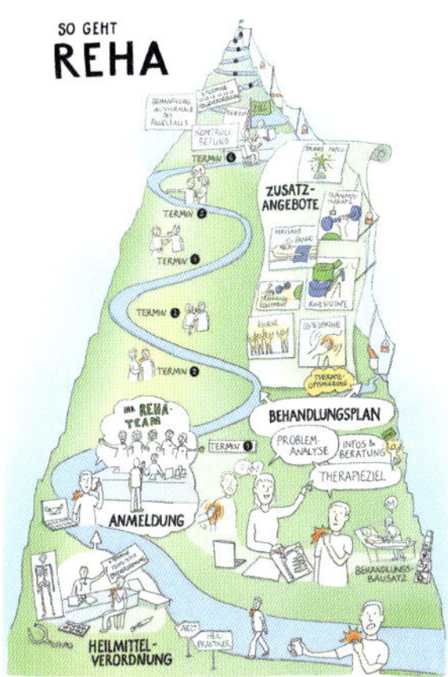

Nautik & Seefahrt

Seefahrt und Nautik sind ebenfalls beliebt, um Unternehmensstrategie sichtbar zu machen. Von Tankern über Kreuzfahrtschiffe, Segel-, U- oder Speedboote: Jede*r findet sich hier wieder.

Die Seekarte gibt einen Überblick über die Reise, die Konkurrenz sind böse Piraten*innen, die uns überfallen wollen. Riffe lauern, daher müssen wir achtsam sein und unsere nautischen Instrumente gezielt einsetzen. Manchmal passieren unvorhergesehene Dinge, wie ein plötzlicher Sturm. Darauf müssen wir vorbereitet sein und eine gute Ausrüstung haben. Die Supplychain zeigt sich in Inseln mit Frischwasser und Kokosnüssen, der Leuchtturm weist uns den Weg.

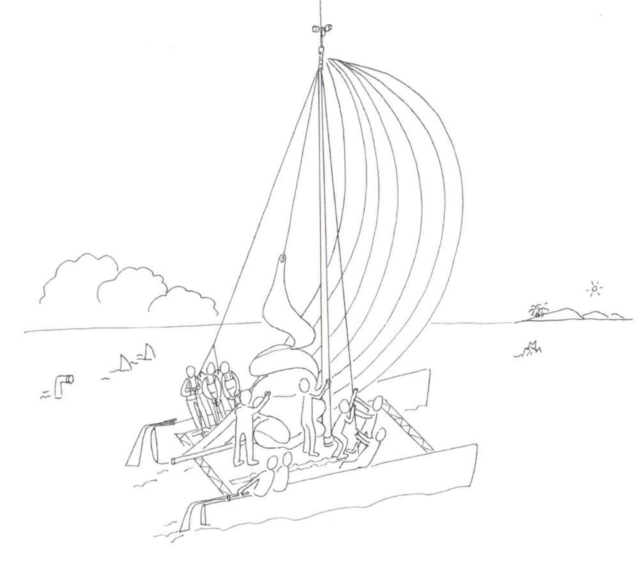

In der Welt der Seefahrt wimmelt es von Metaphern und Analogien. Siehe auch Bildvokabeln auf Seite 192.

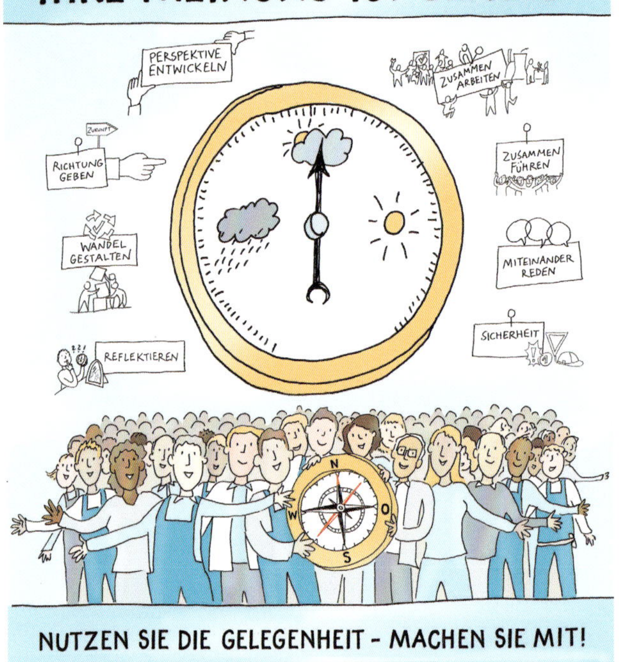

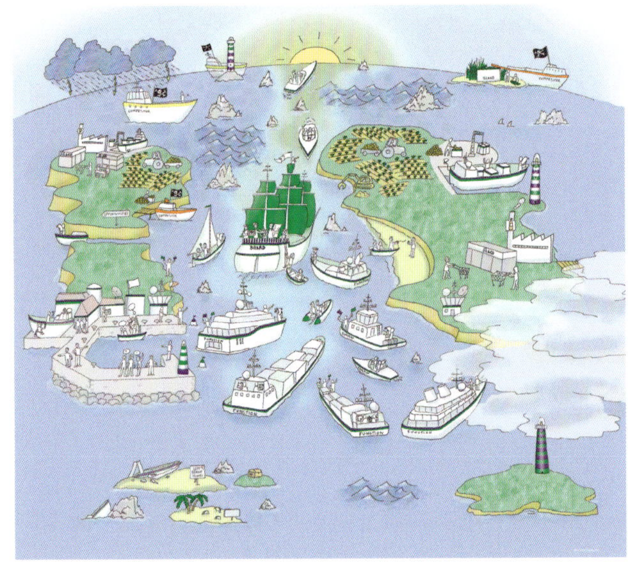

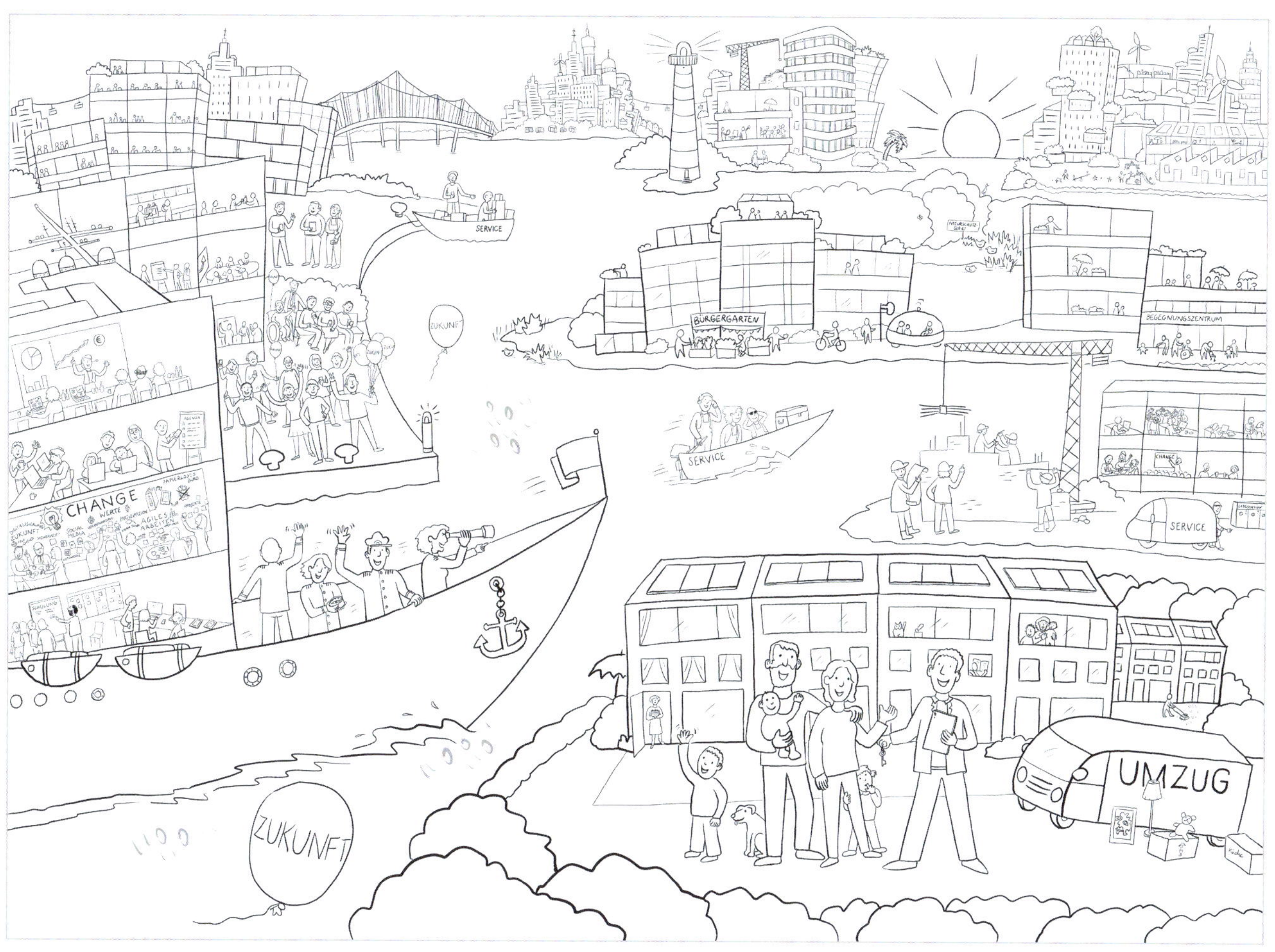

Dieser Entwurf hat es aus verschiedenen Gründen nicht bis zur Umsetzung geschafft. Ein Kritikpunkt waren die vielen Details, die allerdings zuvor im Briefing als Wunsch aufgezählt waren. Die Auseinandersetzung mit dem Entwurf hat dem Prozess beim Kunden neuen Antrieb gegeben und es stellte sich heraus, dass der Zeitpunkt für ein gemeinsames Bild noch nicht reif war.

GRAPHIC RECORDING

KAPITEL 5 SKETCHNOTING IN DER ÖFFENTLICHKEIT

Graphic Recording ist sketchnoten in einer Live-Situation. Wenn Sie genug Übung im Sketchnoting haben, können Sie, diesen Schritt wagen. Der Unterschied ist, dass alle dabei zusehen und das Format wahrscheinlich größer ist. Es sei denn, Sie arbeiten auf dem Tablet, dann wird man von den Zuschauenden vielleicht nicht ganz so schnell entdeckt.

Graphic Recorder*in ist ein spannender Beruf, in dem man viel herumkommt. Kurzzeitig werde ich zum Teil eines Teams oder zur Partnerin eines Coaches, einer Coachin. Auf den unterschiedlichsten Veranstaltungen bekomme ich vielfältige Einblicke in wirtschaftliche und gesellschaftliche Themen. Das ist sehr interessant und gleichzeitig eine große Herausforderung, da es fast immer um Themen geht, die für mich als Zeichnerin fachfremd sind.

Meine ersten Erfahrungen mit Publikum habe ich bei gemeinnützigen Veranstaltungen gesammelt. Ich habe ohne Auftrag auf kleinem Format gezeichnet, aber es wurde trotzdem wahrgenommen und gab positives Feedback. Das hat mich ermutigt. Ich genieße das Arbeiten in der Öffentlichkeit. Die Wertschätzung ist groß und es gibt immer interessierte Nachfragen und neugierige Blicke. Und Leute, die Fotos machen.

Es gibt keinen anerkannten staatlichen Abschluss für Graphic Recorder*innen. Jede*r kann sich so nennen. Viele Graphic Recorder*innen haben eine ganz andere Ausbildung und kommen nicht aus der Gestaltung, wie ich als Grafik-Designerin. Das kann Vorteile haben. Wenn Sie sich in einem Fachgebiet auskennen, können Sie sich spezialisieren, ähnlich wie im Journalismus. Inzwischen gibt es aber immer mehr private Akademien und Schulungen, und auch bei bei öffentlichen Bildungsträgern findet man Angebote.

Wie ich an ein Bild herangehe und wie der Entstehungsprozess aussieht, zeige ich an verschiedenen Beispielen von der ersten Skizze bis zum fertigen Bild.

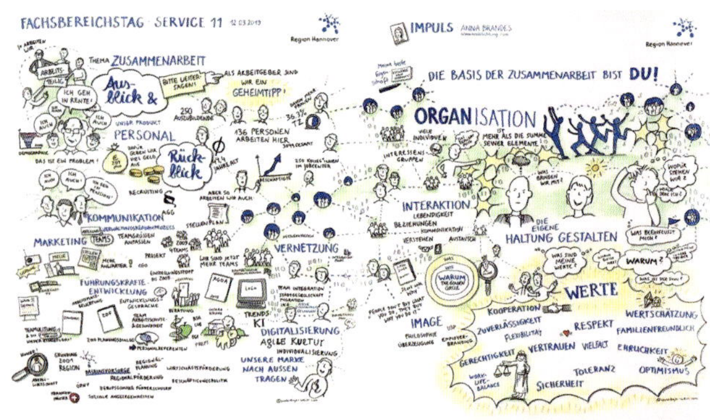

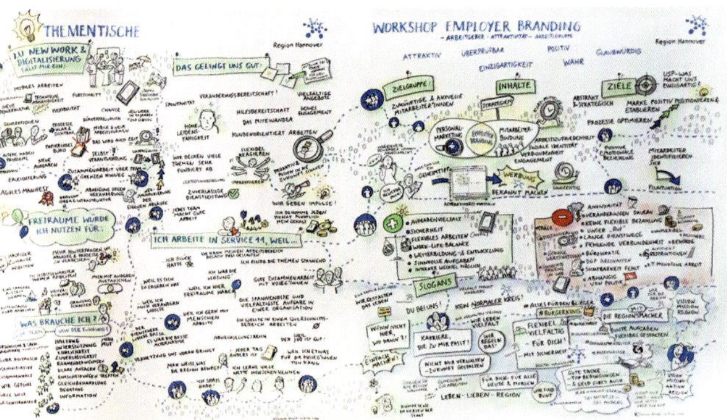

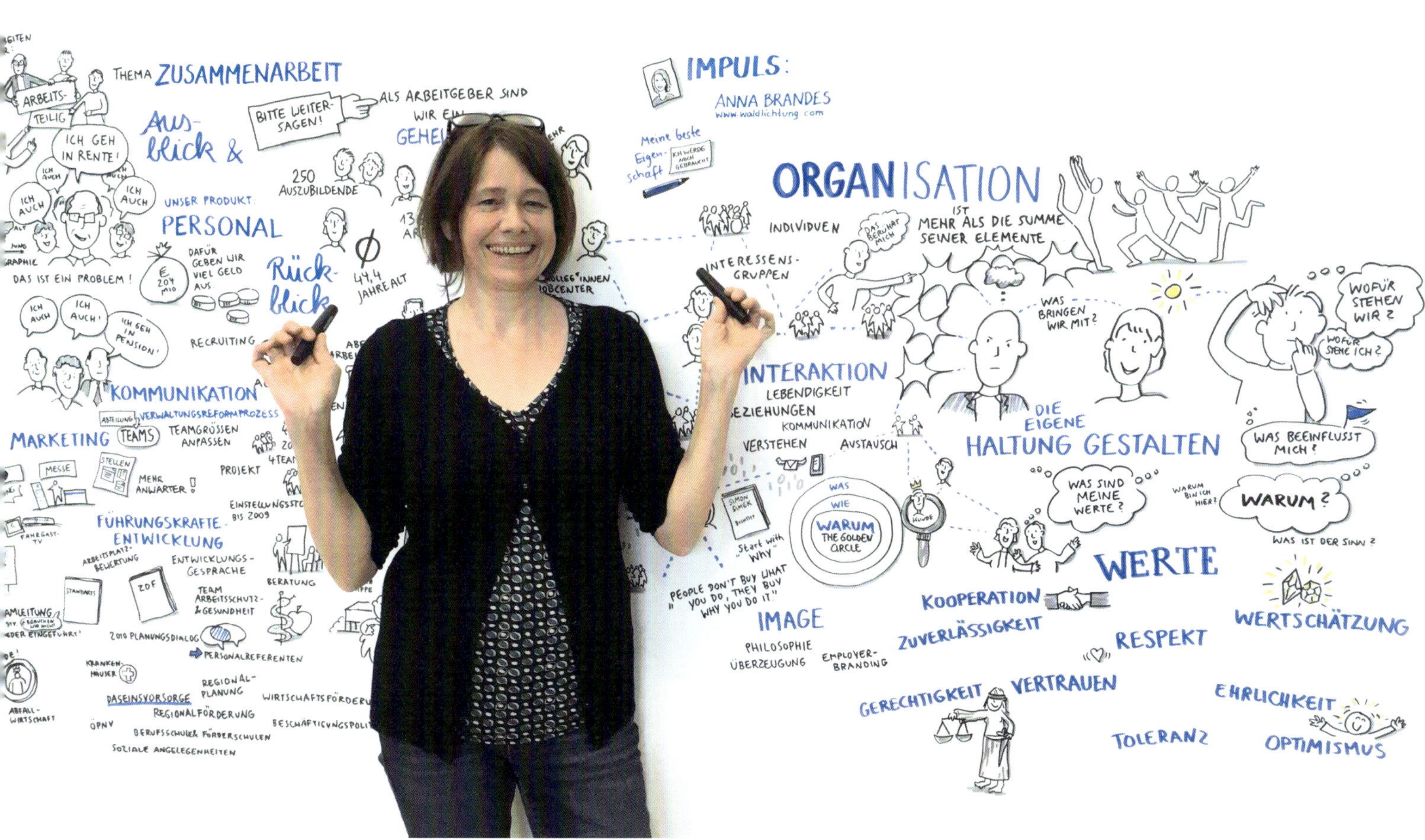
THEMA ZUSAMMENARBEIT
ARBEITS-TEILIG
BITTE WEITER-SAGEN!
ALS ARBEITGEBER SIND WIR EIN
Aus-blick &
ICH GEH IN RENTE!
ICH AUCH
250 AUSZUBILDENDE
UNSER PRODUKT:
PERSONAL
DAFÜR GEBEN WIR VIEL GELD AUS
DAS IST EIN PROBLEM!
Rück-blick
44,4 JAHRE ALT
ICH GEH IN PENSION!
RECRUITING
KOMMUNIKATION
VERWALTUNGSREFORMPROZESS
MARKETING
TEAMS
TEAMGRÖSSEN ANPASSEN
MESSE
STELLEN
MEHR ANWÄRTER!
PROJEKT
FÜHRUNGSKRÄFTE ENTWICKLUNG
ENTWICKLUNGS-GESPRÄCHE
TEAM ARBEITSSCHUTZ- & GESUNDHEIT
BERATUNG
ZDF
2010 PLANUNGSDIALOG
PERSONALREFERENTEN
DASEINSVORSORGE
REGIONAL-PLANUNG
REGIONALFÖRDERUNG
WIRTSCHAFTSFÖRDERU
ÖPNV
BERUFSSCHULEN FÖRDERSCHULEN
SOZIALE ANGELEGENHEITEN
IMPULS:
ANNA BRANDES
www.waldlichtung.com
Meine beste Eigen-schaft
ORGANISATION
IST MEHR ALS DIE SUMME SEINER ELEMENTE
INDIVIDUEN
INTERESSENS-GRUPPEN
WAS BRINGEN WIR MIT?
WOFÜR STEHEN WIR?
WOFÜR STEHE ICH?
INTERAKTION
LEBENDIGKEIT
BEZIEHUNGEN
KOMMUNIKATION
VERSTEHEN
AUSTAUSCH
DIE EIGENE
HALTUNG GESTALTEN
WAS BEEINFLUSST MICH?
WAS SIND MEINE WERTE?
WARUM BIN ICH HIER?
WARUM?
WAS IST DER SINN?
WAS
WIE
WARUM
THE GOLDEN CIRCLE
"Start with Why"
"PEOPLE DON'T BUY WHAT YOU DO, THEY BUY WHY YOU DO IT."
WERTE
IMAGE
PHILOSOPHIE
ÜBERZEUGUNG
EMPLOYER-BRANDING
KOOPERATION
ZUVERLÄSSIGKEIT
RESPEKT
WERTSCHÄTZUNG
GERECHTIGKEIT
VERTRAUEN
EHRLICHKEIT
TOLERANZ
OPTIMISMUS

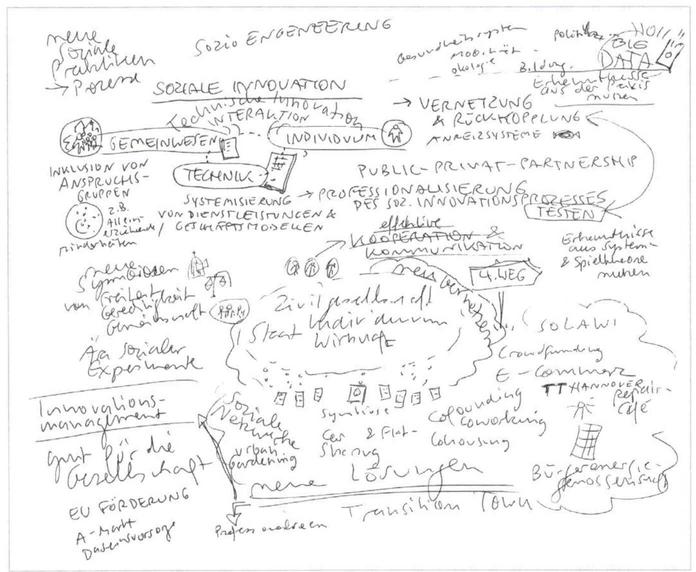

Mitschrift zur vorbereitenden Recherche

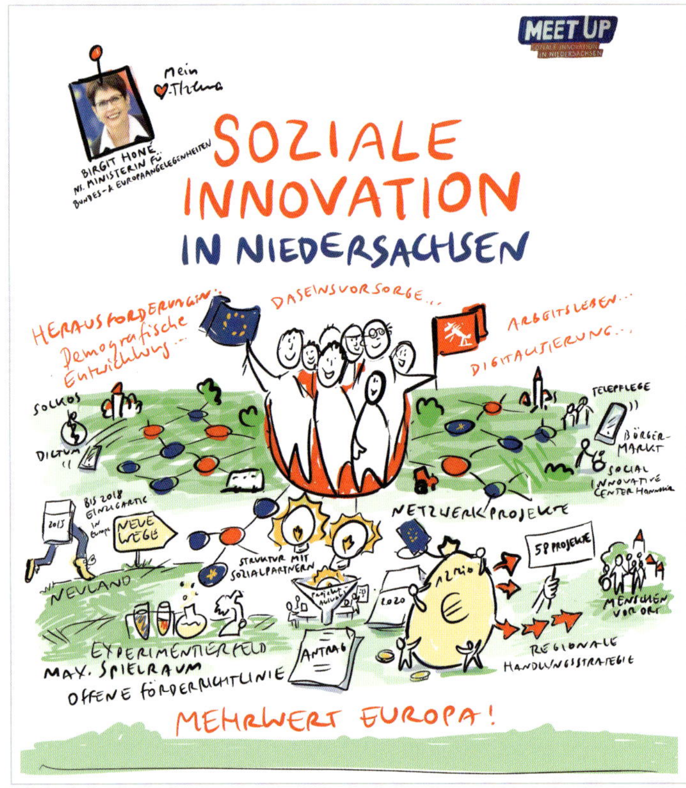

Der Auftrag: *Analoges Graphic Recording eines Keynote-Vortrags und Ergebnissicherung von acht Thementinseln, je im Format 140 x 160 cm*
Thema: *Soziale Innovation in Niedersachsen*
Dauer: *Vortrag 1 Stunde, Workshops 2 Stunden*
Kunde: *Niedersächsisches Ministerium für Bundes- und Europaangelegenheiten und Regionale Entwicklung*

Im Anschluss an den Vortrag ging es gleich in die Workshopphase mit acht Themeninseln, so dass ich keine Zeit zum Nacharbeiten hatte. Das Bild musste punktgenau zum Ende des Vortrags fertig sein.

Um eine solche Herausforderung zu meistern, braucht es einen Plan. Zum Vortrag gab es vorab eine Rohfassung, mit der ich das Keyvisual überlegen, die Schlüsselworte identifizieren und Bildflächen in etwa definieren konnte. Aber auf einen Entwurf kann man sich nicht unbedingt verlassen, so wie in diesem Fall. Manchmal weichen die Vortragenden davon ab, dann muss man die Skizze verwerfen und spontan arbeiten. Das Bild vom Vortrag wurde anschließend in der Kaffeeecke ausgestellt und war ein beliebter Austauschpunkt.

Nach dem Vortrag musste ich dann gleich in das Forum wechseln. An acht Workshop-Themeninseln warteten meine vorgezeichneten Keyvisuals an den jeweiligen Pinnwänden. Dort ging es mit dem Festhalten der Ergebnisse gleich weiter.

Digitale Skizze mit integriertem Foto der Vortragenden. Ich schaue mir vorher Fotos an, um schon mal zu sehen, ob es bestimmte Merkmale gibt und ich die Ähnlichkeit hinbekomme. Bilder öffentlicher Personen finden sich fast immer im Internet.

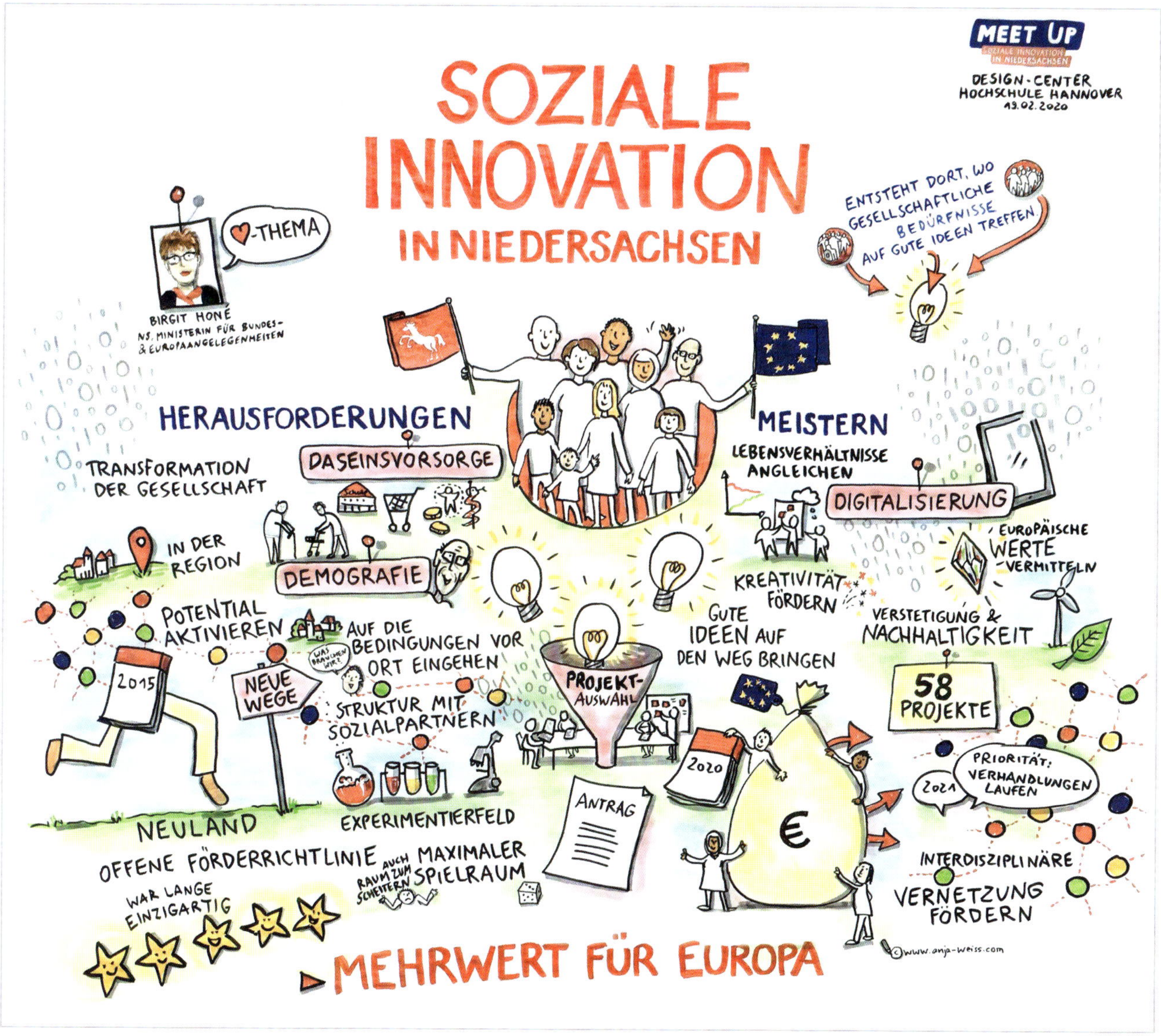

Nach dem Live-Vortrag: fertiges analoges Graphic Recording

Die Netzstruktur und die Landschaft drumherum habe ich nicht gemäß der Skizze umgesetzt. Jedes Graphic Recording entwickelt seine eigene Dynamik. Ich kann nicht mehr sagen, warum, aber ich vermute, dass ich die Schlüsselbegriffe stärker integrieren wollte. Aber vielleicht habe ich mich in der Live-Situation auch einfach weniger an der Skizze orientiert, sondern bin dem inneren Bild und dem Gesagten gefolgt.

Das Logo oben rechts habe ich ausgedruckt, ausgeschnitten und aufgeklebt, damit ich mich nicht damit aufhalte, die Farbfläche um die weiße Schrift auszumalen, was bei der Menge an Bildern bei diesem Auftrag viel zu lange gebraucht hätte. Einen zuverlässigen weißen Stift habe ich übrigens bislang leider noch nicht gefunden.

***Der Auftrag:** Analoges Graphic Recording auf einer Fachtagung zur Weiterbildung, Format 140 x 160 cm*
***Thema:** Betriebliche Kommunikation*
***Dauer:** 1 Stunde*
***Kunde:** BTQ Niedersachsen GmbH*

Gezeichnet habe ich das Graphic Recording mit Markern und Pastellkreide für die Hintergründe auf Metaplanpinnwand und Papier, 140x160 cm.

Zur inhaltlichen Vorbereitung hatte ich bereits Einblick in die Präsentationsfolien. Das ist eine perfekte Vorlage, an der ich mich gut orientieren kann.

Es kann aber immer passieren, dass der Vortragende aus Zeitmangel Seiten in der Präsentation überspringt, für die man aber schon im Bild Platz reserviert hat. Das kann die geplante Struktur komplett zerstören und eine große Leerfläche hinterlassen. In solchen Fälle bleibt dann nur zu improvisieren.

Ich habe für solche Fälle immer noch ein paar Extrabegriffe aus meiner Vorbereitung in petto, die vielleicht so nicht direkt vorkommen, oder ich zeichne ein zufriedene Gruppe von Leuten. Etwas Derartiges kann die Lücke füllen.

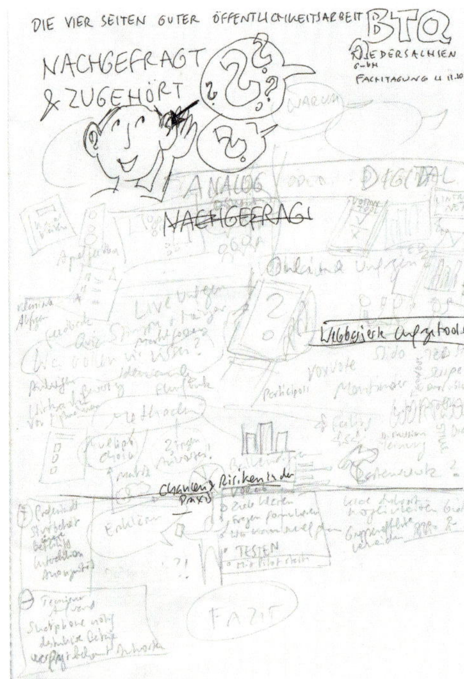

Skizze 1

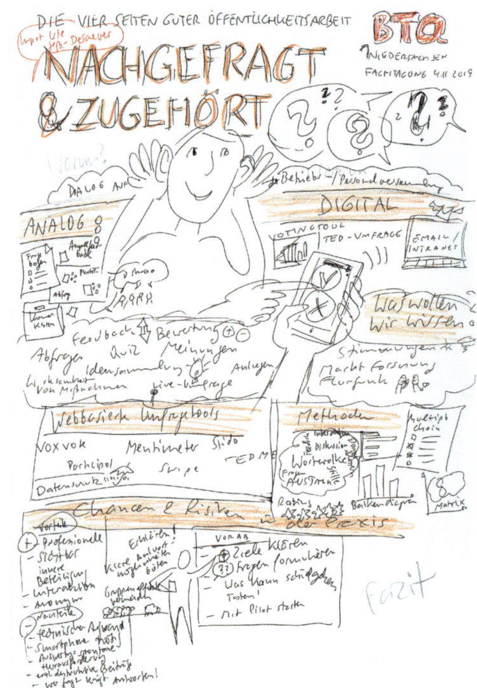

Graphic Recording zu einem Vortrag über Vor- und Nachteile digitaler und analoger Umfragetools. Erste Bleistiftskizzen ganz am Anfang der Konzeptionsphase.

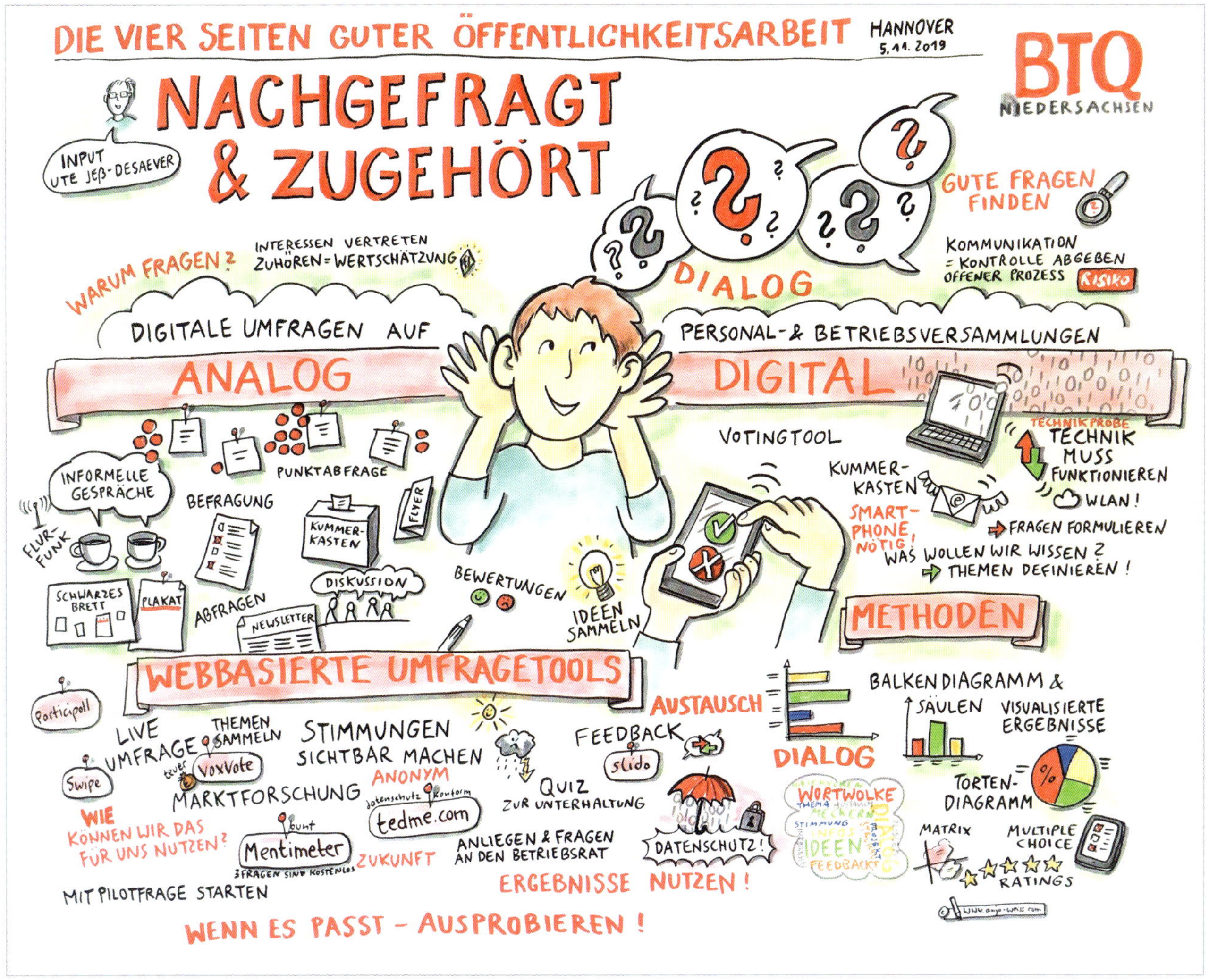

Der Vortrag dauerte eine knappe Stunde, ich habe auf Papier im Metaplanformat analog mitgezeichnet. Eine Stunde Inhalt ergibt ausreichend Material für ein Bild dieser Größe. Das ist meine persönliche Faustregel.

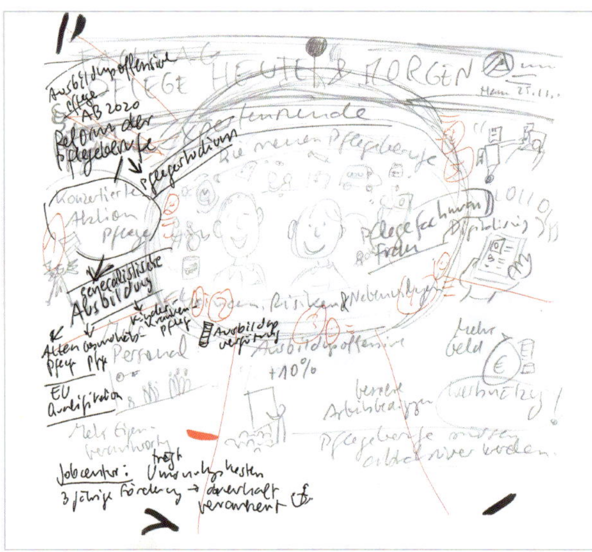

Erste Skizze bei der Recherche zum Thema.
Hier deutet sich bereits das runde Keyvisual an.

Analoges Graphic Recording im Metaplanformat während einer Expertendiskussion

Der Auftrag: *Analoges Graphic Recording, Format 140 x 160 cm*
Thema: *Die neuen Pflegeberufe – Chancen, Risiken und Nebenwirkungen*
Dauer: *1 Stunde*
Kundin: *Bundesagentur für Arbeit, Regionaldirektion Niedersachsen-Bremen*

Da es sich um Fachpublikum handelte, habe ich mich vorab intensiv informiert und die Struktur radial aufgebaut, so dass für die Expert*innen jeweils ein Tortenstück zur Verfügung stand. Die einzelnen Beiträge und die Fragen kannte ich vorher nicht. In diesem Fall hatte ich im Anschluss noch eine gute Stunde Zeit für die Nacharbeit.

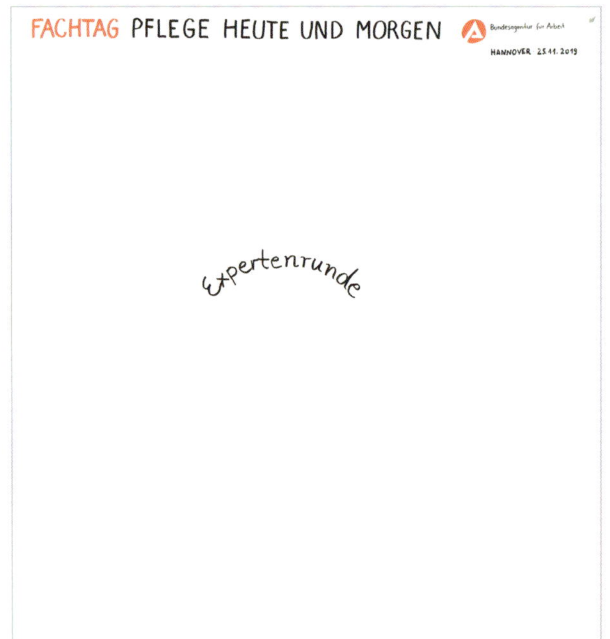

Titel und Keyvisual habe ich vor dem Start der Diskussion während der Begrüßung auf das Papier übertragen.

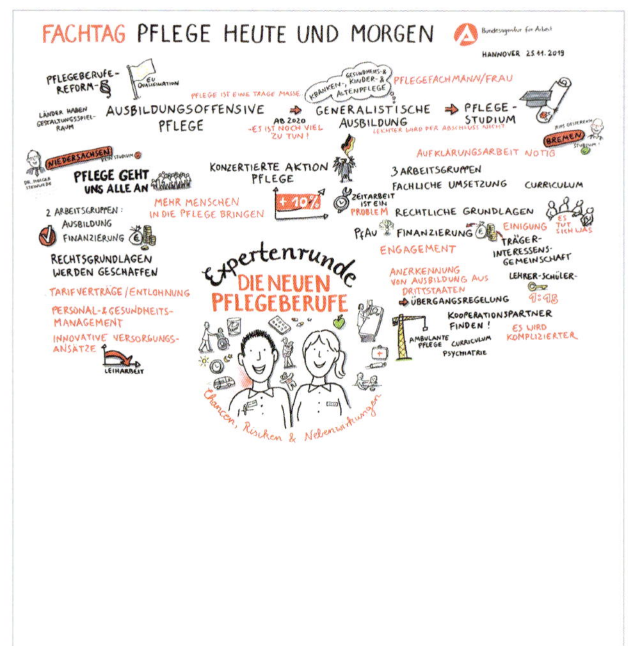

Im Laufe der Podiumsdiskussion füllt sich das Format mit den verschiedenen Beiträgen und Aussagen.

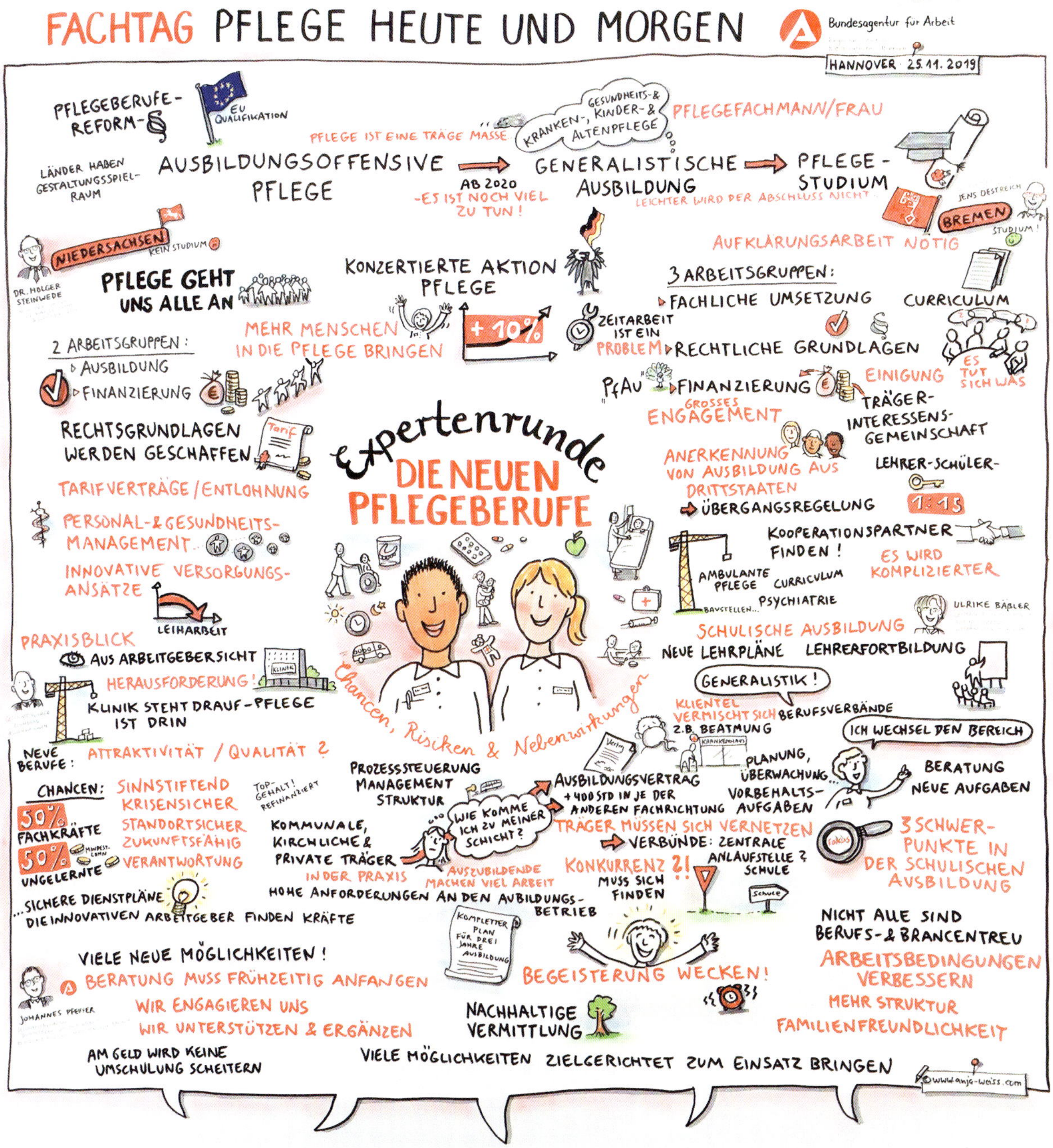

FACHTAG PFLEGE HEUTE UND MORGEN

Bundesagentur für Arbeit

HANNOVER 25.11.2019

PFLEGEBERUFE-REFORM-§

EU QUALIFIKATION

LÄNDER HABEN GESTALTUNGSSPIELRAUM

AUSBILDUNGSOFFENSIVE PFLEGE

PFLEGE IST EINE TRÄGE MASSE

AB 2020 - ES IST NOCH VIEL ZU TUN!

KRANKEN-, GESUNDHEITS-& KINDER-& ALTENPFLEGE

GENERALISTISCHE AUSBILDUNG

PFLEGEFACHMANN/FRAU

PFLEGE-STUDIUM

LEICHTER WIRD DER ABSCHLUSS NICHT

JENS DESTREICH

BREMEN

STUDIUM!

NIEDERSACHSEN

KEIN STUDIUM

DR. HOLGER STEINWEDE

PFLEGE GEHT UNS ALLE AN

KONZERTIERTE AKTION PFLEGE

AUFKLÄRUNGSARBEIT NÖTIG

3 ARBEITSGRUPPEN:

- FACHLICHE UMSETZUNG
- RECHTLICHE GRUNDLAGEN
- FINANZIERUNG

CURRICULUM

MEHR MENSCHEN IN DIE PFLEGE BRINGEN

+10%

ZEITARBEIT IST EIN PROBLEM

2 ARBEITSGRUPPEN:

- AUSBILDUNG
- FINANZIERUNG

EINIGUNG

ES TUT SICH WAS

PfAu

GROSSES ENGAGEMENT

TRÄGER-INTERESSENS-GEMEINSCHAFT

RECHTSGRUNDLAGEN WERDEN GESCHAFFEN

Tarif

TARIFVERTRÄGE/ENTLOHNUNG

PERSONAL-& GESUNDHEITS-MANAGEMENT

INNOVATIVE VERSORGUNGS-ANSÄTZE

LEIHARBEIT

Expertenrunde

DIE NEUEN PFLEGEBERUFE

Chancen, Risiken & Nebenwirkungen

ANERKENNUNG VON AUSBILDUNG AUS DRITTSTAATEN

→ ÜBERGANGSREGELUNG

LEHRER-SCHÜLER-

1:15

KOOPERATIONSPARTNER FINDEN!

ES WIRD KOMPLIZIERTER

AMBULANTE PFLEGE

CURRICULUM

PSYCHIATRIE

BAUSTELLEN...

ULRIKE BÄßLER

SCHULISCHE AUSBILDUNG

NEUE LEHRPLÄNE

LEHRERFORTBILDUNG

PRAXISBLICK

AUS ARBEITGEBERSICHT

KLINIK

HERAUSFORDERUNG!

KLINIK STEHT DRAUF - PFLEGE IST DRIN

GENERALISTIK!

KLIENTEL VERMISCHT SICH

BERUFSVERBÄNDE

Z.B. BEATMUNG

ICH WECHSEL DEN BEREICH

NEUE BERUFE: ATTRAKTIVITÄT / QUALITÄT ?

CHANCEN: SINNSTIFTEND, KRISENSICHER, STANDORTSICHER, ZUKUNFTSFÄHIG, VERANTWORTUNG

TOP-GEHALT! REFINANZIERT

50% FACHKRÄFTE

50% UNGELERNTE

MINDEST-LOHN

PROZESSSTEUERUNG MANAGEMENT STRUKTUR

Vertrag

KRANKENHAUS

AUSBILDUNGSVERTRAG + 400 STD IN JE DER ANDEREN FACHRICHTUNG

PLANUNG, ÜBERWACHUNG, VORBEHALTS-AUFGABEN

BERATUNG

NEUE AUFGABEN

WIE KOMME ICH ZU MEINER SCHICHT?

KOMMUNALE, KIRCHLICHE & PRIVATE TRÄGER IN DER PRAXIS

TRÄGER MÜSSEN SICH VERNETZEN

→ VERBÜNDE: ZENTRALE ANLAUFSTELLE? SCHULE

3 SCHWERPUNKTE IN DER SCHULISCHEN AUSBILDUNG

AUSZUBILDENDE MACHEN VIEL ARBEIT

KONKURRENZ?!

MUSS SICH FINDEN

SCHULE

...SICHERE DIENSTPLÄNE

DIE INNOVATIVEN ARBEITGEBER FINDEN KRÄFTE

HOHE ANFORDERUNGEN AN DEN AUSBILDUNGS-BETRIEB

KOMPLETTER PLAN FÜR DREI JAHRE AUSBILDUNG

NICHT ALLE SIND BERUFS-& BRANCENTREU

ARBEITSBEDINGUNGEN VERBESSERN

MEHR STRUKTUR

FAMILIENFREUNDLICHKEIT

VIELE NEUE MÖGLICHKEITEN!

BERATUNG MUSS FRÜHZEITIG ANFANGEN

JOHANNES PFEIFER

WIR ENGAGIEREN UNS

WIR UNTERSTÜTZEN & ERGÄNZEN

BEGEISTERUNG WECKEN!

NACHHALTIGE VERMITTLUNG

AM GELD WIRD KEINE UMSCHULUNG SCHEITERN

VIELE MÖGLICHKEITEN ZIELGERICHTET ZUM EINSATZ BRINGEN

©www.anja-weiss.com

*Oben links habe ich luftiger begonnen und unten rechts ist es recht eng geworden. Entweder ich habe mich mit dem Raum verschätzt oder manche Expert*innen hatten mehr zu sagen als andere. Schatten, Farbe und den Rahmen habe ich in der Nacharbeitszeit hinzugefügt.*

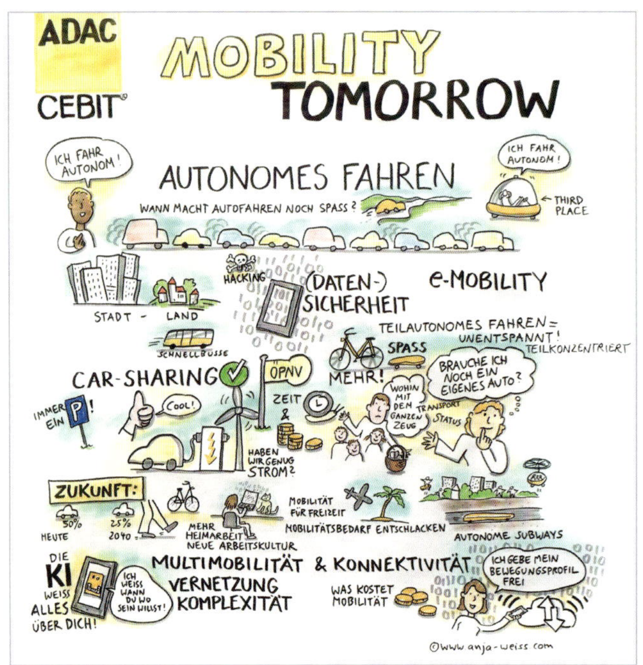

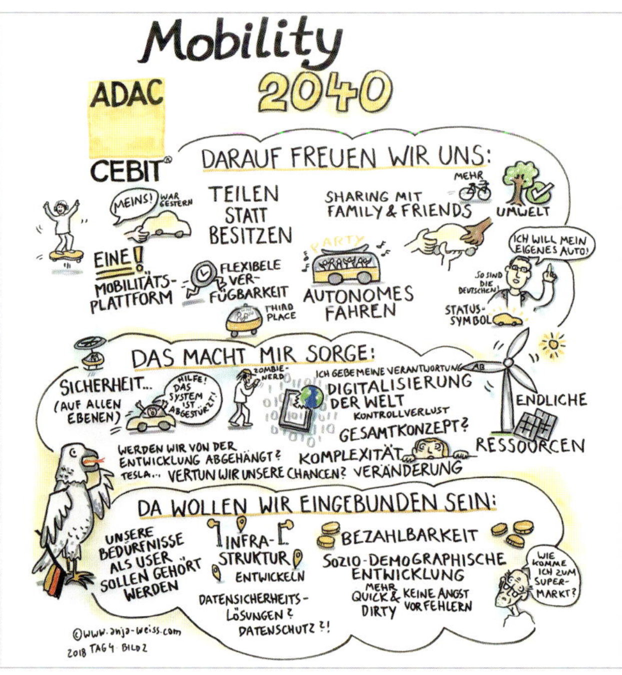

Gleiches Thema, ähnliche Beiträge, verschiedene Ausführung. Was sich durchzieht, ist der Titel, der immer oben steht.

Der Auftrag: *Analoges Graphic Recording auf der Cebit (Computermesse Hannover), Format 140 x 160 cm*
Thema: *Future Mobility*
Dauer: *1 Stunde pro Durchgang*
Kundin: *Messe AG Hannover in Kooperation mit dem ADAC*

Das Konzept sah vor, zweimal täglich spontan ein paar Menschen zu aktivieren, in ein Gespräch einzusteigen. Moderiert wurde es von zwei Experten. Die Messe dauerte vier Tage, so dass es am Ende acht Bilder, klassisch auf Papier, gab, die sich alle ähnlich waren, aber niemals gleich. So ist am Ende eine imposante Wand entstanden.

Wie oft war es auf der Messe laut und bunt. Gegenüber befand sich der Stand eines großen Automobilherstellers, der stündlich eine laute Bühnenshow ablaufen ließ. Dagegen waren unsere Runden intim und unverstärkt und manchmal die Aussagen deshalb akustisch schwer zu verstehen.

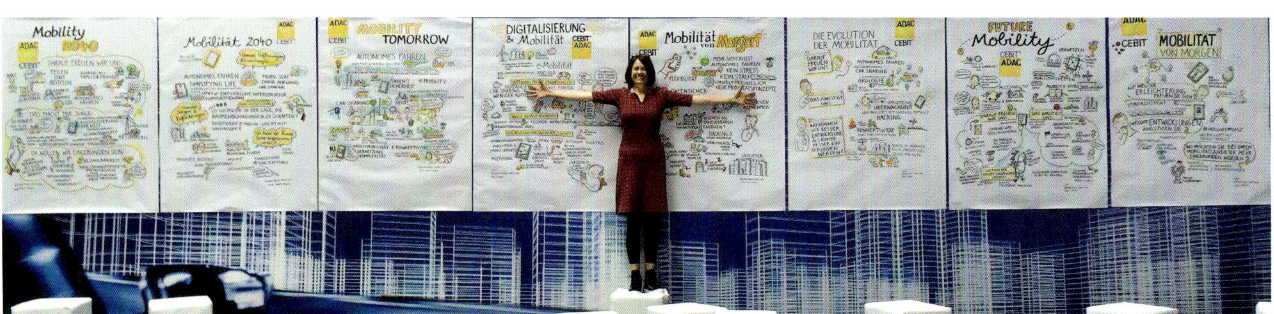

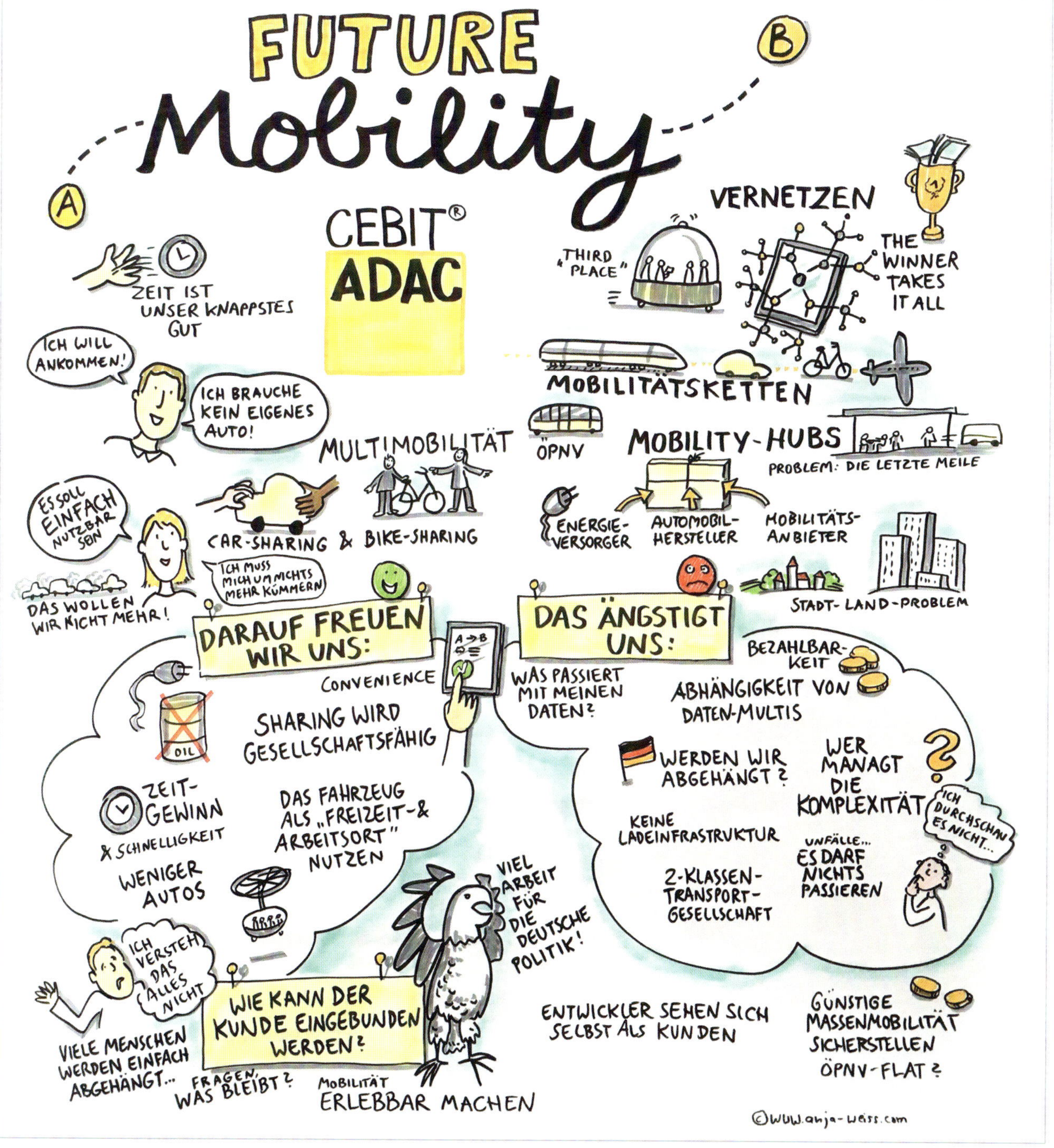

FUTURE Mobility
A
B
CEBIT®
ADAC
ZEIT IST UNSER KNAPPSTES GUT
ICH WILL ANKOMMEN!
ICH BRAUCHE KEIN EIGENES AUTO!
ES SOLL EINFACH NUTZBAR SEIN
ICH MUSS MICH UM NICHTS MEHR KÜMMERN
DAS WOLLEN WIR NICHT MEHR!
VERNETZEN
"THIRD PLACE"
THE WINNER TAKES IT ALL
MOBILITÄTSKETTEN
MULTIMOBILITÄT
ÖPNV
MOBILITY-HUBS
PROBLEM: DIE LETZTE MEILE
CAR-SHARING & BIKE-SHARING
ENERGIE-VERSORGER
AUTOMOBIL-HERSTELLER
MOBILITÄTS-ANBIETER
STADT-LAND-PROBLEM
DARAUF FREUEN WIR UNS:
CONVENIENCE
OIL
SHARING WIRD GESELLSCHAFTSFÄHIG
ZEIT-GEWINN & SCHNELLIGKEIT
DAS FAHRZEUG ALS „FREIZEIT-& ARBEITSORT" NUTZEN
WENIGER AUTOS
A→B
DAS ÄNGSTIGT UNS:
WAS PASSIERT MIT MEINEN DATEN?
BEZAHLBAR-KEIT
ABHÄNGIGKEIT VON DATEN-MULTIS
WERDEN WIR ABGEHÄNGT?
WER MANAGT DIE KOMPLEXITÄT
ICH DURCHSCHAU ES NICHT...
KEINE LADEINFRASTRUKTUR
UNFÄLLE... ES DARF NICHTS PASSIEREN
2-KLASSEN-TRANSPORT-GESELLSCHAFT
VIEL ARBEIT FÜR DIE DEUTSCHE POLITIK!
ICH VERSTEH DAS ALLES NICHT
WIE KANN DER KUNDE EINGEBUNDEN WERDEN?
VIELE MENSCHEN WERDEN EINFACH ABGEHÄNGT...
FRAGEN, WAS BLEIBT?
MOBILITÄT ERLEBBAR MACHEN
ENTWICKLER SEHEN SICH SELBST ALS KUNDEN
GÜNSTIGE MASSENMOBILITÄT SICHERSTELLEN
ÖPNV-FLAT?
©www.anja-weiss.com

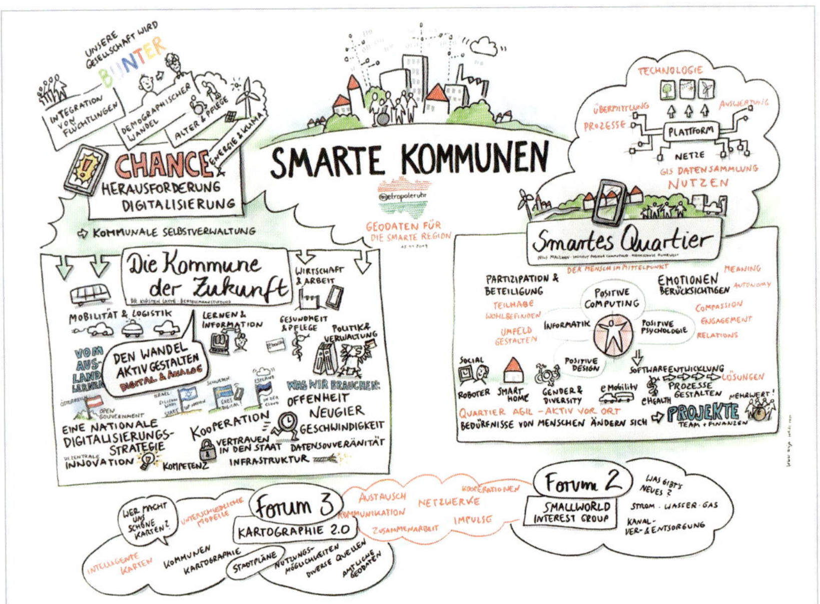

In diesem Fachforum ging es um Chancen und Herausforderungen beim Sammeln von Geodaten. Auf diesem Bild sind zwei Impulsvorträge von jeweils einer halben Stunde zusammengefasst. Dieses analoge Graphic Recording wirkt durch die symmetrische Achse und das dominate Titelmotiv ausgeglichen und harmonisch.

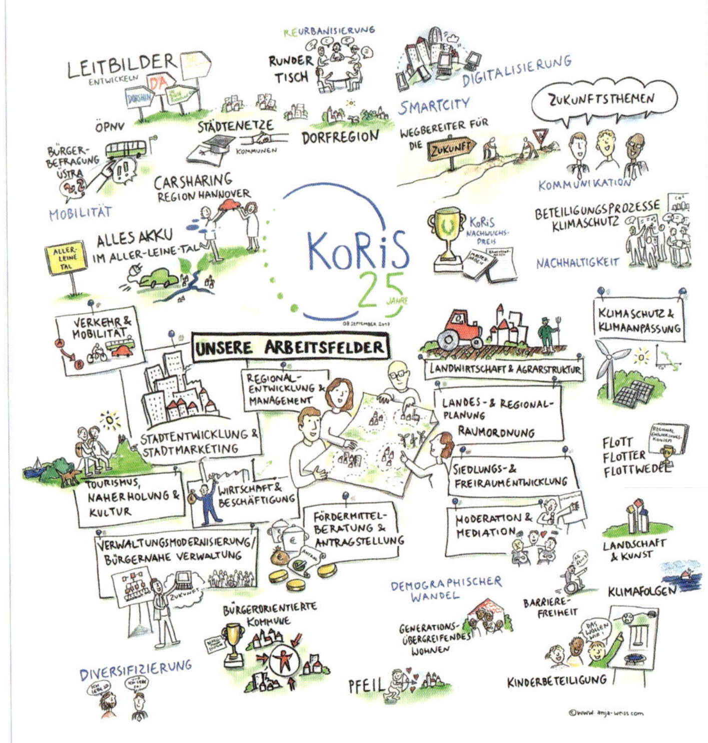

Analoges Eventbild zum Jubiläum einer Organisation aus dem Bereich Stadt- und Regionalentwicklung. Ich stand im Empfangsbereich und habe die Aussagen und Erinnerungen der Gäste festgehalten. Der Wunsch der Kundin war, es sehr plakativ zu gestalten mit möglichst wenig Text und vielen Bildern.

Analoges Graphic Recording zum Keynote-Vortrag während einer Jubiläumsveranstaltung – eines der selteneren Querformate. In diesem Fall war die Formatänderung eine Überraschung. Am Veranstaltungsort gab es nur selbstgebaute querformatige Wände.

Die Anpassung einer Skizze von Hoch- auf Querformat (oder umgekehrt) ist nicht weiter kompliziert, man staucht oder streckt den Entwurf und passt die geplanten Elemente etwas an.

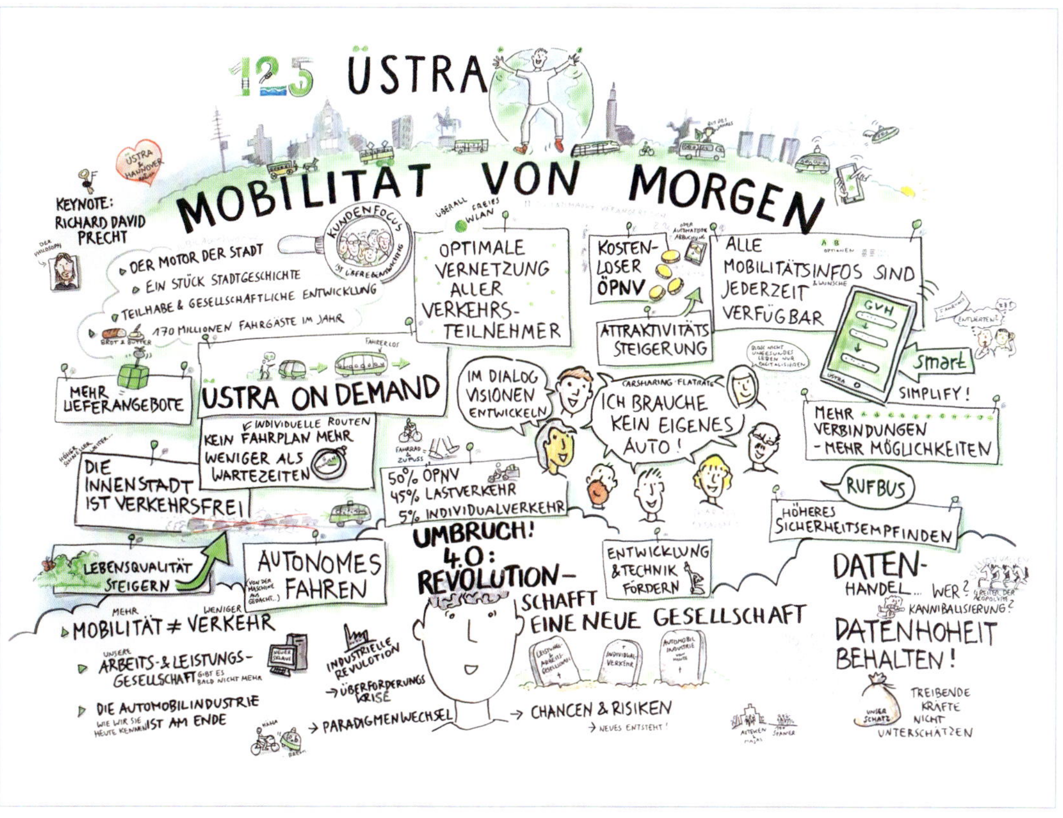

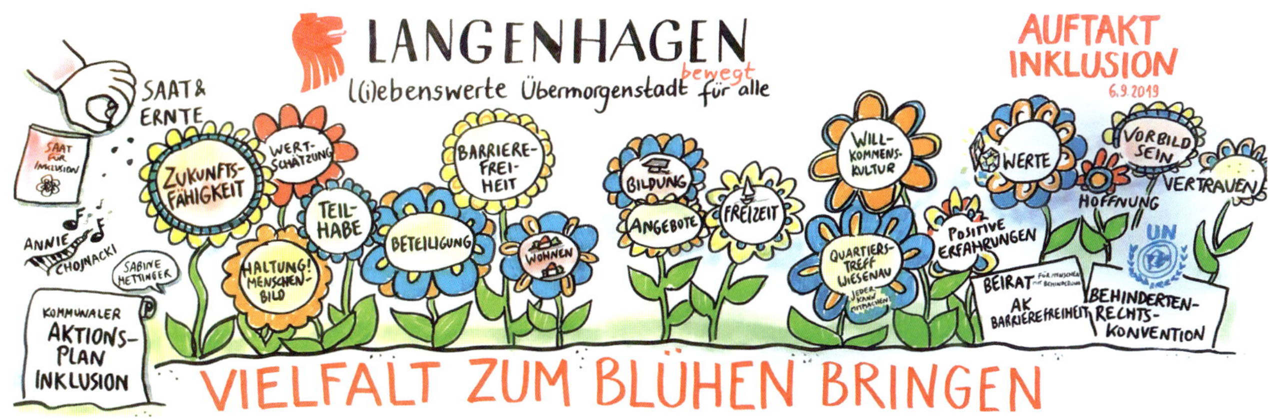

In diesem Titelmotiv war »Bunt« die Farbe der Wahl. Auch das Blumenmotiv war ein Wunsch der Veranstalterin.

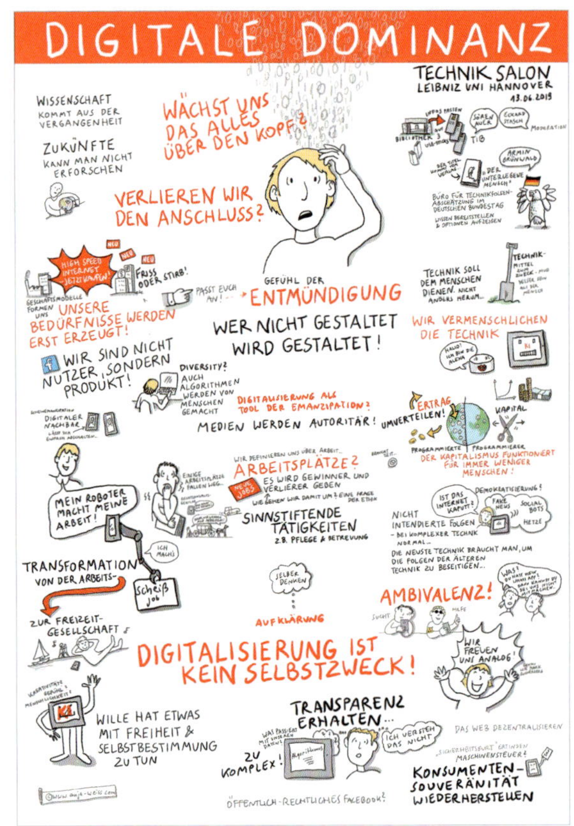

Digitales Graphic Recording, während eines Vortrags von gut 1,5 Stunden entstanden und etwas nachbearbeitet. Kleine Farbtupfer unterstreichen die Dominanz der Zweifarbigkeit. Hier ist die Struktur etwas unklar. Der Blick wandert von oben nach unten und springt hin und her. Die rote Schrift gibt etwas Orientierung.

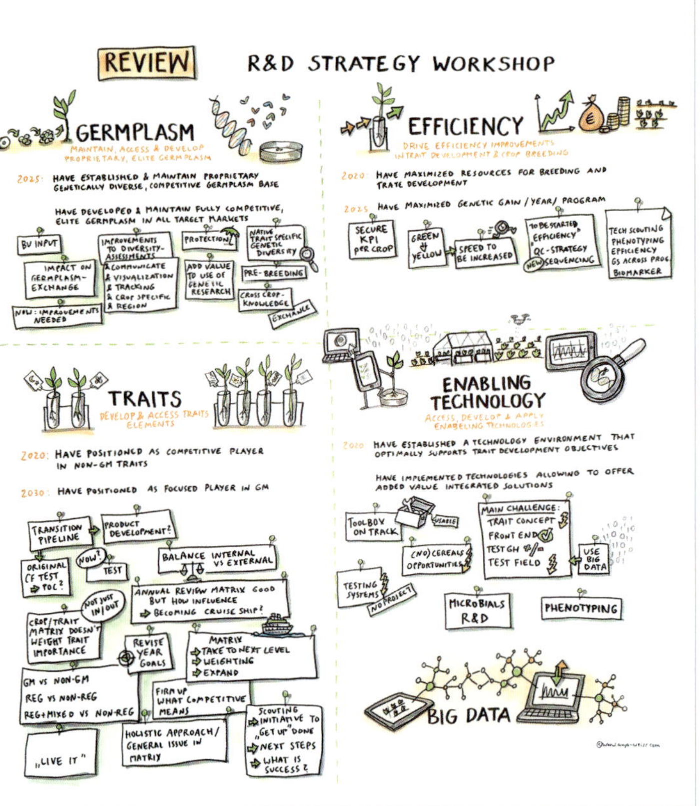

Analoges Graphic Recording zur Zusammenfassung verschiedener Kurzbeiträge

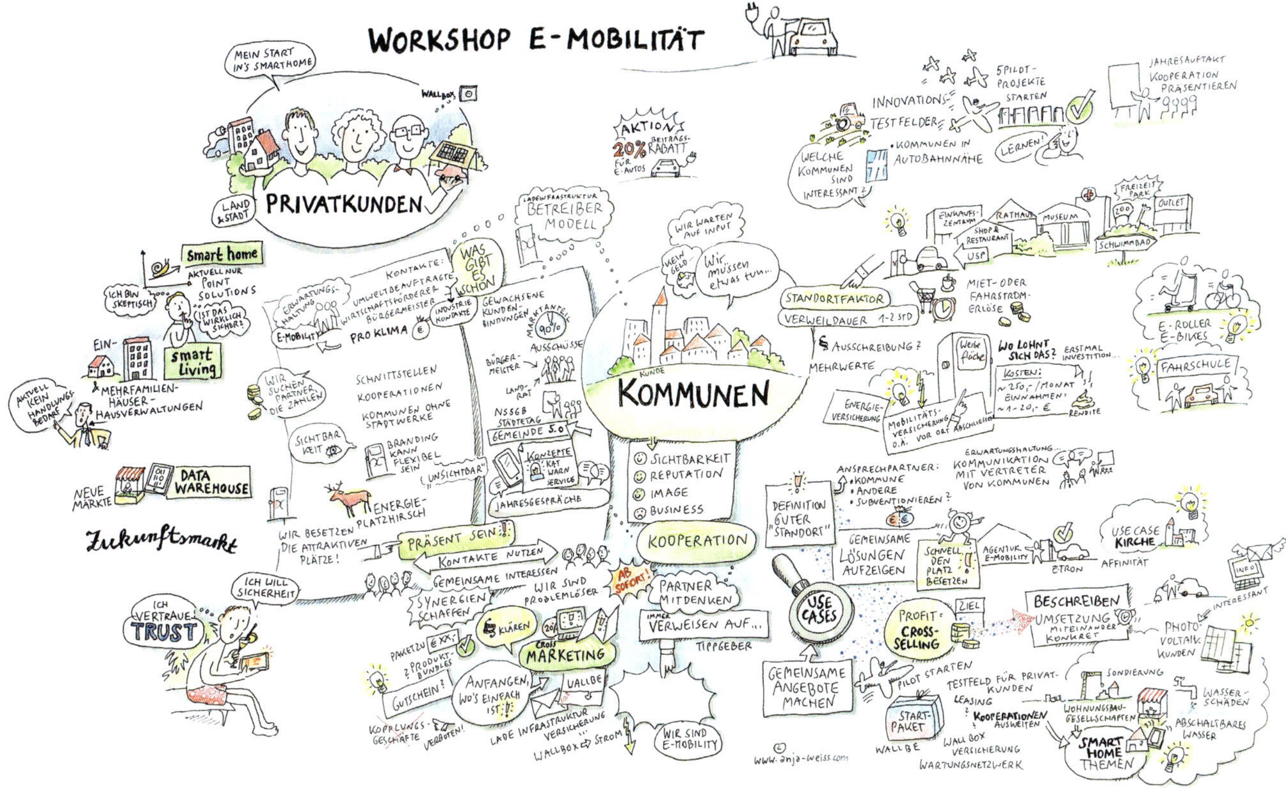

Analoges Graphic Recording im Format A3, mit Fineliner gezeichnet. So etstehen auch beim spontanen Mitzeichnen mit wenig Zeit detailreiche Zeichnungen. Mit Fineliner zeichne ich am liebsten! Parallel habe ich mit Buntstiften koloriert. Ich liebe diese feinen Nuancen.

REMOTE GRAPHIC RECORDING

Videokonferenzen boomen spätestens seit Corona. Sie sind unkompliziert, man kann sich direkt vom Tablet einwählen, den Bildschirm teilen. Mit Apps wie Procreate o.Ä. können Sie dann sofort mitzeichnen. Mit einer Desktop- oder Standkamera lässt sich auch analoges Zeichnen übertragen, so sehen die Teilnehmenden auch den*die Zeichner*in oder die Hand in Aktion. Manche Kolleg*innen haben sich in Coronazeiten ein ganzes Homestudio eingerichtet.

Den persönlichen Austausch und die Atmosphäre, die sich bildet, wenn Menschen zusammen sind, lässt sich natürlich nicht mit einem Bildschirm ersetzen. Aber die Vorteile liegen auf der Hand: kein Kontakt, keine Anreise, kein Materialverbrauch. Das ist gut für die Umwelt und durch wegfallende Reisezeiten geht es schneller.

Eine Videokonferenz kann schnell ermüden. Die eigene Haltung ändert sich kaum und man starrt auf einen Bildschirm, wie beim Fernsehen. Ich kann mich dabei nicht so gut konzentrieren wie physisch vor Ort. Nach einer Weile muss ich mich bewegen, daher empfehle ich bei Videomeetings kürzere Slots und mehr Pausen zwischendurch.

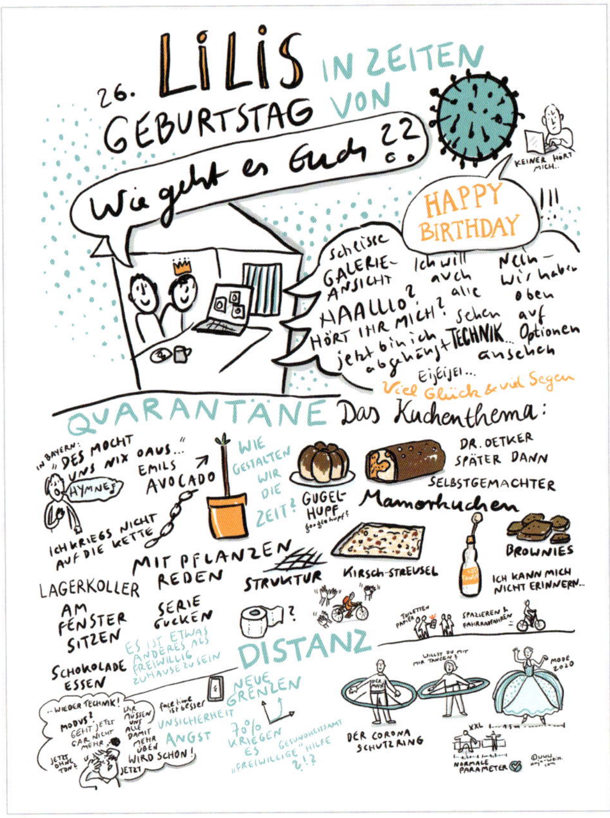

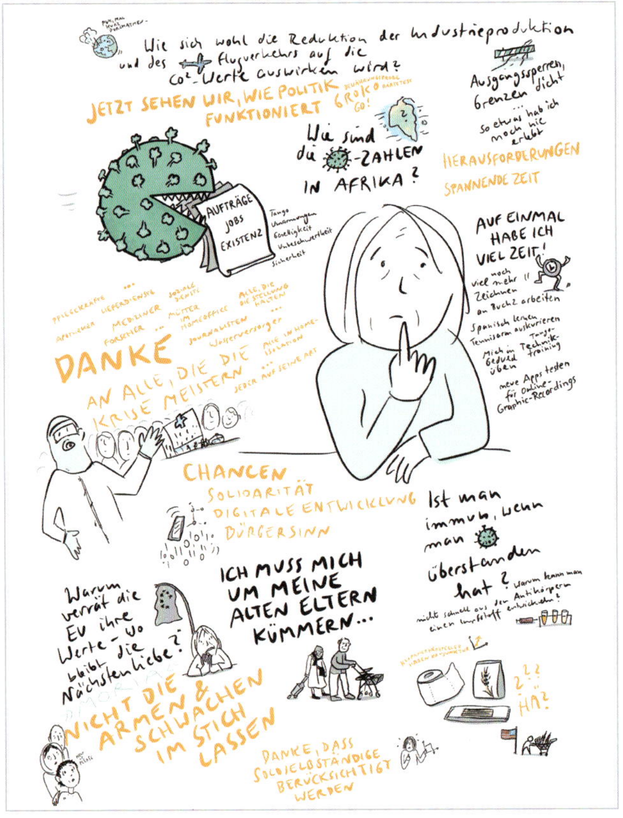

Meine ersten Versuche: Remote Graphic Recordings während privater Videomeetings

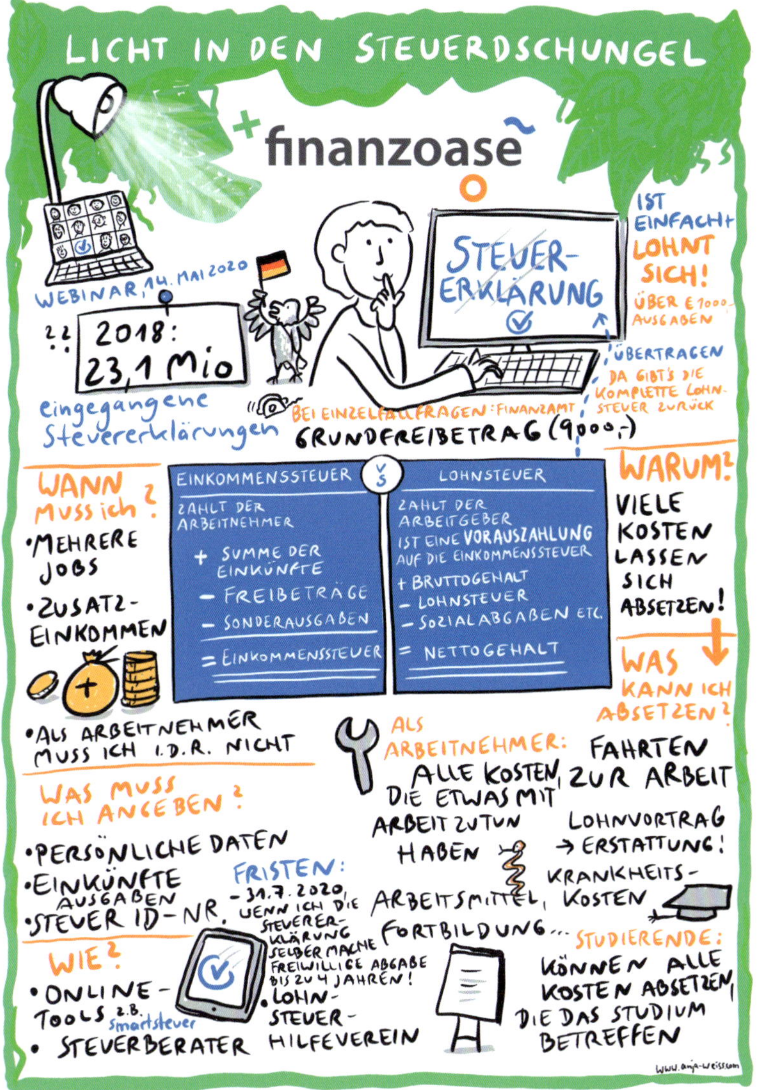

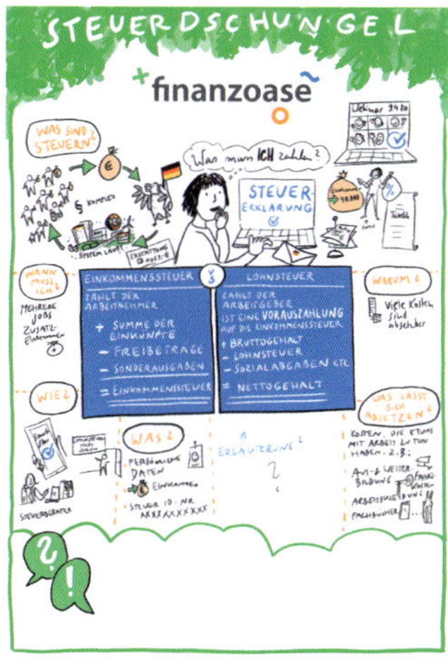

Digitale Skizze zur Vorbereitung

Mit diesem vorbereiteten Rahmen bin ich ins Graphic Recording gestartet.

Das blaue Feld habe ich vorgearbeitet, um es zum richtigen Zeitpunkt schnell einblenden zu können. Dieser Part des Vortrags sollte unbdingt abgebildet werden. An dieser Stelle wurde ein Chart eingeblendet. Aber in der kurzen Zeit, bis es wieder weg war, hätte ich es nicht abzeichnen können.

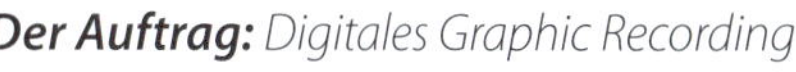

Der Auftrag: Digitales Graphic Recording während eines Webinars
Thema: Einkommens- versus Lohnsteuer
Dauer: 0,5 Stunden
Kunde: smartsteuer GmbH

WORKSHOPS BEGLEITEN

Fast jede Veranstaltung, die ich begleite, hat eine Arbeitsphase mit Kleingruppen integriert. Üblicherweise in Form von Workshops – *Werkstätten*, in denen dann ein Thema detailliert behandelt wird. In der Regel passiert das entweder durch eine frontale PowerPoint-Präsentation mit einer Fragerunde am Ende oder das Thema wird durch Einbindung und Beteiligung der Teilnehmenden gemeinsam erarbeitet.

Wenn es Beiträge von Teilnehmenden aus dieser Kleingruppenarbeit gibt, werden sie gesammelt, und meistens hat man am Ende einige beschriebene Wände mit vielen bunten Klebezetteln. Davon wird dann ein Fotoprotokoll erstellt. Graphic Recording ist eine andere Visualisierungsform der Ergebnissicherung.

Natürlich kann ich nicht für Vollständigkeit der Inhalte garantieren, wenn ich nicht die Chance habe, die ganze Zeit zuzuhören. Um mehrere Workshops gleichzeitig festzuhalten, braucht es also gute Vorbereitung und -arbeit. Die Ausnahme sind agile Prozesse, denn dort formiert sich erst im Augenblick des Geschehens, wie der Tag abläuft. Aber meistens gibt es vorab eine Kurzbeschreibung, Thema, Titel und Leitung sind ebenfalls in der Regel bekannt. Diese Infos lassen sich zu einem Titelmotiv gestalten. Ein paar Begriffe halte ich auf jeden Fall immer in Reserve. Je nach der Zeit, die vor Ort zur Verfügung steht, bringe ich die Keyvisuals auch bereits vorgezeichnet mit.

Infos vor Ort zu sammeln ist genauso wichtig wie die zeichnerische Umsetzung selbst, denn ohne Inhalt keine Visualisierung. In parallel laufenden Sessions ist das nur eingeschränkt möglich, also muss man wissen, wie man an Infos kommt. Besonders wichtig ist, schon in der Planungsphase ungefähr zu wissen, welche Wege zwischen den Workshopräumen zu bewältigen sind. Und unbedingt bequeme Schuhe tragen.

Tipps:

- *Keyvisuals vorbereiten*
- *So viele Inhalte sammeln wie möglich*
- *Wenn es zeitlich machbar ist, vor dem Übertragen die gesammelten Stichworte sortieren und prüfen, ob es Oberbegriffe gibt*

Infos lassen sich ernten:

- *Durch Stippvisiten in den Workshopräumen, wo Sie Fotos oder Notizen machen*
- *Rückmeldung der Workshopleiter*innen zu einem verabredeten Zeitpunkt (wird dann oft vergessen ...)*
- *In der Pause gezielt die WS-Leitung ansprechen und interviewen*
- *Teilnehmende ansprechen (dazu ist meistens keine Zeit)*
- *Sich eine Person an die Seite stellen lassen, die Stichworte auf Klebezetteln liefert*
- *Eine*n eigene*n Mitarbeiter*in mitbringen*
- *Immer noch etwas zum Zeichnen in Reserve halten, um mögliche Lücken am Ende zu füllen*
- *Wenn es am Ende eine Ergebnispräsentation gibt, lässt sich diese Zeit zur Fertigstellung nutzen und zugleich prüfen, ob alle Kernaussagen und Schwerpunkte enthalten sind.*

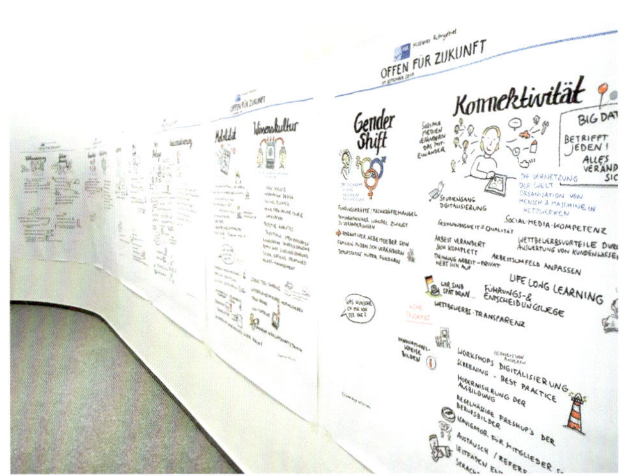

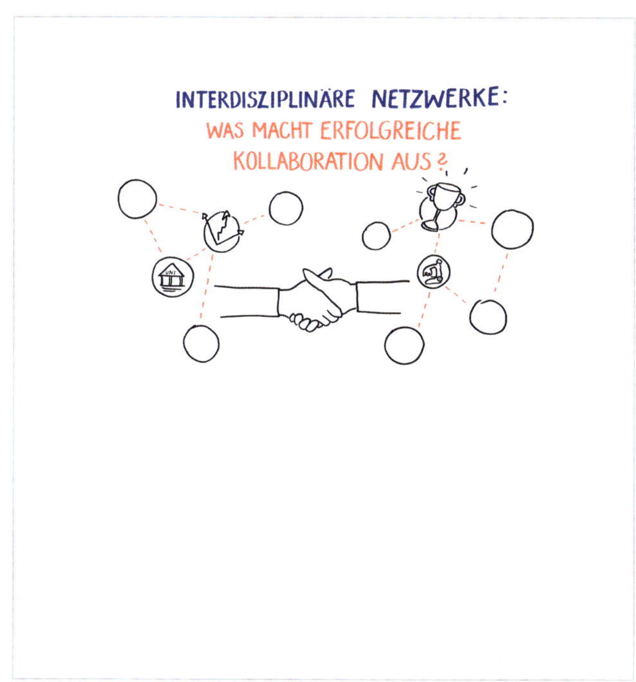

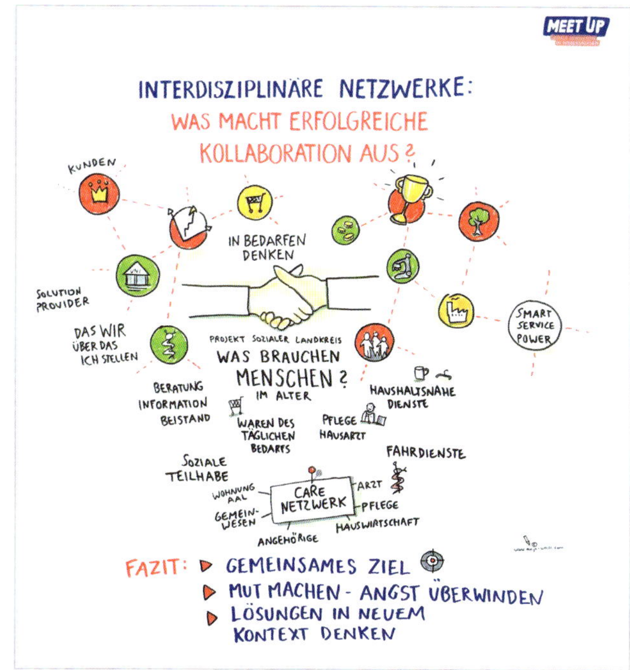

Vorbereitet mitgebrachte Motive jeweils vor und nach dem Workshop

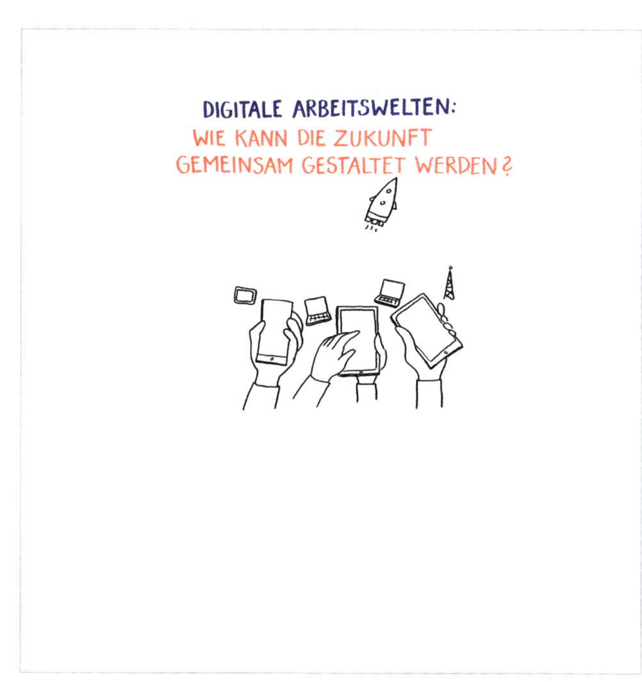

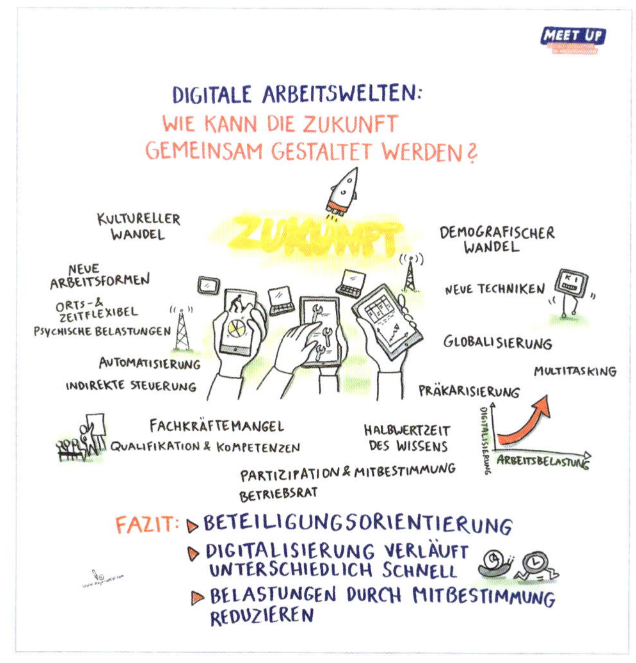

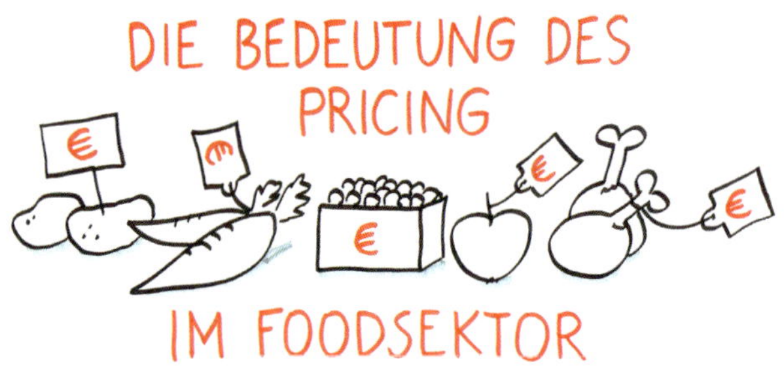

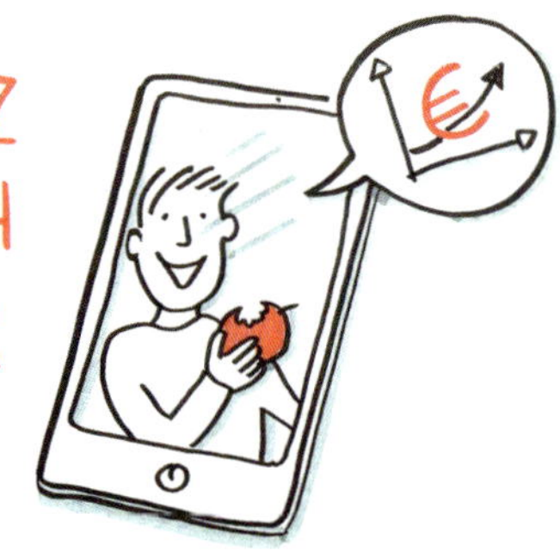

Keyvisuals für den Einsatz vor Ort, jedes auf einem großen Papierformat als Titel für die Workshopphase vorbereitet

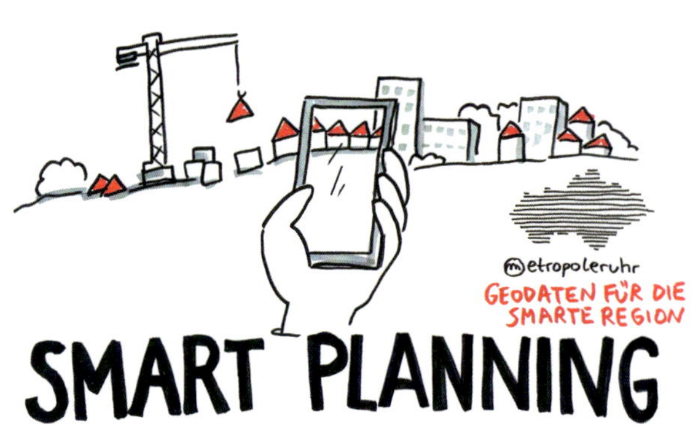

Workshopmotiv vorher …

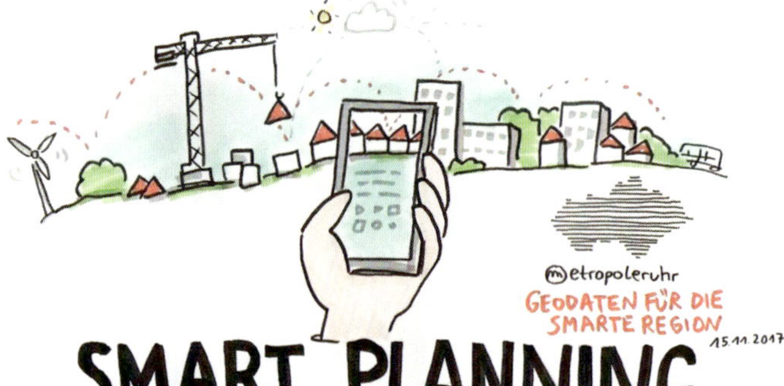

… und nachher

Workshops auf einer Konferenz zum Thema Inklusion

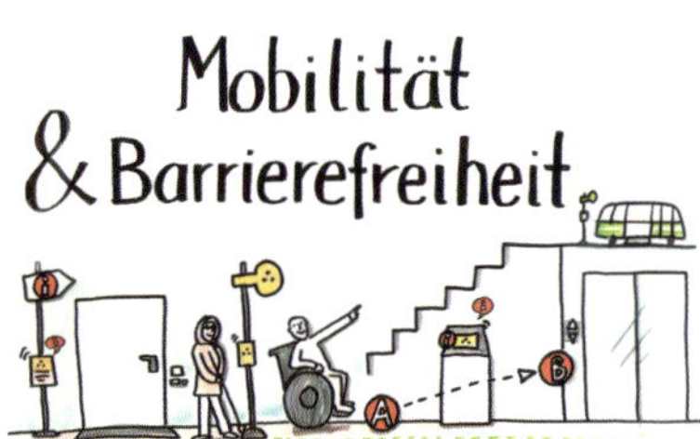

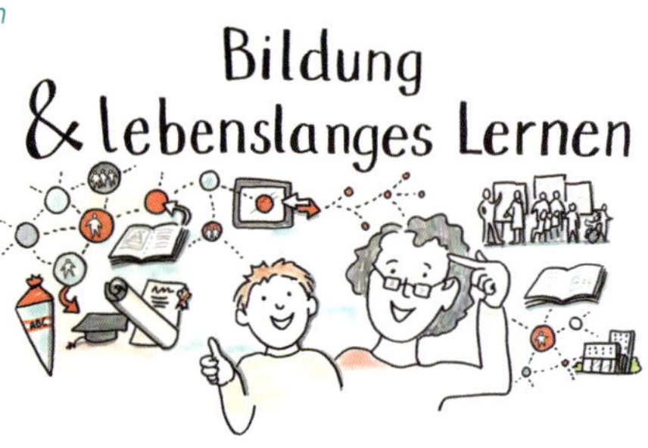

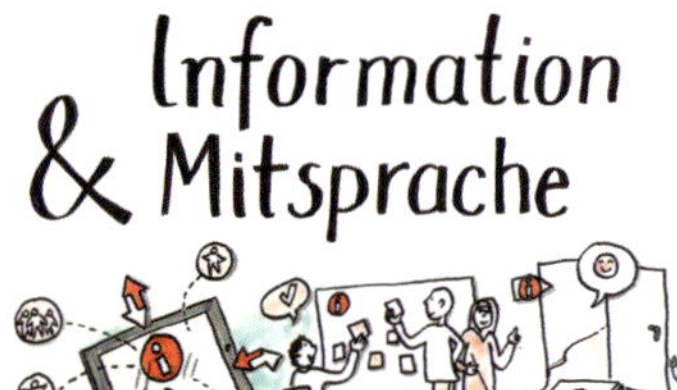

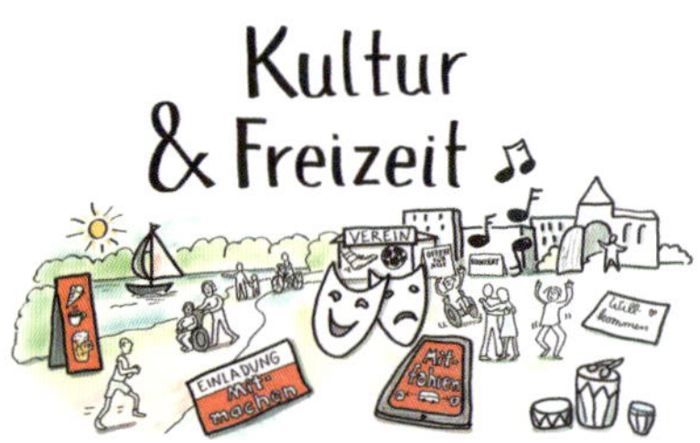

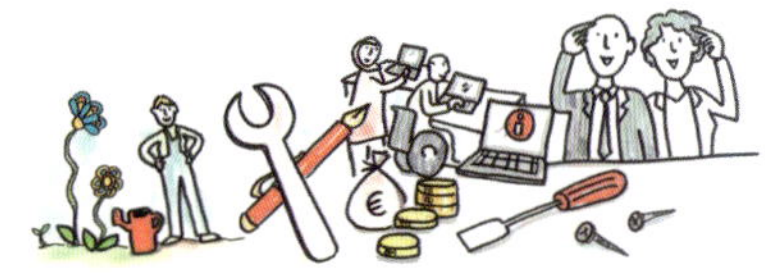

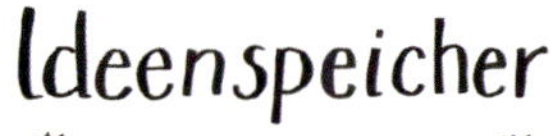

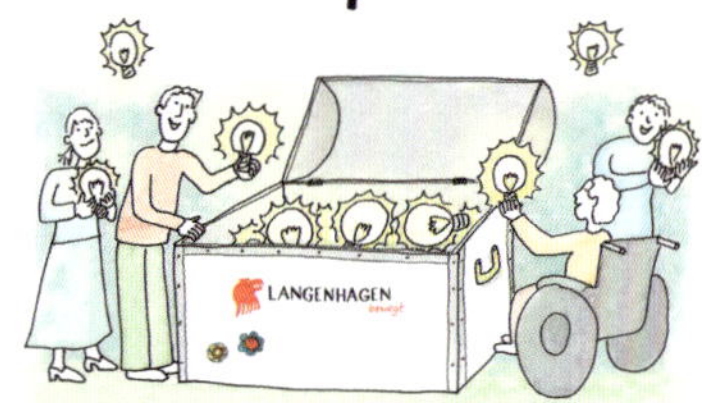

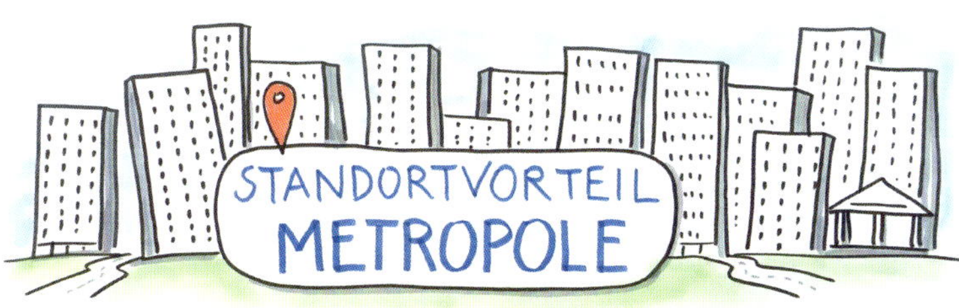

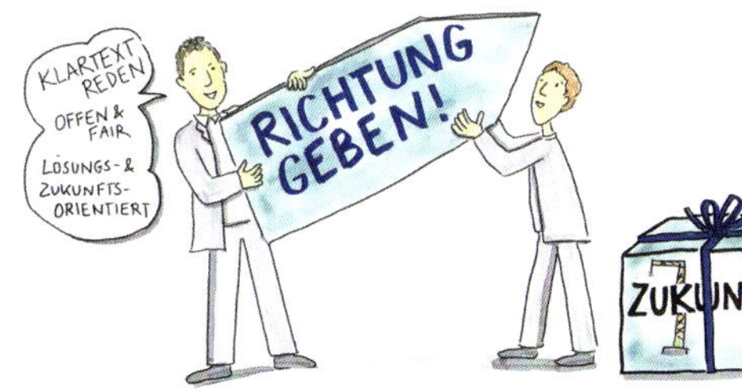

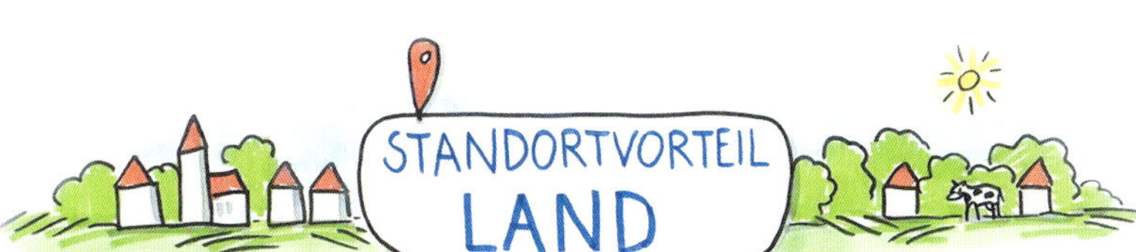

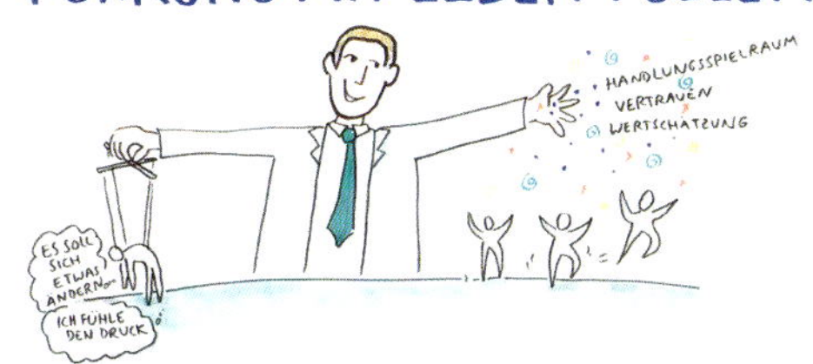

Verschiedene Workshop-Titelmotive

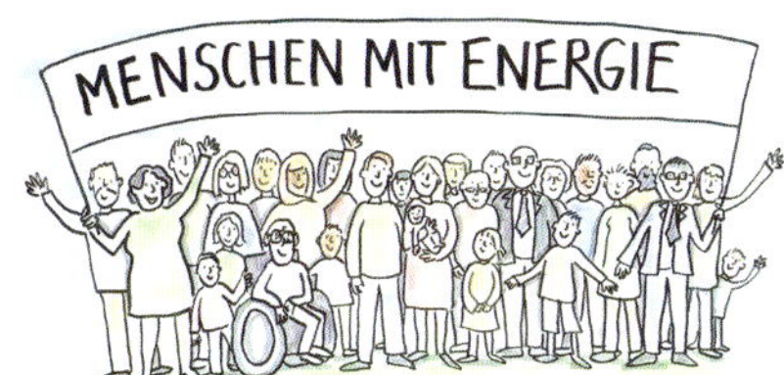

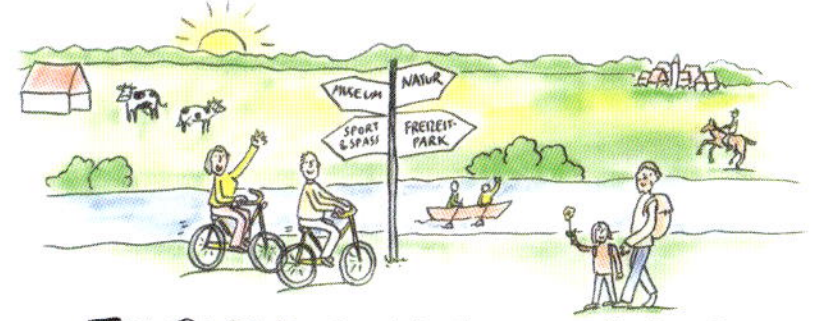

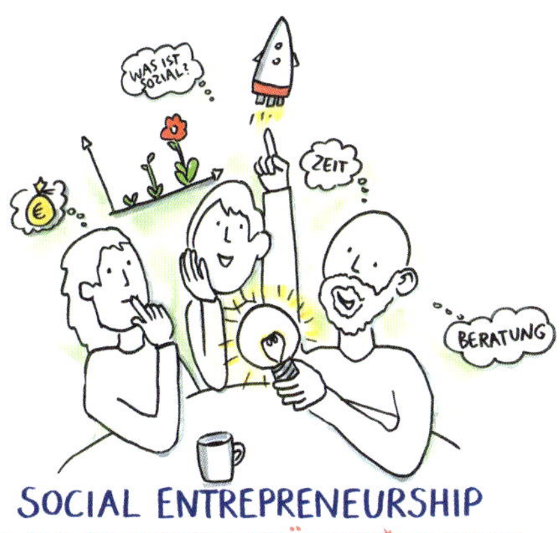

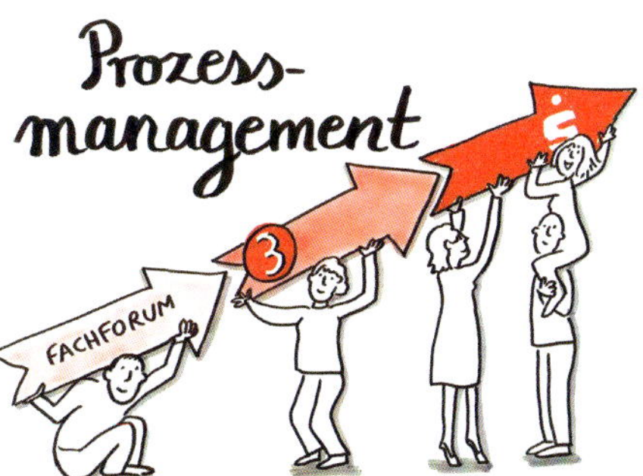

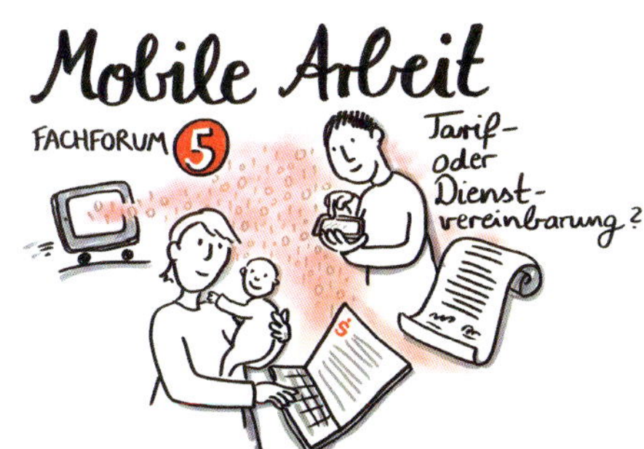

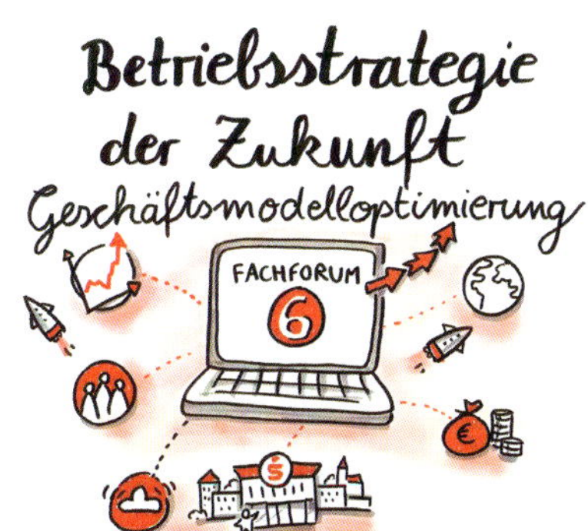

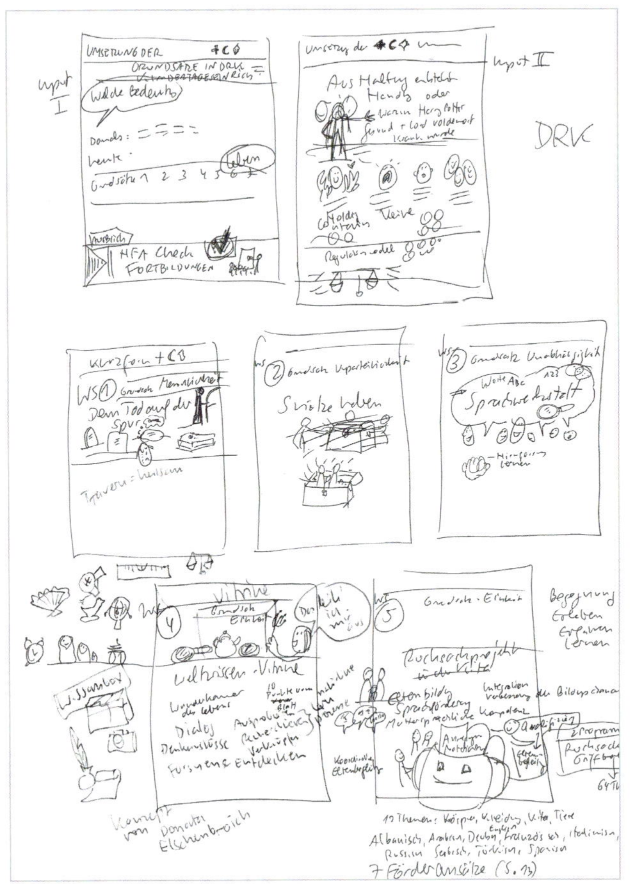

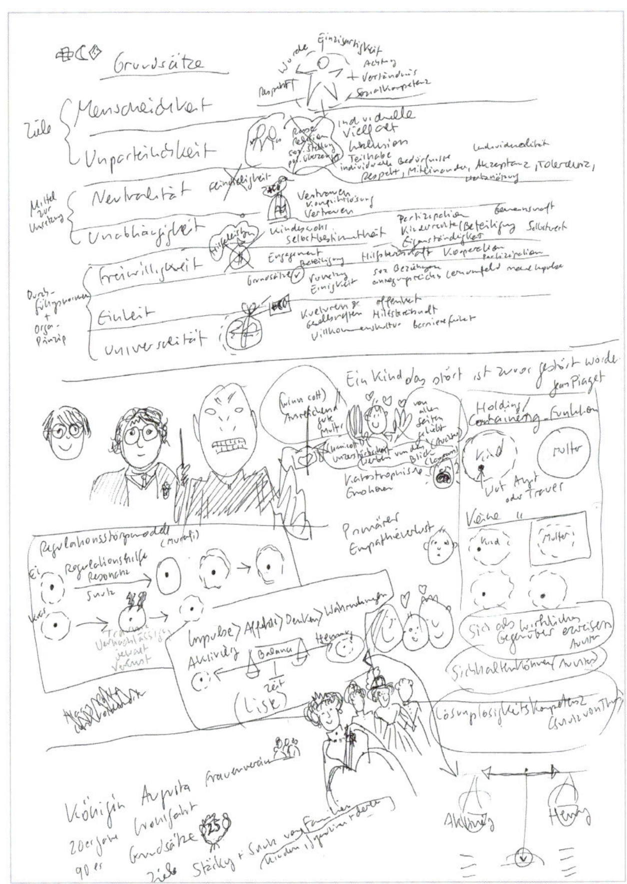

Vorbereitung und Konzeption der Einzelmotive anhand der vorliegenden Informationen zum Ablauf der Veranstaltung

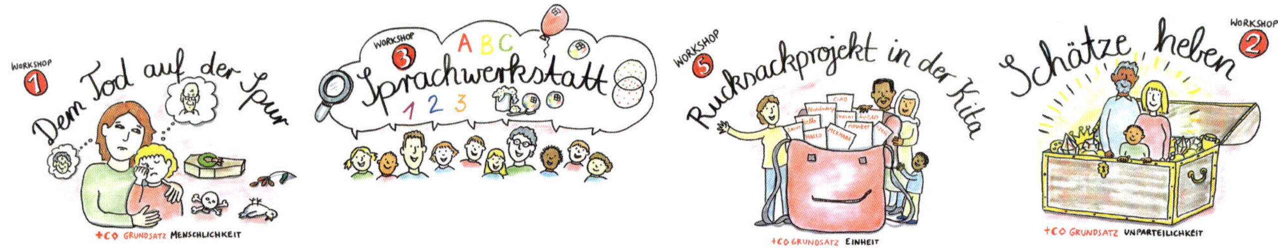

Vorbereitet mitgebrachte Bilder mit den Keyvisuals für die Workshopphase in parallelen Arbeitsgruppen

Der Auftrag: *Analoges Graphic Recording zum Keynote-Vortrag, Begleitung der Workshopphase und der abschließenden Diskussion, Format je 140 x 160 cm*
Thema: *Umsetzung der Rotkreuz- und Rothalbmond-Grundsätze in DRK-Kindertageseinrichtungen*
Dauer: *1 Stunde Vortrag, 5 Workshops parallel in 45 Minuten*
Kunde: *DRK Niedersachsen*

Nach einem persönlichen Briefinggespräch gab es eine intensive Einarbeitung, während der ich die Workshopmotive ausgearbeitet habe.

In der kurzen Zeit schaffte ich max. zwei Besuche in jedem Workshop, um Inhalte zu sammeln. Dazwischen übertrug ich diese auf die großen Formate, die immer an einem zentralen Ort stehen, damit ich kein Material herumtragen muss. Ich brauchte eine gute Stunde, um entspannt nachzuarbeiten, Farbe hinzuzufügen und Details zu ergänzen.

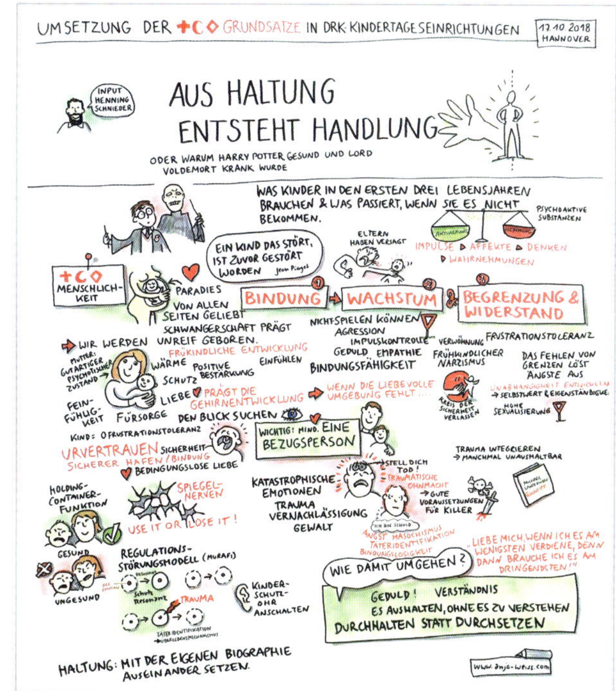

Graphic Recording zum Keynote-Vortrag

Bilder nach zwei Workshops

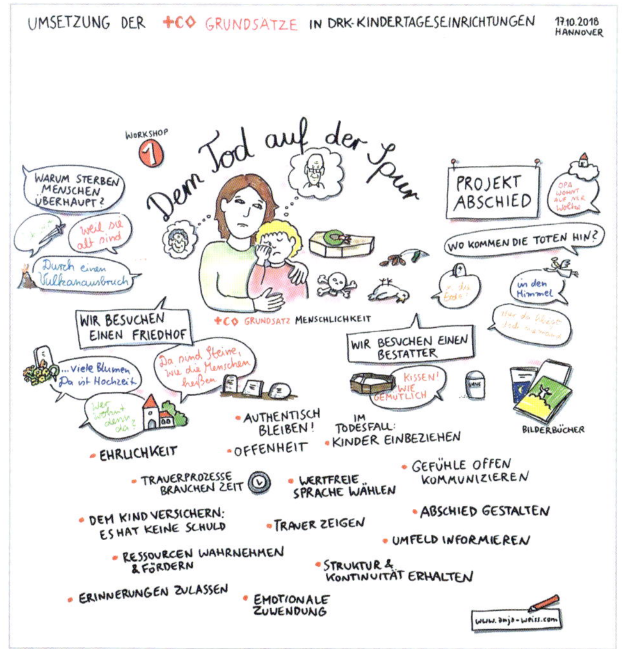

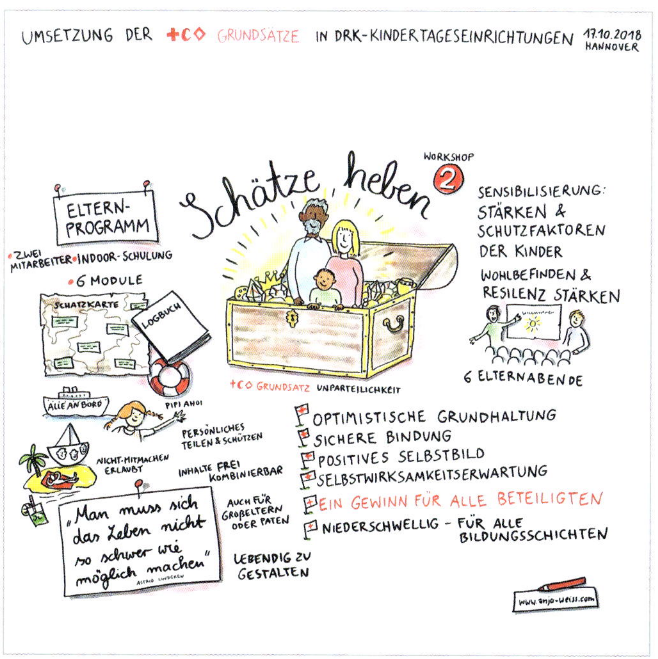

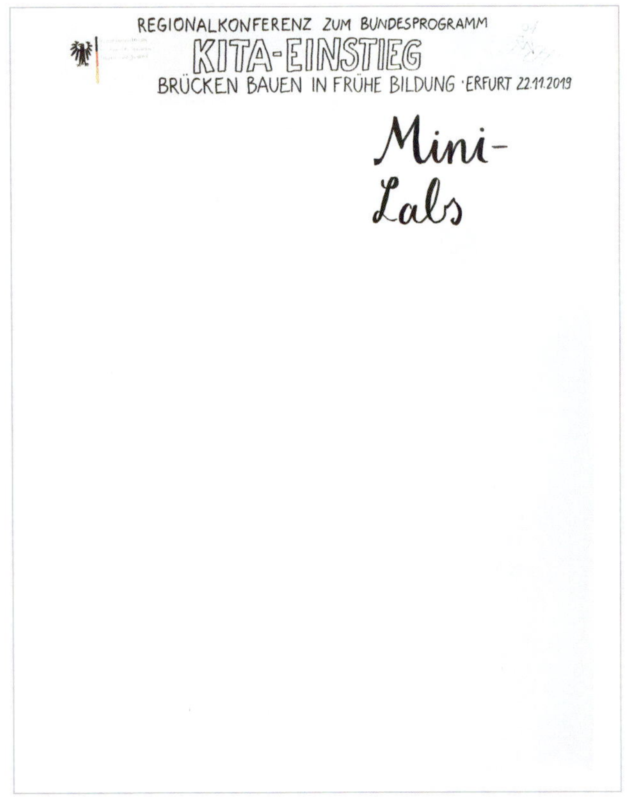

Analoges Graphic Recording: Ergebnissicherung von Kleingruppendiskussionen auf Kapaplatte

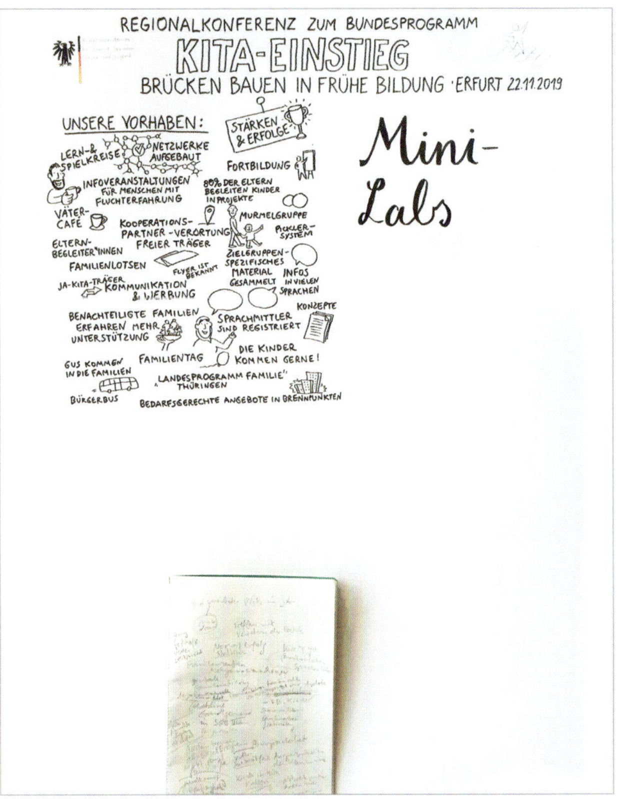

Inhalte sammeln und übertragen. In diesem Fall hatten die Teilnehmenden Templates für ihre Notizen. Diese hätte ich abfotografieren können. Leider wurden viele dieser Vorlagen nicht genutzt, so dass ich Stichworte an den einzelnen Diskussionsinseln heraushören musste.

Der Auftrag: *Analoges Graphic Recording bei vier Regionalkonferenzen auf Kapaplatte, Format 5 x 70 x 100 cm*
Thema: *Bundesprogramm Kita-Einstieg: Brücken bauen in frühe Bildung*
Dauer: *1 Stunde Diskussion und 1,5 Stunden Mini-Labs*
Kunde: *Bundesministerium für Familie, Senioren, Frauen und Jugend*

Es gab ein jeweils ähnliches Setting in vier Städten. In der Vorbereitung war meine Herausforderung, nicht viermal die gleiche Struktur zu nehmen (was ich hätte tun können). Aber so einfach wollte ich es mir nicht machen.

Mit früher Bildung kenne ich mich bereits von anderen Aufträgen gut aus, wegen meines fröhlich-naiven Stils werde ich gerne für soziale Themen gebucht. Auf Kapaplatte arbeite ich selten, aber ein stabiler Untergrund hat Vorteile: Es gibt keine Knicke und hat eine wertige Ausstrahlung. Die Kapaplatte wurde auf meinen Wunsch vom Kunden besorgt und wartete bereits vor Ort. Da ich mit der Bahn anreise, hätte ich sie nicht transportieren können. Das Material reagiert anders als mein übliches Papier, die Oberfläche ist glatter. Daher brauchte ich auch andere Stifte, denn die üblichen wasserlöslichen Marker verschmieren auf der glatten Oberfläche.

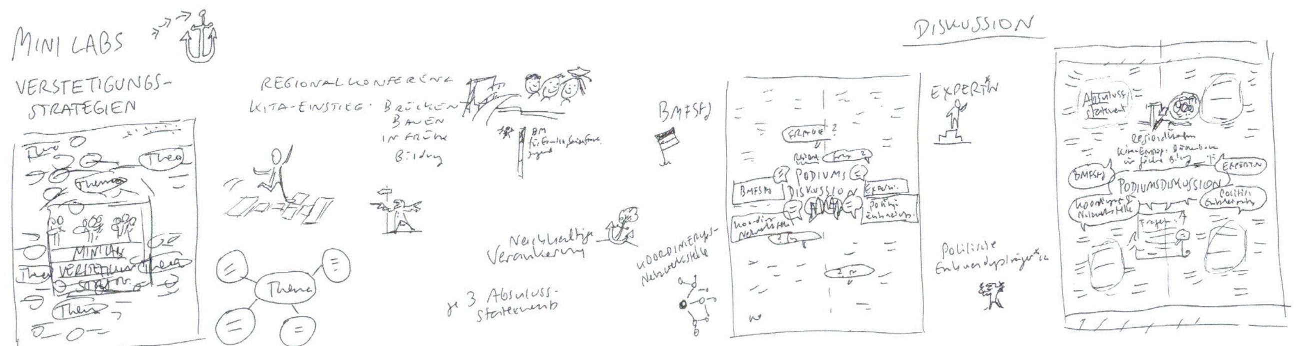

Skizzen zur Vorbereitung

Das Format füllt sich mehr …

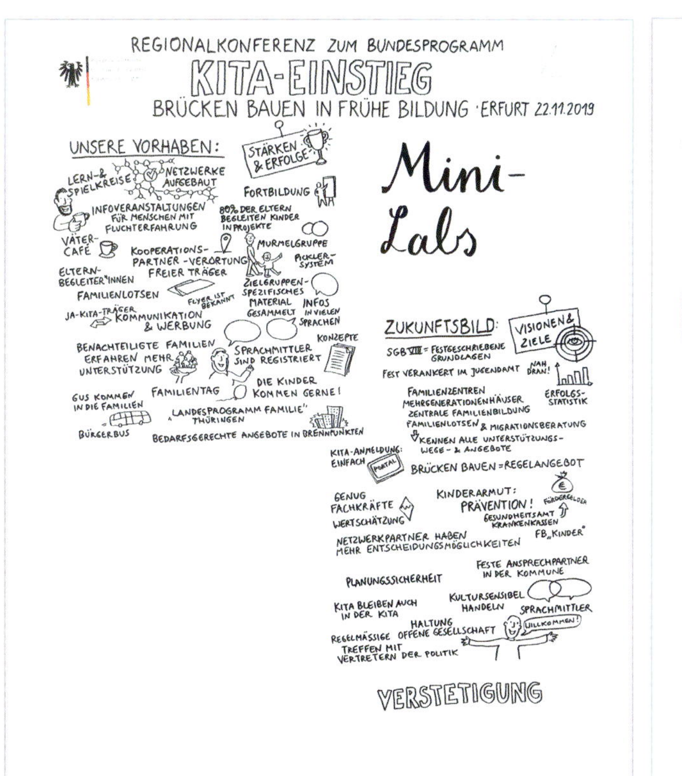

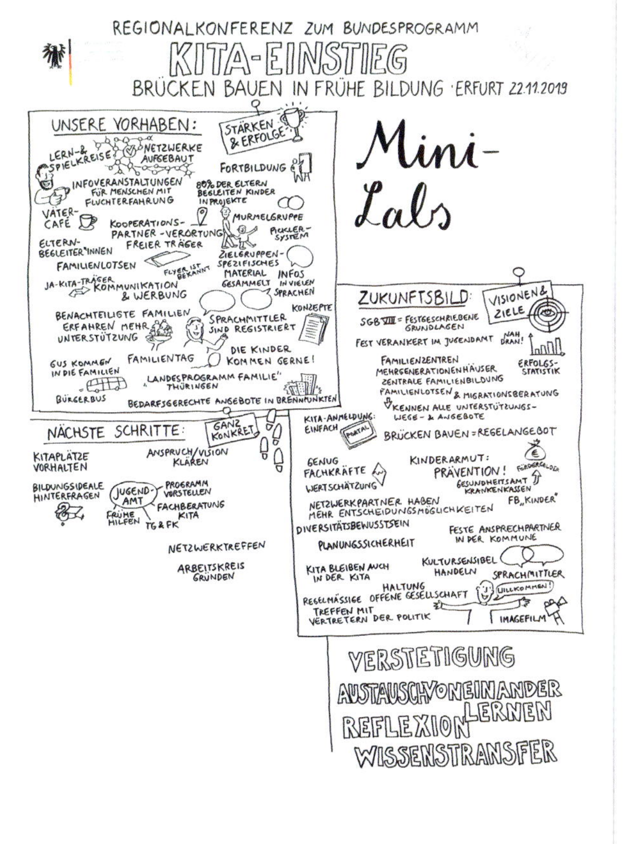

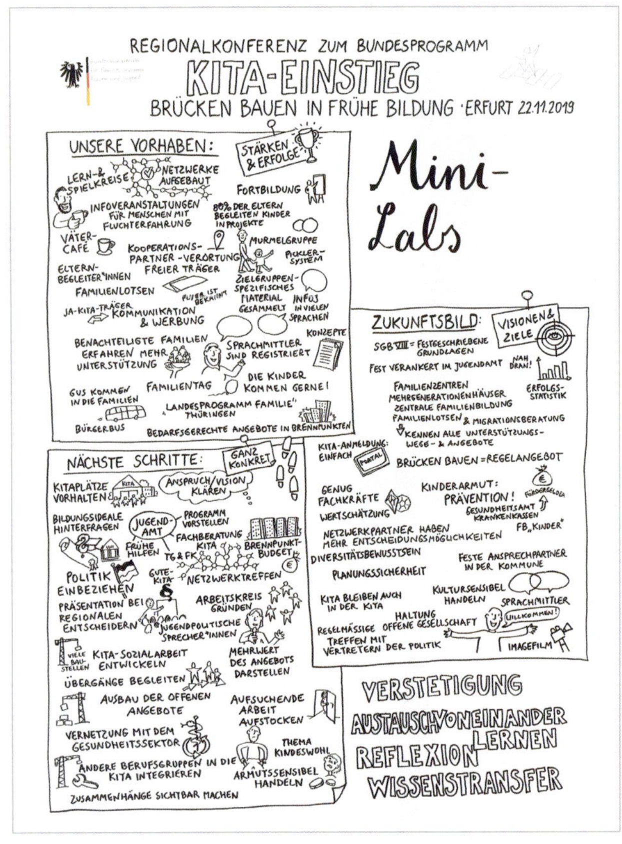

... und mehr.

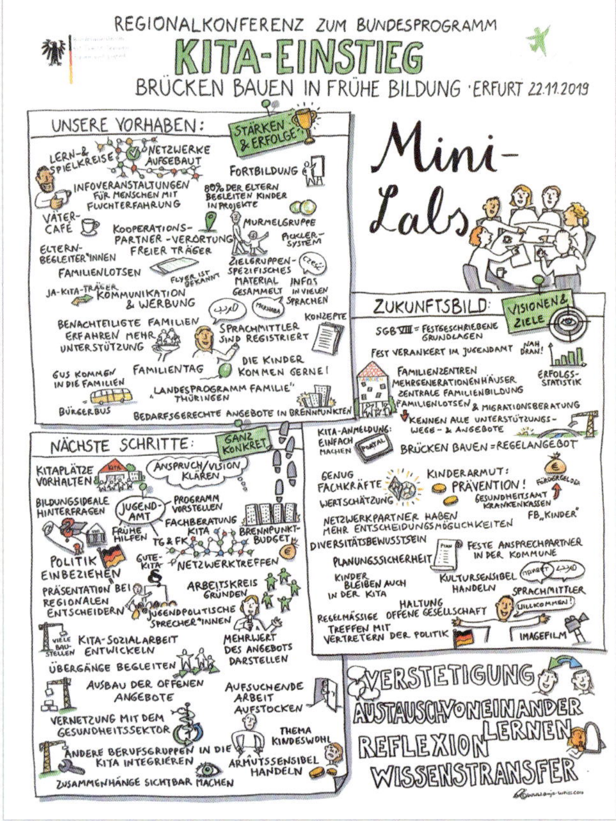

Und nun kommt endlich auch die Farbe dazu.

Weitere Skizzen aus der Vorbereitungsphase

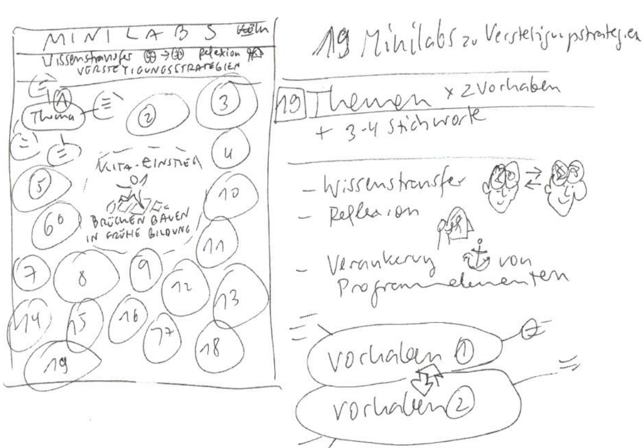

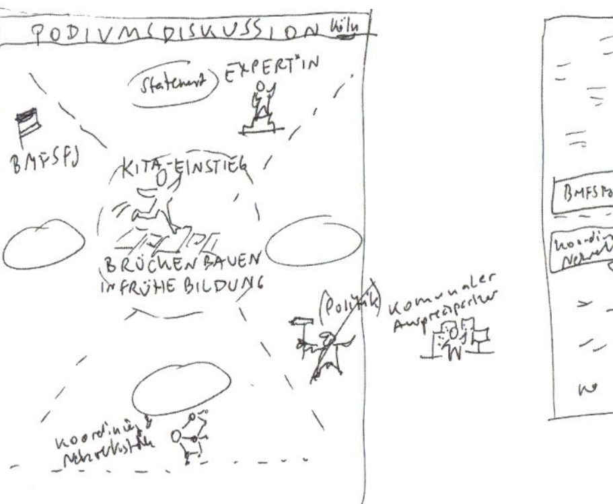

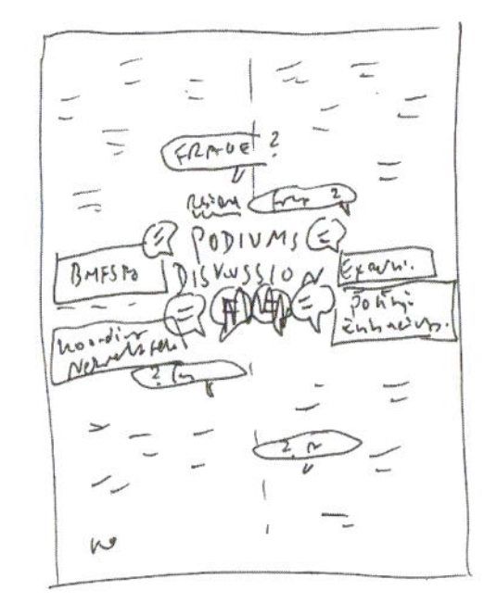

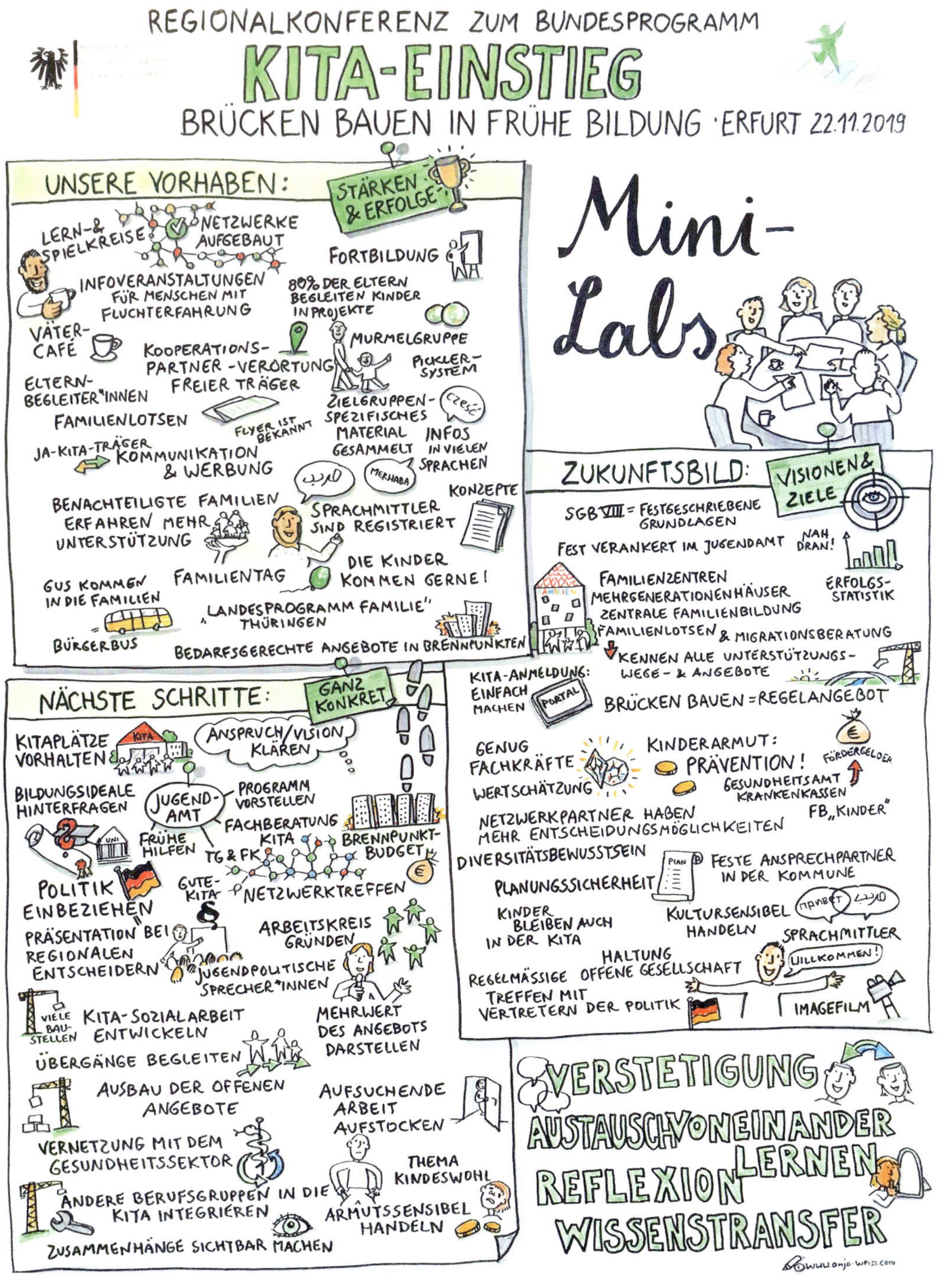

REGIONALKONFERENZ ZUM BUNDESPROGRAMM

KITA-EINSTIEG

BRÜCKEN BAUEN IN FRÜHE BILDUNG · ERFURT 22.11.2019

UNSERE VORHABEN: STÄRKEN & ERFOLGE

LERN- & SPIELKREISE
NETZWERKE AUFGEBAUT
FORTBILDUNG
INFOVERANSTALTUNGEN FÜR MENSCHEN MIT FLUCHTERFAHRUNG
80% DER ELTERN BEGLEITEN KINDER IN PROJEKTE
VÄTER-CAFÉ
KOOPERATIONS-PARTNER - VERORTUNG FREIER TRÄGER
MURMELGRUPPE
PICKLER-SYSTEM
ELTERN-BEGLEITER*INNEN
FAMILIENLOTSEN
FLYER IST BEKANNT
ZIELGRUPPEN-SPEZIFISCHES MATERIAL GESAMMELT
CZEŚĆ
INFOS IN VIELEN SPRACHEN
JA-KITA-TRÄGER
KOMMUNIKATION & WERBUNG
MERHABA
KONZEPTE
BENACHTEILIGTE FAMILIEN ERFAHREN MEHR UNTERSTÜTZUNG
SPRACHMITTLER SIND REGISTRIERT
GUS KOMMEN IN DIE FAMILIEN
FAMILIENTAG
DIE KINDER KOMMEN GERNE!
„LANDESPROGRAMM FAMILIE" THÜRINGEN
BÜRGERBUS
BEDARFSGERECHTE ANGEBOTE IN BRENNPUNKTEN

Mini-Labs

ZUKUNFTSBILD: VISIONEN & ZIELE

SGB VIII = FESTGESCHRIEBENE GRUNDLAGEN
FEST VERANKERT IM JUGENDAMT
NAH DRAN!
FAMILIENZENTREN
MEHRGENERATIONENHÄUSER
ZENTRALE FAMILIENBILDUNG
FAMILIENLOTSEN & MIGRATIONSBERATUNG
ERFOLGS-STATISTIK
KENNEN ALLE UNTERSTÜTZUNGS-WEGE- & ANGEBOTE
KITA-ANMELDUNG: EINFACH MACHEN
PORTAL
BRÜCKEN BAUEN = REGELANGEBOT
GENUG FACHKRÄFTE
WERTSCHÄTZUNG
KINDERARMUT: PRÄVENTION!
FÖRDERGELDER
GESUNDHEITSAMT KRANKENKASSEN
NETZWERKPARTNER HABEN MEHR ENTSCHEIDUNGSMÖGLICHKEITEN
FB „KINDER"
DIVERSITÄTSBEWUSSTSEIN
PLAN
FESTE ANSPRECHPARTNER IN DER KOMMUNE
PLANUNGSSICHERHEIT
KINDER BLEIBEN AUCH IN DER KITA
KULTURSENSIBEL HANDELN
ПРИВЕТ
SPRACHMITTLER
HALTUNG
OFFENE GESELLSCHAFT
WILLKOMMEN!
REGELMÄSSIGE TREFFEN MIT VERTRETERN DER POLITIK
IMAGEFILM

NÄCHSTE SCHRITTE: GANZ KONKRET

KITAPLÄTZE VORHALTEN
KITA
ANSPRUCH/VISION KLÄREN
BILDUNGSIDEALE HINTERFRAGEN
JUGEND-AMT
PROGRAMM VORSTELLEN
FACHBERATUNG
KITA
FRÜHE HILFEN
UNI
TG & FK
BRENNPUNKT-BUDGET
POLITIK EINBEZIEHEN
GUTE-KITA
NETZWERKTREFFEN
PRÄSENTATION BEI REGIONALEN ENTSCHEIDERN
ARBEITSKREIS GRÜNDEN
JUGENDPOLITISCHE SPRECHER*INNEN
VIELE BAU-STELLEN
KITA-SOZIALARBEIT ENTWICKELN
MEHRWERT DES ANGEBOTS DARSTELLEN
ÜBERGÄNGE BEGLEITEN
AUSBAU DER OFFENEN ANGEBOTE
AUFSUCHENDE ARBEIT AUFSTOCKEN
VERNETZUNG MIT DEM GESUNDHEITSSEKTOR
THEMA KINDESWOHL
ANDERE BERUFSGRUPPEN IN DIE KITA INTEGRIEREN
ARMUTSSENSIBEL HANDELN
ZUSAMMENHÄNGE SICHTBAR MACHEN

VERSTETIGUNG
AUSTAUSCH VONEINANDER LERNEN
REFLEXION
WISSENSTRANSFER

www.anja-weiss.com

Fertig!
Mein Favorit der Serie

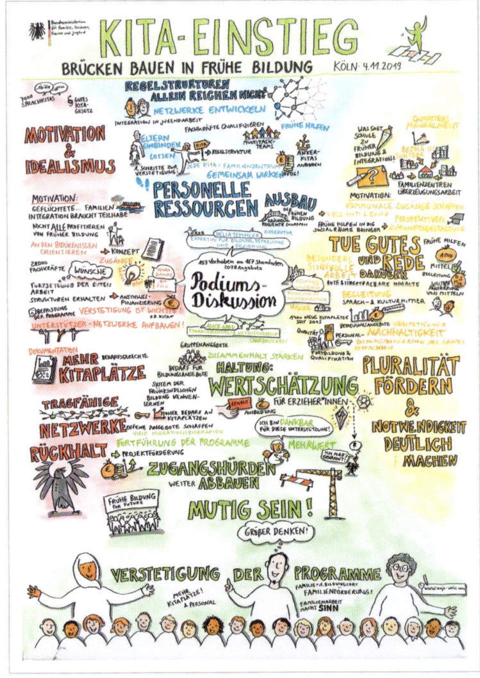
KITA-EINSTIEG
BRÜCKEN BAUEN IN FRÜHE BILDUNG
KÖLN, 4.11.2019
MOTIVATION & IDEALISMUS
PERSONELLE RESSOURCEN
AUSBAU
Podiums-Diskussion
TUE GUTES UND REDE DARÜBER
MEHR KITAPLÄTZE
WERTSCHÄTZUNG
PLURALITÄT FÖRDERN & NOTWENDIGKEIT DEUTLICH MACHEN
TRAGFÄHIGE NETZWERKE
RÜCKHALT
ZUGANGSHÜRDEN ABBAUEN
MUTIG SEIN!
VERSTETIGUNG DER PROGRAMME

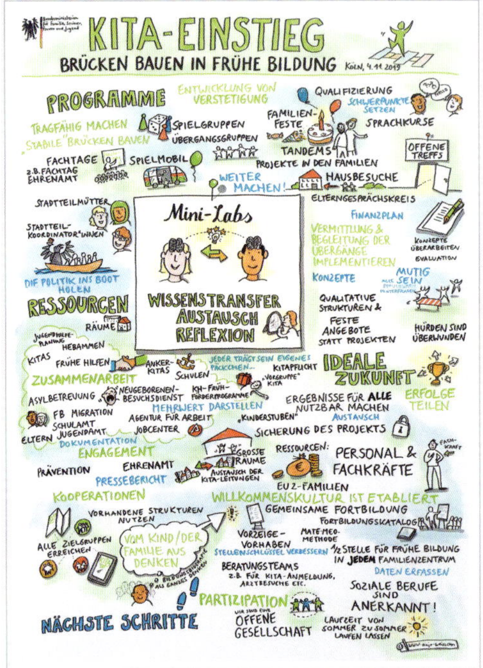
KITA-EINSTIEG
BRÜCKEN BAUEN IN FRÜHE BILDUNG
KÖLN, 4.11.2019
PROGRAMME
Mini-Labs
WISSENSTRANSFER AUSTAUSCH REFLEXION
RESSOURCEN
ZUSAMMENARBEIT
IDEALE ZUKUNFT
ERFOLGE TEILEN
ENGAGEMENT
PERSONAL & FACHKRÄFTE
KOOPERATIONEN
WILLKOMMENSKULTUR IST ETABLIERT
PARTIZIPATION
NÄCHSTE SCHRITTE

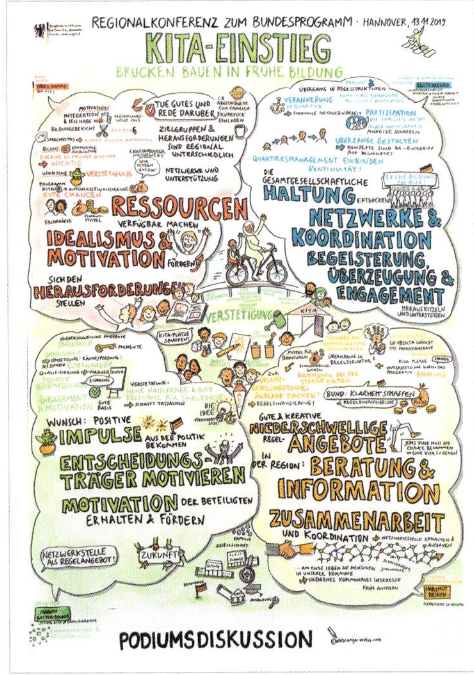
REGIONALKONFERENZ ZUM BUNDESPROGRAMM · HANNOVER, 13.11.2019
KITA-EINSTIEG
BRÜCKEN BAUEN IN FRÜHE BILDUNG
RESSOURCEN
IDEALISMUS & MOTIVATION
HERAUSFORDERUNGEN
HALTUNG
NETZWERKE & KOORDINATION
BEGEISTERUNG, ÜBERZEUGUNG & ENGAGEMENT
VERSTETIGUNG
IMPULSE
ENTSCHEIDUNGS-TRÄGER MOTIVIEREN
MOTIVATION
NIEDERSCHWELLIGE ANGEBOTE
BERATUNG & INFORMATION
ZUSAMMENARBEIT
PODIUMSDISKUSSION

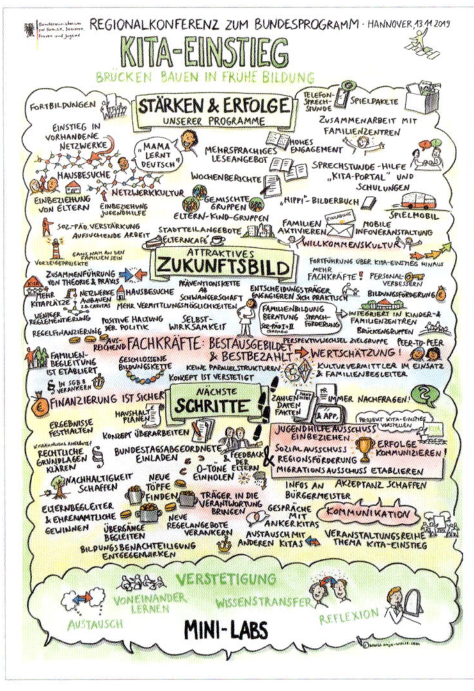
REGIONALKONFERENZ ZUM BUNDESPROGRAMM · HANNOVER, 13.11.2019
KITA-EINSTIEG
BRÜCKEN BAUEN IN FRÜHE BILDUNG
STÄRKEN & ERFOLGE UNSERER PROGRAMME
ATTRAKTIVES ZUKUNFTSBILD
FACHKRÄFTE: BESTAUSGEBILDET & BESTBEZAHLT
WERTSCHÄTZUNG!
FINANZIERUNG IST SICHER
NÄCHSTE SCHRITTE
KOMMUNIKATION
VERSTETIGUNG
VONEINANDER LERNEN
WISSENSTRANSFER
AUSTAUSCH
REFLEXION
MINI-LABS

Ich habe Varianten im Grundlayout ausprobiert. Manches Bild wirkt voller, manches ist besser, manches schlechter gelungen. Im direkten Vergleich lässt sich das gut analysieren. Die Bilder waren nicht für eine so kleine Abbildung gedacht, so sind sie nicht mehr lesbar. Sie funktionieren in der Verkleinerung noch gut bis A4, so dass die Teilnehmenden die Bilder später ausdrucken konnten. Aber die Metastruktur wird hier optisch umso klarer. Die Buntheit durch die vier Farben zieht sich durch, da sie die vier Expertenbereiche trennen.

Generell finde ich die Arbeiten etwas zu voll. Mehr Luft (also Weißraum) hätte der Gestaltung gutgetan. Andererseits wurde im Briefing gewünscht, möglichst viele Beiträge sichtbar zu machen. Letztlich aber gab es inhaltliche Überschneidungen, die ich noch mehr hätte zusammenfassen und clustern können.

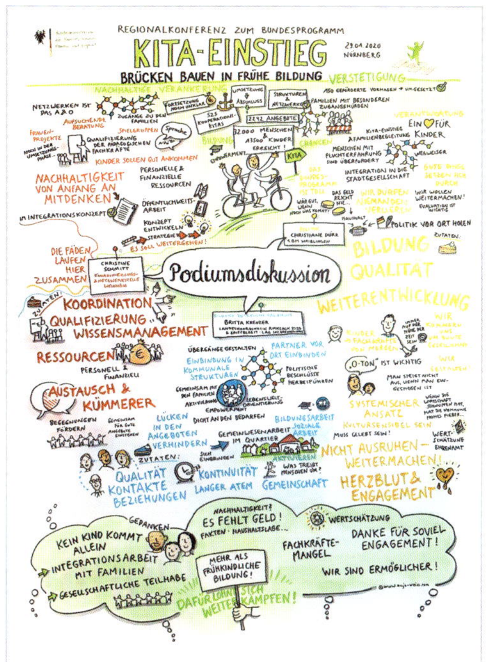

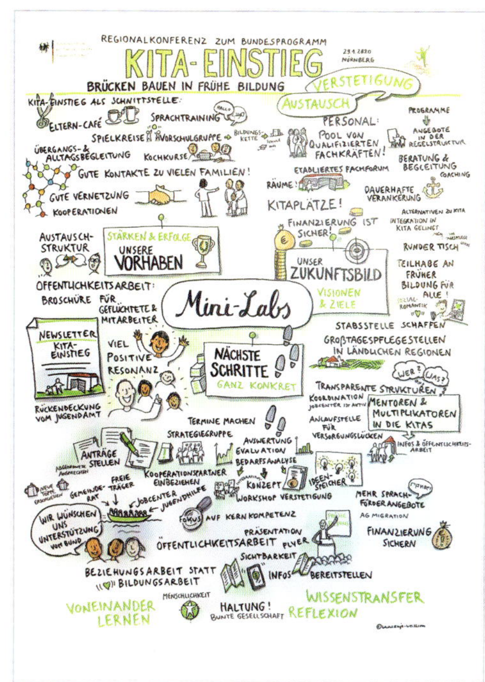

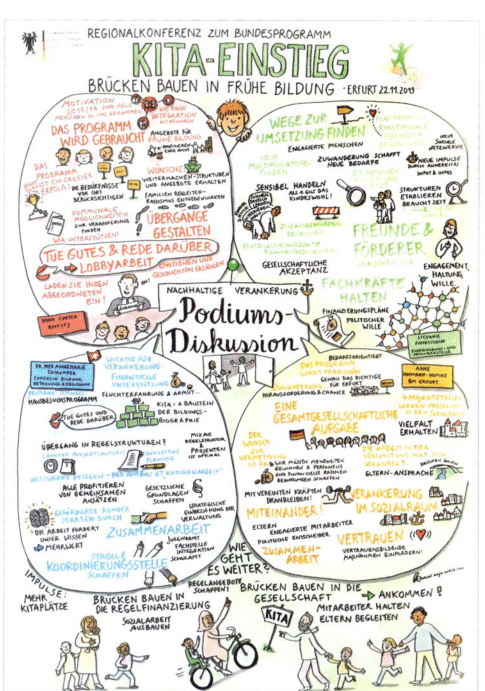

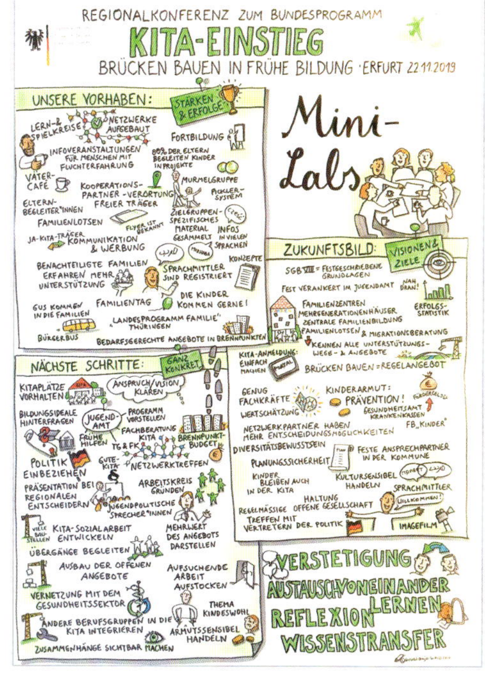

AUS DER PRAXIS

Vorbereitung

Ich habe es bereits mehrfach erwähnt, weil es so wichtig ist. Zur Vorbereitung eines Graphic Recordings gehören die Recherche zum Thema und das Skizzieren der ersten Bildideen, am besten noch vor dem Briefinggespräch. Ein Bildkonzept und eine ungefähre Skizze bilden unsere Grundlage, um Bilder im Sinne des Auftrags wirken zu lassen. Neutralität bewahren oder sich wertend einmischen kann ein Balanceakt sein. Humor ist meistens ein gutes Mittel, aber nicht immer, es gilt aufmerksam und sensibel die Grenzen zu beachten.

Manchmal bekomme ich nur spärliche Informationen: den Titel des Vortrags und die Namen der Vortragenden. Dann suche ich im Netz nach ihnen und lese mich grundsätzlich in das Thema ein. Wenn ich nicht weiß, was mich genau erwartet, dann ist immer Spontanität gefragt. Vielleicht wird das Bild nicht so gut, wie ich es eigentlich kann, aber das weiß ja sonst niemand ...

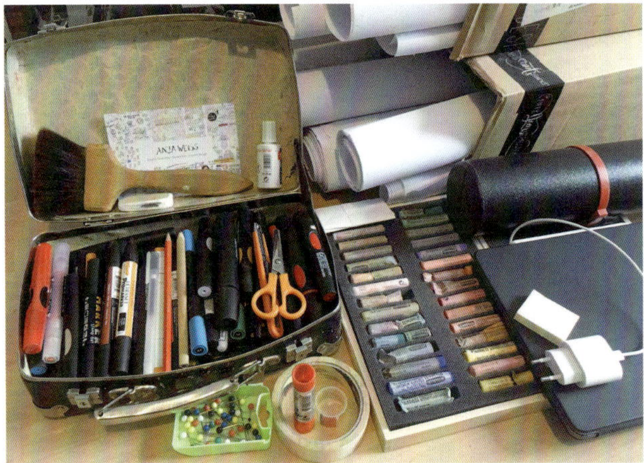

Alles, was ich fürs Graphic Recording brauche. Ich werde immer wegen des großen Pinsels gefragt, vor allem, wenn ich damit über das ganze Bild streiche. Er wischt die Radierkrümel weg, wenn ich mit Bleistift Platzhalter notiert hatte. Nur das kleine Pad ist nicht auf dem Bild, damit habe ich das Foto gemacht.

Das Arbeitsmaterial

Mein Tablet ist für mich inzwischen unverzichtbar. Das war es auch schon, bevor ich damit auch digital gezeichnet habe. Insbesondere wenn ich verschiedene parallele Workshops mitzeichne, helfen mir Fotos, Inhalte festzuhalten. Ich mache kaum noch handschriftlichen Notizen. Meinst sind Wände, Präsentationen oder Flipcharts vor Ort, die inhaltlich etwas hergeben. Um Inhalte zu sammeln oder Fotos für mein Portfolio zu machen, nutze ich das kleine Pad, weil es leichter und damit besser zu handhaben ist. Das große Tablet nutze ich ausschließlich für das digitale Zeichnen.

Das ultimative Handwerkszeug beim Visualisieren sind Papier und Stifte. Sie müssen aufeinander abgestimmt sein. Auf Kapaplatten lässt sich gut arbeiten, sie sind glatt und stabil, lassen sich aber durch ihre Sperrigkeit nicht so gut transportieren. Wasserlösliche Marker verschmieren darauf. Papier lässt sich zusammenrollen und in einer Rolle auch in der Bahn mitnehmen. Ich nutze hochweiße Papierqualität, die es im Standard-Metaplanformat 140 x 160 cm, aber auch größer auf der Rolle gibt. Die meisten Metaplanwände, die zur Ausstattung eines Tagungsortes gehören, haben dieses Maß. Passend dazu verwende ich Moderations- und Layoutmarker sowie Pastellkreiden. Diese ergeben schnell einen zarten farbigen Hintergrund, zudem lassen sich weiche Verläufe erzeugen, wenn ich sie mit einem Taschentuch verwische.

Meinen ersten Einsatz im Ausland hatte ich mit einem Global-Player-High-Tech-Unternehmen in Prag. Um unnötiges Gepäck zu vermeiden (die Form der Stifte war der Security schon verdächtig), hatte ich meinen Papierwunsch der zuständigen Ansprechpartnerin mitgeteilt und bekam die Auskunft, dass sie nur mit zertifizierten eigenen Lieferanten zusammenarbeiten. Sie würden aber Papier der gleichen Qualität zur Verfügung stellen. Am Morgen der Veranstal-

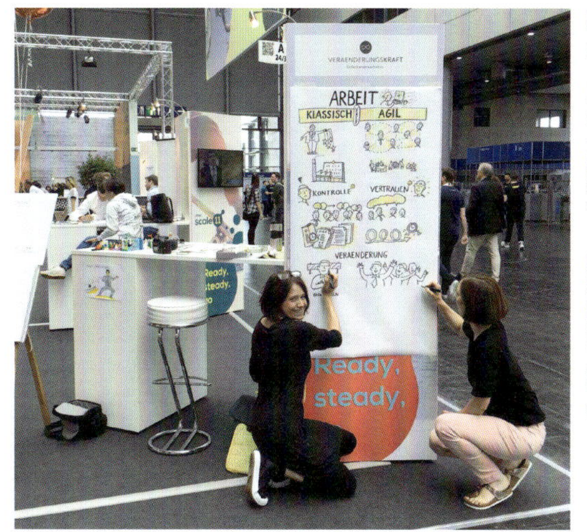

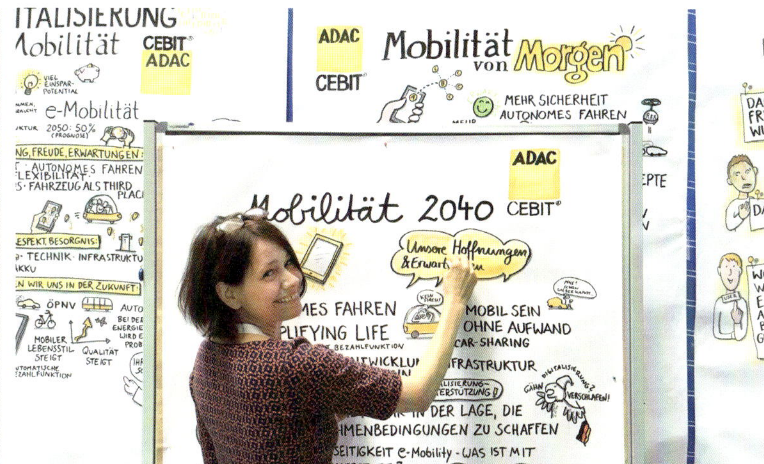

Live-Visualisierungen bringen Aufmerksamkeit an einen Messestand.

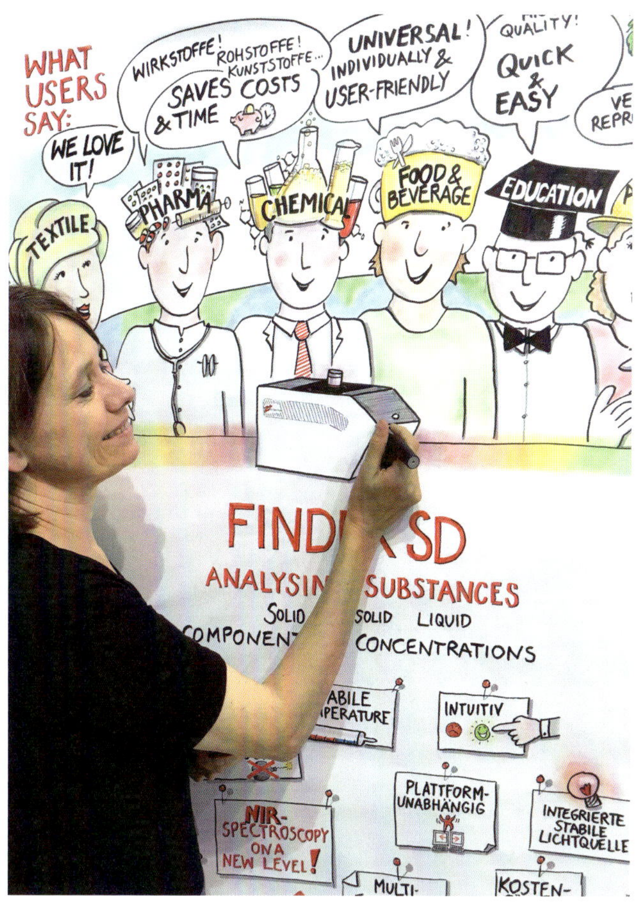

tung im Hotel, nach einer späten Anreise, fand ich dann so etwas wie transparentes Butterbrotpapier vor. Auf Butterbrotpapier haftet natürlich keine Farbe, sie verschmiert sofort. Da war sofort eine Notlösung gefordert. Das Hotel selbst war mäßig ausgestattet und hatte schwere unbewegliche, aber dafür sehr solide Stellwände in einem unüblichen Querformat, jedoch kein passendes Papier, nicht einmal braunes. Ich hatte noch eine Stunde Zeit, bevor es losging, und konnte in einem Seminarraum ein Flipchart mit Papier auftreiben: Zwei Flipchartpapiere nebeneinandergehängt passten ungefähr. Die Rückseite wurde meine Vorderseite, da sie keine Karos hatte. Ich habe die Bögen mit kleinen Tesastückchen miteinander verklebt, nicht zu viele, da dort die Farbe der Stifte nicht haftet. Eines der wichtigsten Dinge, die Sie immer dabeihaben sollten, ist Tesafilm. Das Ganze war Fummelarbeit, die Zeit kostet, die man beim Graphic Recording gar nicht hat. Ohne das eigene Handwerkszeug lässt sich nur selten zuverlässig arbeiten.

Settings und Räume

Einmal war ich auf einem großen Firmenevent zum Zeichnen zweier aufeinanderfolgender Keynote-Vorträge eingeladen. Die Veranstaltung fand in einem fensterlosen Raum statt und lief überraschenderweise fast ausschließlich medial mit Hilfe von Videoeinspielungen ab. Daher war der Raum mit Start der Veranstaltung komplett dunkel! Schlimmer noch, mit Rotlicht ausgeleuchtet. Rot war ausgerechnet die Hausfarbe, mit der ich neben Schwarz arbeiten wollte. Das führte dazu, dass ich die Farben nicht mehr unterscheiden konnte. Rot war kaum noch als Farbe zu sehen. Darüber hat wohl niemand nachgedacht und ich war nicht informiert. Aber auch solche Situationen meistert man letztlich irgendwie. Ich habe mit der Handytaschenlampe ein paar rote Marker identifiziert, aussortiert, Überschriften in Grau geschrieben und später mit Rot nachgezeichnet. Das gab dann einen Schatteneffekt und sah gewollt aus.

Manchmal haben Veranstalter*innen Angst, dass die Visualisierung eine Konkurrenz zum Vortrag sein könnte. Oft wird man deshalb eher an der Seite plaziert. Ich fühle mich da auch meistens gut positioniert. Aber Achtung – nicht zu nah am Serviceeingang aufbauen, denn da ist es unruhig und Sie müssen unbedingt gut hören können. Oft sollen die Bilder noch während der Veranstaltung umgestellt werden, damit sie noch mehr Menschen betrachten können. Das macht meist jemand vom Veranstalterteam, zuweilen muss man es aber auch selbst in die Hand nehmen. Es kommt vor, dass man einfach vergessen wird. Genau wie bei Getränken und einem Imbiss. Mir ist das bei einem dreitägigen Seminar passiert, als das Team bereits zur Pizzeria aufbrach, während ich noch mit der Nacharbeit beschäftigt war. Aus den Augen, aus dem Sinn, niemand hat mehr an mich gedacht. Aber das ist die Ausnahme, die meisten Veranstalter bringen mir und meiner Arbeit viel Aufmerksamkeit und Wertschätzung entgegen.

Das Setting ist überall ähnlich, aber die Eventlocations variieren stark. Manchmal ist es dunkel, dann wieder hell, manchmal eng, anderswo hat man viel Platz. Mir genügen die Moderationswände vor Ort, damit ich mich nicht um den Transport einer großen Wand kümmern muss. Solche Wände gibt es überall, leider in unterschiedlicher Qualität und manchmal wackelig, dann muss ich sie während des Zeichnens festhalten. Gelegentlich sind die Wände des Raums ritzenlos und glatt genug, dann nutze ich sie gerne, um direkt daran zu arbeiten. Das eignet sich gut für eine horizontal wachsende Bildwand.

Manchmal werde ich zum Abschluss auf die Bühne gebeten und habe Gelegenheit, ein paar Worte zur eigenen Arbeit zu sagen.

Zeit

Trotz aller Planung ist Zeit meistens zu knapp. Eine Konzeptänderung, über die ich erst in letzter Minute in Kenntnis gesetzt werde, oder Redner*innen, die überziehen, gibt es immer. Als Visualisierer*in muss ich mich spontan auf neue Umstände einlassen können. Es kommt vor, dass ich mehr Zeit habe, als geplant, aber das ist die Ausnahme. Entscheidend sind neben dem Keyvisual Über- und Zwischenüberschriften. Für Detailinfos verwende ich Platzhalter. Ich notiere Stichworte auf Klebezetteln oder schreibe mit Bleistift direkt ins Bild und arbeite es dann später aus. Farbe, Container und andere Details können immer nachgearbeitet werden. Als Faustregel hat sich für mich bewährt: eine Stunde für ein Metaplanformat. Das kommt bei mir gut hin, das Format ist in einer Stunde gut gefüllt. Habe ich weniger Zeit, zeichne ich größer und lasse mehr Weißraum, dauert es länger, zeichne ich kleiner oder weiche auf mehrere Bilder oder ein größeres Format aus.

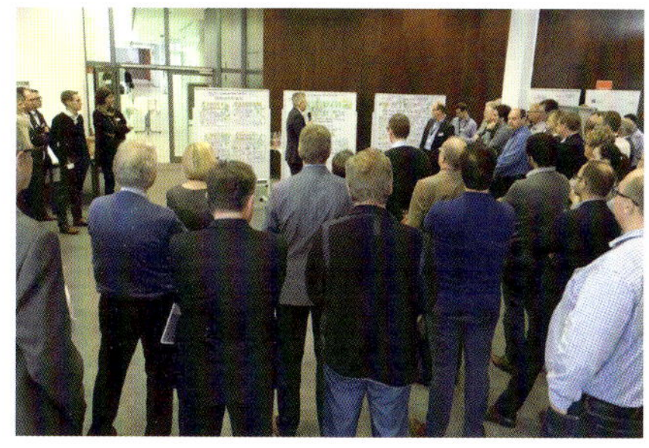

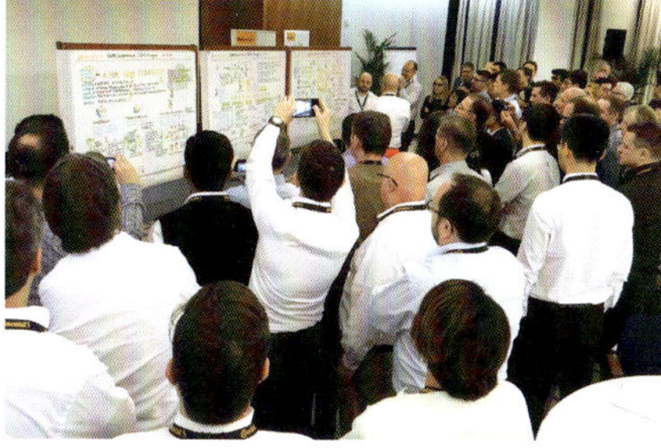

Die Bilder dienen am Ende einer Veranstaltung zur Präsentation und Zusammenfassung der Ergebnisse.

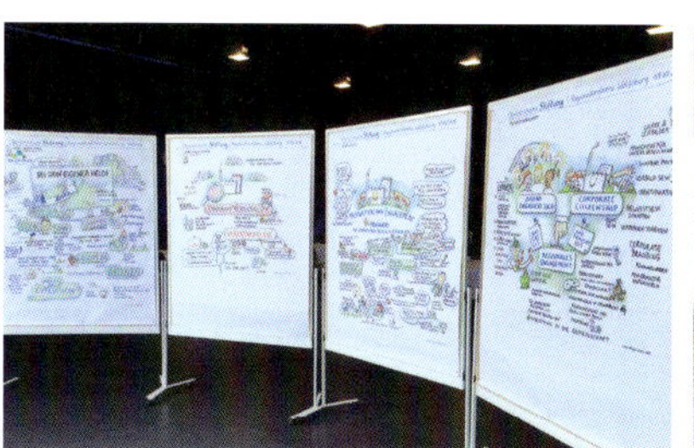

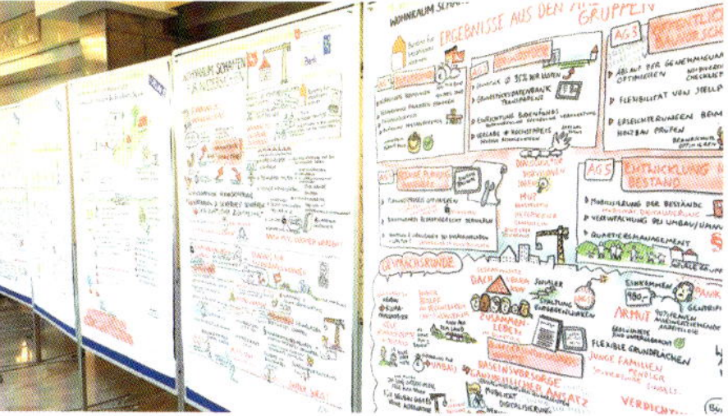

Output des Tages

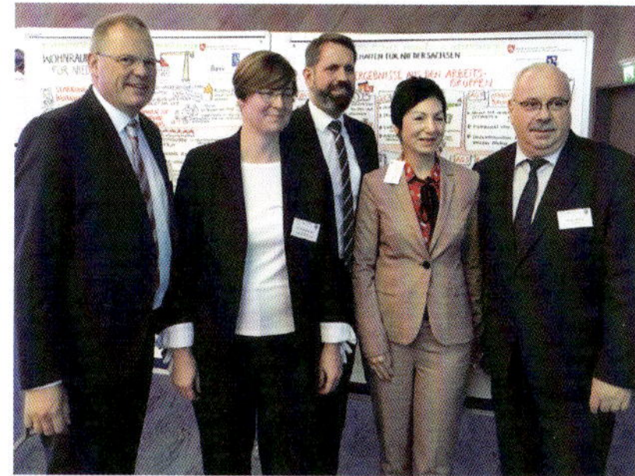

Wichtige Menschen positionieren sich gerne vor den Bildern, auch wenn sie sie damit verdecken.

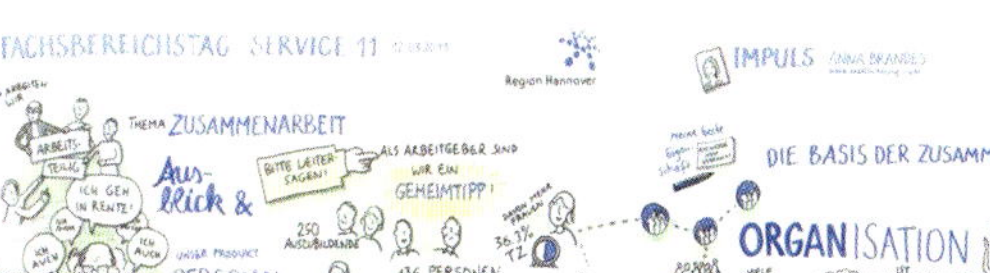

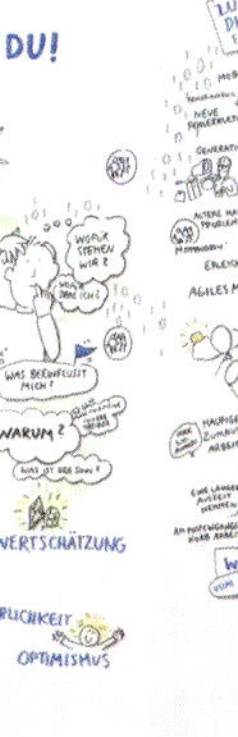

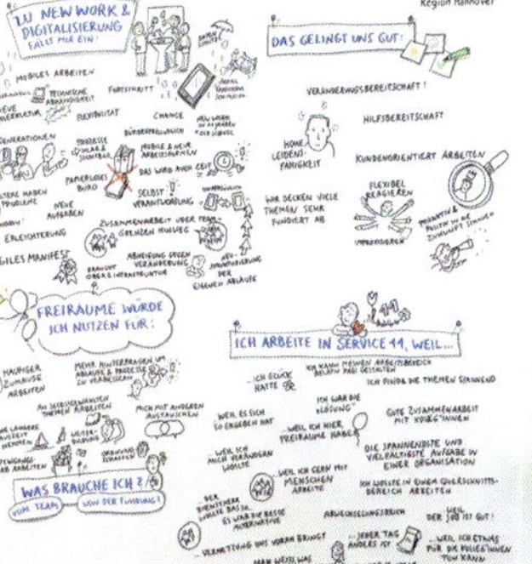

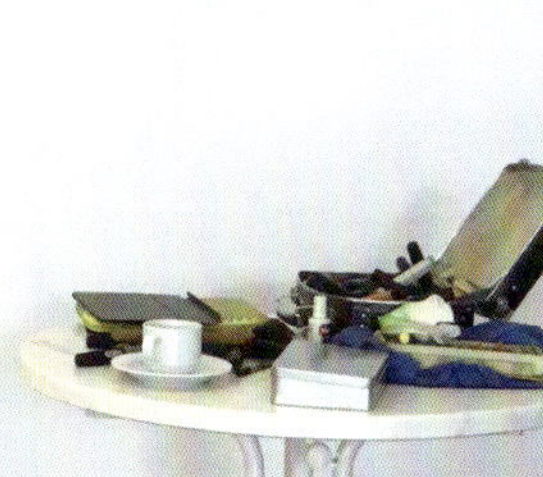

Einmal hatte ich den Auftrag, bei einer öffentlichkeitswirksamen Präsentation eines Gesundheitsthemas live zu zeichnen. Das Event fand in einem Einkaufszentrum mit Moderation, Talkrunden, Experteninterviews und Mitmachständen statt und wurde live ins Netz übertragen. Im Vorfeld gab eine lange Abstimmungsphase und ein genaues persönliches Briefing. Wichtig war der Kundin vor allem die illustrative Qualität des Ergebnisses. Es gab also eine genaue Vorzeichnung mit abgestimmten Motiven. Kurz vor dem Termin realisierte ich aber, dass das Bild so gar nicht live ausführbar war. Die Detailtreue der abgestimmten Einzelelemente lief in der Ausarbeitung nicht synchron mit dem gesprochenem Text. Die Lösung war, das große Bild vorher schon zart mit Bleistift auf das Format zu übertragen und dann live mit kräftigen Farben umzusetzen. Dafür gab es im Anschluss Kritik, da es kein Graphic Recording im klassischen Sinne war und das gesprochene Wort nicht zeitgleich geschrieben wurde. Nach dieser Erfahrung habe ich den Begriff **Eventbild** geprägt.

Das aktive Zuhören

Ich komme beim Arbeiten immer wieder in den Flow und vergesse die Zeit und die Welt um mich herum. Wenn ich beim Zeichnen angesprochen werde, vertröste ich die Menschen auf die Pause, eine längere Unterhaltung reißt mich aus der Konzentration.

Ergebnissicherung in Workshops

Die Rolle des Graphic Recordings ist hierbei ganz klassisch passiv. Die Aufgabe besteht darin, Mäuschen zu spielen, zuzuhören, Infos zu sammeln, zu zeichnen. Mein Rekord liegt bei acht Workshops, die in zwei Sessions à 45 Minuten stattfanden. Das war geistige und körperliche Schwerstarbeit, so werde ich das nicht wiederholen. In parallelen Sessions Infos zu sammeln, ist rein physikalisch nur sehr eingeschränkt möglich. Folgendes sollten Sie einrechnen: $\frac{1}{3}$ der Zeit zur Informationssammlung, $\frac{2}{3}$ zum Umsetzen. Noch besser, Sie arbeiten zu zweit und haben jemanden an der Seite, der*die nur für das Infosammeln zuständig ist.

Ich hatte einmal vier Workshops parallel zu betreuen. Das ist eigentlich gut zu schaffen. Dieses Event fand im Zoo Hannover statt. Was ich nicht wusste: Die Workshopräume befanden sich nicht dort, wo das Hauptevent lief. Sie waren im ganzen Zoo verteilt und ich musste mehrmals zu Fuß Australien durchqueren. Das hat mich ganz schön in Zeitstress gebracht.

Grenzen

Die inhaltlichen Grenzen der Visualisierung muss jede*r für sich persönlich festlegen. Welche Themen liegen mir mehr als andere, bei welchen Themen fällt es mir schwerer zu verstehen, wo steige ich ganz aus?

Ich bin an meine Grenzen gestoßen, als es bei einer zweitägigen Konferenz ausschließlich um die europäsche Glücksspielregulierung ging. Ich war nur oberflächlich gebrieft und

*Graphic Recorder*innen stehen immer in der Öffentlichkeit. Manchmal gibt es Gelegenheit, einen (interaktiven) Vortrag mit einer kleinen Sketchnotes-Einführung zu halten.*
Zwei Fotos links: Petra Neumann

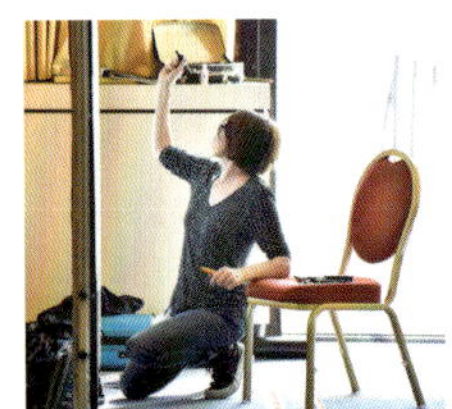

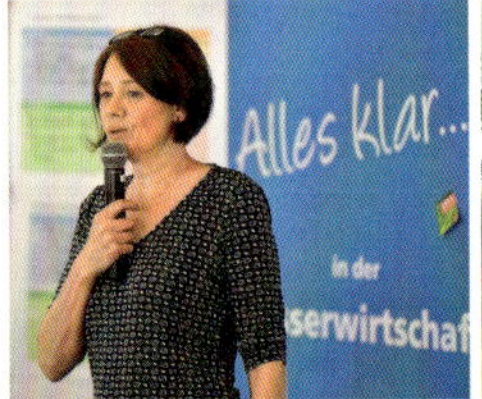

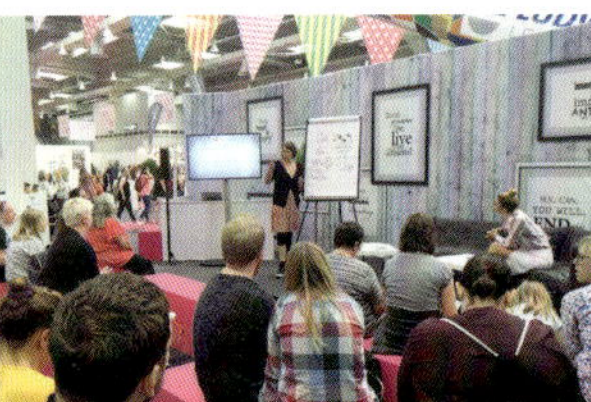

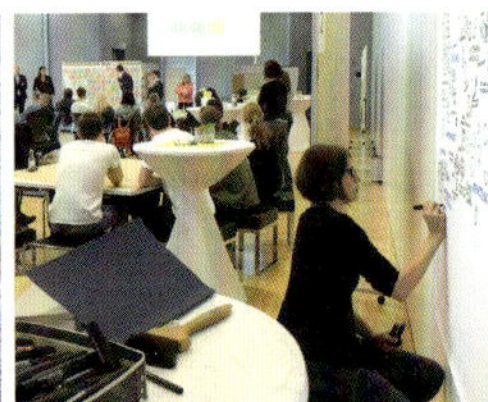

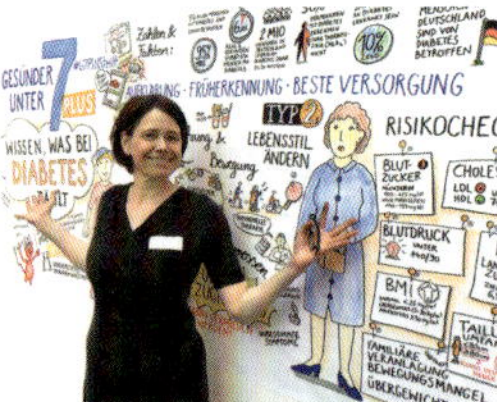

damals noch überzeugt, alles ließe sich visualisieren. Mir war nicht klar, dass es hier ausschließlich um Änderungen in den Gesetzestexten ging. Ich habe immer wieder die gleichen Bilder und Symbole der Glücksspielwelt bemüht und das Gesetzeszeichen, Rahmen, Computer, Odner und Bücher, mal eine Flagge und ein Gesicht, aber das war es, mehr ist mir dazu nicht eingefallen. Die Einzelvorträge waren alle sehr ähnlich und textlastig. Manche Aufträge lehne ich ab, z.B. wenn es um IT-interne Fachworkshops geht, denn diese Sprache ist für mich echtes Fachchinesisch.

Auch körperliche Grenzen gibt es. Natürlich. Eine lange Anreise früh am Morgen, dann volle Konzentration, und irgendwann ist es nur noch anstrengend. Ganz wichtig ist es, Zeit für Pausen einzukalkulieren und das schon beim Briefinggespräch anzusprechen. Beginnt die Veranstaltung früh, reise ich am Vortag an.

Zweisprachigkeit

In jeder Sprache, die Sie einigermaßen gut beherrschen, können Sie auch arbeiten. Mein Englisch ist gut, auch wenn sich immer mal wieder Fehler einschleichen. Ich habe aber festgestellt, dass ich nicht etwas auf Englisch hören und auf Deutsch schreiben kann, jedenfalls nicht über längere Zeit. Im Arbeitsflow schreibe ich automatisch, so wie ich höre. Eine Anfrage von einem Psychologenkongress aus der Schweiz habe ich leider ablehnen müssen, als ich hörte, dass die Vorträge in Mundart gehalten werden. Das wäre eine doppelte Übersetzungsleistung gewesen: erst im Kopf ins Hochdeutsche, dann als Visualisierung aufs Papier, was ja für sich genommen auch ein Übersetzungsprozess ist. Versuchen Sie das mal!

Sketchnotes-Workshops anleiten

Viele Menschen sind fasziniert, wenn sie erleben, wie sie selbst mit einfachen Linien scheinbar komplizierte Bilder zeichnen können. Beim Anleiten eines Einsteiger-Workshops vermittle ich Basiskenntnisse des Zeichnens aus Kapitel 1. Es gibt viele spielerische Übungen, mit denen ich dieses Basiskonzept aufwerten kann, je nach Zeitvorgabe. Am Ende sollten auf jeden Fall Erfolgserlebnisse stehen.

Übungen:
Partner-Steckbrief, Mindmap zum Thema XYZ oder ein 7-Punkte-Modell-Diktat. Genug Zeit und Raum zur Reflexion in der Gruppe und für Feedbackrunden einplanen.

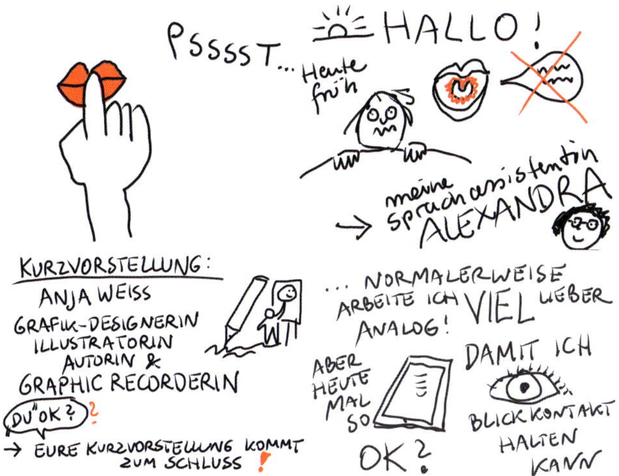

»Visualisieren für Einsteiger« – beim Workshop habe ich mit Hilfe von Tablet und Beamer anfangs nur visualisiert und gar nicht gesprochen. Das war ganz eindrucksvoll.

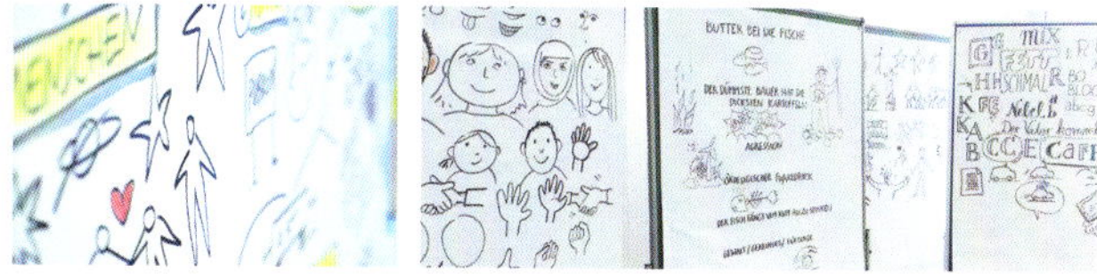

Selbstkritik

Sketchnoter*innen sollten eine gewisse Frustrationstoleranz haben. Eine spontane Visualisierung wird nie perfekt sein und Fehler wird es immer geben. Normal. Nächstes Mal machen wir es eben besser.

BILDVOKABULAR

KAPITEL 6 MOTIVE FÜR DIE VISUALISIERUNG

Entlang einiger gesellschaftlicher Metathemen und der globalen Megatrends habe ich eine Sammlung von Bildmotiven zusammengestellt, die sich im Laufe meiner Arbeit als Sketchnoterin bewährt haben. Manches wiederholt sich in ähnlicher Form oder Zusammenstellung. Vielleicht dient die eine oder andere Visualisierung als Anregung, um den eigenen Ideenspeicher zu ergänzen.

Dazu habe ich ein paar Assoziationen aufgelistet, die Sie selbstverständlich gerne ergänzen können. Nicht alles ist bildhaft umgesetzt, es gibt also viel Potenzial für eigene Darstellungsideen. Ich lasse mich gern von den Darstellungsideen anderer Gestalter*innen anregen. Auf manches wäre man selbst vielleicht nicht gekommen. So erweitert sich der eigene Bildwörterschatz.

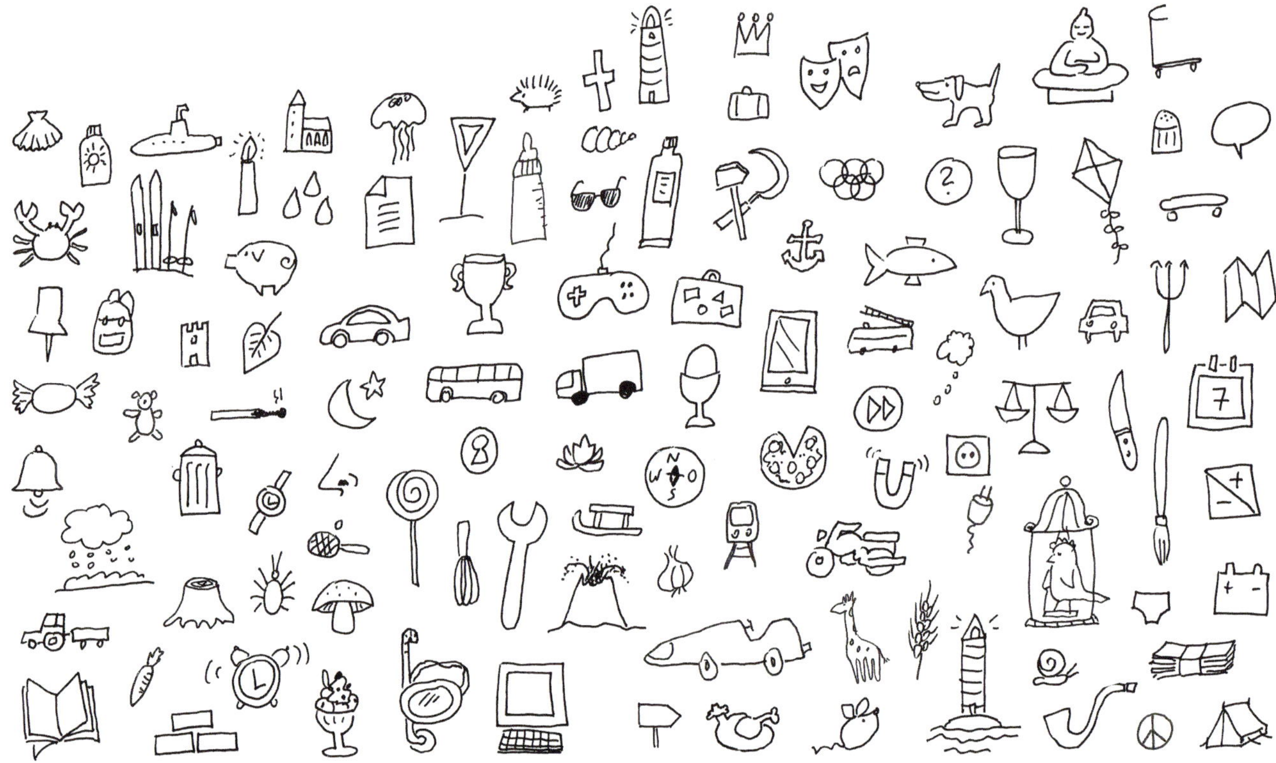

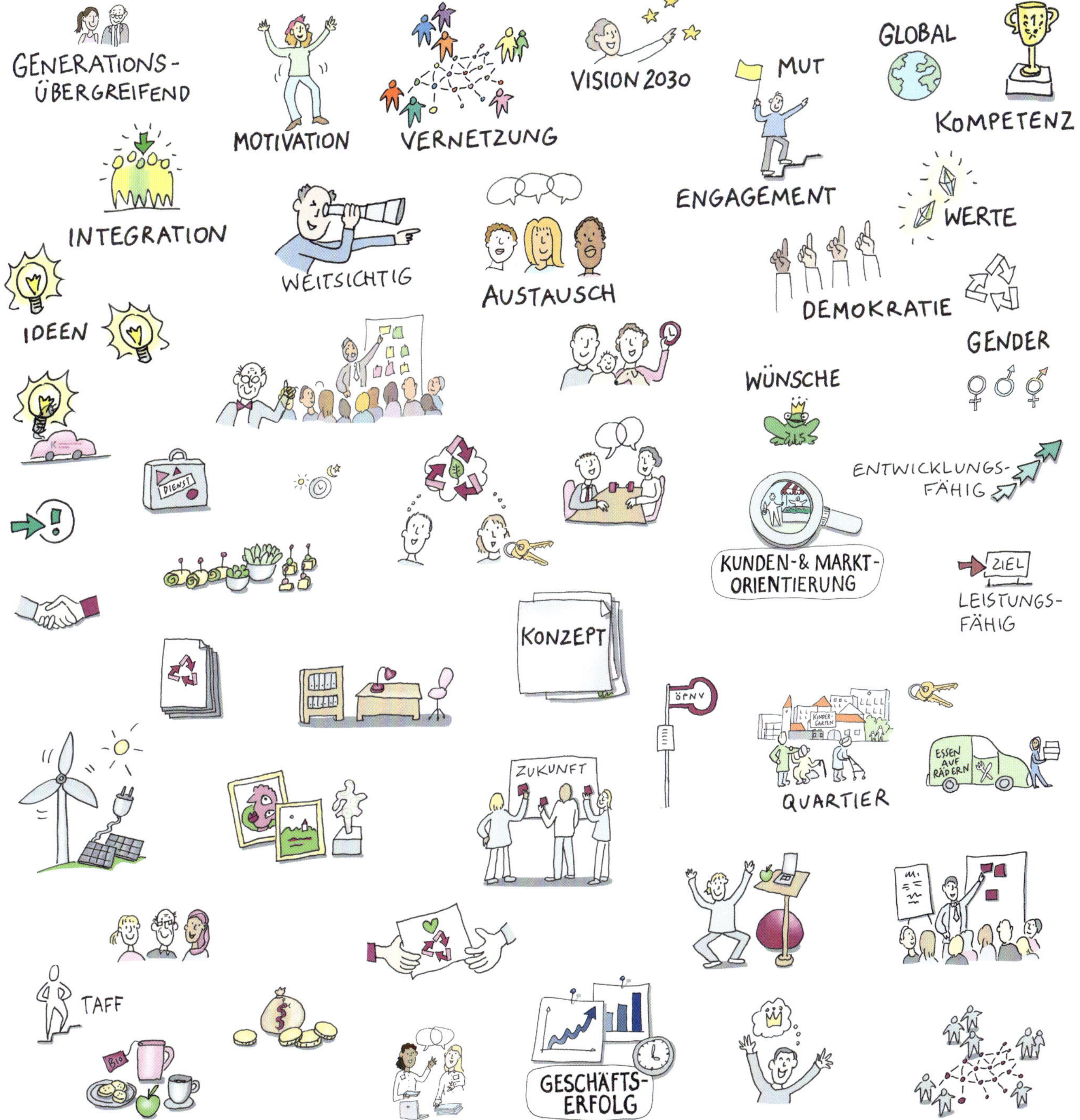
GENERATIONS-
ÜBERGREIFEND
MOTIVATION
VERNETZUNG
VISION 2030
MUT
ENGAGEMENT
GLOBAL
KOMPETENZ
INTEGRATION
WEITSICHTIG
AUSTAUSCH
WERTE
DEMOKRATIE
IDEEN
GENDER
WÜNSCHE
DIENST
ENTWICKLUNGS-
FÄHIG
KUNDEN- & MARKT-
ORIENTIERUNG
ZIEL
LEISTUNGS-
FÄHIG
KONZEPT
ÖPNV
KINDER-
GARTEN
ESSEN
AUF
RÄDERN
QUARTIER
ZUKUNFT
TAFF
Bio
GESCHÄFTS-
ERFOLG

MOBILITÄT

Assoziationen

- *Beweglichkeit von Personen und Gütern im geografischen Raum*
- *Bewegungsfreiheit*
- *sich von A nach B bewegen*
- *Fortbewegungsmittel*
- *E-Bike*
- *Roller*
- *U-Bahn*
- *Auto*
- *LKW*
- *Warentransport*
- *Bus*
- *Tram*
- *Fahrrad*
- *Lastenfahrrad*
- *Verkehrsberuhigung*
- *Verkehrswende*
- *Flugzeug*
- *Hubschrauber*
- *Privatjet*
- *Skateboard*
- *Schiff*
- *Laufen*
- *Krabbelkind*
- *Verkehrsnetze*
- *Haltestelle*
- *Infrastruktur*
- *Liniennetz*
- *Fahrpläne*
- *Fahrkarten*

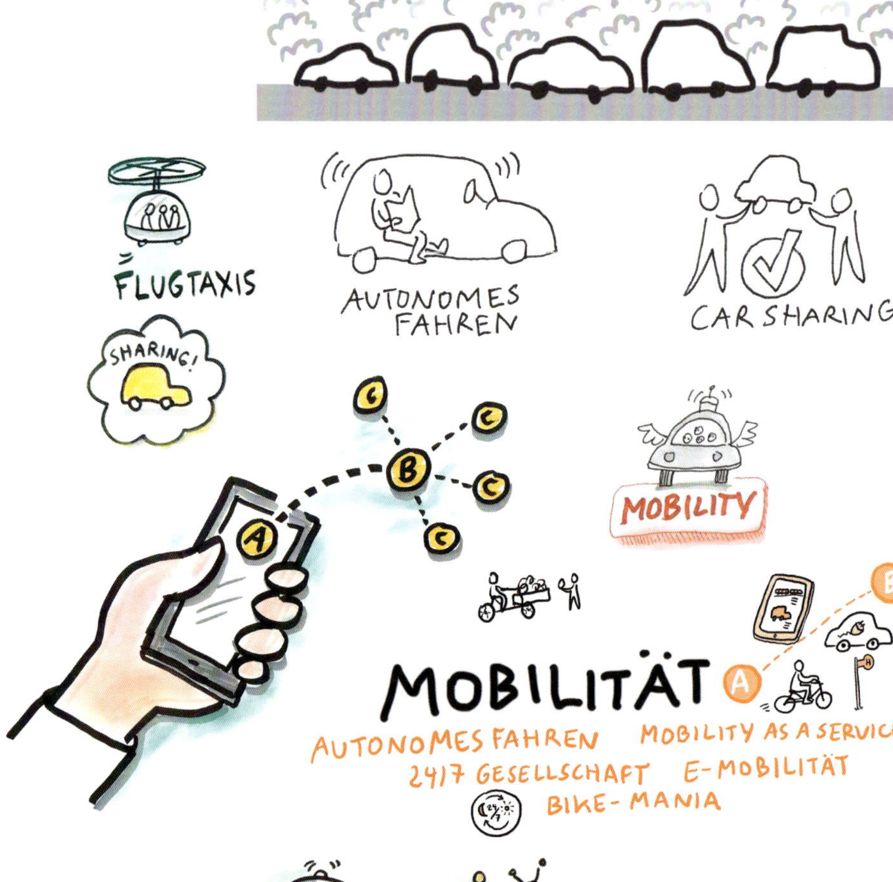

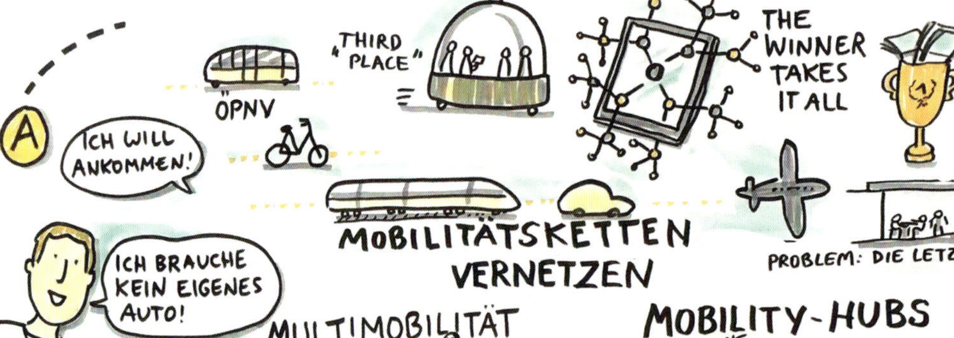

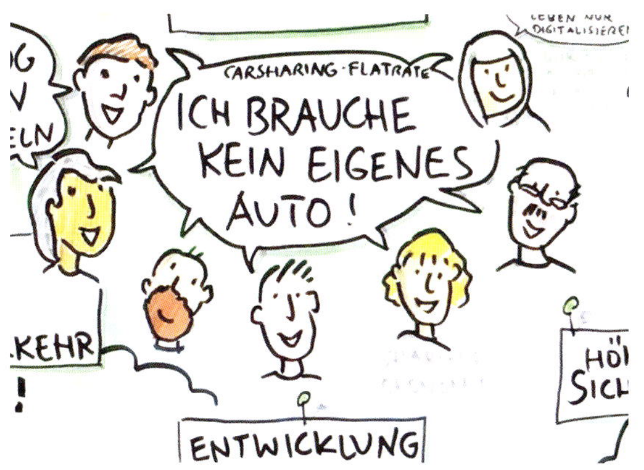

Die Ich-Botschaft ist ein Stilmittel, das eine emotionale Identifikationsfläche bietet.

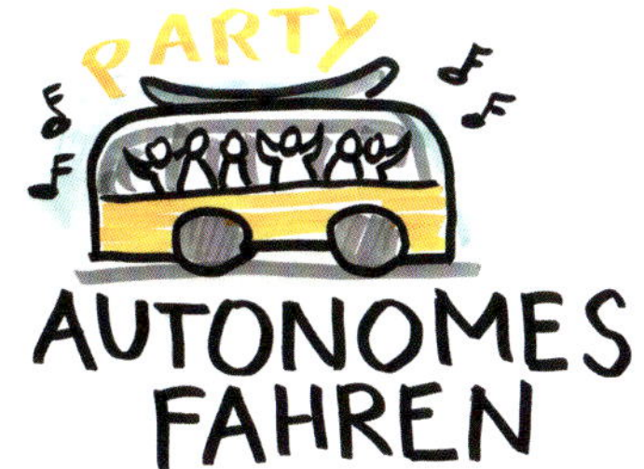

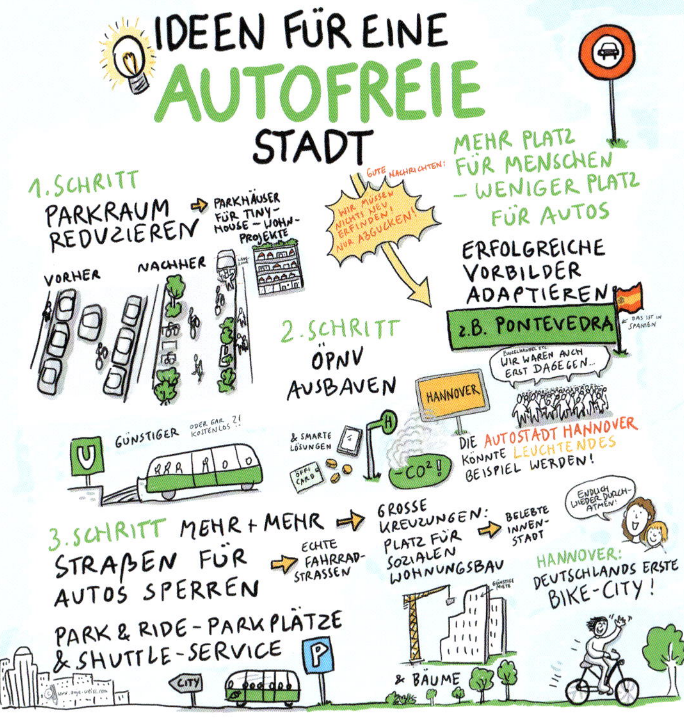

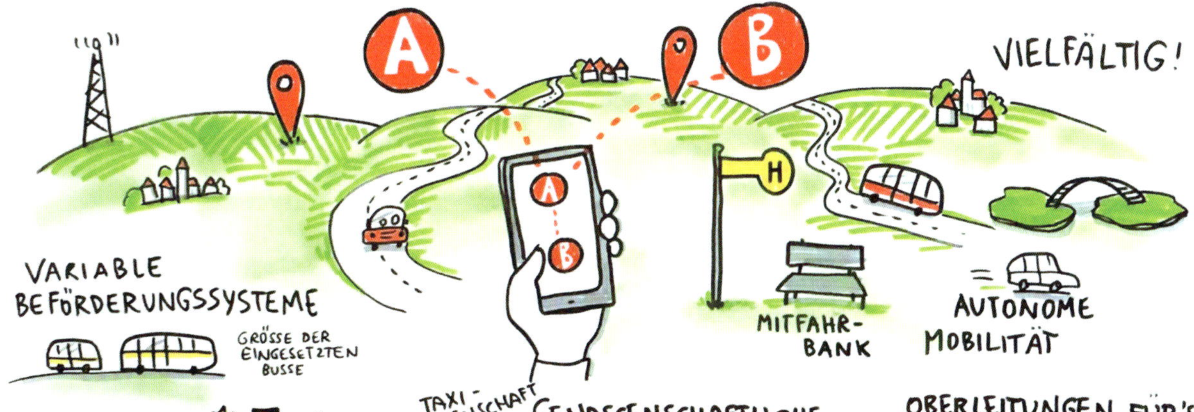

DIVERSITY

Assoziationen

- *Diversity*
- *Inklusion*
- *Integration*
- *Migrationshintergrund*
- *Fluchterfahrung*
- *ethnische Herkunft*
- *Kultur*
- *Gerechtigkeit*
- *Minderheiten*
- *Vielfalt*
- *Merkmale*
- *Transidentität*
- *Intersexualität*
- *Queer*
- *Regenbogen*
- *CSD*
- *Menschenrechte*
- *Vorurteile*
- *Schubladendenken*
- *Rassismus*
- *Demokratie*
- *Sklaverei- und Kolonialgeschichte*
- *Unterdrückung*
- *Gerechtigkeit*
- *Gender Shift*
- *Nächstenliebe*

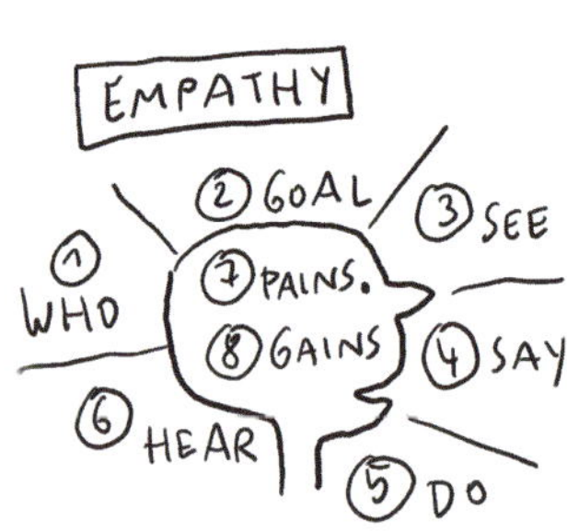

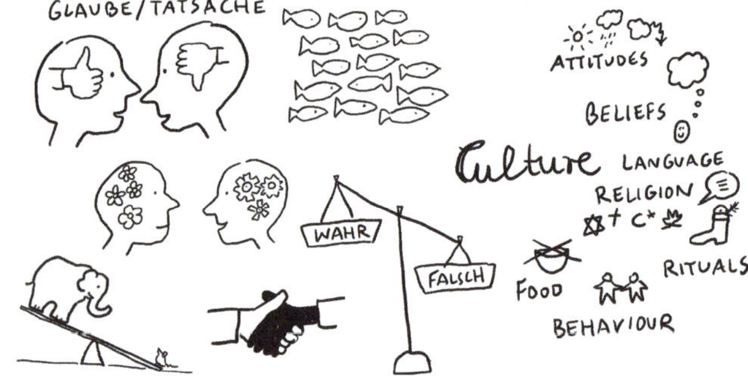

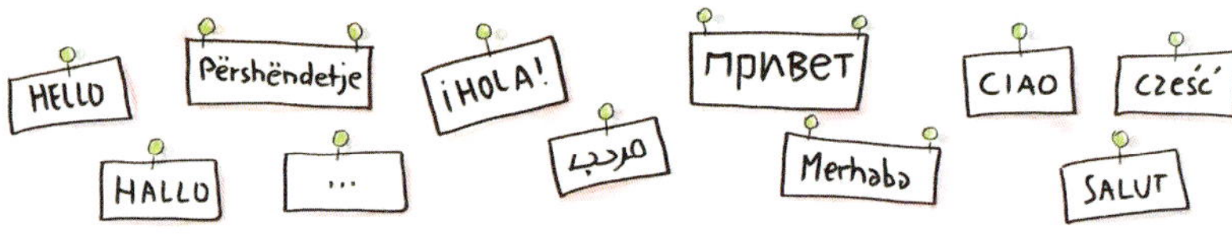

»Hallo« in verschiedenen Sprachen

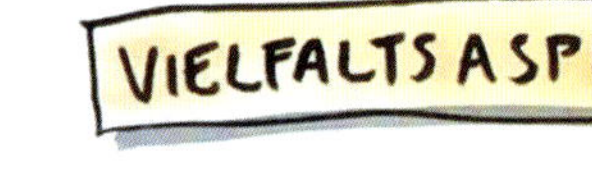

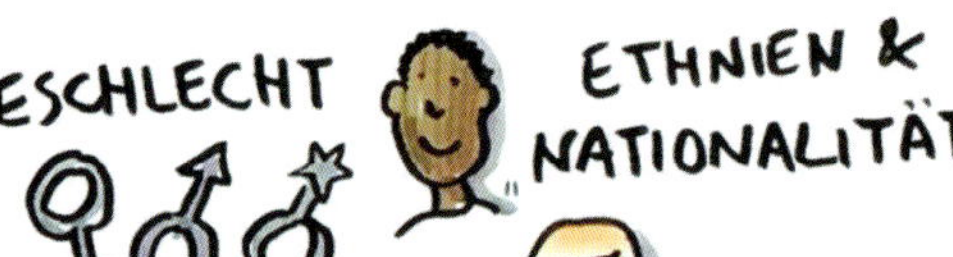

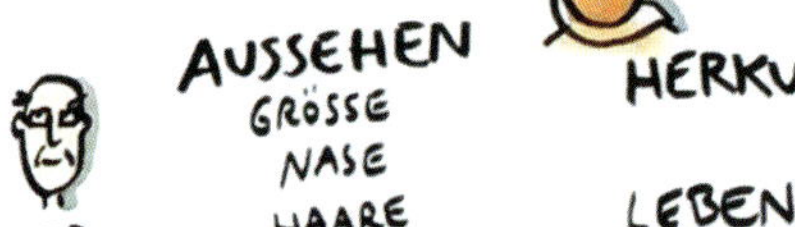

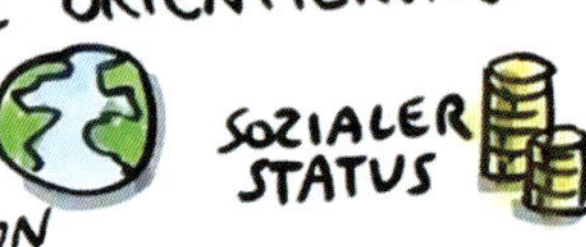

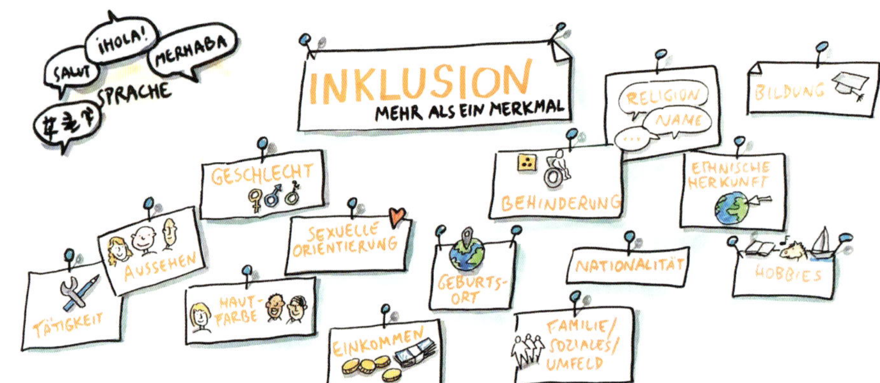

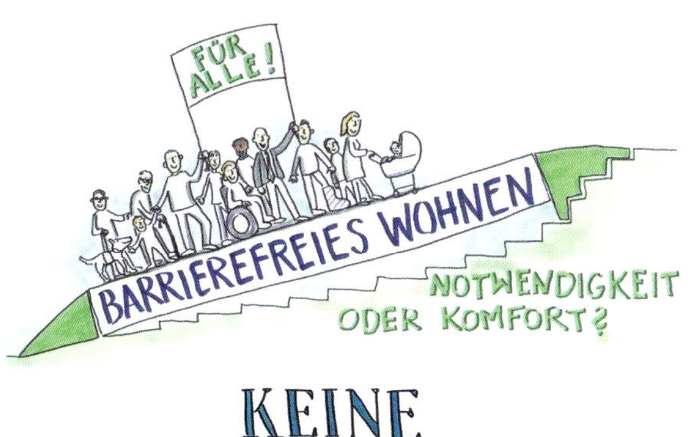

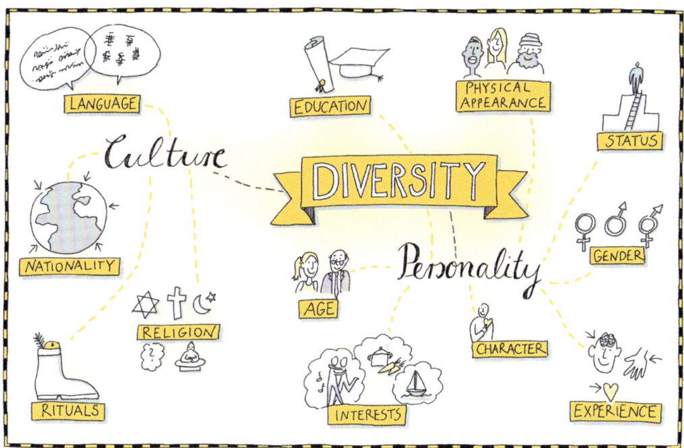

KEINE VORURTEILE ?

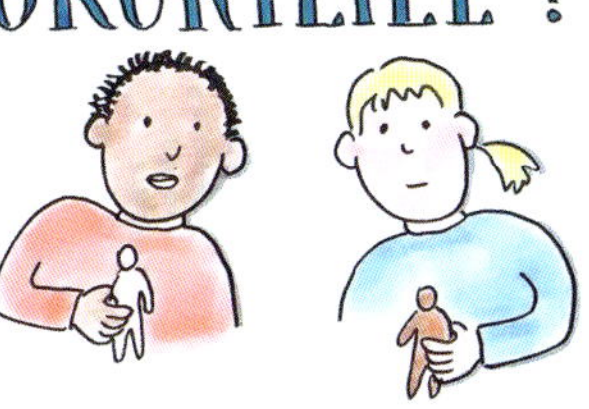

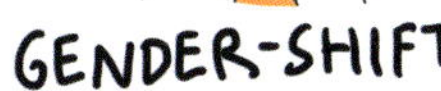

GENDER-SHIFT

EMANZIPATION SEX-DESIGN
FLEXI-FAMILIE ALLTAGS-OUTSOURCING
FEMALE SHIFT

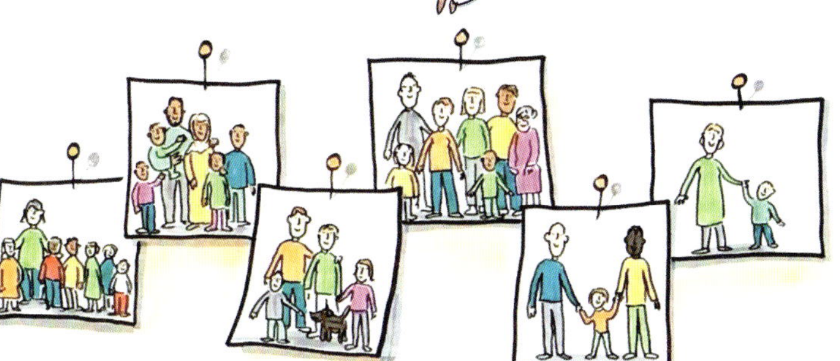

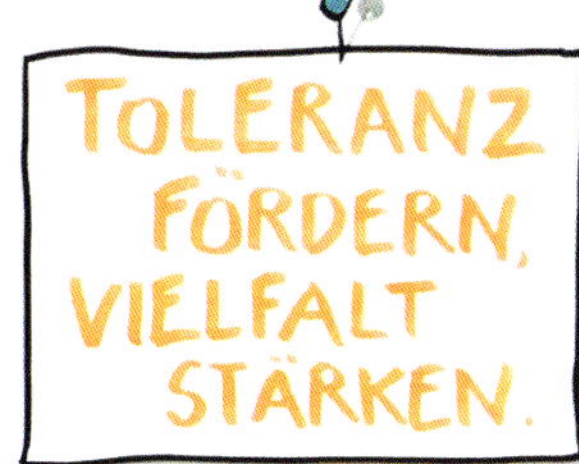

EMBRACING DIFFERENCES

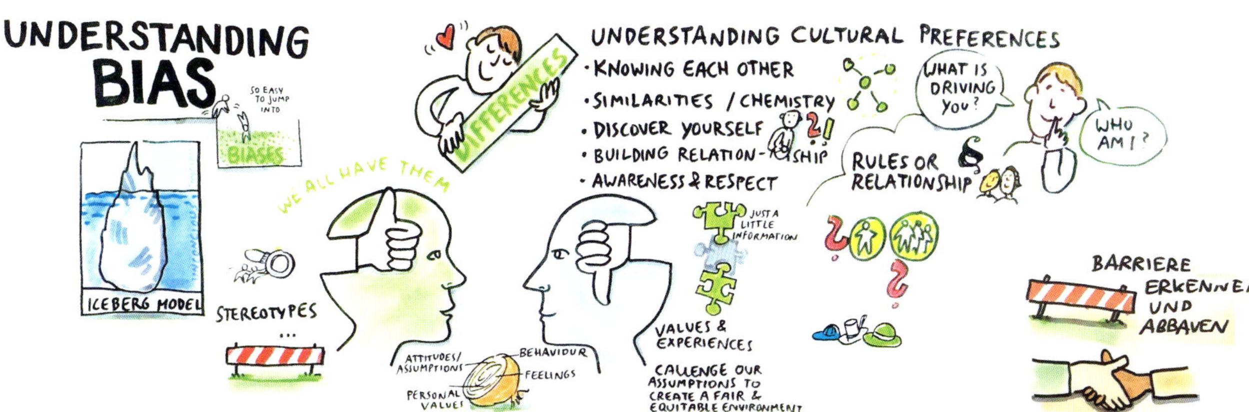

BILDUNG

Assoziationen

- *Inklusion*
- *einfache Sprache*
- *Lernen und Lehren*
- *frühe Bildung*
- *Bildungsgerechtigkeit*
- *Digitalpaket*
- *E-Learning*
- *Kitas*
- *Spracherwerb*
- *Schulsystem*
- *weiterführende Schulen*
- *Lerngruppen*
- *Schulreform*
- *Pädagogik*
- *selbstbestimmtes Lernen*
- *Erfahrungen sammeln*
- *Abschlüsse*
- *Medien*
- *Gehirnentwicklung*

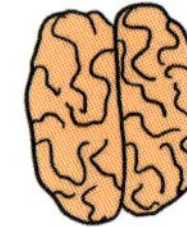

WISSENSKULTUR

LEBENSLANGES LERNEN

ONLINE LEARNING

PROFI-AMATEURE

NEUGIERKULTUR

SERIOUS PLAY

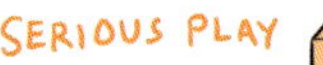

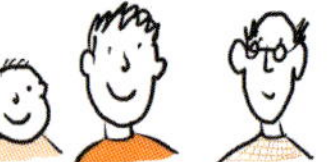

DIGITAL

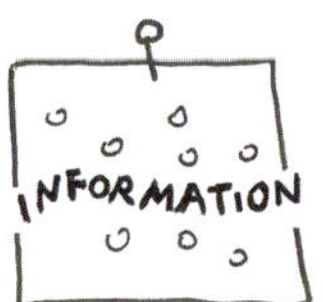

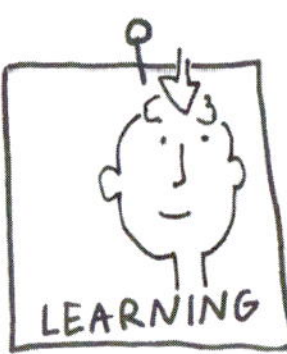

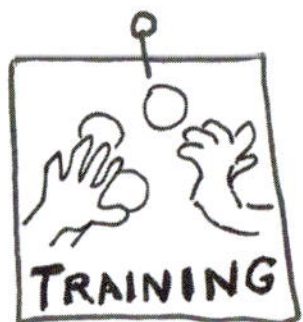

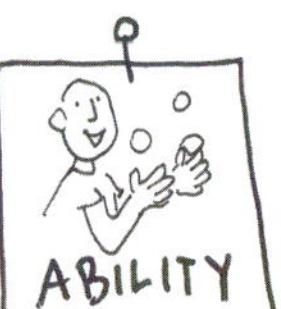

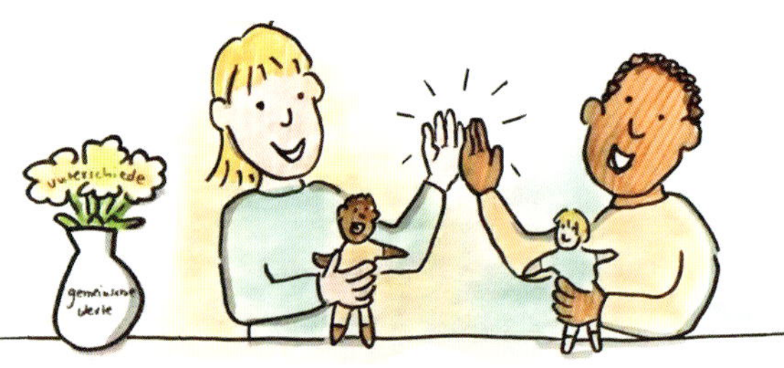

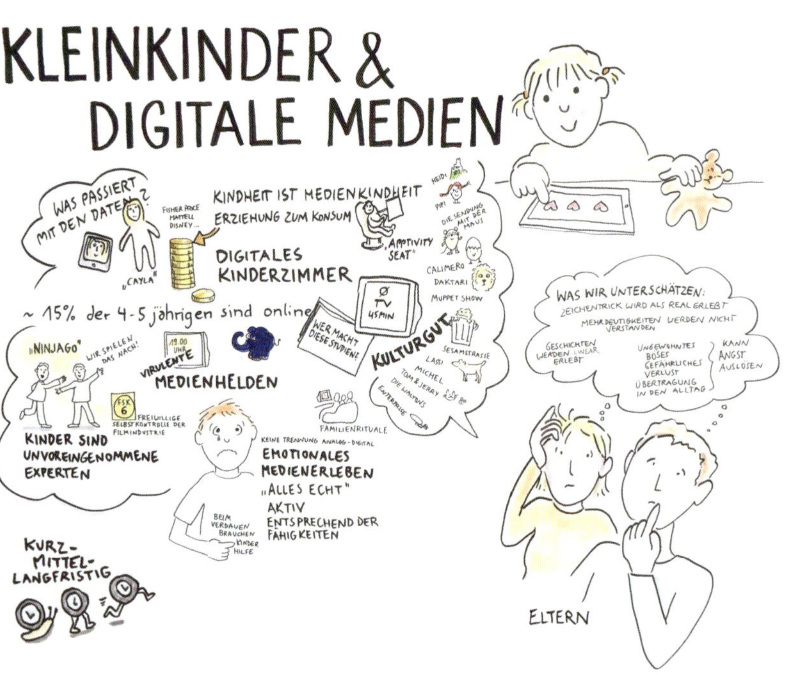

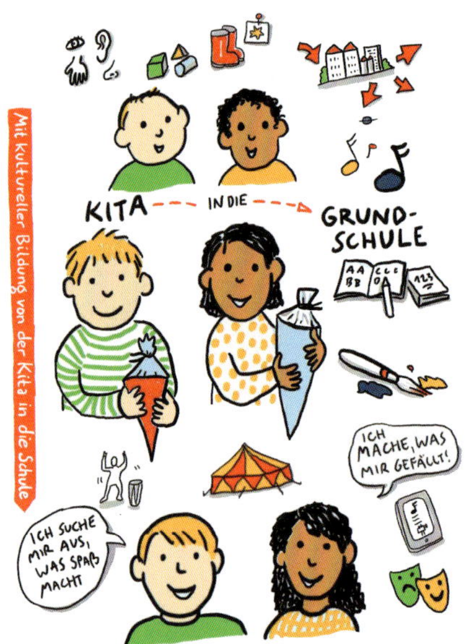

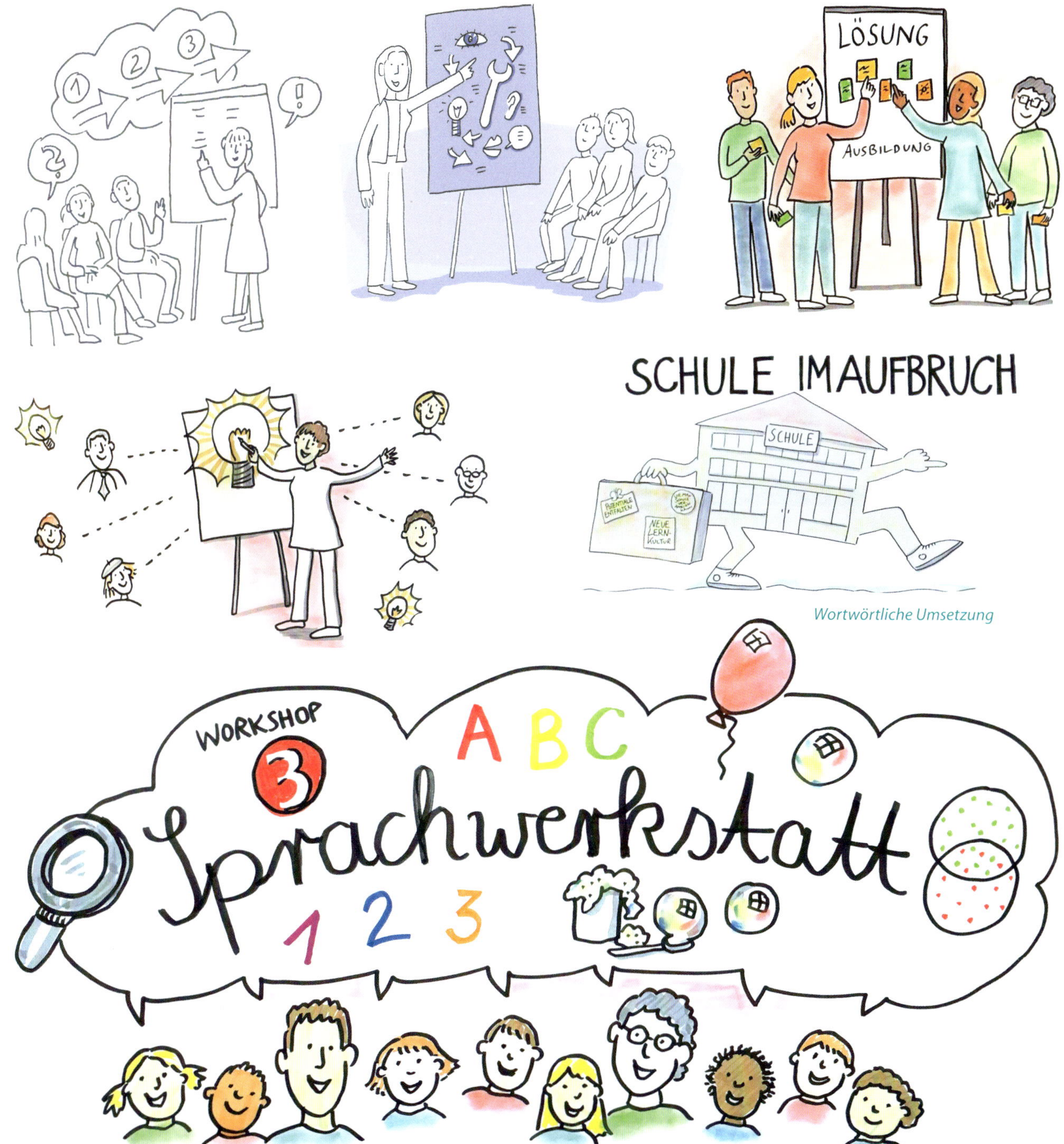

Wortwörtliche Umsetzung

DEMOGRAFISCHE ENTWICKLUNG

Assoziationen

- *alternde Gesellschaft*
- *demografische Entwicklung*
- *Pflege*
- *die jungen Alten*
- *Silver Ager*
- *Pflegekräfte*
- *Pflegenotstand*
- *Renten*
- *Altersarmut*
- *Wie geht eine Gesellschaft mit den Schwächsten um?*
- *Hilfeleistung*
- *Greis*innen*
- *Pflegeversicherung*
- *Wohnstift*
- *Pflegekräfte*
- *Demenz*
- *Geriatrie*
- *Hilfsmittel*

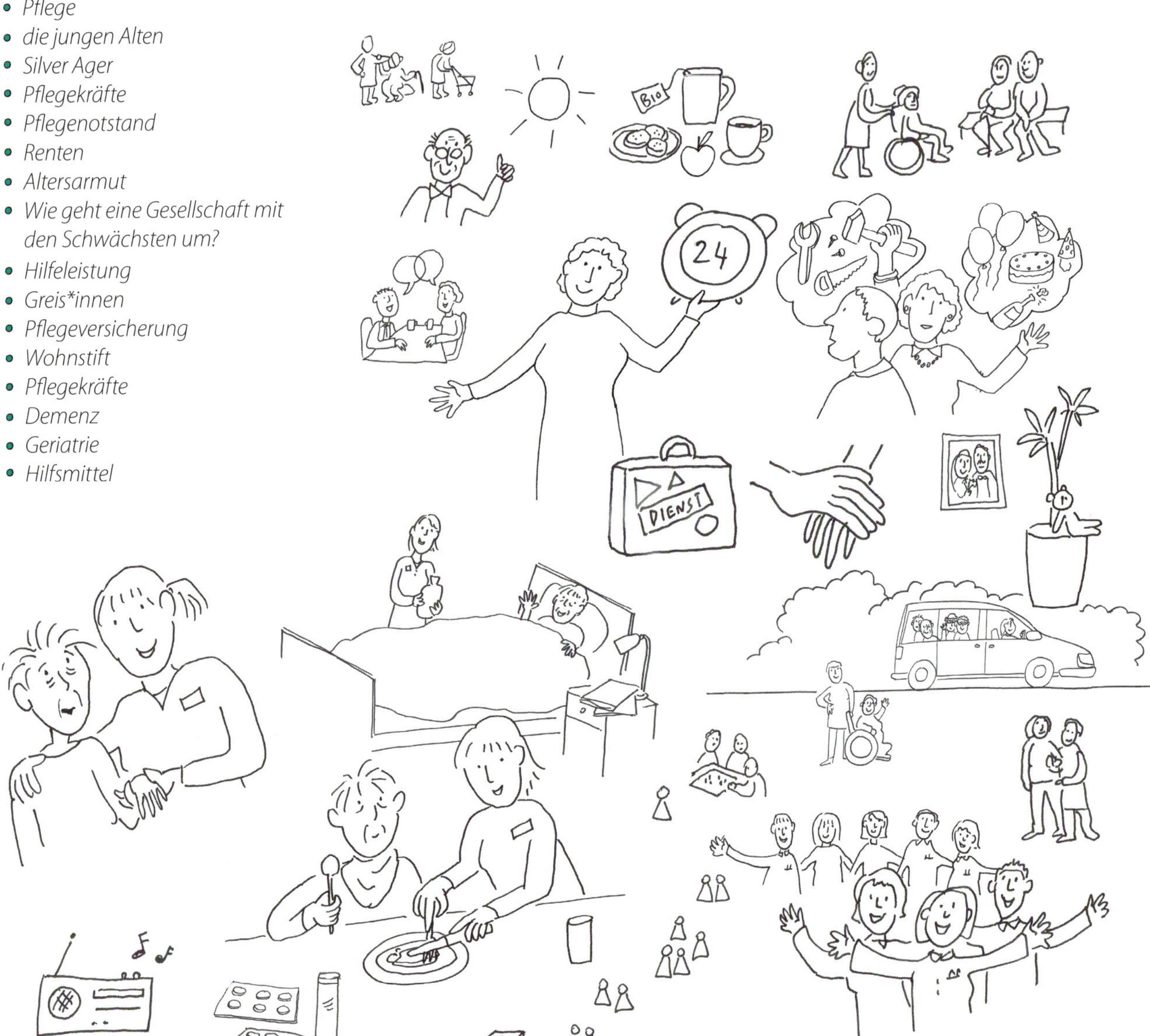

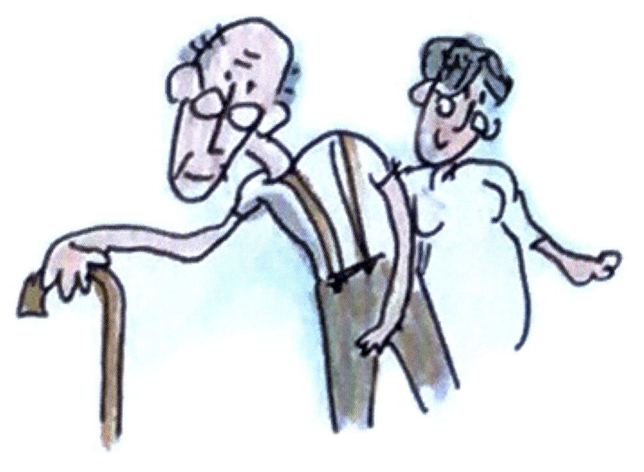

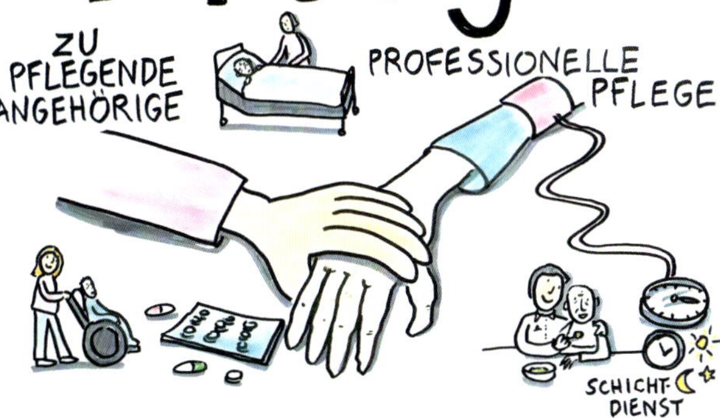

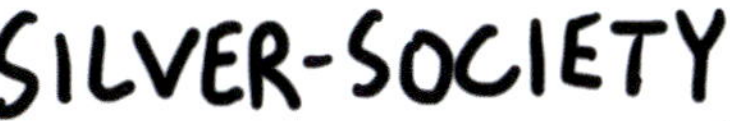

AMBIENT ASSISTED LIFE
DISRUPT CARE
DOWN-AGING
CREATIVE AGING
UNIVERSAL DESIGN

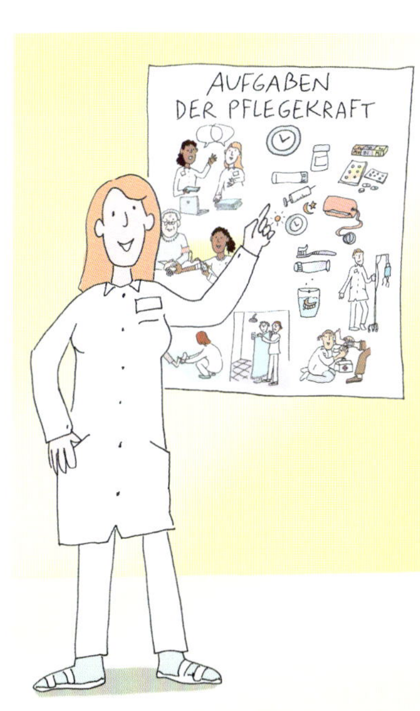

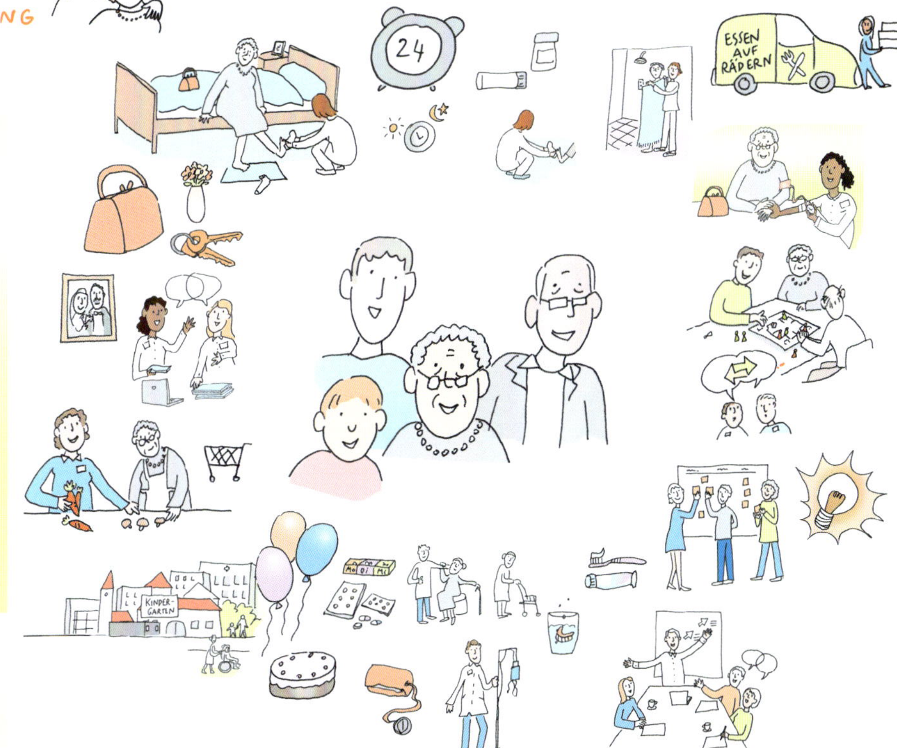

ARBEITSWELT

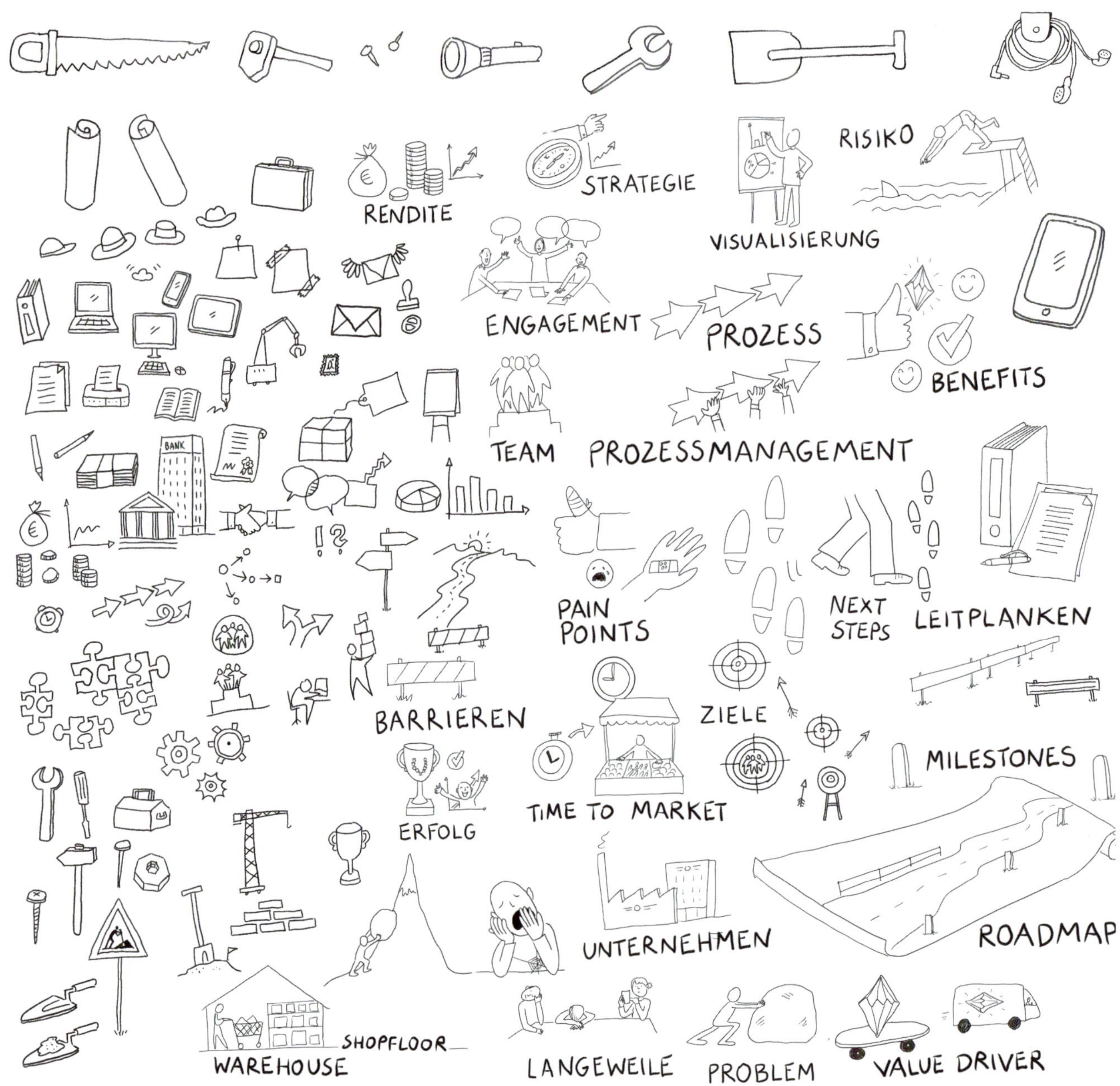

Assoziationen

- *Büro*
- *Home-Office*
- *Arbeitsalltag*
- *Konferenz*
- *Meeting*
- *Telefon*
- *Vertrag*
- *Absprache*
- *Mail*
- *Reisekostenzuschuss*
- *Computer*
- *Software*
- *Schreibtisch*
- *Kolleg*innen*

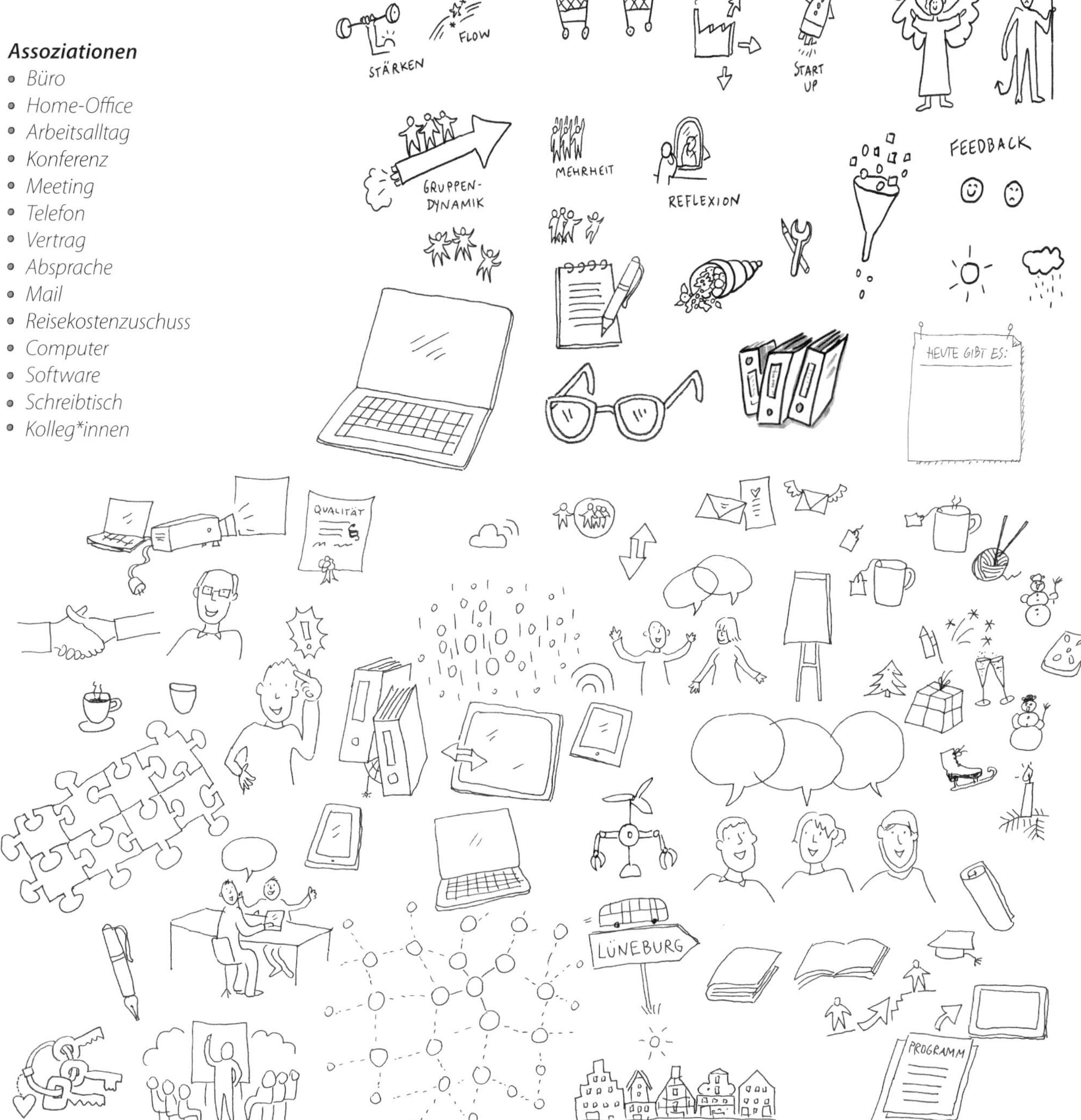

Assoziationen

- Laptop
- Beamer
- PowerPoint
- Projekte
- Prozesse
- Unternehmenskultur
- Fahrstuhl
- Baustelle
- Chef*in
- Integration
- Code
- Maßnahme
- KPIs
- Lean
- Kolleg*innen
- Lieferanten
- Shopfloor
- Maschinen
- Ingenieur*innen
- Logistik
- Werkzeug
- Toolbox
- Unternehmensberatung
- Coaching
- Fortbildung
- Seminare
- Urlaub
- Urlaubsgeld
- Gehalt
- Gewerkschaft
- Verhandlungen
- Life-Work-Balance

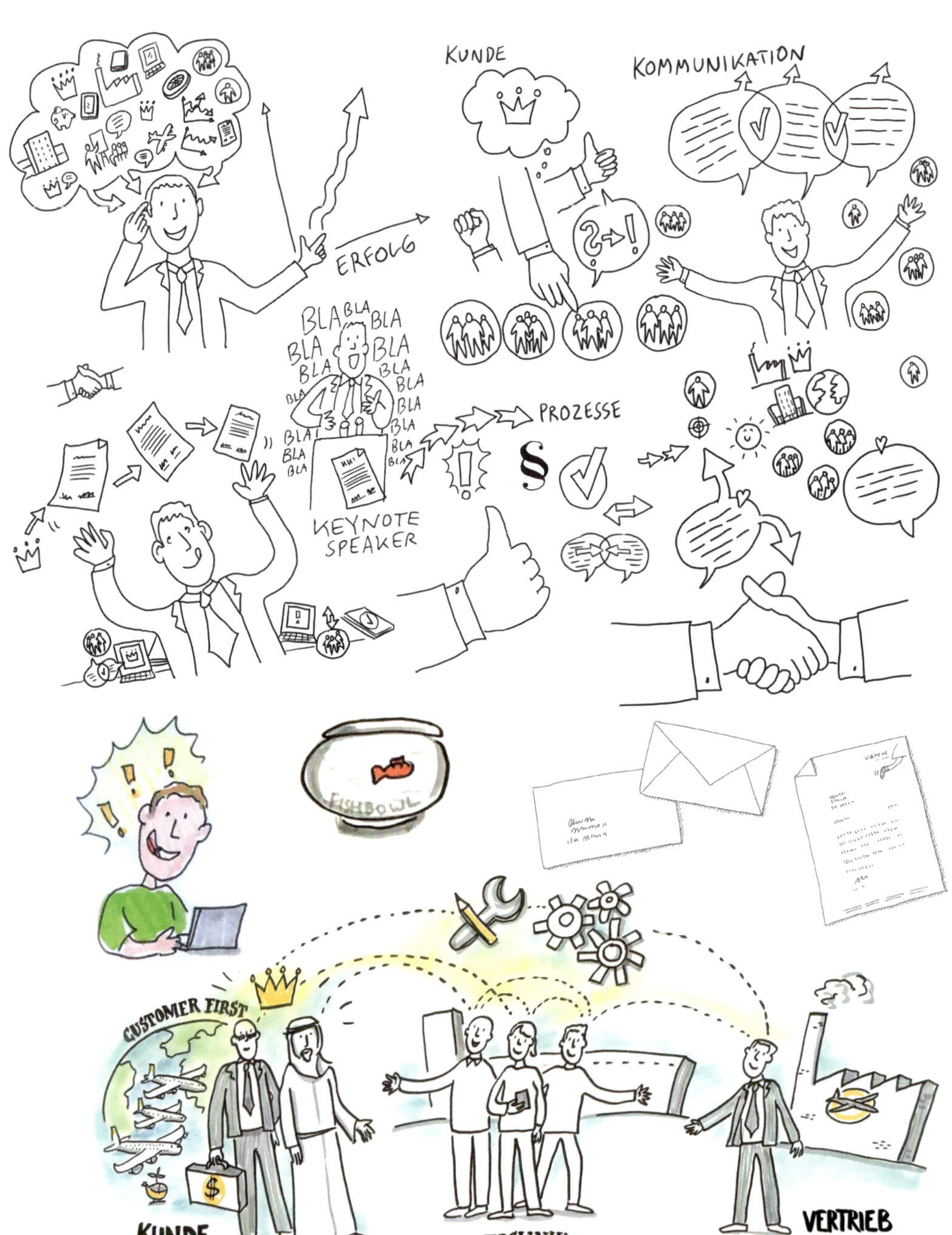

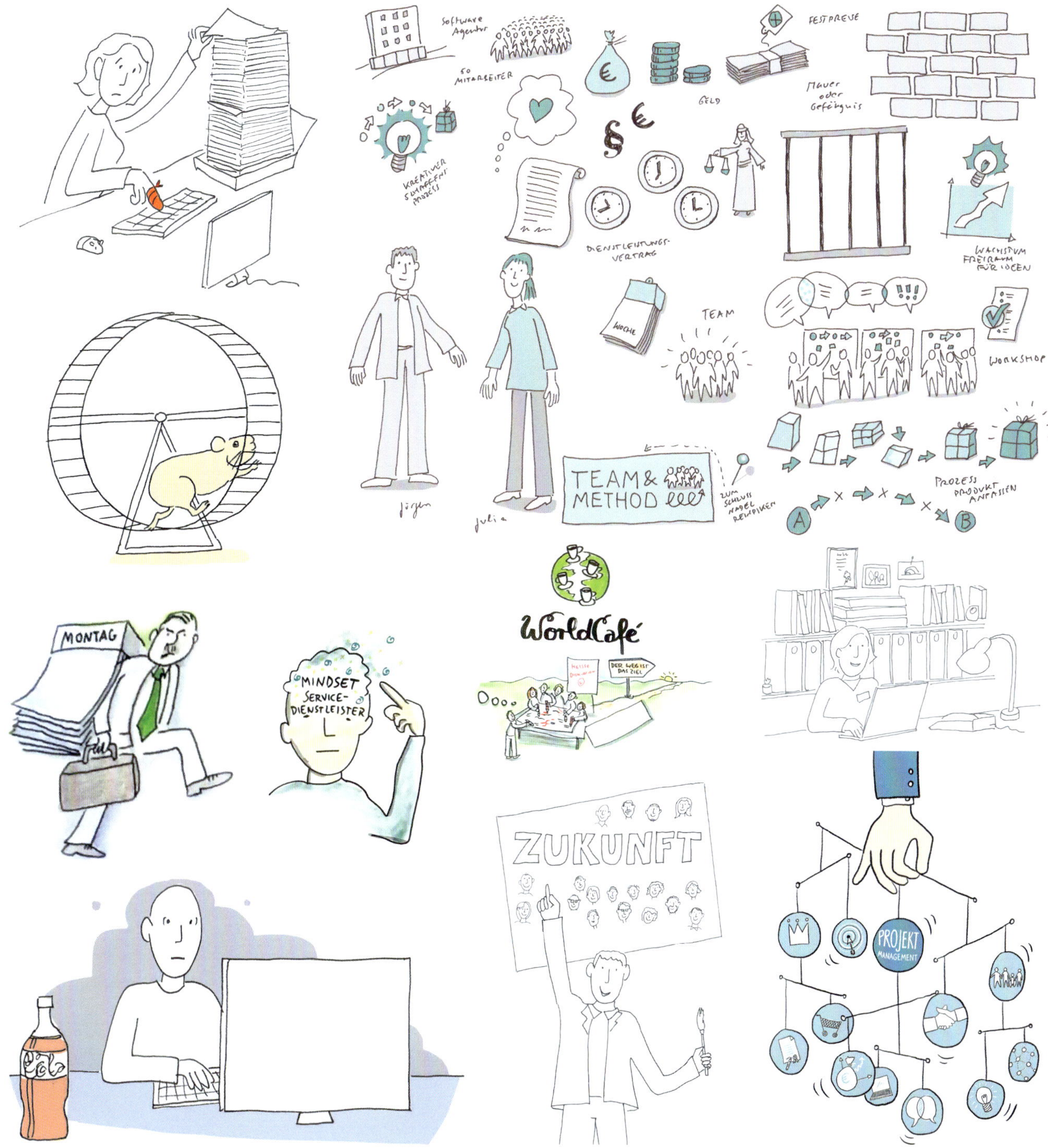
Software Agentur
50 Mitarbeiter
Geld
Festpreise
Mauer oder Gefängnis
Kreativer Schaffensprozess
Dienstleistungsvertrag
Wachstum Freiraum für Ideen
Woche
Team
Workshop
Jürgen
Julia
TEAM & METHOD
Zum Schluss Nadel reinpiken
Prozess Produkt anpassen
A
B
WorldCafé
Der Weg ist das Ziel
MONTAG
MINDSET SERVICE-DIENSTLEISTER
ZUKUNFT
PROJEKT MANAGEMENT

Assoziationen

- *Branchen*
- *Ressourcen*
- *Team*
- *Kosten*
- *Kund*innen*
- *Handwerk*
- *Abteilungsleiter*innen*
- *Geschäftsbereiche*
- *Märkte*
- *Marktregulierung*
- *Export*

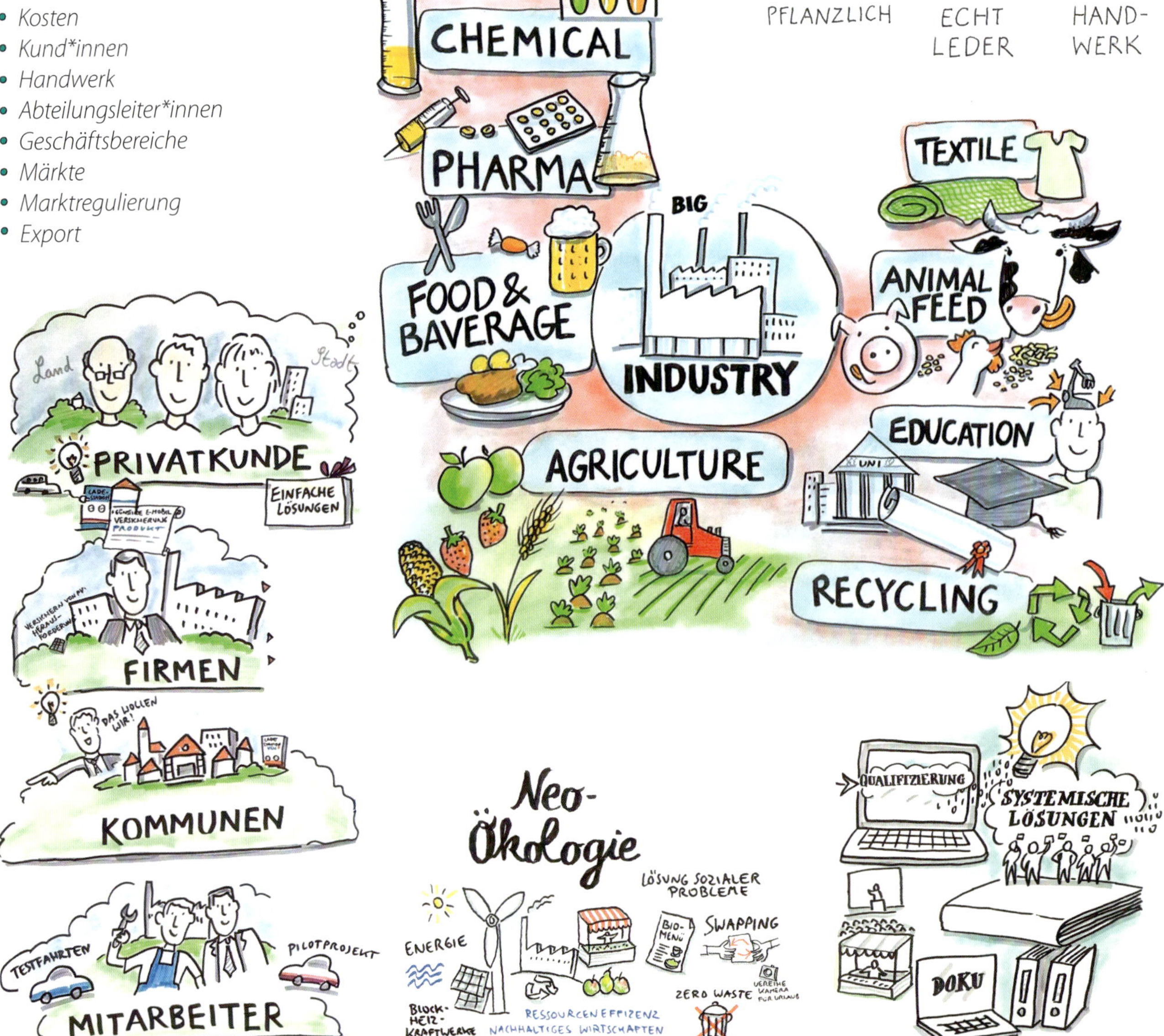

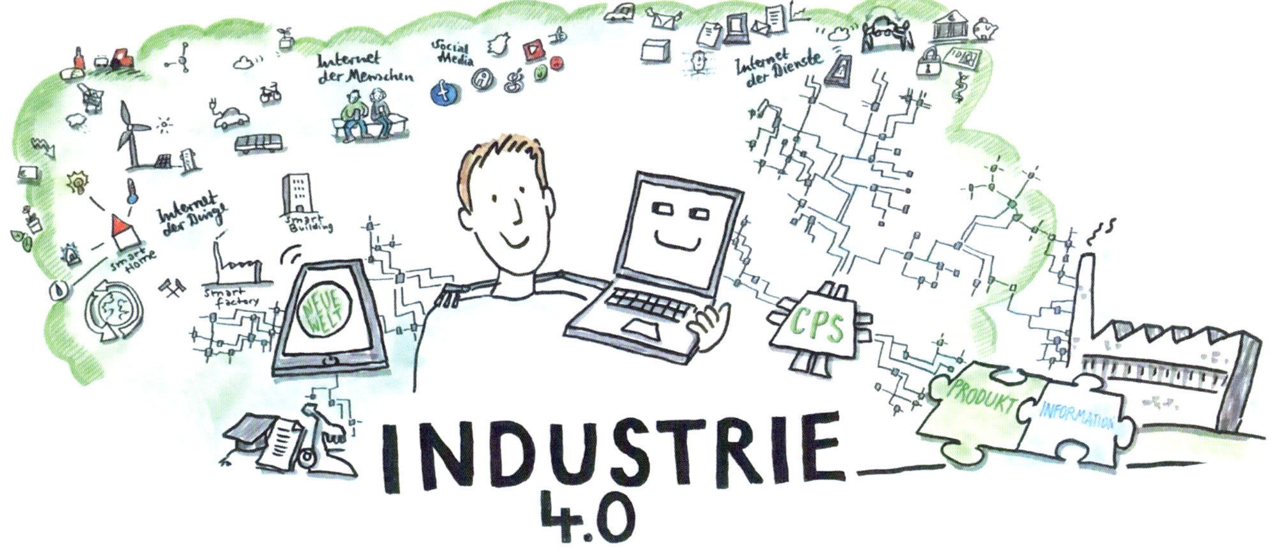
Internet der Menschen
Social Media
Internet der Dienste
Internet der Dinge
Smart Home
Smart Building
Smart factory
NEUE WELT
CPS
PRODUKT
INFORMATION
INDUSTRIE 4.0

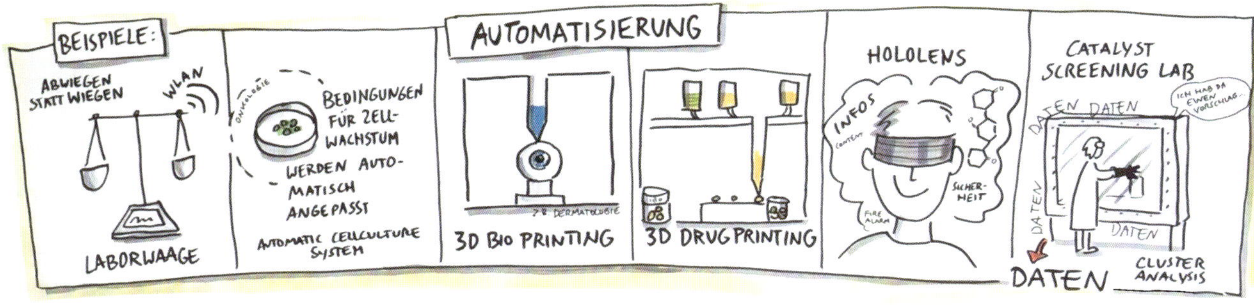
BEISPIELE:
ABWIEGEN STATT WIEGEN
WLAN
LABORWAAGE
BEDINGUNGEN FÜR ZELL-WACHSTUM WERDEN AUTO-MATISCH ANGEPASST
AUTOMATIC CELLCULTURE SYSTEM
AUTOMATISIERUNG
3D BIO PRINTING
3D DRUG PRINTING
HOLOLENS
INFOS
SICHER-HEIT
CATALYST SCREENING LAB
DATEN
DATEN
DATEN
DATEN
DATEN
CLUSTER ANALYSIS

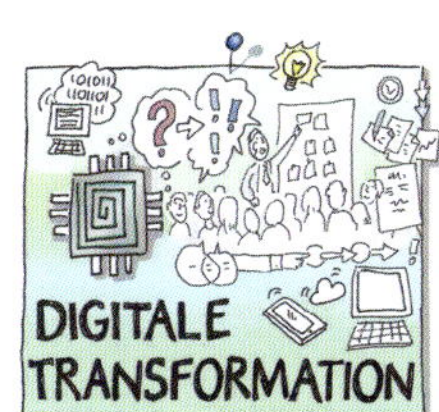
DIGITALE TRANSFORMATION

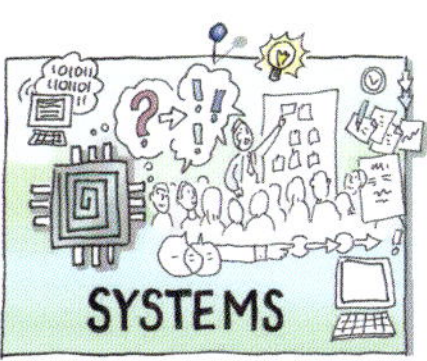
SYSTEMS

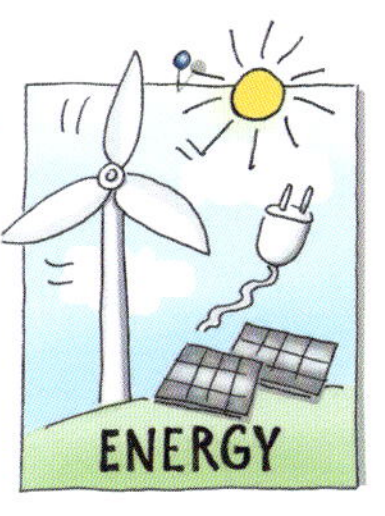
ENERGY

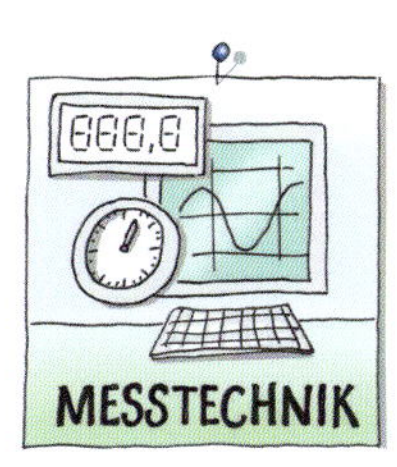
MESSTECHNIK

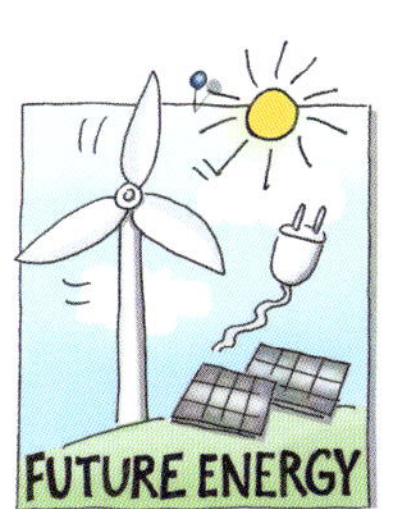
FUTURE ENERGY

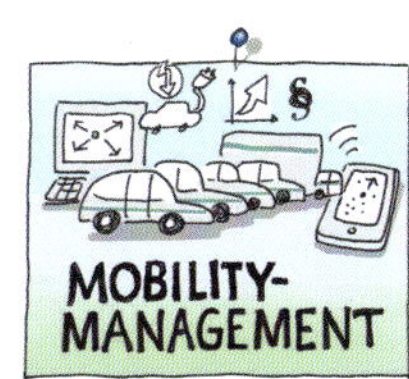
MOBILITY-MANAGEMENT

STRATEGIE

WHAT WE WANT TO BECOME
VISION
WHAT DO WE DO
MISSION
MENSCHEN
WERTSCHÖPFUNGS-PROZESS
KUNDEN
MUT
OFFENE KOMMUNIKATION
WAHRHEIT SAGEN
IN TIMEBOX ARBEITEN
ONE PIECE FLOW
MUSTER-KOFFER
KUNDE
FOCUS
WERTE & MEHR-WERTE
ZIELE
NO WASTE
RESPEKT
STRATEGIE & ZIELPROZESS
IT'S ALL ABOUT ME
KUNDEN WÜNSCHE
ROLLEN
PASSION
GOOD INGREDIONS
REDUCTION
THE REAL ESSENCE
TIME
VALUES
ZUKUNFTSKONFERENZ
WERTE
REFLEKTIEREN
EIGENE ENTSCHEIDUNGEN TREFFEN
FREIHEIT
JEDER HAT FREIRÄUME
TEAMWORK
KOOPERATION
„JEDER DARF" SICH EINBRINGEN
GEMEINSAMKEIT
IDEEN, VORSCHLÄGE, SICHTWEISEN
OFFENHEIT
ZIEL
ZIEL-ORIENTIERUNG
MUT
POOLING RESSOURCES
WISSEN TEILEN
EINIGKEIT
JEDER IST EINGEBUNDEN
ZUSAMMENHALT
SELBSTVERTRAUEN ZUTRAUEN
VERTRAUEN
RÜCKHALT
„WIR STEHEN HINTER DIR!"
AKZEPTANZ
SPASS & FREUDE
GLEICH-BERECHTIGUNG
KREATIVITÄT
KOMPROMISS-BEREITSCHAFT
RESPEKT
WERT-SCHÄTZUNG
VERSTÄNDNIS
„EINFACH MACHEN!"
ENTSCHLOSSENHEIT
ZUVERLÄSSIGKEIT
KOMMUNIKATION
HILFSBEREITSCHAFT
INTEGRATION
TRANSPARENZ
EINGRENZEN
AUS-TAUSCH

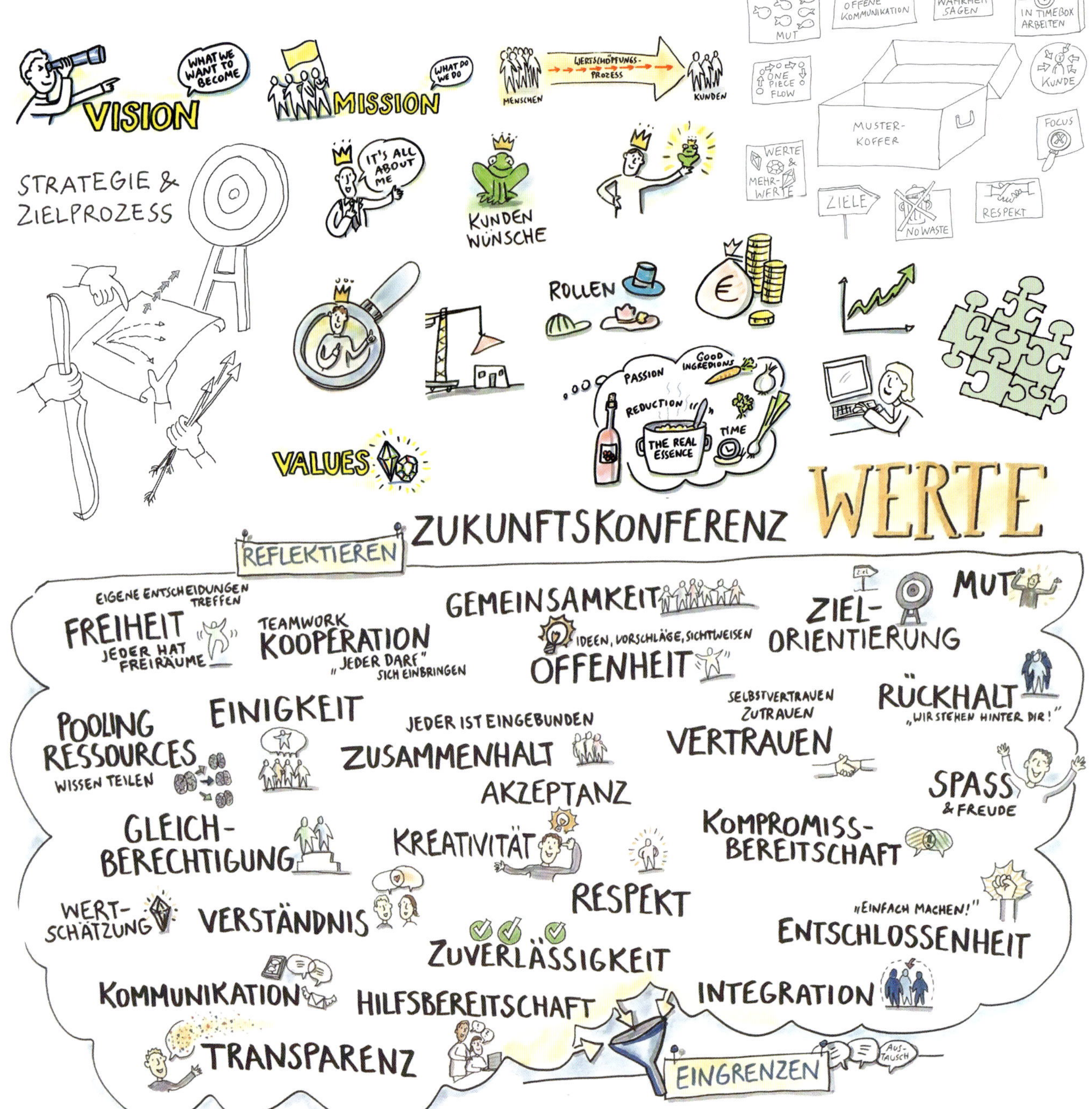

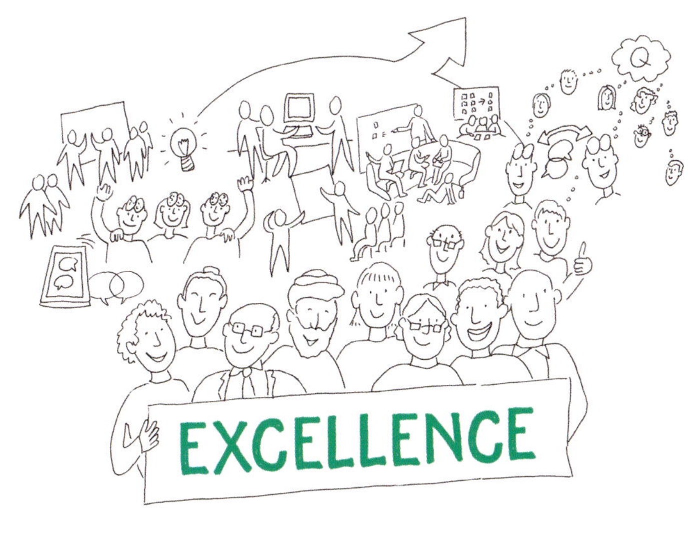

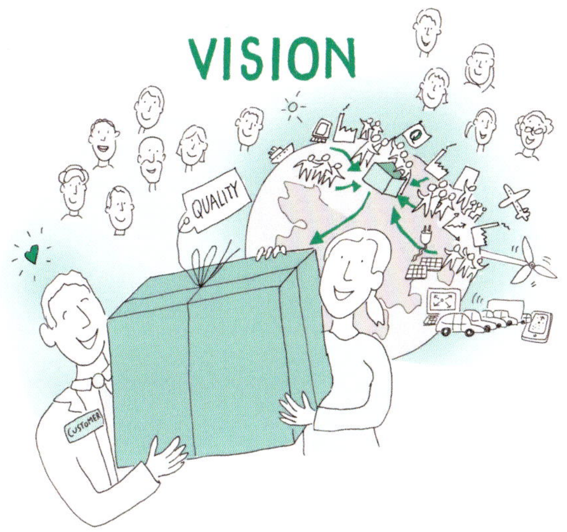

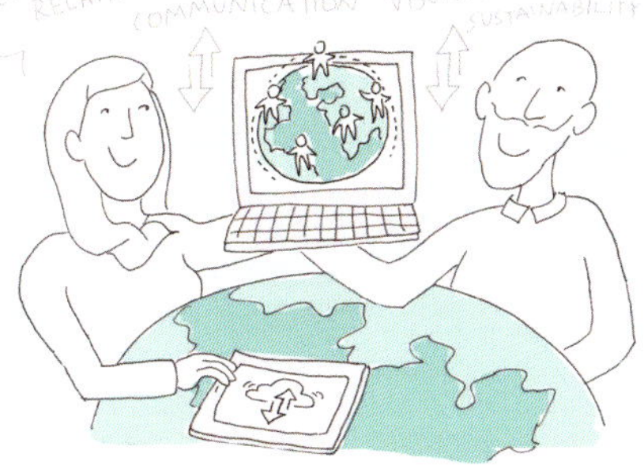

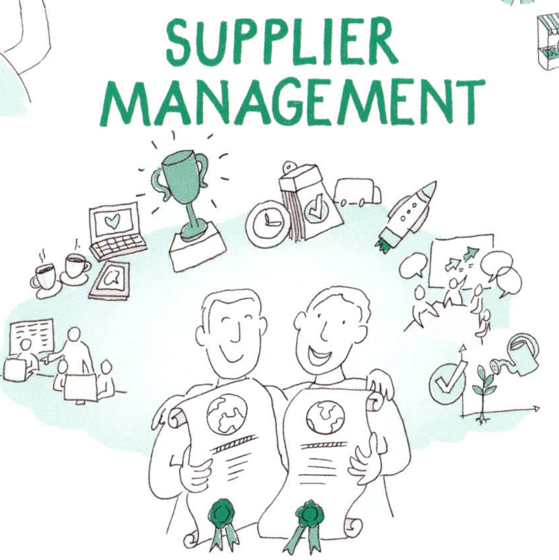

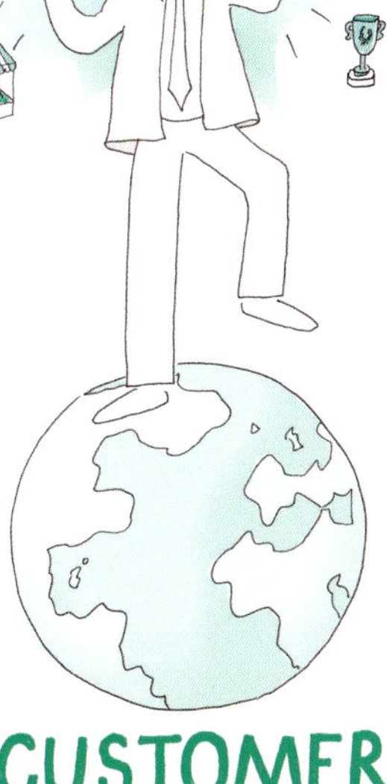

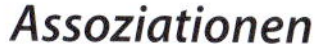

Assoziationen

- *Management*
- *Ziel*
- *Methoden und Modelle*
- *Taktik*
- *Changemanagement*
- *Meilensteine*
- *Börse*
- *Wirtschaft*
- *Kulturwandel*

ZUSAMMENARBEIT & FÜHRUNG

Assoziationen

- *Teamarbeit*
- *Leadership*
- *Austausch*
- *Hierarchie*
- *Projektleitung*
- *Führungskraft*
- *Zusammenarbeit*
- *Kooperation*
- *Gemeinschaft*
- *Coworking*
- *Organigramm*
- *HR*
- *Netzwerke*
- *Arbeitsplätze*
- *Miteinander*
- *Vertrauen*
- *Struktur*
- *Entrepreneurship*
- *Verantwortung*

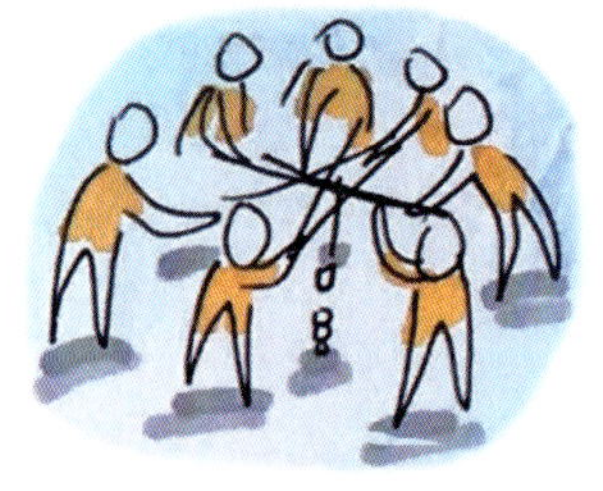

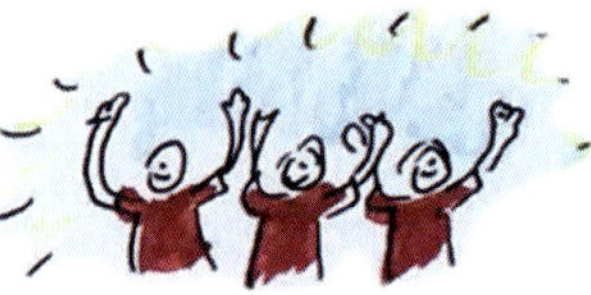

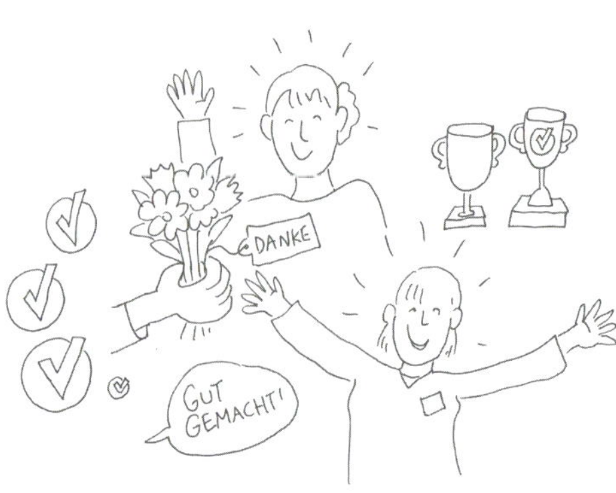

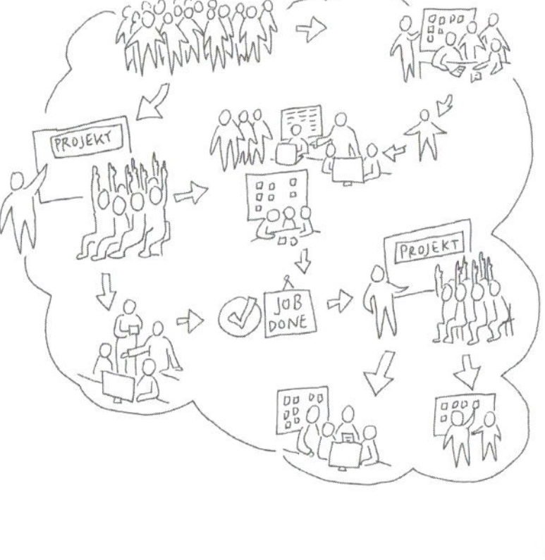

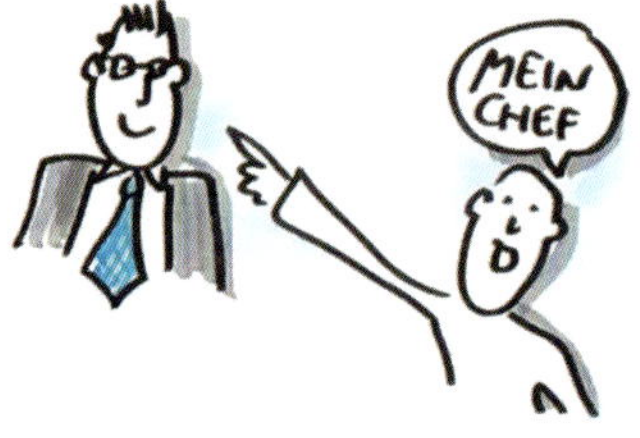

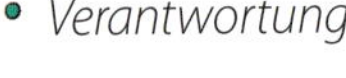

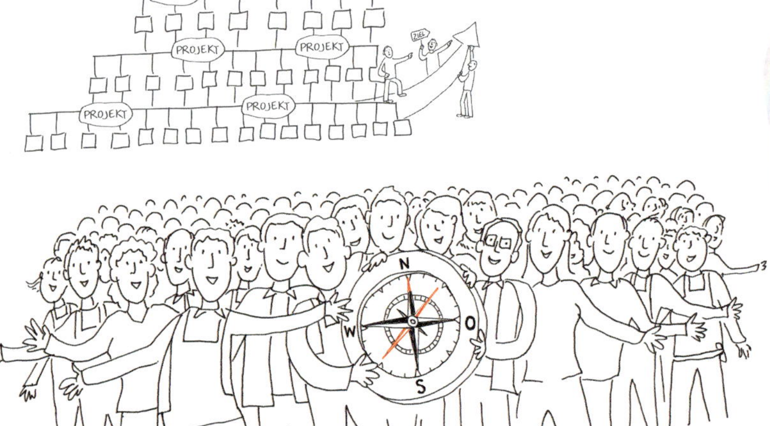

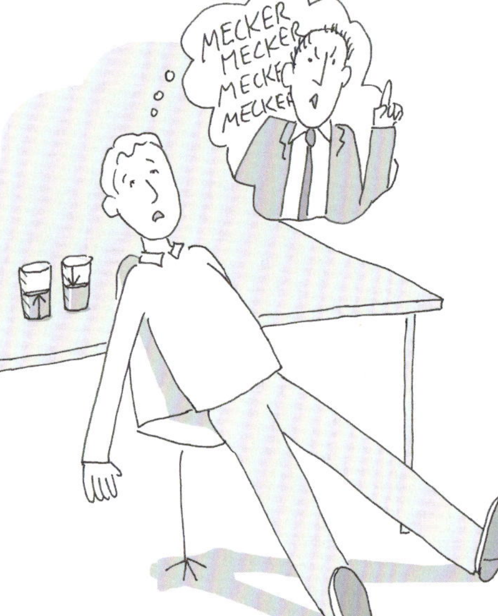

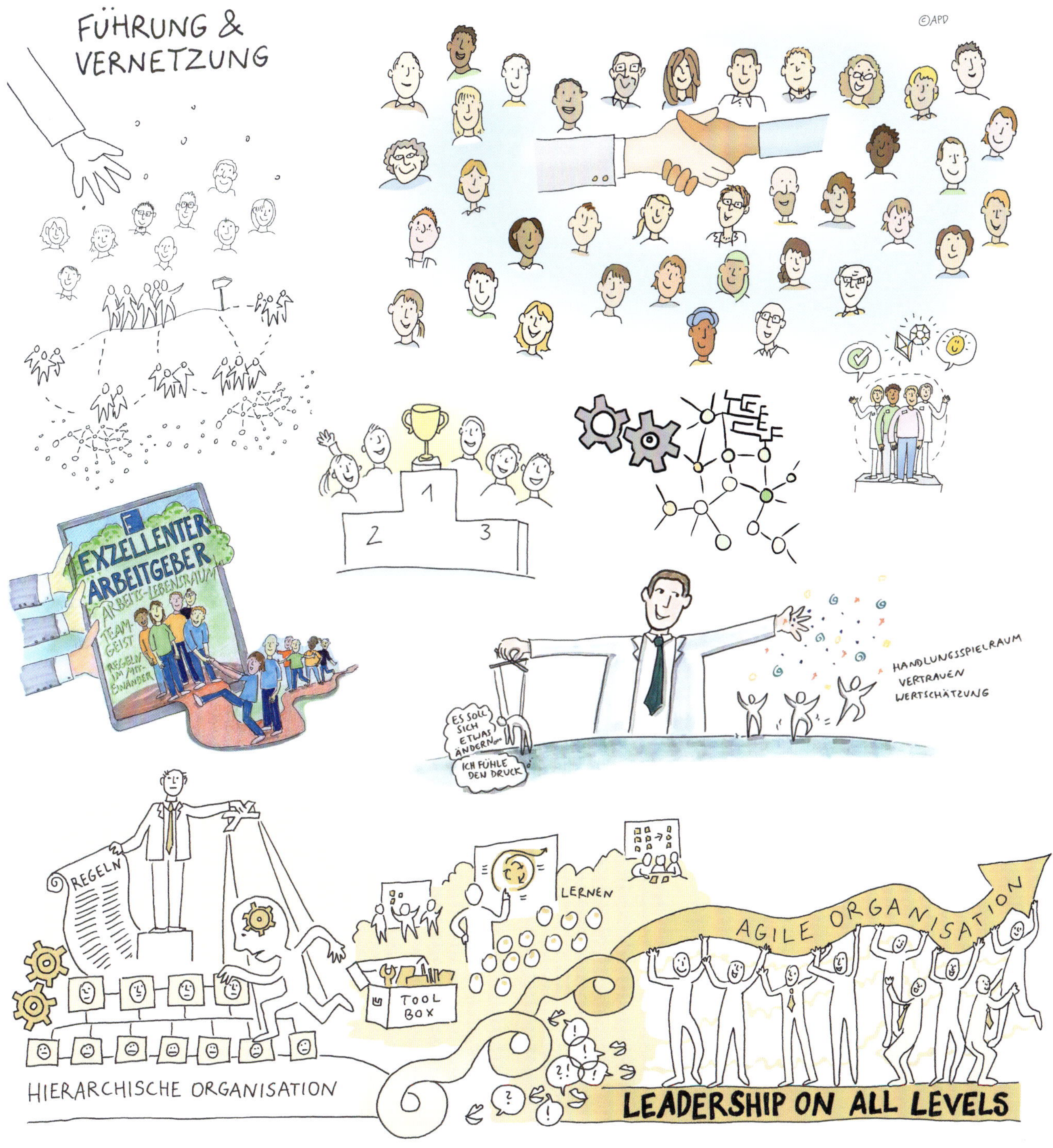
FÜHRUNG & VERNETZUNG
©APD
1
2
3
EXZELLENTER ARBEITGEBER
ARBEITS-LEBENSRAUM
TEAM-GEIST
REGELN IM MIT-EINANDER
HANDLUNGSSPIELRAUM
VERTRAUEN
WERTSCHÄTZUNG
ES SOLL SICH ETWAS ÄNDERN...
ICH FÜHLE DEN DRUCK
REGELN
LERNEN
TOOL BOX
AGILE ORGANISATION
HIERARCHISCHE ORGANISATION
LEADERSHIP ON ALL LEVELS

AGILITY & NEW WORK

Assoziationen

- *Agilität*
- *Scrum*
- *Sprint*
- *Backlog*
- *Transparenz*
- *Mut*
- *Teams*
- *Lernkultur*
- *Selbstreflexion*
- *Motivation*
- *Organisationsstruktur*
- *Kultur*
- *iterative Prozesse*
- *Events*
- *Serious Play*
- *Proceedings*
- *Smart Work*
- *XP*
- *Entrepreneurship*

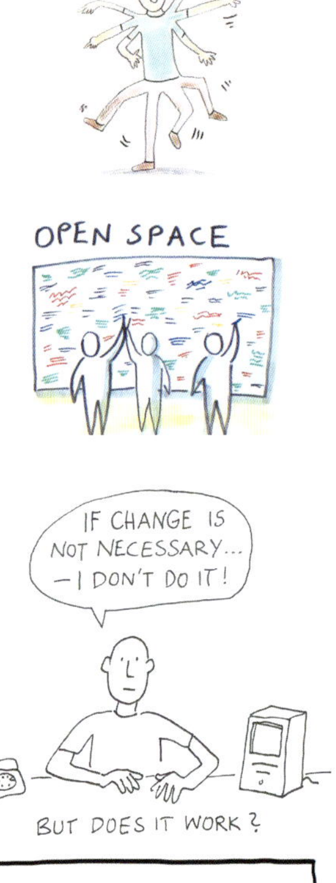

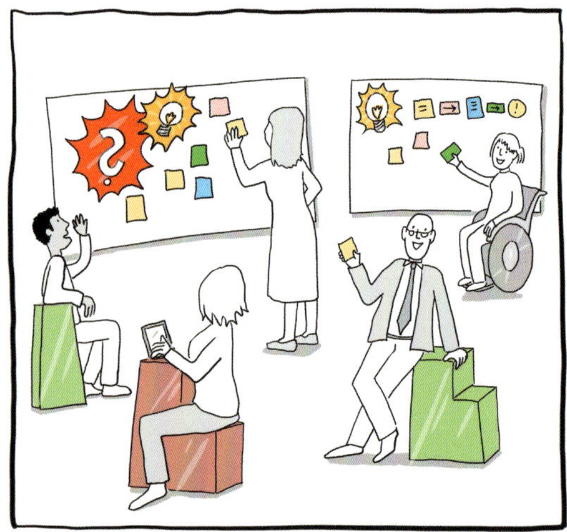

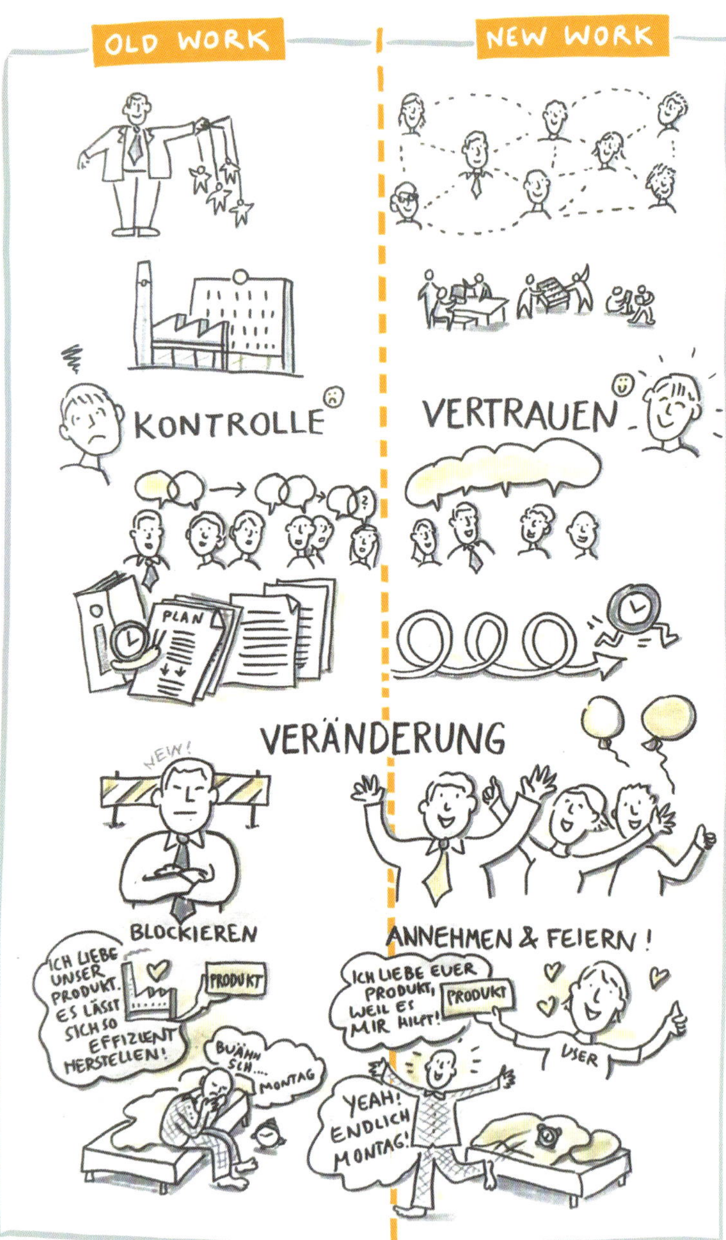

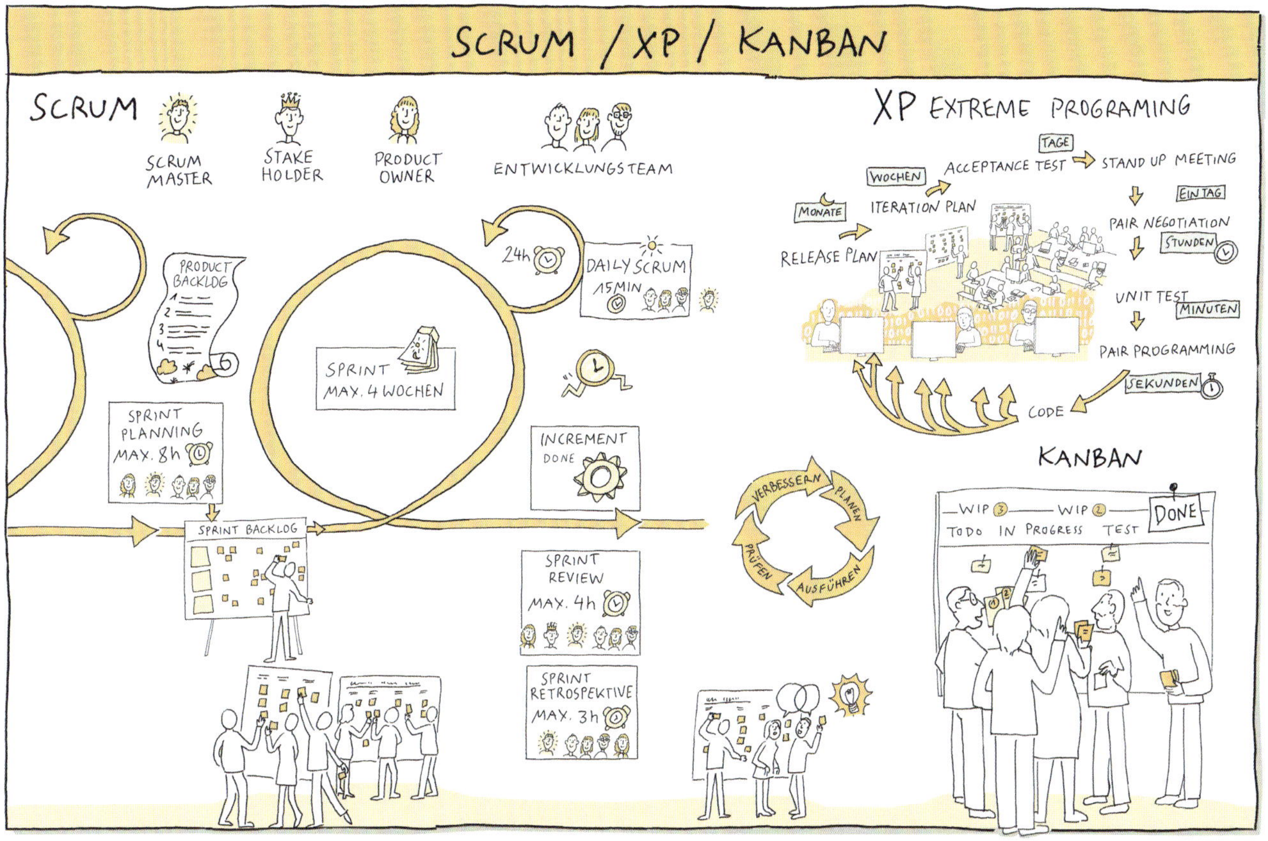

SCRUM / XP / KANBAN

SCRUM
SCRUM MASTER
STAKE HOLDER
PRODUCT OWNER
ENTWICKLUNGSTEAM
PRODUCT BACKLOG
24h
DAILY SCRUM 15MIN
SPRINT MAX. 4 WOCHEN
SPRINT PLANNING MAX. 8h
SPRINT BACKLOG
INCREMENT DONE
SPRINT REVIEW MAX. 4h
SPRINT RETROSPEKTIVE MAX. 3h
VERBESSERN
PLANEN
AUSFÜHREN
PRÜFEN

XP EXTREME PROGRAMING
RELEASE PLAN
MONATE
ITERATION PLAN
WOCHEN
ACCEPTANCE TEST
TAGE
STAND UP MEETING
EIN TAG
PAIR NEGOTIATION
STUNDEN
UNIT TEST
MINUTEN
PAIR PROGRAMMING
SEKUNDEN
CODE

KANBAN
WIP 3
WIP 2
TODO
IN PROGRESS
TEST
DONE

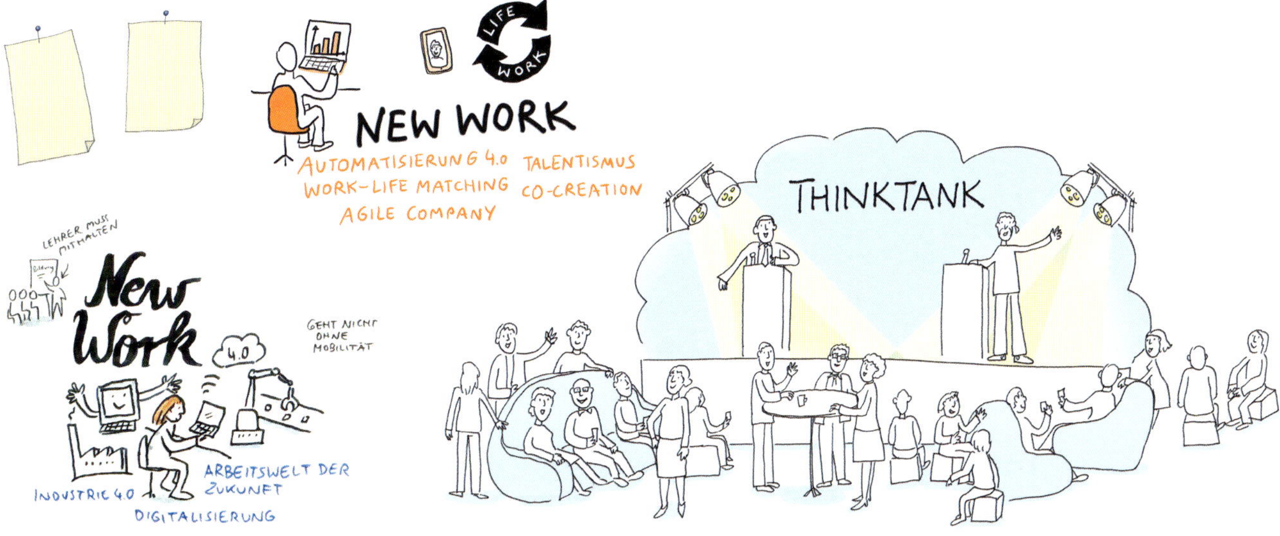

KOMMUNIKATION

Assoziationen

- *Austausch*
- *E-Mail*
- *informelles Gespräch*
- *Klatsch und Tratsch*
- *Mobbing*
- *Social Media*
- *Diskussion*
- *Konfliktmanagement*
- *gewaltfreie Kommunikation*
- *Sender-Empfänger-Modell*
- *5G*
- *mobile Endgeräte*
- *Chatbots*
- *Message*
- *Formulare*
- *Anschreiben*
- *Gespräch*

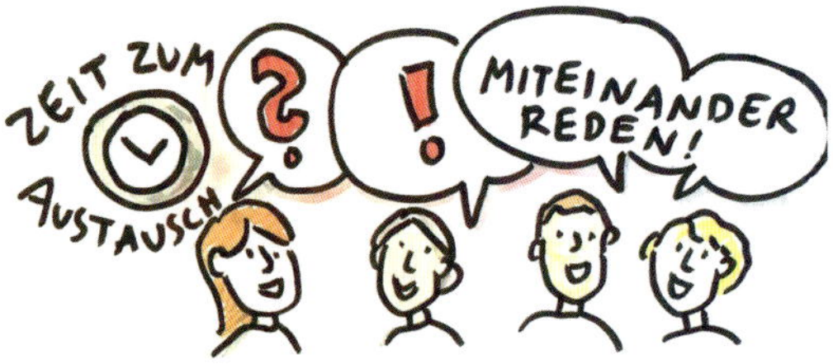

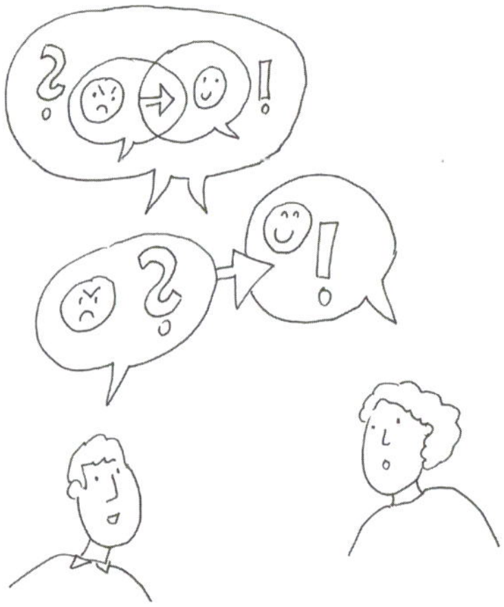

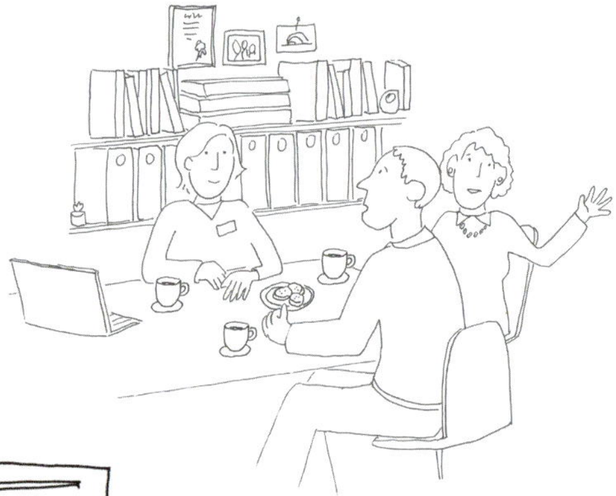

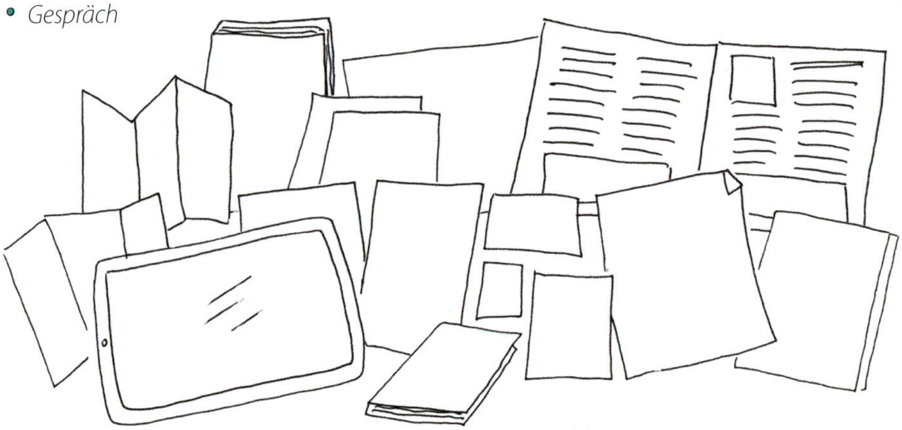

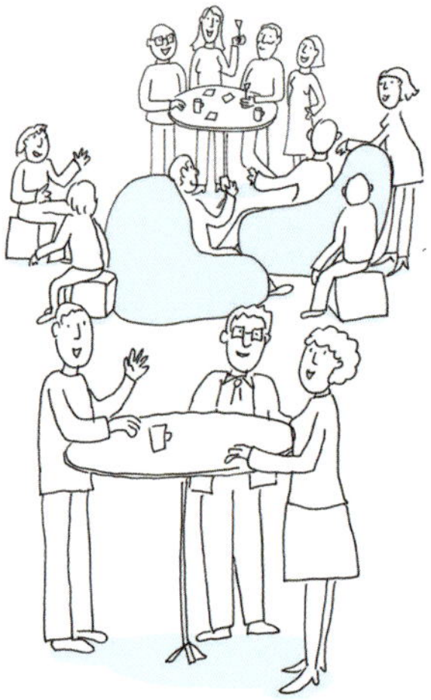

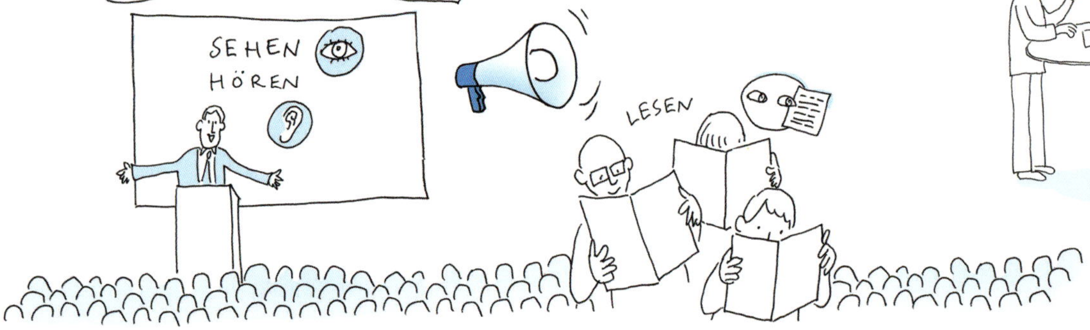

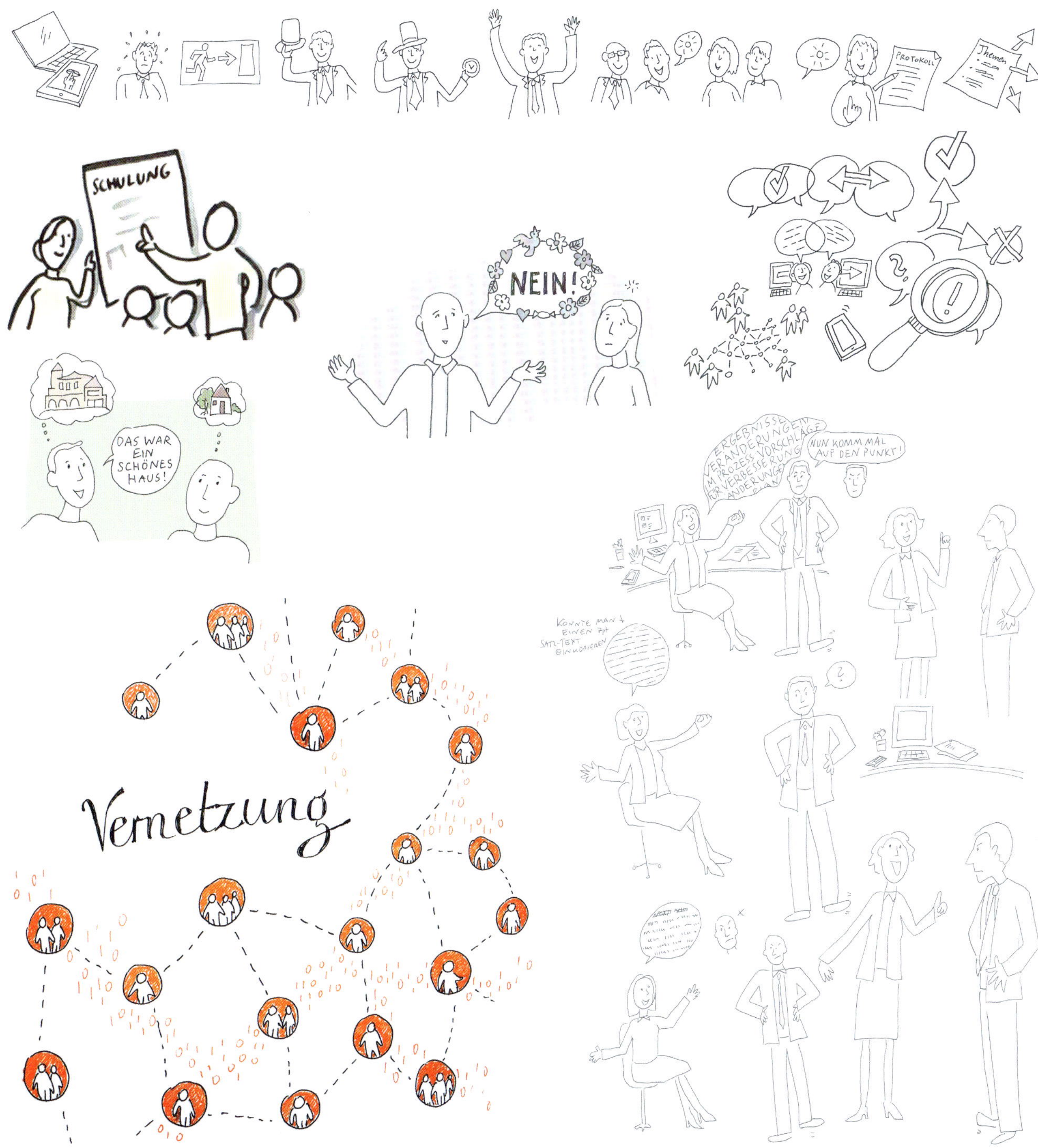
PROTOKOLL
Themen
SCHULUNG
NEIN!
DAS WAR EIN SCHÖNES HAUS!
ERGEBNISSE
VERÄNDERUNGEN
IM PROZESS VORSCHLÄGE
FÜR VERBESSERUNG
NUN KOMM MAL AUF DEN PUNKT!
KÖNNTE MAN EINEN 7pt SATZ-TEXT EINKOPIEREN
Vernetzung

DIGITALISIERUNG & TRANSFORMATION

Assoziationen

- *Digitalisierung*
- *Transformation*
- *Change*
- *Zukunft*
- *Social Media*
- *Fake News*
- *Haltung*
- *KI*
- *Quantencomputer*
- *Machine Learning*
- *Deep Learning*

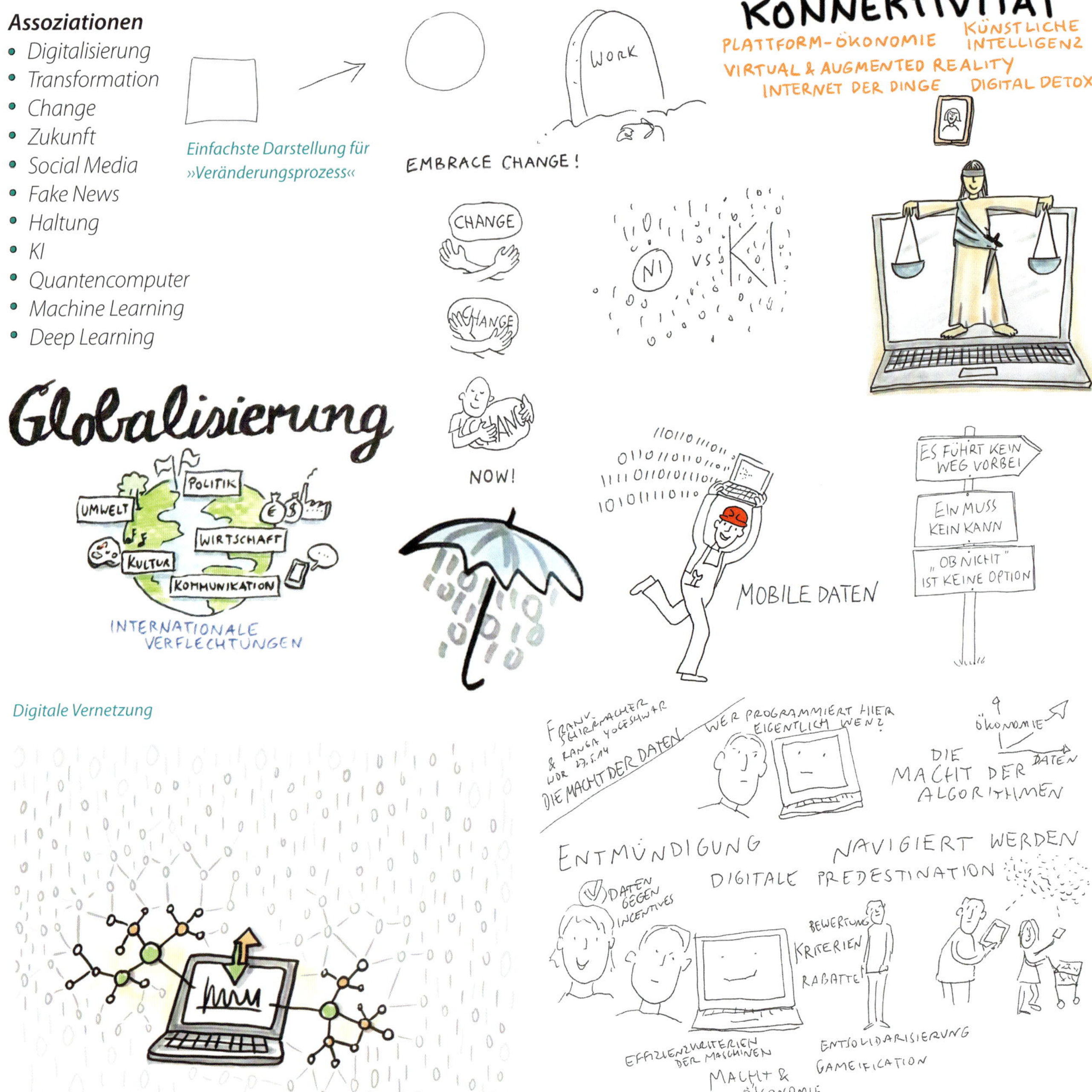

Einfachste Darstellung für »Veränderungsprozess«

Digitale Vernetzung

POLITIK

Assoziationen

- Flaggen
- Staatssymbole
- Bundesadler
- Demokratie
- Staatsoberhaupt
- Landesgrenzen/Silhouette

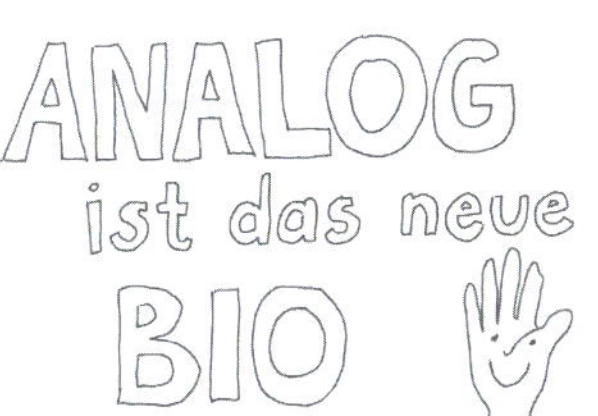

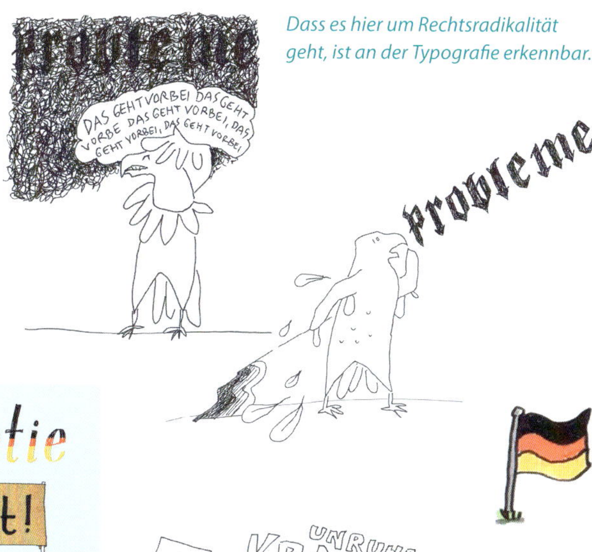

Dass es hier um Rechtsradikalität geht, ist an der Typografie erkennbar.

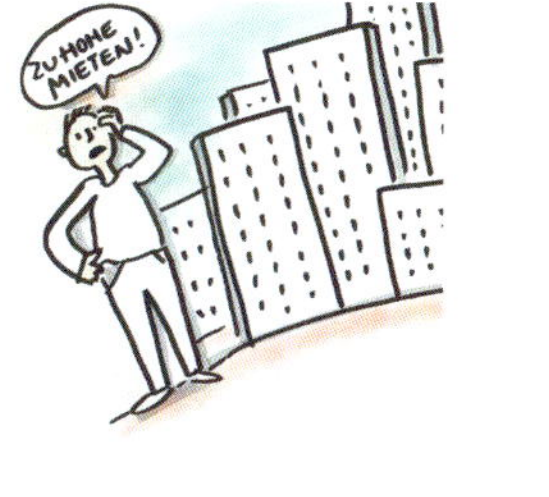

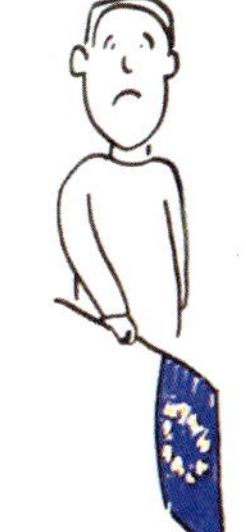

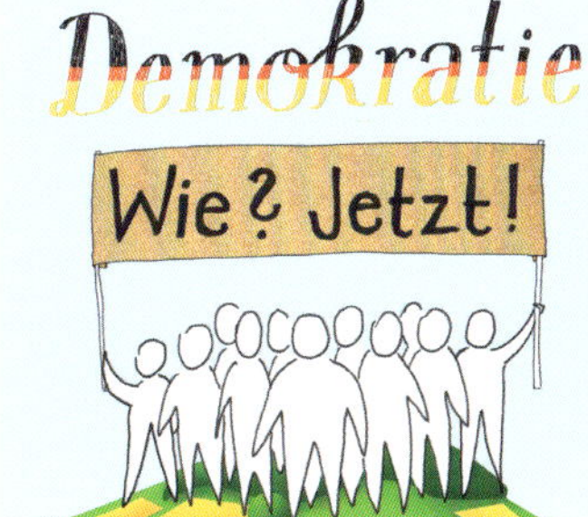

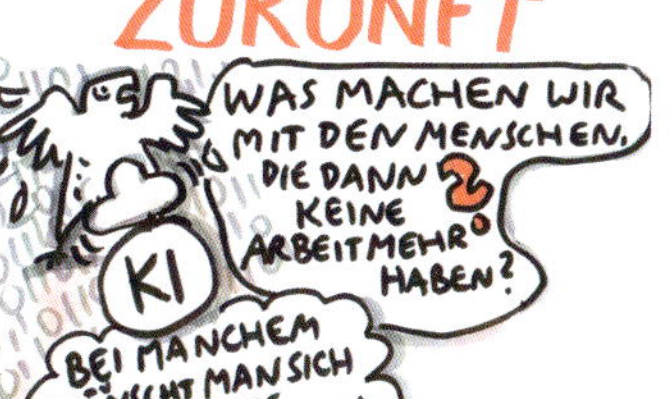

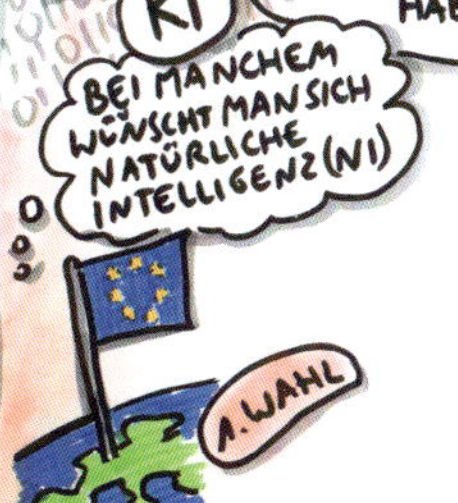

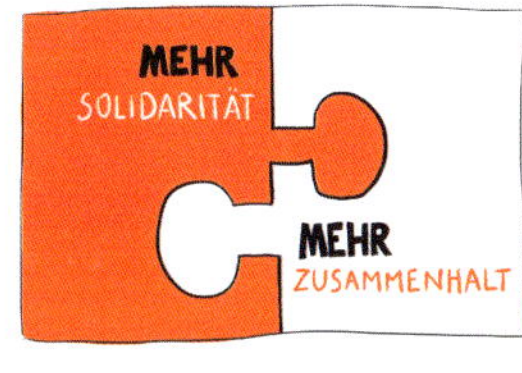

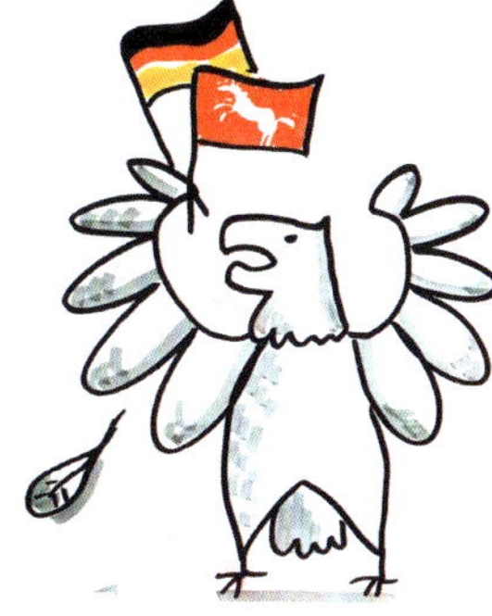

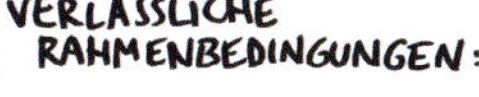

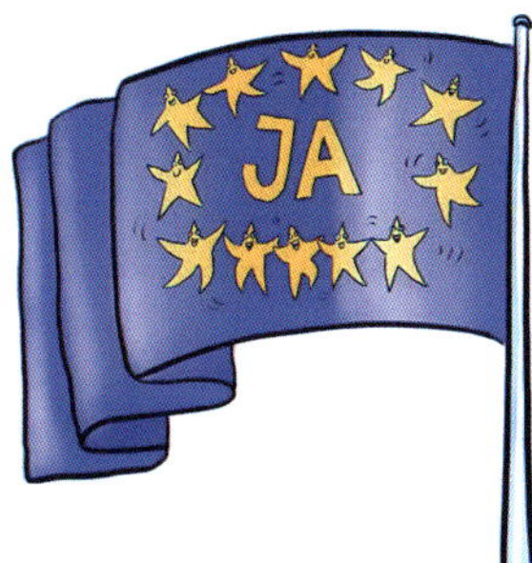

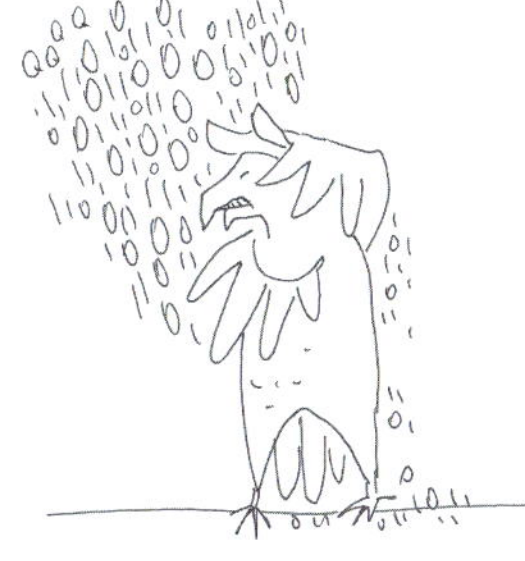

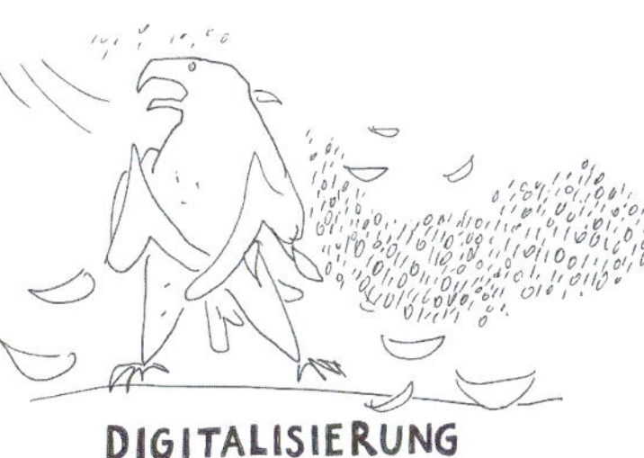

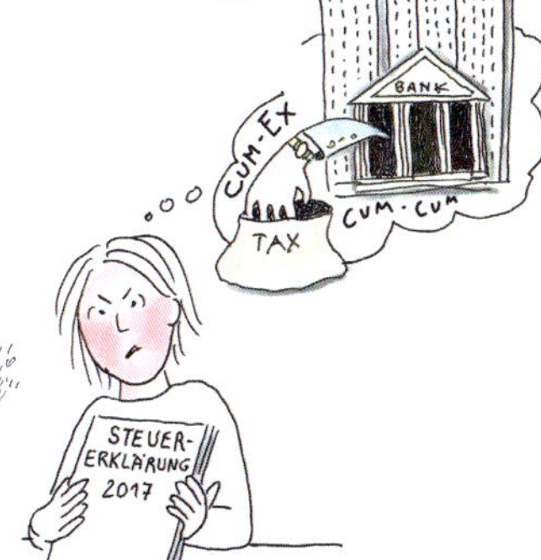

UMWELT & ENERGIE

Assoziationen

- *Umweltschutz*
- *erneuerbare Energien*
- *Solarenergie*
- *Windkraft*
- *Wasserstoff*
- *Artenschutz*
- *Klimakrise*
- *Prosumerkonzepte*
- *Initiativen*
- *aussterbende Arten*
- *Bienensterben*
- *Jugendbewegung*
- *Online-Petitionen*
- *Plastikmüll*
- *Systemwandel*
- *Kreislaufwirtschaft*
- *Zero Waste*

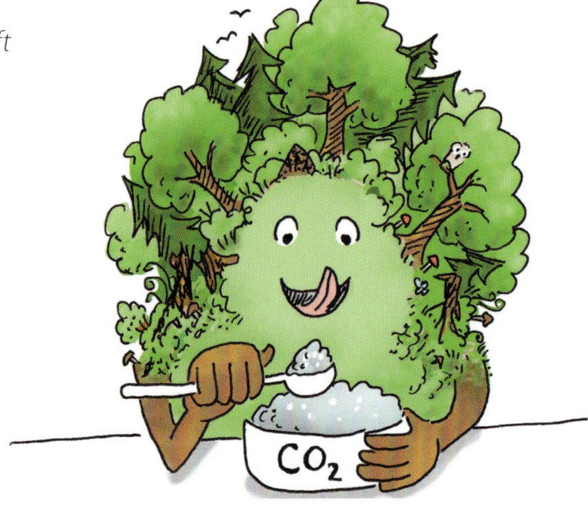

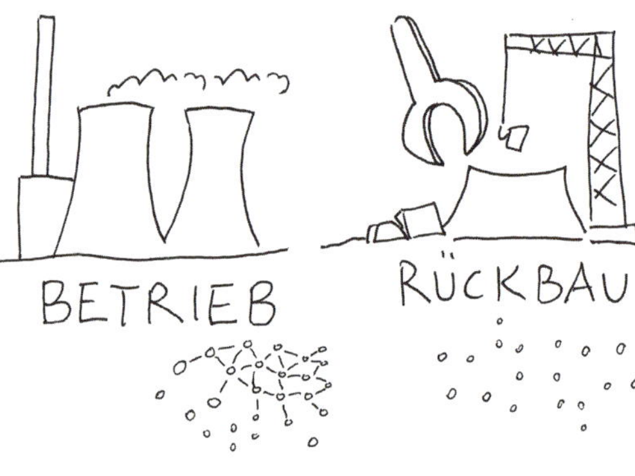

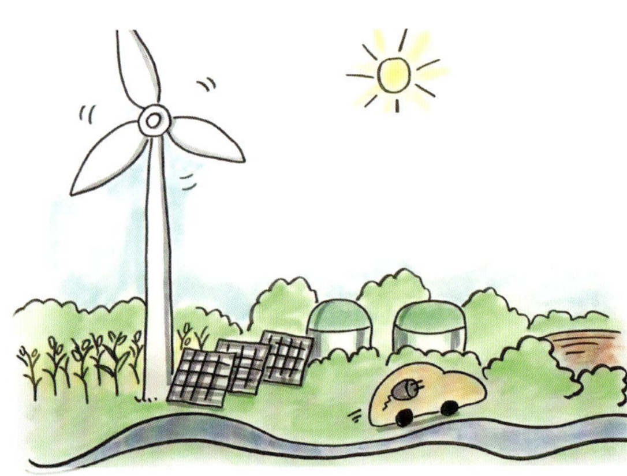

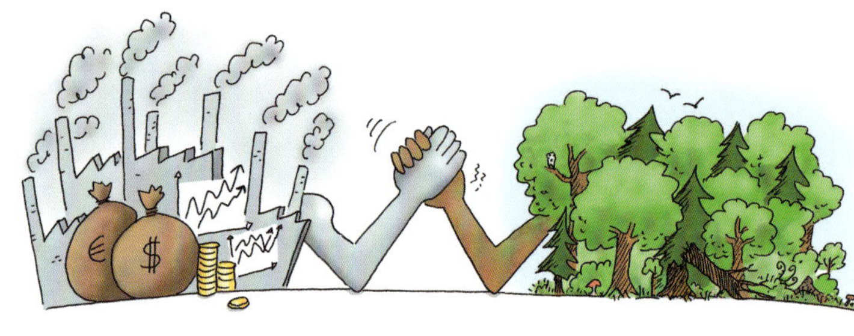

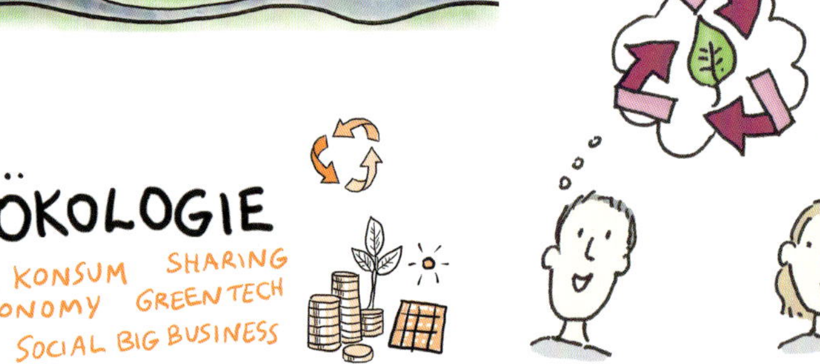

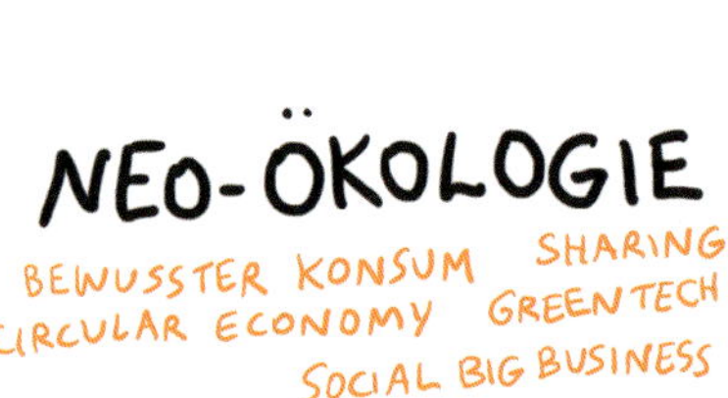

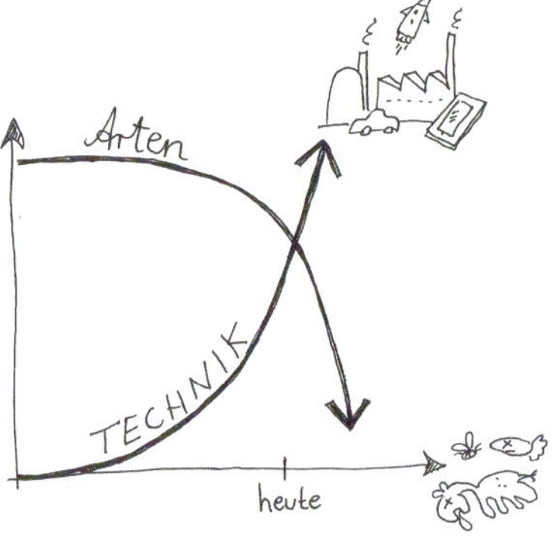

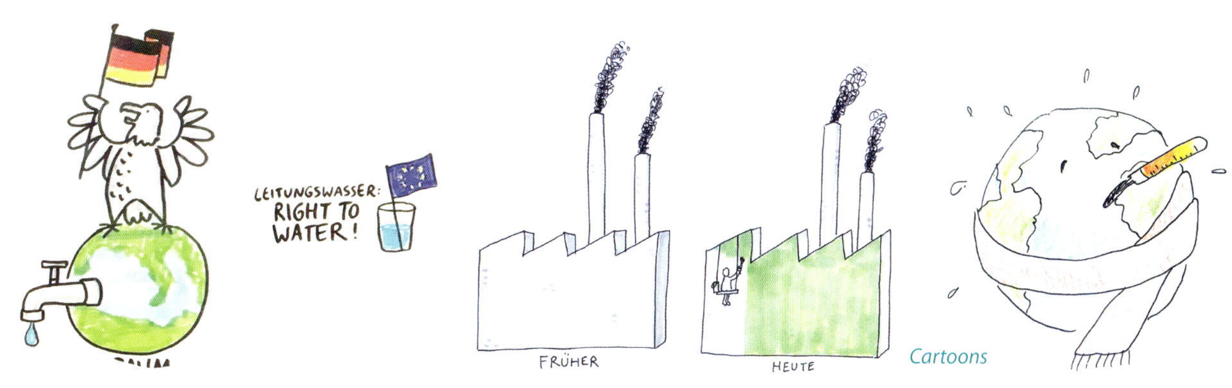

Cartoons

Diese Motive sind bei »Fridays for Future«-Plakaten abgeschaut:

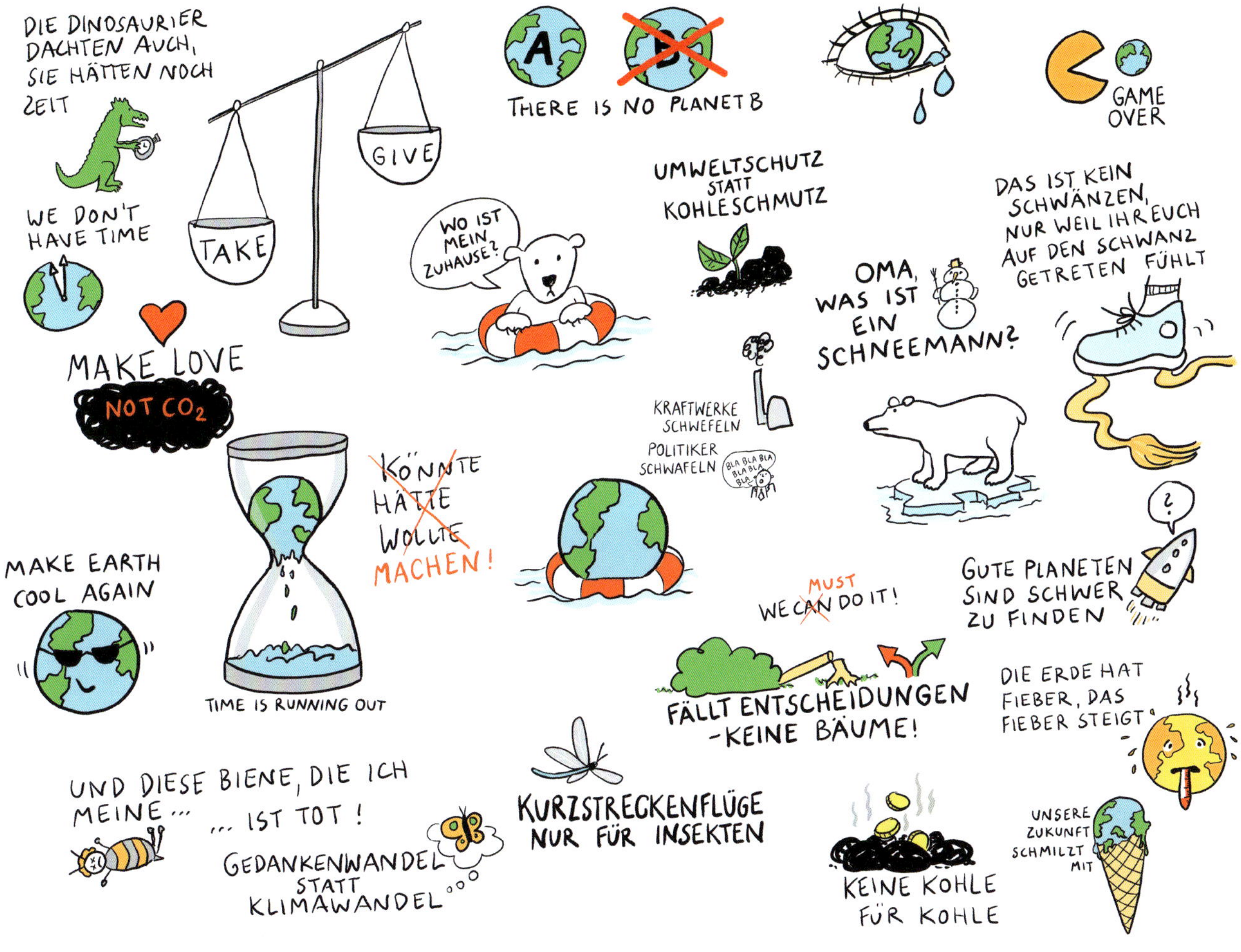

DIE DINOSAURIER DACHTEN AUCH, SIE HÄTTEN NOCH ZEIT

THERE IS NO PLANET B

GAME OVER

GIVE

TAKE

WE DON'T HAVE TIME

UMWELTSCHUTZ STATT KOHLESCHMUTZ

DAS IST KEIN SCHWÄNZEN, NUR WEIL IHR EUCH AUF DEN SCHWANZ GETRETEN FÜHLT

WO IST MEIN ZUHAUSE?

OMA, WAS IST EIN SCHNEEMANN?

MAKE LOVE NOT CO_2

KRAFTWERKE SCHWEFELN

POLITIKER SCHWAFELN

BLA BLA BLA

KÖNNTE HÄTTE WOLLTE MACHEN!

MAKE EARTH COOL AGAIN

WE ~~CAN~~ MUST DO IT!

GUTE PLANETEN SIND SCHWER ZU FINDEN

TIME IS RUNNING OUT

FÄLLT ENTSCHEIDUNGEN – KEINE BÄUME!

DIE ERDE HAT FIEBER, DAS FIEBER STEIGT

UND DIESE BIENE, DIE ICH MEINE … … IST TOT!

GEDANKENWANDEL STATT KLIMAWANDEL

KURZSTRECKENFLÜGE NUR FÜR INSEKTEN

KEINE KOHLE FÜR KOHLE

UNSERE ZUKUNFT SCHMILZT MIT

MODERN LIFE

Assoziationen

- *Digitalisierung*
- *Urbanisierung*
- *Mobilität*
- *Krisen*
- *Fake News*
- *Chatbots*
- *Virtual Reality*
- *Generation Y*
- *Cyborg-Technologie*
- *Gesichtserkennung*
- *Tracking*
- *Smart Live*
- *Smartphone*
- *Gap Year*

GLOBALISIERUNG

MULTIPOLARE WELT GENERATION GLOBAL

GLOKALISIERUNG NEXT SHORING

DIVERSITY

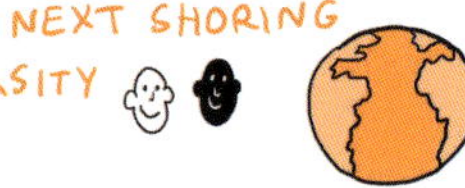

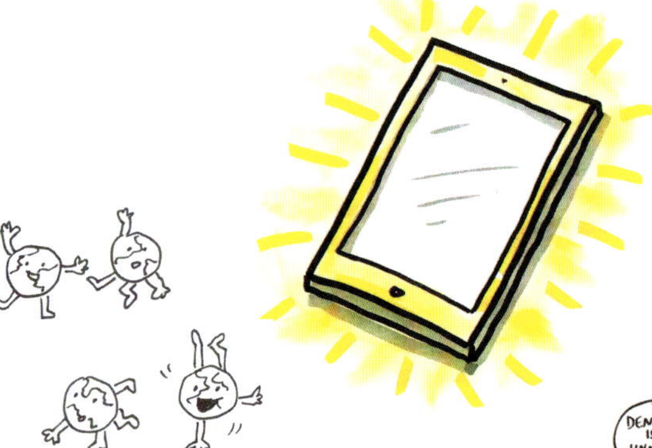

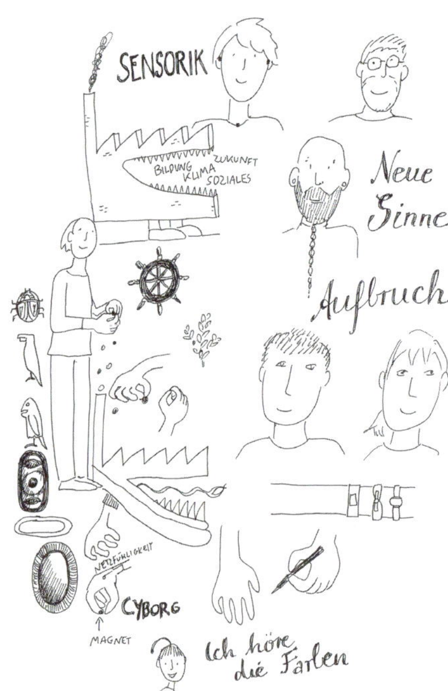

Gesundheit

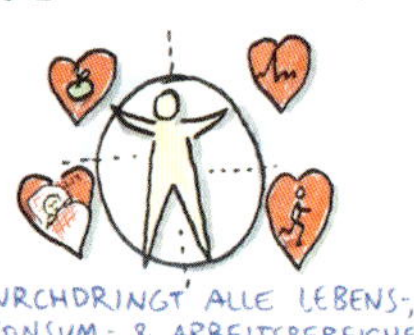

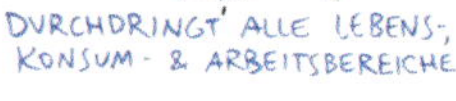

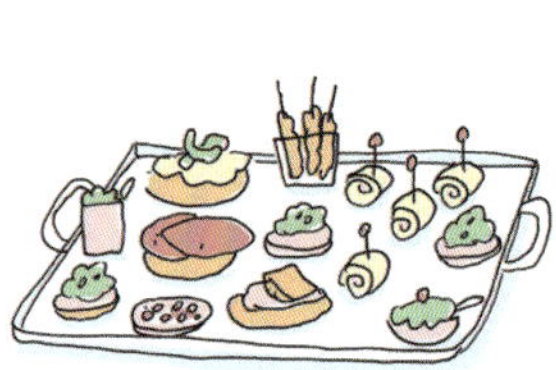

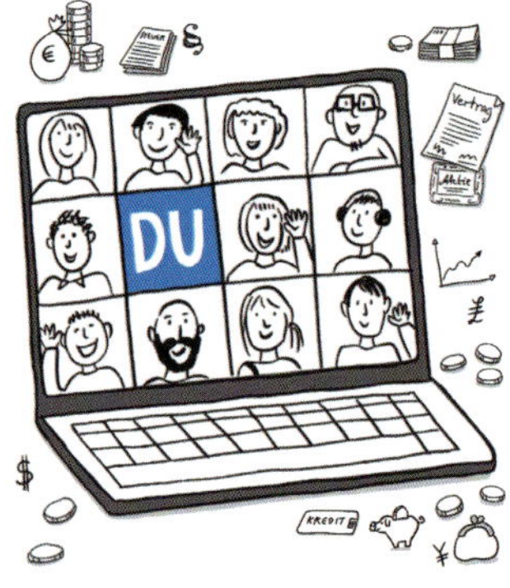

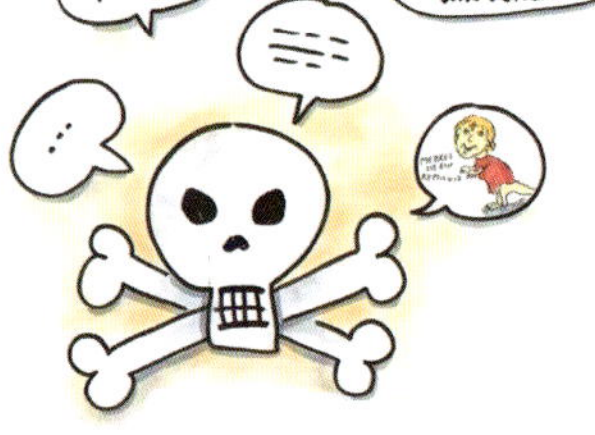

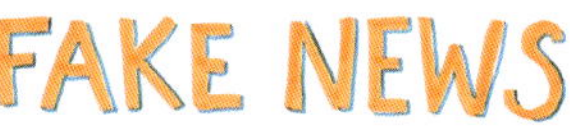

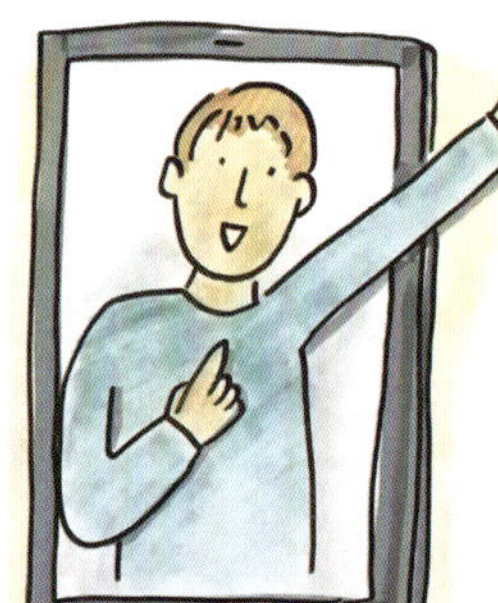

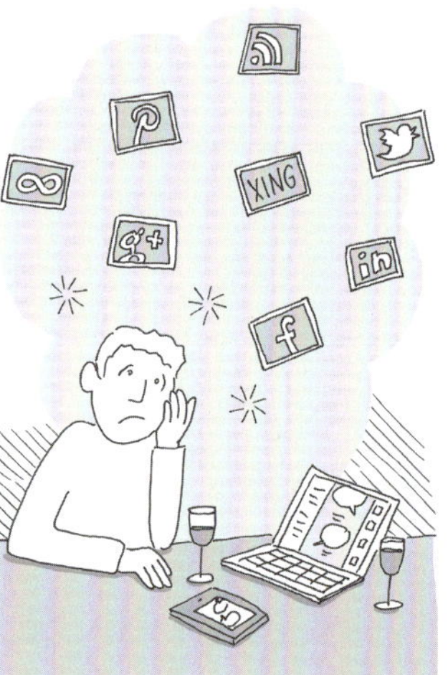

URBANISIERUNG

URBAN MANUFACTORING GRÜNE STÄDTE

SMART CITIES DIGITALE DÖRFER

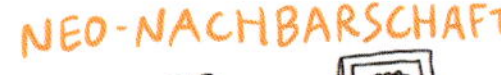

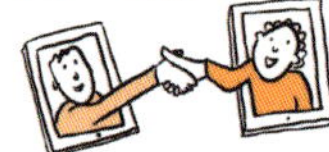

ZEIT

Assoziationen

- *Sanduhr*
- *Stoppuhr*
- *Armbanduhr*
- *Wecker*
- *normale Uhr*
- *Raumzeit*
- *Physik*
- *Altern*
- *Bewegung*
- *Urknall*
- *Generationen*
- *Vergänglichkeit*

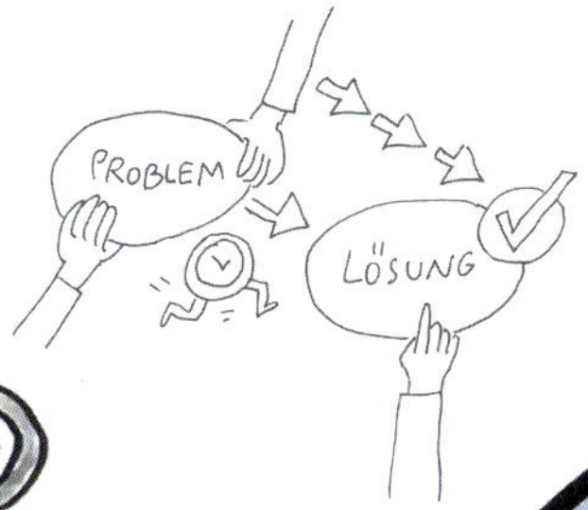

PROBLEM

LÖSUNG

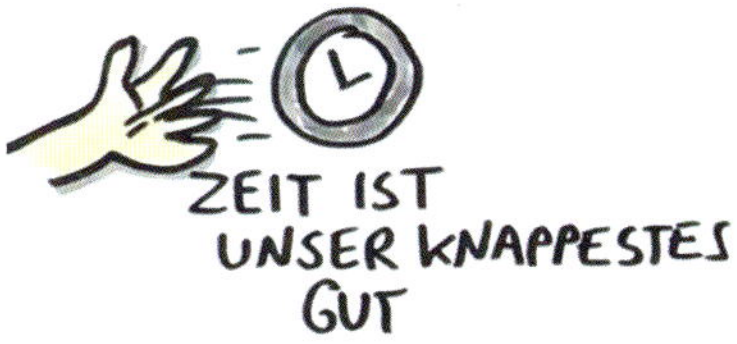

ZEIT IST UNSER KNAPPESTES GUT

Personifikation: der Uhr eine Persönlichkeit verleihen

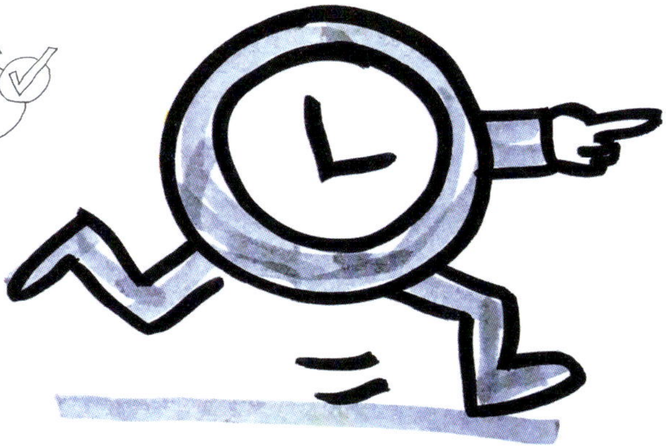

Die Zeit rennt.

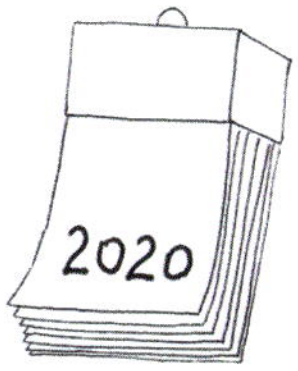

2020

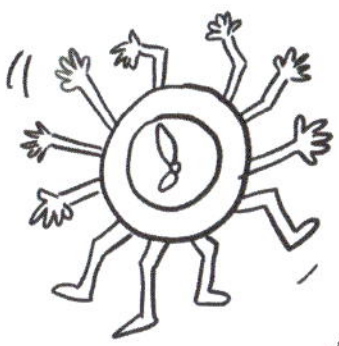

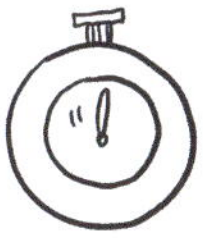

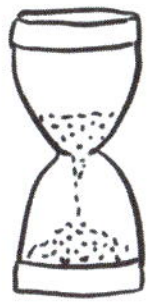

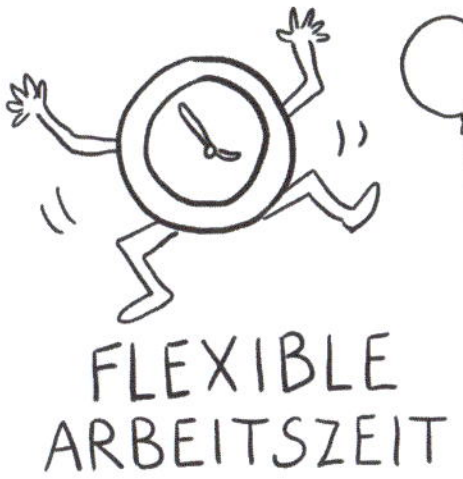

FLEXIBLE ARBEITSZEIT

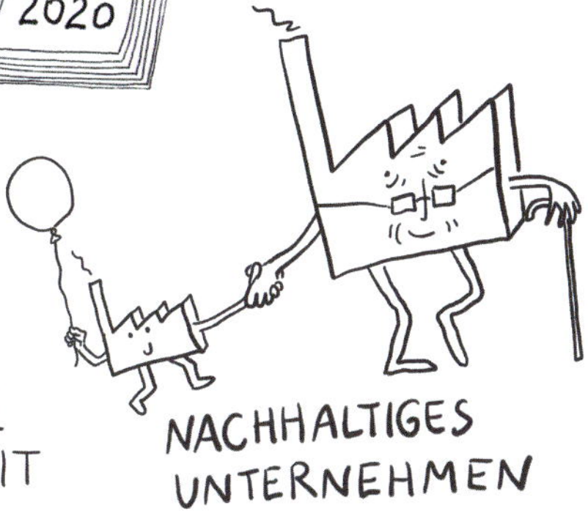

NACHHALTIGES UNTERNEHMEN

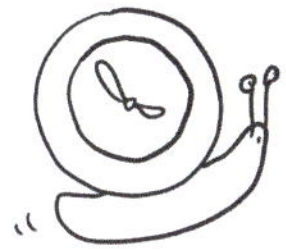

WIR SIND DIE SCHNELLSTEN!

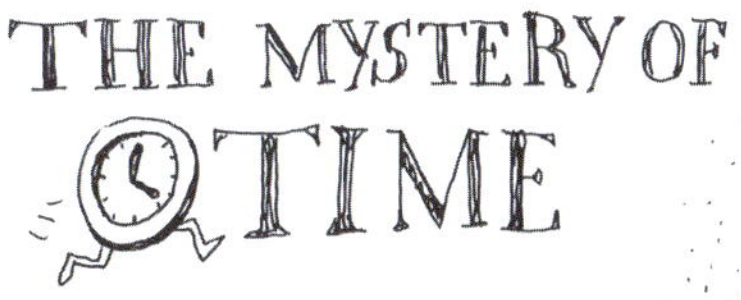

Die Zeit schleicht.

THE MYSTERY OF TIME

PAST

TIME THAT DOES NOT EXIST ANY MORE

FUTURE

TIME THAT DOES NOT EXIST YET

PRESENT

WHERE WE EXIST – ALWAYS MOVING FORWARD

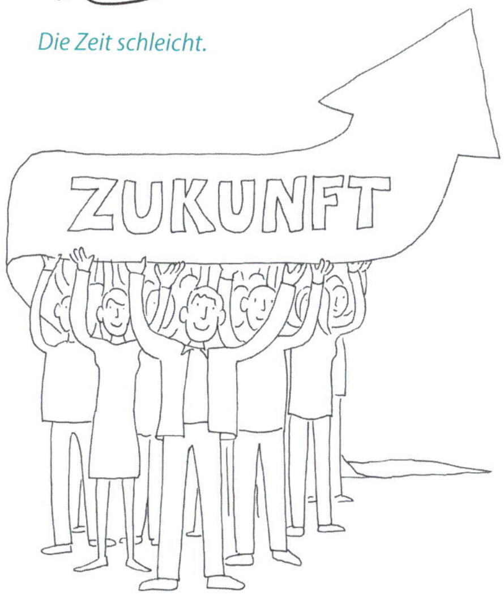

ZUKUNFT

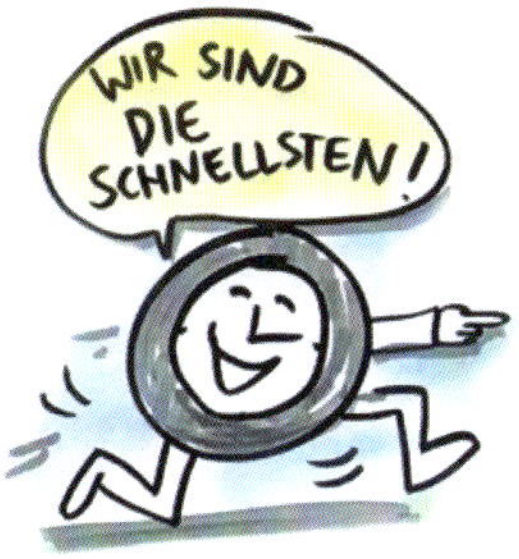

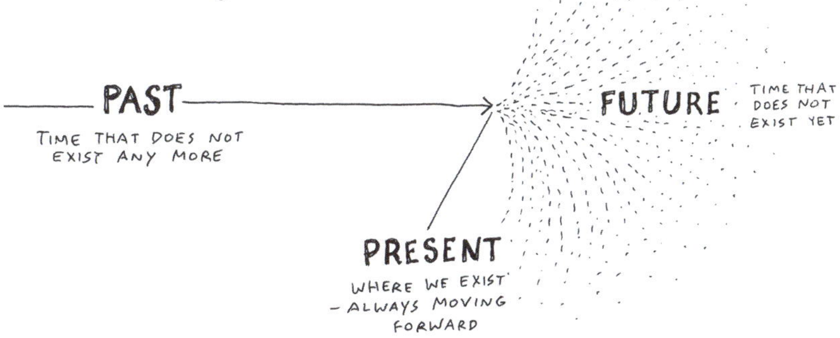

NAUTIK

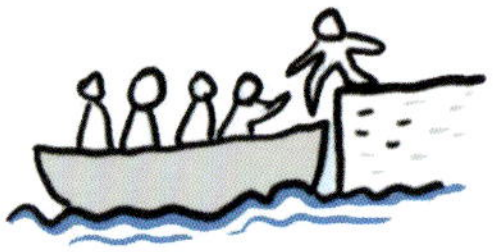

Assoziationen

- *Ziel*
- *Taktik*
- *Leuchtturmprojekte*
- *Manöver*
- *Hindernisse*
- *Planung*
- *Organisation*
- *Schiffbruch*
- *Schätze*
- *Führung*
- *Kommunikation*
- *Team*

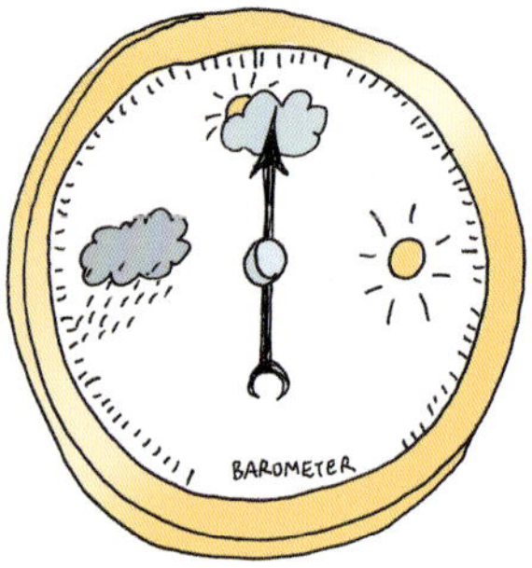

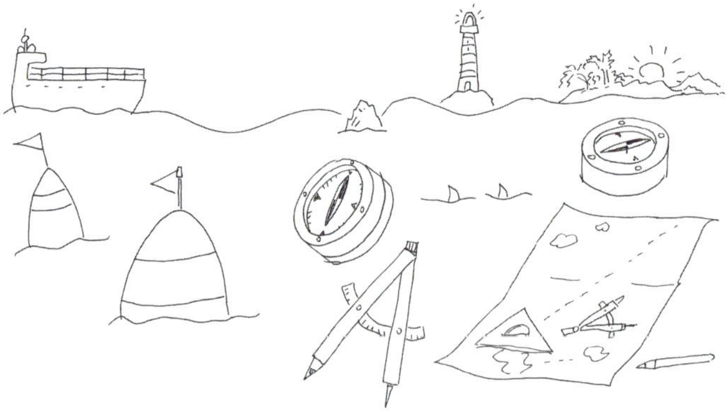

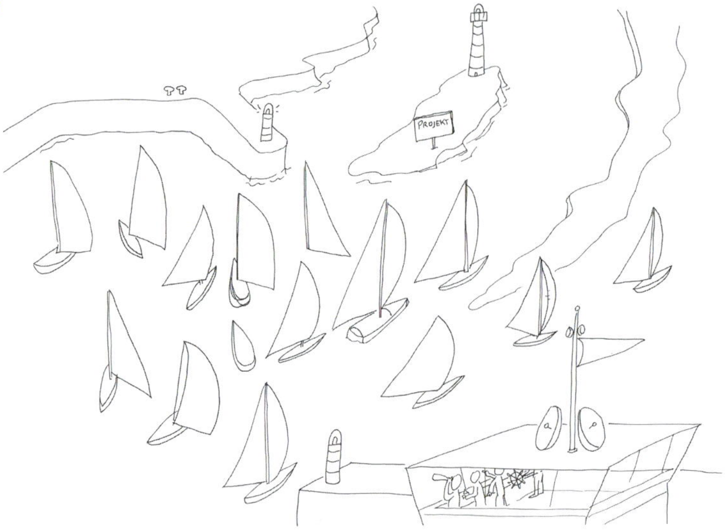

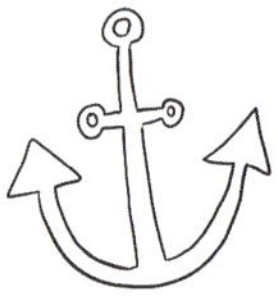

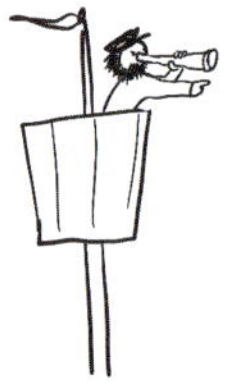

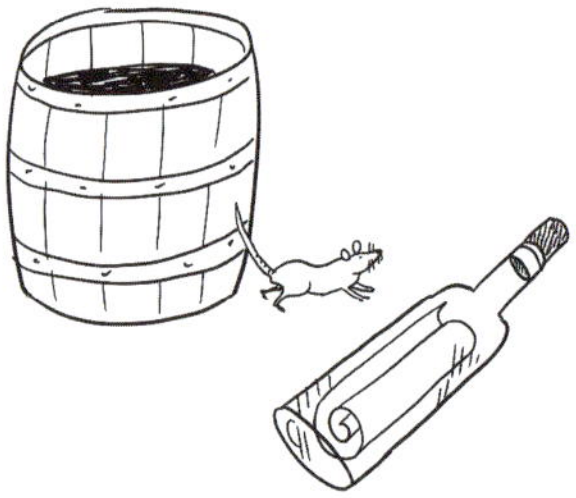

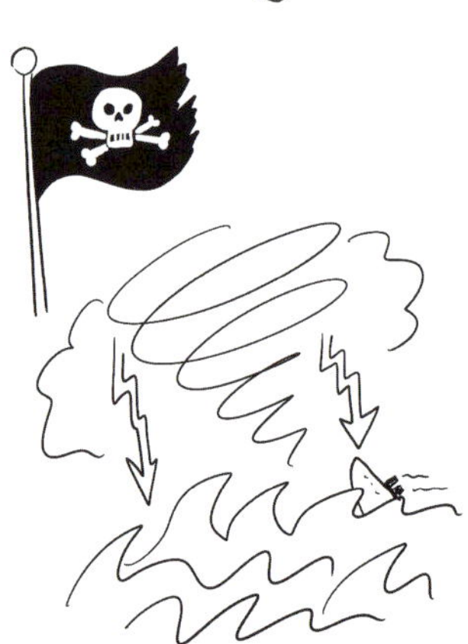

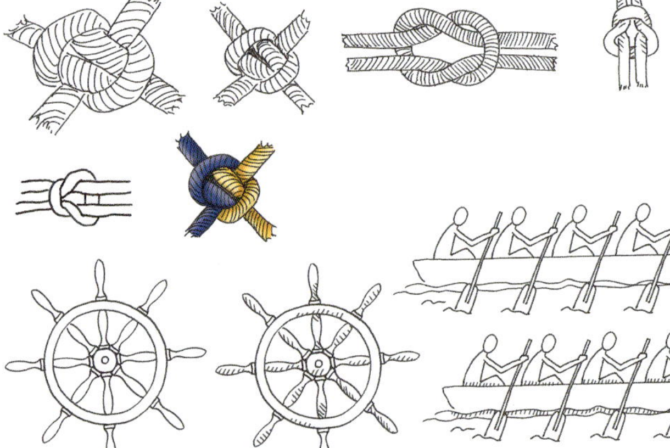

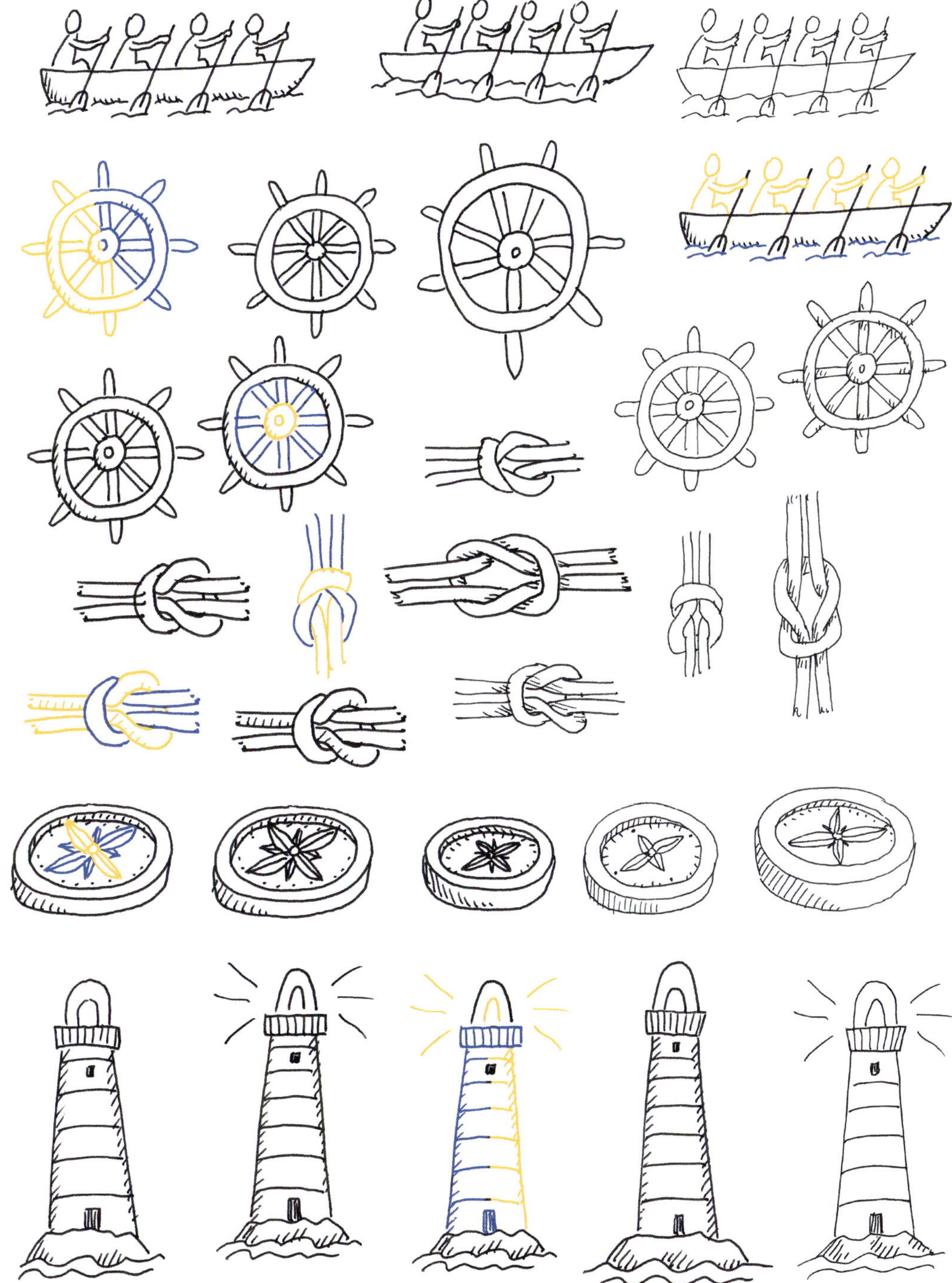

Verschieden Studien zu nautischen Symbolen. Die Zweifarbigkeit war ein Versuch, die Hausfarben unterzubringen.

DANK

Ich danke allen Mutmacher*innen und Unterstützer*innen, die dazu beigetragen haben, dass dieses Buch entstehen konnte: meiner lieben Familie, einigen engen Freund*innen und vor allem meiner Lektorin Barbara, ohne deren Hartnäckigkeit es dieses Buch gar nicht geben würde. Ein besonderer Dank gilt dabei meinen Kund*innen, ohne die es gar nicht so viel Bildmaterial geben würde.

Kommen Sie mich mal auf meiner Webseite oder in den sozialen Netzwerken besuchen!
www.anja-weiss.com
facebook.com/anja.weiss.54
www.instagram.com/anja_weiss_illustration/

Die Tango-Sketchnotes (Seite 97 und 105) sind als Plakate erhältlich, im Shop auf *www.tangodanza.de*.

Die Community der Visualisierer*innen im Internet ist vielfältig und bunt. Unter den entsprechenden Stichworten finden sich in den sozialen Netzwerken viele Gruppen, in denen man Anregungen findet und sich zu eigenen Sketchnotes austauschen kann.

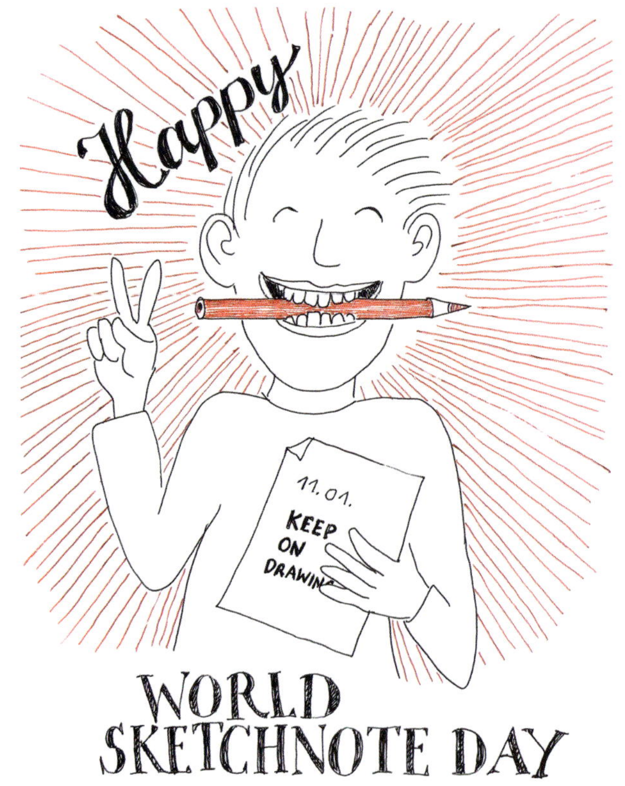

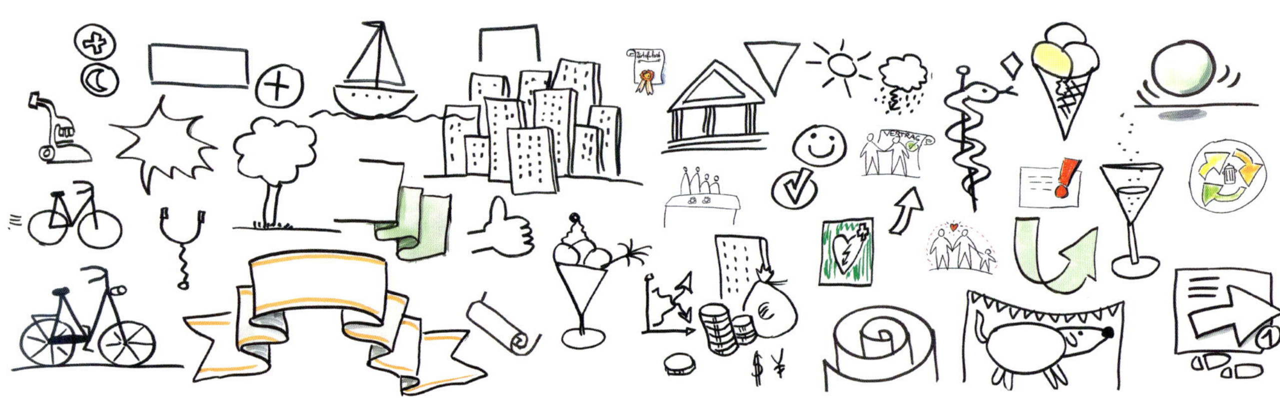

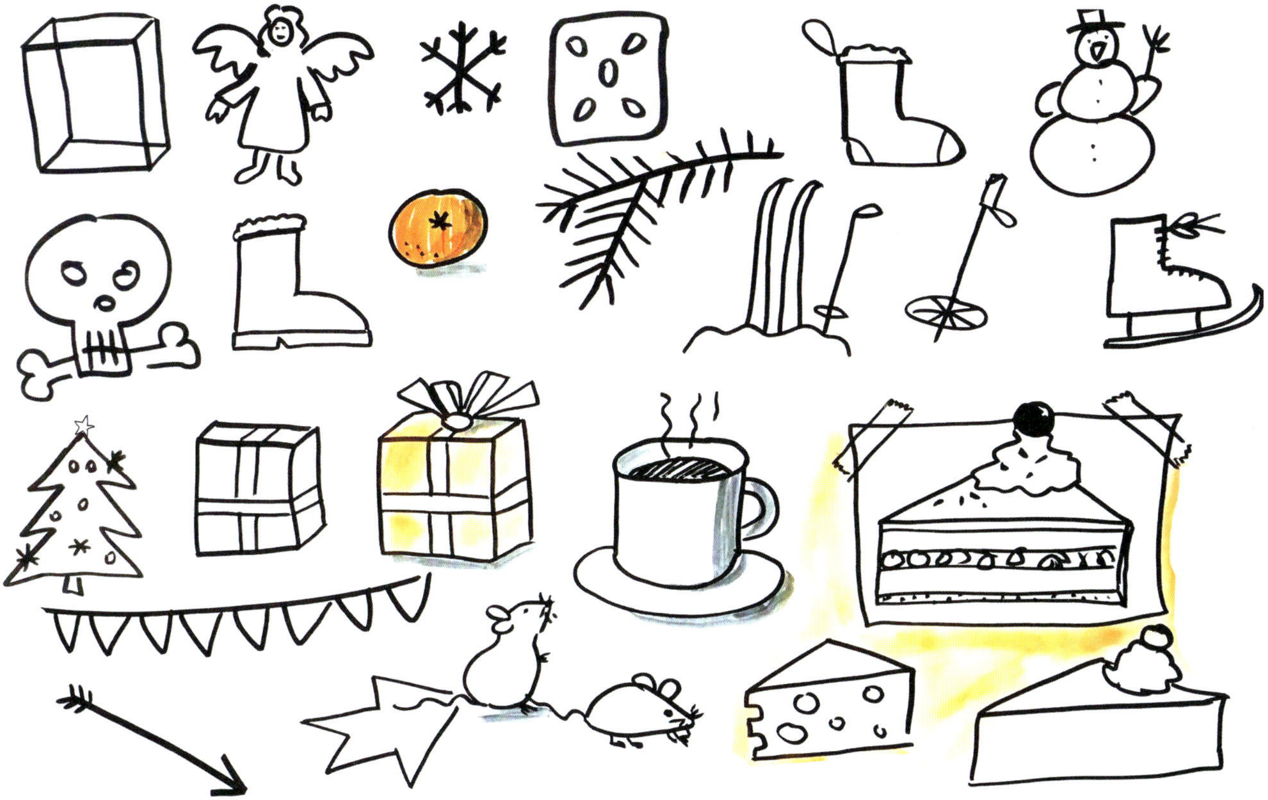

KEEP ON DRAWING!

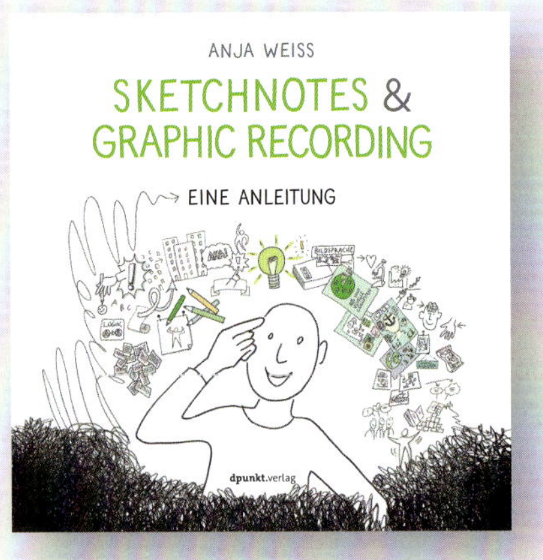
ANJA WEISS
SKETCHNOTES & GRAPHIC RECORDING
EINE ANLEITUNG
dpunkt.verlag

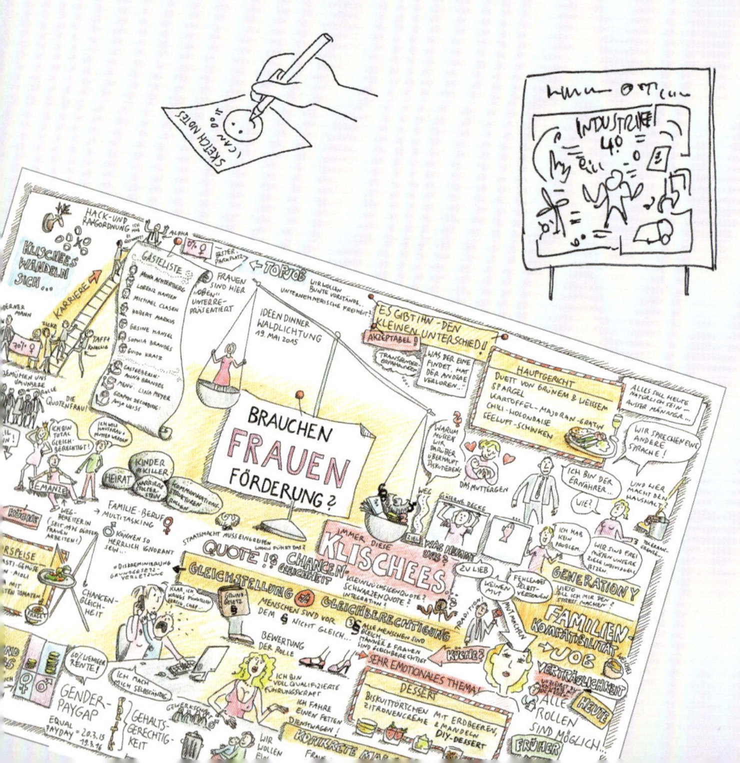
SKETCH NOTES
BRAUCHEN
FRAUEN
FÖRDERUNG?
KLISCHEES
GENERATION Y
HAUPTGERICHT
DESSERT

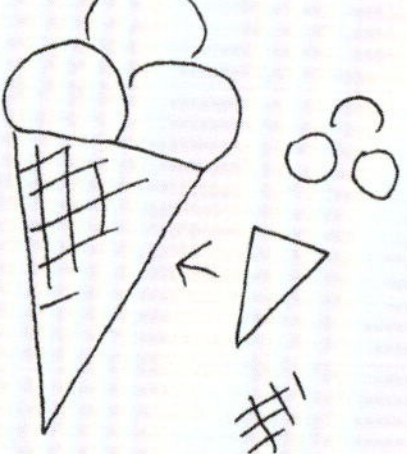

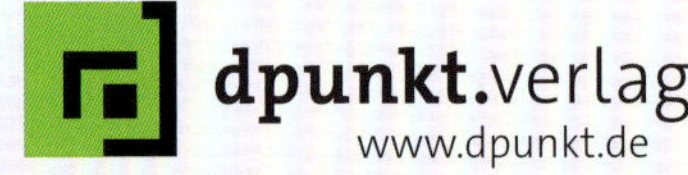
dpunkt.verlag
www.dpunkt.de